"十四五"时期国家重点出版物出版专项规划项目
中国能源革命与先进技术丛书
储能科学与技术丛书

动力电池梯次利用及绿色回收技术

主　编　赵光金　范茂松　王放放
副主编　惠　东　金　阳　赵玉才
参　编　董锐锋　胡玉霞　梁　涛　李　睿
　　　　卢　林　姜　欣　夏大伟　唐国鹏

机械工业出版社

本书针对当今节能和环保研究开发领域中最前沿的课题之一，即电动汽车动力电池梯次利用与回收处理基础科学问题的研究和关键应用技术的开发，以过去十几年工作中积累的第一手试验数据为素材，以多个示范工程历史运行数据和电池回收处理试验验证数据为依据，通过细致分析和归纳整理，对这一领域的基础和应用技术问题进行系统和详细的描述。

　　本书编者团队攻克了电池快速筛选、一致性高效均衡管理、绿色高效回收等技术难点，创新发展了低附加值废旧磷酸铁锂电池的低成本资源化技术工艺，取得了多项创新成果与关键技术突破，这在本书中都得以充分描述。本书的重点体现在退役动力电池性能及其梯次利用筛选评估、集成均衡、工程示范、运维等技术和案例，废旧电池资源化和无害化回收利用工艺及装备等。

　　本书内容通俗易懂，并辅有大量丰富的工程工艺现场图片，相信对于从事动力电池梯次利用与回收处理的技术人员具有很高的参考和实用价值。此外，本书也可供高等院校和职业技术院校相关专业的师生参考和学习。

图书在版编目（CIP）数据

动力电池梯次利用及绿色回收技术/赵光金，范茂松，王放放主编. —北京：机械工业出版社，2022.10

（中国能源革命与先进技术丛书. 储能科学与技术丛书）

"十四五"时期国家重点出版物出版专项规划项目

ISBN 978-7-111-71734-8

Ⅰ.①动⋯　Ⅱ.①赵⋯　②范⋯　③王⋯　Ⅲ.①电动汽车-蓄电池-永续利用-研究②电动汽车-蓄电池-回收技术-研究　Ⅳ.①U469.720.3

中国版本图书馆 CIP 数据核字（2022）第 185348 号

机械工业出版社（北京市百万庄大街 22 号　邮政编码 100037）
策划编辑：付承桂　　　责任编辑：付承桂　翟天睿
责任校对：贾海霞　张　薇　封面设计：鞠　杨
责任印制：邸　敏
三河市宏达印刷有限公司印刷
2023 年 3 月第 1 版第 1 次印刷
169mm×239mm·27.5 印张·6 插页·534 千字
标准书号：ISBN 978-7-111-71734-8
定价：159.00 元

电话服务　　　　　　　　　　网络服务
客服电话：010-88361066　　　机　工　官　网：www.cmpbook.com
　　　　　010-88379833　　　机　工　官　博：weibo.com/cmp1952
　　　　　010-68326294　　　金　书　网：www.golden-book.com
封底无防伪标均为盗版　　　机工教育服务网：www.cmpedu.com

前　言

　　我国是最早面临大规模动力电池退役的国家之一。未来每年退役动力锂电池数量将达数十万吨，兼具资源和环境属性。废旧动力锂电池含大量重金属、有机物、电解质及相关副反应产生的有毒气体，会对土壤、水、大气造成严重的污染和破坏，危害人类健康。而其中的锂、钴、镍等在我国矿藏资源中非常有限，进口依存度高。虽然电池梯次利用及资源化处理价值巨大，市场规模高达数百亿元，但目前回收率很低，造成不可再生资源的严重浪费。目前，国内关于动力电池梯次利用和回收处理的政策文件、技术标准虽较为齐全，但是梯次利用和回收处理市场化水平仍然有待进一步提升和完善，原因之一在于缺乏系统的先进技术和经验。本书编者团队攻克了电池快速筛选、一致性高效均衡管理、绿色高效回收等技术难点，创新发展了低附加值废旧磷酸铁锂电池的低成本资源化技术工艺，取得了多项创新成果与关键技术突破。

　　目前，国内外还较为缺乏该领域的专业性著作，编者团队在 2015 年曾经出版过相关专著，但是近几年国内外在梯次利用和回收处理领域的政策、标准、技术、工艺等发展变化较快，有必要进行重新梳理。在国内前辈和同行们的支持、鼓励下，我们决定编写一部动力电池梯次利用与回收处理方面的书，本书借鉴公开报道的研究结果和结论，以编者过去十几年工作中积累的第一手试验数据为素材，以多个示范工程历史运行数据和电池回收处理试验验证数据为依据，通过细致分析和归纳整理，对这一领域的基础和应用技术问题进行系统和详细的描述。

　　本书共分为 7 章。第 1 章和第 2 章是基本概念方面的内容，主要介绍电动汽车发展概况和发展趋势，国内外电动汽车发展思路及政策支持，动力电池基本概念、工作原理及分类等。

第3~6章主要介绍退役电池梯次利用概念，退役电池再利用模式、策略及技术路线，退役电池性能诊断与分析技术；退役电池衰减规律及趋势，循环寿命及衰减特征预测方法，退役电池健康状态评价方法及装置；退役电池组拆解、重组均衡技术；梯次利用储能示范及运维。

第7章主要介绍动力电池回收处理技术进展及政策分析，正极材料组分的资源化提取工艺，资源化及无害化处理技术的效率、绿色度及效益评价方法等。

本书来源于工程实践项目的积累和总结，如有不妥，敬请读者指出，期待与专业读者朋友的沟通交流。

编者

目　　录

第1章

电动汽车发展概况

1.1 电动汽车发展简史

发展和使用以电动汽车为主的新能源汽车成为各国汽车工业重要的发展途径[1]。电动汽车在使用过程中主要依赖电力，且随着技术进步，将来可以依靠太阳能发电等新能源电力为电动汽车提供能源，电动汽车将会成为真正意义上的清洁交通工具。

1.1.1 电动汽车早期发展

早在 1834 年，美国人托马斯·达文波特（Thomas Davenport，1802—1851）通过使用一组不可充电的玻璃封装蓄电池，造出了世界上第一辆直流电动汽车，自此开创了电动汽车的历史[2]。到了 1837 年，英国人罗伯特·戴维森（Robert Davidson，1804—1894）制作了世界上最初的可供实用的电动汽车，即一辆长4800mm、宽 1800mm 的载货车使用铁、锌、汞合金与硫酸进行反应的一次电池[3]。其后，1881 年，法国人古斯塔夫·图维（Gustave Trouvérouvve Tro）第一次采用铅酸电池（二次电池）来制造电动汽车，从此开创了应用可以充放电的二次电池作为能源的电动汽车时代。

19 世纪末 20 世纪初，汽车开始流行起来，电动汽车也进入了商用化的阶段。以美国为代表，电动汽车已经发展得相当成熟了，当时的基本型电动汽车售价在 1000 美元以下，在 1910 年时，美国的电动汽车保有量达到 33842 辆。这一时期，有 40% 的汽车采用蒸汽机，38% 的汽车采用电力驱动，22% 的汽车使用汽柴油动力。电动汽车在 19 世纪 20 年代大获成功，销量更是在 1912 年达到了顶峰[4]。

从 20 世纪 20 年代开始，内燃机汽车开始逐步取代电动汽车以及蒸汽汽车，从此，电动汽车开始逐步退出历史的舞台。

1.1.2 电动汽车当代发展现状

20 世纪 70 年代末期，随着新技术的发展及第三次产业革命的到来，电动汽车再次迎来了发展的春天[5]。世界各国都加大投入力度，力促电动汽车的研究和应用。

美国电动汽车的研究和开发相对较早，且规范化。通过来自企业、政府的资金和科研力量的支持，已经形成一定的产业规模。统计数据表明，到 1995 年美国有 190 家电动汽车生产企业，年产电池型电动汽车 2000 多辆，这其中大型汽车企业起到了主导作用。

进入 21 世纪，出于成本和技术可行性的考虑，美国政府逐渐将重心从清洁能源和燃料电池汽车转向充电式混合动力汽车和纯电动汽车。涌现出福特福克斯 EV 系列、特斯拉 Model 系列等商用化的电动汽车。

德国政府积极倡导电动汽车，早在 1972 年，德国欧宝公司就开始研制电动汽车。1981 年与 ABB 公司合作改装电动轿车。20 世 80 年代初期，奔驰公司开始生产电动大客车，1997 年 9 月，在法兰克福汽车展览会上奔驰推出一款燃料电池电动汽车，该车在奔驰 A 级轿车基础上改装而成，装有燃料转换装置，可使用甲醇为燃料。

法国政府、法国电力公司、雪铁龙汽车公司和雷诺汽车公司签署协议，共同开发和推广电动汽车，并合资组建了电动汽车电池公司，由萨夫特（SAFT）公司承担电动汽车高能电池的研究和开发，以及电池的租赁和维修等工作。1990 年，J-5 和 C-25 型电动货车投入生产，1995 年，标致 106 和雪铁龙 AX 型电动汽车投入生产。

英国是当今世界拥有较先进电动汽车生产技术和电动汽车使用最广泛的国家，该国使用电动汽车的历史已有 50 年之久。英国国际汽车设计公司（IAO）从 1979 年开始研制电动汽车。1991 年克罗德里蓄电池公司投资建立电动汽车生产集团，研制成 MOL C3 型混合驱动电动汽车，续驶里程 130km。

日本政府特别重视电动汽车的研究和开发，是最早开始发展电动汽车的国家之一，很早就对电动汽车的发展做出了具体的布置和计划。日本政府将电动汽车、插电式混合动力汽车、清洁动力汽车、混合汽车、天然动力汽车都定义为新的下一代汽车。

目前，日本新能源汽车的研发重点是混合动力汽车。日本是国际上在混合动力汽车技术方面最成熟的国家，已形成产业化。目前，丰田的典型车型普锐斯混合动力汽车不仅在日本国内热销，在国际市场上也销售良好。据日本汽车研究院预计，按照日本现在对混合动力汽车的普及程度推算，到 2020 年混合动力汽车在日本国内将有 360 万辆。

中国自 20 世纪 80 年代开启了电动汽车的研究高潮，电动汽车被国家列为"八五""九五"科技攻关项目。国内一些科研院所和生产企业相继开始研究电动汽车，并取得了一些成果。2001 年 9 月 30 日，科技部组织召开了"十五"国家电动汽车重大专项可行性论证会，把多能源动力总成系统、驱动电动机、动力电池三种关键技术的研究列为重点。

2008 年北京奥运会应用了 500 多辆自主研发的电动汽车，发挥了大规模的示范作用，如图 1-1 所示。2010 年上海世界博览会期间也推出了许多新能源汽车的示范车型，如图 1-2 所示。我国已经初步建立了电动汽车的法规、标准与管理体系，为电动汽车的产业化、商业化发展奠定了基础。

图 1-1　北京奥运会电动大客车　　　　图 1-2　上海世博会电动大客车

国内各大汽车厂商，如一汽、东风、上汽、长安、奇瑞、比亚迪等都已制定了电动汽车产品研发和产业化规划。与此同时，电池、电动机等电动汽车关键零部件的产业化全面跟进，生产配套能力显著增强。但现在国内电动汽车的发展趋势总体上还是以政府鼓励性政策为主导的，市场化的推进还有比较长的路要走。

1.2　电动汽车类型及发展趋势

1.2.1　电动汽车分类

从广义上说，只要是全部或部分使用电力作为驱动力的汽车都算是电动汽车（Electric Vehicle，EV）[6]。根据国际相关标准，按车载动力系统的不同，电动汽车分为纯电动汽车（Battery Electric Vehicle，BEV）、混合动力汽车［包括 Hybrid Electric Vehicle（HEV）和插电式混合电动汽车（PHEV）］、燃料电池汽车（Fuel Cell Electric Vehicle，FCEV）三大类[7]，详见表 1-1。

表 1-1　电动汽车分类

名称	动力构成	对电池要求	工作原理
混合动力汽车 （HEV）	内燃机+电动机	注重电池的比功率 要求高达 80~120W/kg	内燃机为主，电动机在汽车起动时单独工作，加速上坡时辅助内燃机工作，回收制动、减速时的能量给电池充电
插电式混合 电动汽车 （PHEV）	内燃机+电动机	注重电池的比功率 要求高达 80~120W/kg	电池可外接电源充电，电动机在电池能量降到一定水平前单独驱动汽车行驶，然后起动内燃机进入 HEV 工作模式
纯电动汽车 （BEV）	电动机	注重电池的比能量，要求高达 100~160W·h/kg	电池外界电源充电，提供能量给电动机单独驱动汽车形式
燃料电池汽车 （FCEV）	电动机	注重电池的比能量，要求高达 100~160W·h/kg	以氢、甲醇、天然气等作为燃料，在电池装置中通过电极反应（不是燃烧）直接转化为电能

1. 纯电动汽车

纯电动汽车指单一由电动机驱动的汽车，电动机的驱动电能来源于车载的动力电源经逆变器进行转换，如图 1-3 所示。其中动力电源既可以是单一的可充电蓄电池，也可以是由化学电源、太阳能电池、电容器等共同组成的电源系统。

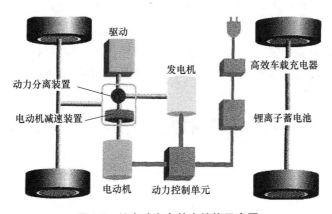

图 1-3　纯电动汽车基本结构示意图

纯电动汽车本身不排放污染大气的有害气体，由于电力可以从多种一次能源获得，如煤、核能、水力、风力、光、热等，解除了人们对石油资源日渐枯竭的担心。此外，电动汽车还可以充分利用晚间用电低谷时富余的电力充电，使发电设备日夜都能充分利用，大大提高其经济效益[8]。

综合来看，纯电动汽车的优点是技术相对简单成熟，只要有电力供应的地方都能够充电。缺点是目前蓄电池单位重量储存的能量太少，还因电动汽车的电池较贵，又未形成经济规模，故购买价格较贵。纯电动汽车的产业化进程受基础设施建设以及价格的影响更为明显，与混合动力汽车相比，纯电动汽车更需要基础设施的配套[9]。

2. 混合动力汽车

混合动力汽车指能够至少从下述两类车载储存的能量中获得动力的汽车，一是可消耗的燃料，另一个是可再充电能/能量储存装置，如图 1-4 所示。混合动力汽车可分为增程式、插电式等[10]。

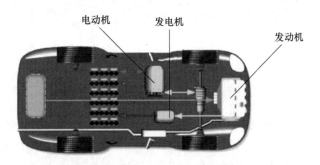

电动机　　发电机　　发动机

图 1-4　混合动力汽车基本结构示意图

目前实用的混合动力汽车通常在采用传统燃料的同时配以电动机或发动机来改善低速动力输出和燃油消耗，即油主电辅的混合运行模式。随着环保要求的提高及市场的不断推广，现在混合动力汽车的发展已从原来的汽油混合动力开始向柴油混合动力转变，并由油主电辅的运行模式向电主油辅过度。

综合来看，混合动力汽车有以下优点：采用混合动力后可按平均需用的功率来确定内燃机的最大功率，此时处于油耗低、污染少的最优工况下工作。需要大功率内燃机功率不足时，由电池来补充；负荷少时，剩余的功率可发电给电池充电。由于内燃机可持续工作，电池又可以不断得到充电，故其行程和普通汽车一样。并且能够让电池保持在良好的工作状态，不发生过充、过放，延长了其使用寿命，降低了成本[11]。但混合动力汽车也有其自身的不足，如长距离高速行驶基本不能省油，车辆动力系统复杂，不利于检修维护等。

3. 燃料电池汽车

燃料电池汽车是指以燃料电池作为动力电源的汽车。燃料电池的化学反应过程不会产生有害产物，因此燃料电池车辆是无污染汽车，如图 1-5 所示。

燃料电池的能量转换效率比内燃机高 2~3 倍，因此从能源的利用和环境保护方面，燃料电池汽车是一种理想的车辆。单个的燃料电池必须结合成燃料电池组，以便获得必需的动力，满足车辆使用的要求。

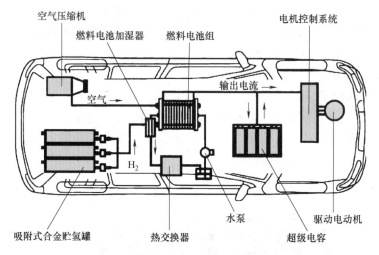

图 1-5　燃料电池汽车基本结构示意图

近几年来，燃料电池技术已经取得了重大的进展，世界各著名汽车制造厂都宣布将对其投入资金进行研发，但目前燃料电池轿车的商业车还处在试验阶段，面向市场只是推出了样车及概念车；燃料电池运输大客车也仍处在起步阶段，仅有在北美少部分特定地区示范运行的报道。

与传统汽车相比，燃料电池汽车具有以下优点：零排放或近似零排放；减少了机油泄漏带来的水污染；降低了温室气体的排放；提高了燃油经济性；提高了发动机燃烧效率；运行平稳、无噪声。从长远来看很可能是电动汽车的最终发展趋势[12]。

1.2.2　电动汽车发展趋势

电动汽车大规模应用取决于电池技术、电动机技术、整车技术及市场模式的创新和突破[13]。

1. 电池技术

电池技术需要解决以下几个问题：①更低的成本，现有新能源电池的成本依然较高；②更长的续航里程，现有的电动汽车电池容量支持在城市内使用已无问题，但跨区域使用需要更大的容量及更高的能量转换效率；③快速充放电，现有电池能量转化需要较长时间，提高充放电速度也是未来的发展方向；④更为环保的制造及回收技术。

2. 电动机技术

现有电动机都是针对燃油车辆的，新的电动汽车的电动机往往只是做简单的技术改进，并未结合在爬坡、下坡、平坦路面、颠簸路面等不同工况行驶时直流系统电路变化重新设计，存在驱动电路复杂、电动机效率和功率密度偏低，对于复杂路况的普适性不足的情况。研究和开发高密度、高效率、轻量化、低成本、宽调速牵引电动机驱动系统是电动汽车未来发展的主要热点之一。

3. 整车技术

汽车作为一个综合的整体工程，各零部件的组合都是有机一体的，各方面技术的整体提高才能推动电动汽车良性发展，不应仅仅局限在能量传动系统。例如，更好的轻质车身的材料和制造技术可以抵消电池自重带来的结构强度风险；基于微电子的电动汽车智能化综合监控管理系统可对动力链的各环节进行管理，加强电池管理、充放电控制、电控系统监控等，涉及延长电池的使用寿命。

4. 市场模式的创新和突破

目前，燃油汽车和电动汽车两条技术路线仍然是并行的，在仅考虑终端能源消耗的情况下，采用煤电作为能量来源的电动汽车与燃油汽车的能源效率相差无几，若考虑转换过程的损耗，则电动汽车的表现更差。只有电动汽车的动力完全来自清洁能源时，其节能和环保优势才能得到充分体现，其商业化是建立在新能源产业化基础之上的。

1.3　国内外电动汽车产业发展现状及思路

1.3.1　电动汽车发展存在的困难与挑战

从国内外电动汽车研发进展来看，电动汽车本身依然有许多没有完全解决的技术问题，这从根本上影响了电动汽车的整体性能，如驱动系统、电池供电系统等，进一步影响了电动汽车的发展。

具体到三种类型的电动汽车，阻碍其产业化发展的主要原因也有所不同。对纯电动汽车而言，最大的技术障碍是动力蓄电池的能效与稳定性；对燃料电池汽车而言，最大的技术障碍是燃料电池的安全性及小型化；对混合动力汽车而言，最大的技术障碍则是动力复合系统的优化配置与控制，以及动力切换过程中的稳定性。此外从环保节能角度看，电动汽车的节能减排具有相对性，还并没有完全达到所设想的理念。此外电动汽车发展相关政策、法规的不完善以及配套工程的市场化进程较慢也是影响其发展的重要因素。

电动汽车是汽车技术与电子技术和产业相互结合的产物，由于电动汽车相对传统汽车存在的优越性，其前景被广泛看好，但当前技术尚不成熟，且在推广中仍会遭遇到一些问题，因此各国政府都希望着眼长远，提前部署，积极组织开展电动汽车的自主创新。

1.3.2　各国电动汽车发展政策支持

1976 年 7 月，美国国会通过《电动汽车和复合汽车的研究开发和样车试用法令》，以立法、政府资助和财政补贴等手段加速发展电动汽车。此后，美国还出台了一系列鼓励开发生产电动汽车的政策，联邦政府也为推进充电式混合动力汽车计划出台了一系列强有力的措施，并斥资 140 亿美元支持动力电池、关键零部件的研发和生产，支持充电基础设施建设以及消费者购车补贴和政府采购[14]。

美国许多州对建设充电站给予了优惠政策。在俄勒冈州投资建设充电站，费用的 35% 可以享受免税待遇。马里兰州则不但给与 20% 的纳税优惠，而且对家庭为自用油电混合车安装充电插座、私人投资建设充电站和加油站增建充电设施的费用给予 50% 的退款补贴，最高分别可达 900、5000 和 7500 美元。美国西海岸各地，还有东北部的马萨诸塞和纽约等州，在建设汽车充电站上领先。特斯拉公司所在的加利福尼亚州有 2266 个充电站，纽约州有 489 个。据美国能源部能源信息管理局（Energy Information Administration，EIA）发布的资料，目前全美国可以为替代能源车辆补充能源的站点已经有 15179 个，其中最多的和发展最快的是电动汽车充电站，有 10685 个，其中绝大多数对公众开放，只有 1824 个只为注册用户服务。

欧盟各国政府也根据本国情况制定了大量政策和措施，推动电动汽车的开发和消费。1994 年，德国技术研究部就对电动汽车开发补助了 1.5 亿马克。此后进一步对新一代电动汽车试验进行了补助，对电动汽车给予超价补贴、低息贷款及减税等优惠。2009 年 8 月 19 日，德国政府颁布了《国家电动汽车发展计划》，目标是到 2020 年使德国拥有 100 万辆电动汽车。德国政府希望借助这项计划突破诸多技术和基础设施瓶颈，使德国成为电动汽车市场的领军者。2016 年，德国在柏林气候论坛上表示，德国计划在 2030 年之前规定禁止燃油车登记，全力推广新能源汽车。2016 年 5 月，德国出台政策激励电动汽车发展，支持政策主要包括研发支持、示范支持、使用支持和财税支持等。到 2016 年初，市场上已经有 35 款不同类型的电动汽车来自于德国汽车制造商。充电基础设施方面，2016 年 6 月，德国总计有 6517 个公共充电设施，与 2015 年年末相比提高了 10%[15]。法国政府还与汽车制造商签订协议，在 20 个城市推广使用电动汽车。目前，法国已有 10 余个城市运行电动汽车，且具有比较完善的充电站等服务设施，政府机关则带头使用电动汽车。法国计划在未来四年时间里投入四亿欧元进行纯电动汽车和混合动力汽车的研发。另外，法国也是欧洲国家里新能源车普及率最高的国家之一，得益于丰厚的补贴政策。在法国购买电动汽车的车主，除了免除车辆购置税和公路税（5 年内可节省 6000 欧元税金），购买纯电动汽车及排量在每公里排放 21~60g 的混动车型还可获得 750 欧元的优惠，排量少于 20g/km 的可获得 6300 欧元的优惠，其中购买纯电动汽车还可以额外获得 5000 欧元的电力补助[15]。目前，法国电动汽车的普及程度和保有量都位居世界前列。英国政府投资 2000 多万英镑用于支持电动汽车的开发，实行多项电动汽车使用优惠政策，例如免收牌照税、养路费，夜间充电只收 50% 的电费等[16]。

日本政府则是采取绿色税制、购车补贴和分层次建设充电设施等多种措施发展新能源汽车。日本政府 1991 年通产省制动了"第 3 届电动汽车普及计划"，用于推动电动汽车的普及和应用。1996 年，日本通产省制定的电动汽车购买鼓励政策规定，电动汽车的购买者和租赁企业将获得相当于电动汽车与普通燃油汽车价格之差 50% 的补贴。自 1998 年开始，由日本环境厅提供给地方政府和私人企业的另一项电动汽车购买津贴的补贴额分别达到了车辆成本的 50% 和 25%。优惠政策实施后，日本新能源汽车的销量现在出现了回升的势头，尤其是丰田的混合动力型汽车普瑞斯供不应求，年销量在百万辆以上。日本在《2010 年新一代汽车战略》提出 2020 年混合动力电动汽车与纯电动汽车将分别占据 20%~50% 比例的目标，然而 2013 年新能源汽车的销量已经实现了 2020 年的目标，发展速度相当快。2013 年和 2014 年，日本政府分别提出"日本重振战略"和"汽车战略 2014"，加大对电动汽车补贴。2014 年 6 月，日本政府发布《氢燃料电池战略规划》，明确下一步政策重点从混合动力汽车向燃料电池汽车转移，提出全力打造"氢社会"的目标。2016 年 3 月，日本政府新制定了《电动汽车发展路线图》，提出到 2020 年国内电动汽车保有量突破 100 万辆。在日本《氢能燃料电池发展战略路线图》中，提出到 2025 年，日本燃料电池汽车保有量将达到 200 万辆[15]。日本也通过法规刺激市场对电动汽车的需求，这主要体现在实施严格的车辆排放标准和制定严格的排放法规[17]。目前，日本正全面发展三类电动汽车，其混合动力全球销量第一；在纯电驱动方面，规划和产业化推进步伐也是最快的；另外，日本燃料电池产品的研发和产业化推进也优于其他国家。

中国政府在宏观政策层面提出了"三纵三横"的发展思路，即通过坚持自主创新，力争掌握核心技术、关键部件和系统集成为重点的原则，确立了以混合电动汽车、纯电动汽车、燃料电池汽车为"三纵"，以整车控制系统、电机驱动系统、动力蓄电池/燃料电池为"三横"共同发展的研发布局[18]。

《国家"十二五"规划纲要》确定新能源汽车发展路径为："新能源汽车产业重点发展插电式混合动力汽车、纯电动汽车和燃料电池汽车技术"。根据科技部《电动汽车科技发展"十二五"专项规划》，2015 年在 30 个以上城市进行规模化示范推广，在 5 个以上城市进行新型商业化模式试点应用。2014 年 1 月 28 日，财政部、科技部、工业和信息化部、发展改革委四部委发出《关于进一步做好新能源汽车推广应用工作的通知》，明确提出对新能源汽车推广进行长期的补贴。同时，继 2013 年 12 月公布 28 个城市、地区作为首批新能源汽车推广应用城市名单后，四部委还发出《关于支持沈阳、长春等城市或区域开展新能源汽车推广应用工作的通知》，在第一批的基础上又批复了第二批推广城市名单。《国家"十三五"规划纲要》提出实施新能源汽车的推广计划，提升新兴产业支撑作用。在《规划纲要》的第二十三章中明确提出要支持新能源汽车的发展，推动产业的优化升级和发展壮大，完善能源系统的构建。2020 年 10 月 9 日，国务院常务会议通过《新能源汽车产业发展规划》，进一步明确了对于未来 5 年、15 年的新能源汽车的发展目标：到 2025 年新能源汽车新车销量占比要达到 25% 左右，到 2035 年国内公共领域用车全面实现电动化。2020 年 10 月 27 日举行的"2020 中国汽车工程学会年会暨展览会"上，清华大学博士李骏院士宣布《节能与新能源汽车技术路线图 2.0》正式发布，为中国"十四五"规划中新能源汽车的发展方向提供了重要的支撑。《路线图 2.0》主要提出了六大总体目标，即降低汽车碳排放总量、提高汽车产销量、降低乘用车整体油耗、改善节能汽车和新能源汽车销量结构、增加氢燃料电池汽车保有量、提高智能网联汽车销量。

据公安部统计，截至 2021 年底，全国新能源汽车保有量达 784 万辆，其中，纯电动汽车保有量 640 万辆，占新能源汽车总量的 81.63%。

各地方也积极推出了一些地方性政策、法规来推动发展电动汽车的发展。北京市、上海市发放纯电动汽车牌照，提出购买电动汽车无其他购车资质限制，拟刺激市民购买电动汽车来改善市区环境。深圳市出台诸如停车费减免、电费补贴、上路优先权以及对传统燃油按排量征收排污费等疏堵政策，鼓励单位和个人购买使用新能源汽车。

参 考 文 献

[1] ZHAO G J., New generation of electric vehicles [M]. Wiley, 2017.

[2] Electric Vehicle History [M]. Electric Auto Association (EAA), 2005.

[3] 朱绍中. 汽车简史 [M]. 上海：同济大学出版社，2008.

[4] LOWE M, TOKUOKA S, TRIGG T, et al. Lithiumion Batteries for Electric Vehicles：THE U. S. VALUE CHAIN [R]. Center on Globalization, Governance & Competitiveness, 2010 (10).

[5] 刘朝红. 电动汽车现状及其发展趋势 [J]. 汽车与配件，1999 (29)：23-25.

[6] 李相哲，苏芳，林道勇. 电动汽车动力电源系统 [M]. 北京：化学工业出版社，2011.

[7] ISO 8713-2012, Electric road vehicles：Vocabulary [S]. ISO.

[8] 杨磊. 纯电动汽车能耗经济性分析 [J]. 上海汽车，2007 (08)：11-13.

[9] 张文亮，武斌，李武峰，等. 我国纯电动汽车的发展方向及能源供给模式的探讨 [J]. 电网技术，2009 (04)：1-5.

[10] 邓元望，王耀南，陈洁平. 混合电动汽车驱动系统的分类方法及应用 [J]. 农业机械

学报，2006（05）：22-25.

[11] 宋宝林. 电动汽车优缺点分析和分类［J］. 汽车维护与修理，2013（01）：72-82.

[12] 陈家昌，王菊，伦景光. 国际燃料电池汽车技术研发动态和发展趋势［J］. 汽车工程，2008（05）：380-385.

[13] 黄嘉兴. 电动汽车产业发展路径与政策研究［D］. 北京：北京交通大学，2010.

[14] 朱一方，方海峰. 美国电动汽车扶持政策研究及对我国的借鉴意义［J］. 汽车工业研究，2013（08）：30-33.

[15] 林洛. 国外新能源汽车发展现状［J］. 商业观察，2019（05）：35-36.

[16] 王宇宁，姚磊，王艳丽. 国外电动汽车的发展战略［J］. 汽车工业研究，2005（09）：35-40.

[17] 洪凯，朱珺. 日本电动汽车产业的发展与启示［J］. 现代日本经济，2011（03）：62-70.

[18] 万钢. 加快推进我国节能与新能源汽车自主创新成果产业化［J］. 经济，2009（08）：6-8.

第2章

动力电池基本概念及分类

2

2.1 电化学电源基本构成及工作原理

2.1.1 概述

将化学能直接转化为电能的装置称为化学电源，也可称为化学电池。意大利生物学家伽尔瓦尼于 1791 年首先发现了生物电，1800 年同样是意大利的化学家伏打用锌片和银片相互堆叠，中间加以吸有盐水的呢子与皮革，制成了世界上第一个真正意义上的化学电源[1]。

1859 年普兰特（Plante）发明了铅酸电池，至今仍然广泛应用于生活中的各个方面。勒克朗谢于 1868 年发明了锌锰干电池，即 Zn-MnO$_2$ 干电池，1899 年雍格拿和 1901 年爱迪生又分别发明了碱性 Cd-Ni 和 Fe-Ni 电池二次电池。此后几十年，在此基础上又陆续出现了 Zn-Ag 电池、镍氢电池、锂电池，并逐渐实现产业化。20 世纪 80 年代，锂离子蓄电池吸引了科学家的眼光，1991 年锂离子蓄电池研制成功并且实现商业化，是目前公认的绿色能源[2]。相信随着科技的发展，将会有更多新型电池出现。

2.1.2 化学电源构成及工作原理

综上所述，一个化学电源必须包含以下四个组成部分，即电极、电解液、间隔物和包装壳[3]，如图 2-1 所示。化学电源工作时具有以下特点：

1）电池的氧化还原反应必须在电极-溶液界面上进行，包含物质转移和电子转移两个过程。

2）当电池放电时，电池正极发生氧化反应，即此时称为阳极，电池负极发生还原反应，称为阴极；当电池充电时，正好相反，此时电池的正极为阴极，负极变化为阳极。

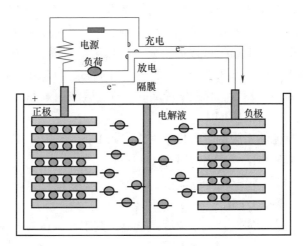

图 2-1　化学电源基本结构图

电极包括电池正极和电池负极，是电池的核心部位。电极一般是由电池活性物质和导电极片（或称为导电骨架）组成的，活性物质是电池充放电过程中发生电化学反应的物质。

电解液是电池中重要的组成部分，号称电池的"血液"，是电池中离子传输的载体。

间隔物也称为电池隔膜，是指在电池正极和负极之间的一层隔膜材料，是电池中非常关键的部分，对电池安全性和成本有直接影响，其主要作用是隔离正、负极并使电池内的电子无法自由穿过，让电解液中的离子按特定路线在正负极之间自由通过。电池隔膜的离子传导能力直接关系到电池的整体性能，其隔离正负极的作用使电池在过度充电或者温度升高的情况下能够限制电流的升高，防止电池短路引起爆炸。电池隔膜还具有微孔自闭保护作用，对电池使用者和设备起到安全保护的作用。

包装壳是包裹在电芯外面的保护装置，主要对电池起保护作用。

化学电源按照工作性质的不同可以分为两大类，即一次电池（也称为原电池）与二次电池（即蓄电池）。一次电池与二次电池的主要区别在于二次电池在放电时，结构和体积发生可逆性变化，而一次电池放电后不能再充电使其复原。现阶段电动汽车电源主要使用的就是二次电池，其中主流使用的是锂离子电池。

2.1.3　动力锂离子电池及其工作原理

锂离子蓄电池是在锂电池的基础上发展起来的，锂离子电池正负极活性物质均采用具有自由脱嵌锂离子功能的层状或隧道结构的活性材料，正负极材料具有不同的脱嵌锂电位。正极材料通常采用插锂化合物，如层状结构的 $LiMO_2$（$M=$

13

Co、Ni、Mn 等)、尖晶石结构的 $LiMn_2O_4$、橄榄石结构的 $LiMPO_4$($M=Co$、Ni、Mn、Fe 等)或 $Li_3M_2(PO_4)_3$($M=V$、Fe、Zr、Ti 等)等,见表 2-1。负极材料则采用电位接近金属锂电位的可嵌锂物质,如焦炭、石墨、锂过渡金属氮化物、过渡金属氧化物等,见表 2-2。电解质盐主要有 $LiPF_6$、$LiAsF_6$ 和 $LiClO_4$ 等。溶剂主要有碳酸乙烯酯(EC)、碳酸丁烯酯(BC)、碳酸丙烯酯(PC)、碳酸二乙酯(DEC)、碳酸二甲酯(DMC)等[4]。

以磷酸铁锂电池体系为例,其化学表达式如下:

正极反应为 $LiFePO_4 \longleftrightarrow Li_{1-x}FePO_4 + xLi^+ + xe^-$

负极反应为 $xLi^+ + xe^- + 6C \longleftrightarrow Li_xC_6$

电池反应为 $LiFePO_4 + 6C \longleftrightarrow Li_{1-x}FePO_4 + Li_xC_6$

锂离子电池反应的实质是一个浓度差电池,其工作电压与电极材料中的锂离子的浓度有关。在电池充电时,锂离子从正极材料的晶格中脱出,穿过电解质中的溶液和隔膜嵌入负极材料的晶格中,正极处于贫锂状态;在电池放电时,就会以与上述过程相反的方向进行,锂离子从负极材料的晶格中脱出,穿过电解质中的溶液后,再插入正极材料的晶格中,正极便会处于富锂状态,其工作原理如图 2-2 所示。由于在充放电的过程中,锂离子在正负极之间脱嵌的反复运动就像是摆来摆去的摇椅,所以锂离子电池被形象地叫作摇椅电池[5]。

表 2-1 不同正极材料的特性比较

阴极材料	理论容量/ ($mA \cdot h/g$)	实际容量/ ($mA \cdot h/g$)	电压/V	能量密度/ ($W \cdot h/kg$)
氧化钴锂($LiCoO_2$)	274	约 140	3.6	110~190
NCA($LiNi_{0.53}Co_{0.3}Al_{0.17}O_2$)	287	约 180	3.6	110~190
NCM($LiNi_{1/3}Co_{1/3}Mn_{1/3}O_2$)	194	约 145	3.6	110~190
锰酸锂($LiMn_2O_4$)	148	约 100	3.8	100~110
磷酸铁锂($LiFePO_4$)	170	120~140	3.2	95~110

表 2-2 不同负极材料的特性比较

阳极材料	实际容量/ ($mA \cdot h/g$)	电压/V	循环寿命	材料安全性	材料成本	低温功率
天然石墨	约 360	约 0.1	中等	好	低	好
人工石墨/MCMB	320~330	约 0.1	好	好	中	好
软碳	约 330	约 0.1	中等	好	低	好

（续）

阳极材料	实际容量/ (mA · h/g)	电压/V	循环寿命	材料安全性	材料成本	低温功率
硬碳	200~220	0.8~0.1	极好	好	高	好
钛酸锂（LTO）	160~170	1.5	极好	极好	高	极好

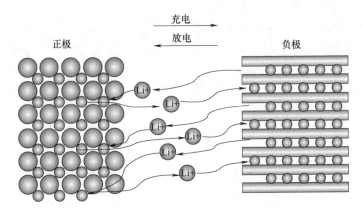

图 2-2　锂离子电池工作原理示意图

2.2　动力电池分类及其性能比较

2.2.1　动力锂电池分类

关于对锂离子电池的研究起步相对较晚，起始于 20 世纪 80 年代末。1983 年 M. Thackeray、J. Goodenough 等人[6]发现具有低成本、性能稳定、良好导电性以及锂离子扩散性能的锰尖晶石是优良的正极材料。与钴酸锂相比，具有分解温度高、氧化性低的优点，因此即使出现短路或者过充电，也能够有效避免燃烧、爆炸的危险。1989 年，A. Manthiram 和 J. Goodenough 发现利用聚合阴离子的正极产生的电压更高。1991 年，索尼公司发布了第一个商用锂离子电池，这是具有划时代意义的研究进展。

锂离子电池有多种分类方式。按外形可分为方形、圆柱形等；按正极材料可分为钴锂、铁锂、锰锂等；按用途可分为通信用、储能用、动力用等。

锂离子电池的安全性与稳定性至关重要，正极材料的选择与锂离子动力电池的安全性与稳定性有直接关系，故其分类主要按正极材料的不同进行划分[7]。

目前市场上的锂离子电池正极材料主要是氧化钴锂（$LiCoO_2$）、磷酸铁锂（$LiFePO_4$）[8]、氧化锰锂（$LiMn_2O_4$）、氧化镍锂（$LiNiO_2$）及三元复合材料$Li(N_xCo_yMn_z)O_2$。图 2-3 所示为典型锂离子电池正极材料的 SEM 图。

 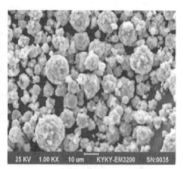

a) 磷酸铁锂正极材料　　　　　　b) 锰酸锂正极材料

图 2-3　典型锂离子电池正极材料 SEM 图

商品化动力电池主要使用锰酸锂、磷酸铁锂和三元材料三大类。

磷酸铁锂电池是目前主流使用的动力锂离子电池之一。Goodenough 小组在 1997 年首次报道了具有橄榄石结构的磷酸亚铁锂可以可逆地脱嵌锂离子，自此之后就被认为是较为理想的锂离子电池正极材料[9]，如图 2-4 所示。

与大多数含铁化合物相比，$LiFePO_4$ 具有较高的开路电压（3.45V-Li/Li+）；理论容量为 170mA·h/g，如果能将锂离子全部可逆脱嵌和嵌入，那么将比商品化的 $LiCoO_2$ 实际容量（140mA·h/g）要大。由于橄榄石结构相当稳定，故 $LiFePO_4$ 充放电循环行为优异，容量衰减非常小。所以可以说 $LiFePO_4$ 是兼

图 2-4　橄榄石型的 $LiFePO_4$ 结构图

具了 $LiCoO_2$、$LiMn_2O_4$、$LiNiO_2$ 等几种材料工作电压高、比能量高、理论容量高、热稳定性能好、自放电小、无记忆效应、循环性能出色、价格便宜、对环境友好等优点于一身的一种材料。

这一系列的优点使得 $LiFePO_4$ 材料成了最具开发空间和应用前景的锂离子电池新型正极材料，特别是在需要大型动力电源领域的电动汽车行业有着极大的市场前景[10]。

锰酸锂正极材料相较于传统钴酸锂，具有锰资源丰富、无毒无污染、价格便

宜等优点。现状研究比较多的锂锰氧化物主要有用于 3V 的层状 Li_xMnO_2 系列和用于 4V 的尖晶石 $Li_xMn_2O_4$ 系列，其中尖晶石型的锰酸锂是当前研究的热点，其结构如图 2-5 所示。该正极材料的理论容量为 148mA·h/g，实际容量在 120mA·h/g 左右，该材料具有容易合成、安全性能好等优点。但在充放电过程中的 Mn^{4+}/Mn^{3+} 转换时会出现 Jahn-Teller 效应，体积变化较大，使得材料的循环性能不佳；同时在高温下，Mn^{2+} 在电解液中易溶解以及 Mn^{3+} 的歧化作用等都会导致尖晶石型锰酸锂容量衰减较快和高温电化学性能较差，使材料的应用受到了很大限制。

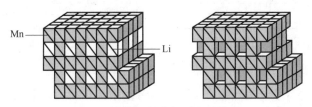

图 2-5　尖晶石结构锰酸锂结构图

三元复合材料 $Li(Ni_xCo_yMn_z)O_2$ 可以看作是由 $LiCoO_2$、$LiNiO_2$、$LiMnO_2$ 组合起来形成的固态熔融物质，如图 2-6 所示。因此，可以组成含有 Ni、Co、Mn 三元素协同的多元复合材料。在该复合材料中，钴能够使 Li^+ 脱嵌更容易，提高材料的导电性和充放电循环性能，但钴含量过高会使得材料的可逆容量下降。镍有利于提高材料的可逆容量，但镍过多又会使材料的循环性能变差。锰的含量过高易出现尖晶石相，破坏材料的层状结构。综合考虑 $LiCoO_2$ 良好的循环性能、$LiNiO_2$ 高比容量、$LiMnO_2$ 的低成本和高安全性等优点，现阶段三元复合材料在锂离子动力电池领域也进行了大规模应用[11]。

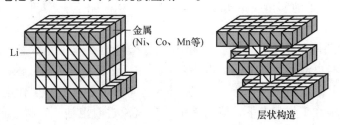

图 2-6　层状三元复合材料结构图

各类电池系统综合性能对比见表 2-3。

表 2-3　汽车用锂离子电池系统的现状

化学系统	NCA/C	（LMO+XYZ）/C	LPF/C	NMC/C	LMO/LTO
能量密度/（W·h/kg）	约 145	约 110	100~110	约 145	约 70
功率密度	好	极好	好	极好	极好

（续）

化学系统	NCA/C	（LMO+XYZ）/C	LPF/C	NMC/C	LMO/LTO
安全性	差	好	极好	中等	极好
日历寿命（HT）	好	差	中等	好	差
循环寿命	中等	好	极好	好	极好
自放电率	低	低	高	低	中等
成本	高	低	低	中等	中等

2.2.2 动力锂电池基本表征参数

评价动力锂离子电池性能有很多重要参数指标，动力锂电池结合自身使用特点主要考虑电池内阻、电池容量、开路电压及工作电压、放电平台时间、倍率性能、自放电率、充放电效率以及循环寿命等。

（1）电池内阻 电池内阻是指电池在工作时，电流流过电池内部受到的阻力，由欧姆内阻与极化内阻两部分组成。电池内阻值大，会导致电池放电工作电压降低，放电时间缩短。内阻大小主要受电池的材料、制造工艺、结构等因素的影响。电池内阻是衡量电池性能的一个重要参数。

（2）电池容量 电池的容量有额定容量和实际容量之分。在设计和生产电池时，规定电池在一定的放电条件下应该放出的最低电量。电池的实际容量是指电池在一定的放电条件下所放出的实际电量，主要受放电倍率和温度的影响（故严格来讲，电池容量应指明充放电条件），容量单位为毫安时（$mA \cdot h$）、安时（$A \cdot h$）（$1A \cdot h = 1000mA \cdot h$）。

（3）开路电压及工作电压 开路电压是指电池在非工作状态下，即电路中无电流流过时电池正负极之间的电势差。例如，正极材料为磷酸铁锂的锂离子电池充满电后开路电压为 3.2~3.3V，而且放电平台非常平稳；工作电压又称端电压，是指电池在工作状态下，即电路中有电流流过时电池正负极之间的电势差，在电池放电工作状态下，当电流流过电池内部时，由于电池极化的存在，故工作电压总是低于开路电压，充电时则与之相反。

（4）放电平台时间 放电平台时间是指电池在满电情况下放电至某电压的放电时间。例如对于三元锂离子电池，测量其 3.6V 的放电平台时间，首先以恒压充电至电压为 4.2V，并且充电电流小于 0.02 倍率时停止充电，即充满电后搁置 10min，在任何倍率的放电电流下放电至 3.6V 时的放电时间即为该电流下的放电平台时间。因用电器的工作电压都有电压要求，如果低于要求值，则会出现无法工作的情况，所以放电平台时间是衡量电池性能好坏的重要标准之一。

（5）倍率性能　充放电倍率是指电池在规定的时间内放出其额定容量所需要的电流值。1 倍率在数值上等于电池额定容量，通常以字母 C 表示，如电池的标称额定容量为 10A·h，则 10A 为 $1C$（1 倍率）放电时的放电电流，5A 则为 $0.5C$，100A 为 $10C$，以此类推。图 2-7 所示为测得锂离子电池放电倍率曲线。

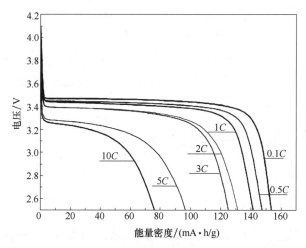

图 2-7　正极材料为磷酸铁锂型锂离子电池放电倍率曲线

（6）自放电率　自放电率又称为荷电保持能力，是指电池在开路状态下，电池所储存的电量在一定条件下的保持能力。该电池性能指标主要受电池的制造工艺、材料、储存条件等因素的影响，是衡量电池性能的重要参数。

（7）充放电效率　充电效率是指电池在充电过程中所消耗的电能转化成电池所能储存的化学能程度的效率，其主要受电池工艺、配方及电池的工作环境温度影响，一般环境温度越高，充电效率越低。放电效率是指在一定的放电条件下放电至终点电压所放出的实际电量与电池的额定容量之比，主要受放电倍率、环境温度、电池内阻等因素影响，一般情况下，放电倍率越高，放电效率越低；温度越低，放电效率越低。

（8）循环寿命　电池循环寿命是指电池容量下降到某一规定的值时，电池在某一充放电制度下所经历的充放电次数。锂离子电池相关标准规定，$1C$ 条件下电池循环 500 次后容量保持率应在 60% 以上。

综上，对动力电池而言，未来重点要解决电池的能量、动力、寿命、成本、安全性等核心技术问题（详见表 2-4），才能实现电动汽车真正走向市场化。

表 2-4 汽车用电池的主要要求

混合动力汽车（HEV）	插电式混合动力汽车/增程式 电动汽车（PHEV/EREV）	纯电动汽车（BEV）
功率	能量	能量
寿命	功率	寿命
	寿命	功率
	再充电	再充电
综合成本		
安全性		

2.3 动力电池组及充放电策略

2.3.1 动力电池成组方法

（1）电压配组法 按电池单体的电压大小进行配组，根据电池空载电压进行配组称为静态配组法，考虑带负载时电压情况的配组称为动态配组法。静态电压配组法不带负载，只考虑电池本身，测量被筛选单体电池在静置数十天后满电荷状态储存的自放电率以及满电荷状态下不同储存期内电池的开路电压，此方法操作最简单，但不准确。动态电压配组法考察带负载时的电压情况，但没有考虑到负载变化等因素，因此也不准确。

（2）静态容量配组法 静态容量配组法是在设定的条件下对电池进行充放电，由放电电流和放电时间来计算容量，按电池单体的容量大小进行配组，这种方法简便易行，但它只能反映电池在特定条件下的容量，不能说明电池的完整工作特性，有一定的局限性；内阻配组法是根据电池单体内阻大小进行配组，主要考虑单体电池的内阻，这种方法能够实现快速测量，但是因为电池的内阻会随放电过程的进行而改变，所以要进行内阻的准确测定有一定的难度。

（3）多参数配组法 通过评定电压、容量、内阻、自放电率等多种参数来选出参数一致性较好的电池组，这种方法的前提是单参数分选时要准确，同时耗时过长。

（4）动态特性配组法 利用电池的充放电曲线进行配组，电池的充放电曲线能体现电池的综合特性，按电池的充放电曲线配组能很好地保证电池各种性能指标的一致性。动态特性配组法数据多，通常采用计算机程序配合实现。此外，这种方法电池的配组利用率较低，不利于电池组成本的降低。

2.3.2　动力电池充放电策略

　　动力电池充电方式主要有两种，即恒流充电和恒压充电。恒流充电即充电电流恒定，在恒流充电过程中，起始阶段电压升高较快，其容量随时间线性增加；恒压充电即充电电压恒定。为了缩短充电时间，提高充电效率，一般会采用多阶段变电流充电法、大起始电流多阶段恒流充电等。在充电过程中，不可避免地会发生极化现象，为减小极化量，可以采用自然去极化法，即间歇充电的方式，或强制去极化，即放电脉冲的方式。

　　汽车用动力电池的电压与电流随车速的变化而变化，车辆对电池组提出的主要是功率需求，因而主要统计输出功率特性。由于电动汽车主要有怠速、匀速、制动、加速等运行状态，所以电池组也相应会输出功率或输入功率，其中汽车主要运行于中低速段，电池组的输出功率也主要分布在中低功率段。

参 考 文 献

[1] 史鹏飞. 化学电源工艺学 [M]. 哈尔滨：哈尔滨工业大学出版社，2006.

[2] 熊凡，张卫新，杨则恒，等. 高比能量锂离子电池正极材料的研究进展 [J]. 储能科学与技术，2018，007 (004)：607-617.

[3] 李荻. 电化学原理 [M]. 北京：北京航空航天大学出版社，1999.

[4] 黄可龙，王兆翔，刘素琴. 锂离子电池原理与关键技术 [M]. 北京：化学工业出版社，2007.

[5] 吴宇平，万春荣，姜长印. 锂离子二次电池 [M]. 北京：化学工业出版社，2002.

[6] THACKERAY M M, DAVID W I F, BRUCE P G, et al. Lithium insertion into manganese spinels [J]. Materials Research Bulletin, 1983, 18 (4)：461-472.

[7] 雷永泉，万群，石永康. 新能源材料 [M]. 天津：天津大学出版社，2000.

[8] 刘景. 锂离子电池正极材料的研究进展 [J]. 无机材料学报，2002，1 (17)：1-9.

[9] PADHI A K, NANJUNDASWAM K S, GOODENOUGH J B. Phospho-olivines as positive-electrode materials for rechargeable lithium batteries [J]. J. Electrochem. Soc., 1997, 144 (4)：1188-1194.

[10] 唐溪浩，马骁，邱旦峰，等. 电动汽车电池管理系统研究进展 [J]. 电源技术，2018，042 (002)：308-311.

[11] 谢元，李俊华，王佳，等. 锂离子电池三元正极材料的研究进展 [J]. 无机盐工业，2018，50 (007)：18-22.

第3章

退役电池评估

3

3.1 退役电池梯次利用概念

3.1.1 动力电池梯次利用规模和分布

动力电池梯次利用是指当电动汽车动力电池剩余容量降低到初始容量的70%~80%，无法满足车载使用要求时，经过测试、筛选、重组，用于使用工况相对温和的储能领域。对退役动力电池开展梯次利用，能分担电动汽车使用成本，提升动力电池全寿命周期价值，降低储能投资成本，节约自然资源，有利于电动汽车和储能两个行业的发展。

退役动力电池主要分布在新能源汽车发展较快的国家和地区。截至2017年底，全球新能源汽车保有量超过340万辆。其中，中国累计推广电动汽车173万辆，装配动力电池约86.9GW·h，2018年后电动汽车动力电池将逐步进入大规模退役阶段。欧洲电动汽车保有量超过60万辆，主要集中在德国、挪威、法国、荷兰、瑞典、英国等国家，由于其电动汽车自2014年才开始规模化推广，因此2020年迎来动力电池GW·h的退役规模。美国新能源汽车发展较早，2019年美国迎来动力电池退役的GW·h时代。2020年我国新能源汽车保有量为492万辆，只比2019年增加111万辆，这意味着我国新能源市场的增量出现首次负增长。

国内外均高度重视电动汽车退役动力电池梯次利用，目前，低速电动汽车和移动通信基站等用户侧储能是梯次利用的主要应用场景。在用户侧储能领域，参与主体主要有电动汽车企业、电池企业和系统集成商。国家电网公司在北京、上海、江苏、河北、河南、江西、青海等地开展了动力电池梯次利用试点工程建设，以工程示范和技术验证为主，见表3-1。总装机规模达4510kW/13600kW·h，其中，用户侧储能项目有七个，装机规模为660kW/1760kW·h。随着退役动力电池规模的快速增加、性能的不断提升和梯次利用技术的持续进步，即将形成规模效应，具备商业价值。

表 3-1　国家电网公司已开展的动力电池梯次利用试点工程

序号	项目名称	项目信息		主要承担单位	投运时间
电源侧					
1	张北风电检测中心梯次利用项目	规模：250kW/1MW·h 定位：用于风电平滑和跟踪计划出力		中国电科院	2015.12
2	张北风光储输大容量梯次利用电池储能系统示范	规模：250kW/1.2MW·h 定位：在国家风光储输示范基地，用于风电平滑、光伏消纳		国网冀北电力 中国电科院	2016.6
电网侧					
3	冀北公司张北风光储二期 9MW·h 梯次电池储能系统	规模：3MW/9MW·h 定位：开展退役动力电池分选评估、重组、安全性监测、运行维护、充放电控制技术示范应用		国网冀北电力 许继集团	2017.12
4	青海风光水储梯次利用系统示范	规模：250kW/500kW·h 定位：在国网青海省电力公司兆瓦级风光水储联合运行试验基地运行，开展退役电池分选、重组、均衡示范应用		国网河南电力	2017.7
用户侧					
5	北京高安屯换电站梯次利用电池储能系统	规模：60kW/360kW·h 定位：用于电池更换机械手的应急电源和换电站内负荷的调节		国网北京电力	2012.12
6	上海公司电动汽车充换储放一体化电站	规模：250kW/500kW·h 定位：电动汽车智能充换储及梯次电池利用的一体化示范电站，示范应用广义能量/功率调度控制策略、多元综合管理策略		国网上海电力 许继集团	2013.8
7	江西梯次利用试验项目	规模：100kW/300kW·h 定位：江西电科院梯次利用磷酸铁锂电池储能系统试验		江西电科院	2013.6

（续）

序号	项目名称	项目信息	主要承担单位	投运时间
8	北京大兴出租车充电站 100kW·h 梯次利用储能系统的工程示范	**规模**：25kW/100kW·h **定位**：在大兴电动出租车充电站，为站内直流智能一体化充电桩提供储能	国网北京电力 中国电科院 北京交通大学	2014.3
9	南京公司长深高速公路六合服务区梯次储能项目	**规模**：50kW/100kW·h **定位**：江苏省内首个电动汽车退役电池梯次利用"光储充"一体化电站	南京电力公司 许继集团	2017.2
10	重庆电科院梯次储能试验项目	**规模**：150kW/300kW·h **定位**：开展了电池模组化筛选试验	许继集团	2017.3
11	河南电科院用户侧储能示范工程	**规模**：250kW/1MW·h **定位**：基于柔性兼容、模块化设计，研制出基于退役电池的用户侧储能集装箱	国网河南电科院	2019.12
微网				
12	郑州尖山梯次利用微网示范工程	**规模**：100kW/140kW·h **定位**：国内首个基于退役动力电池的混合微电网系统	国网河南电力	2013.8

3.1.2 梯次利用相关政策

1. 国外

国外关于动力电池梯次利用的政策主要集中在电池回收管理方面，以"生产者延伸责任"为原则对电池回收利用加以引导。美国实行"生产者责任延伸+消费者押金"制度，政府通过押金督促消费者上交退役电池，同时向消费者和电池生产企业收取附加环境费，引导动力电池回收利用。欧盟采用生产者承担回收费用的强制回收制度，并对电池使用者提出了法定义务。例如德国的电池生产和进口商需在政府登记，经销商需要配合生产企业组织建立回收机制，用户有义务将废旧电池上交给指定机构。日本通过《促进建立循环型社会基本法》《固体废弃物管理和公共清洁法》《资源有效利用促进法》等其他专门法，建立了"蓄电池生产-销售-回收-再生处理"的回收利用体系，退役电池统一由电池生产商负责回收，经评估、分选和重组后再流向梯次利用用户。

2. 国内

我国出台了多项政策鼓励动力电池的梯次利用，但具体回收要求和相关技术规范尚不完善，回收利用体系还未建立。2012 年 7 月，国务院出台的《节能与新能源汽车产业发展规划（2012—2020 年）》中明确规定加强动力电池梯级利用和回收管理。2016 年初，国家发展改革委、工业和信息化部、环境保护部、商务部、质检总局五部委联合发布了《电动汽车动力蓄电池回收利用技术政策（2015 年版）》（2016 年第 2 号公告），对新能源汽车的电池回收、利用、处理做出统一规范。2017 年 1 月，国务院发布了《生产者责任延伸制度推行方案》，在新能源汽车领域提出建立电动汽车动力电池回收利用体系的要求。2018 年 3 月，工业和信息化部等七部委发布的《新能源汽车动力蓄电池回收利用管理暂行办法》明确了动力电池维修更换阶段要求、回收阶段要求、报废阶段要求、所有人责任要求、收集要求、贮存要求、运输要求、阶梯利用要求、阶梯利用电池产品要求以及再生利用要求。2018 年 7 月，工业和信息化部发布《新能源汽车动力蓄电池回收利用溯源管理暂行规定》，建立"新能源汽车国家监测与动力蓄电池回收利用溯源综合管理平台"，对动力蓄电池生产、销售、使用、回收等全过程进行信息采集，对各环节主体履行回收利用责任情况实施监测，该平台已于 2018 年 8 月 1 日正式上线。2021 年 8 月，工业和信息化部等五部联合发布了《新能源汽车动力蓄电池梯次利用管理办法》，加强新能源汽车动力蓄电池梯次利用管理，提升资源综合利用水平，保障梯次利用电池产品的质量，保护生态环境。我国动力蓄电池回收利用体系将逐步建立完善，为动力电池梯次利用创造有力的政策、产业环境。

3.1.3　梯次利用电池

当前退役动力电池综合利用成本与新电池基本相当。从国内外梯次利用技术的探索和工程示范来看，退役电池梯次利用需要经过性能评判、分选重组、系统集成等多个技术环节。我国动力电池生产企业技术水平差异较大，特别是前期生产的动力电池质量参差不齐，目前仅有自动化生产程度较高的一线厂家的电池具备梯次利用的条件。

随着大数据分析技术应用于状态评估，以及基于特征参量的快速分选技术的应用，大幅提升了梯次电池的分选效率，有效促进了梯次电池利用的成本下降。目前梯次电池成本较 2015 年下降 40%，在 0.6 元/(W·h) 左右，梯次利用电池成本为新电池的 40%，循环次数为新电池的三分之一（超过 2000 次），按新电池使用周期替换三次退役电池，度电成本为 0.5~0.6 元/(kW·h·次)，与使用新电池相当。

随着动力电池的工艺改进、质量提升，退役电池可用性将大大提升，预计到 2024 年，采购成本将降至 0.3 元/（W·h）左右，寿命超过 3000 次，同时伴随梯次利用关键技术的突破，其过程环节成本也将大幅度下降，系统综合度电成本将降至 0.25~0.3 元/（kW·h·次）。

3.1.4 梯次利用市场规模

随着电动汽车的全面普及，动力电池梯次利用市场规模也将持续增长。2015 年新能源汽车销售 33.1 万辆，动力电池装机量为 15.7GW·h，其中商业车和专用车为 11.5GW·h；2016 年新能源汽车销售 50.7 万辆，动力电池装机量为 28.0GW·h，其中商业车和专用车为 19GW·h。2020 年我国动力电池退役量达 25GW·h。2025 年我国新能源汽车销量有望达 600 万辆，每辆车平均搭载 50kW·h 的电池，2030 我国动力电池退役量将超过 300GW·h，如图 3-1 所示。

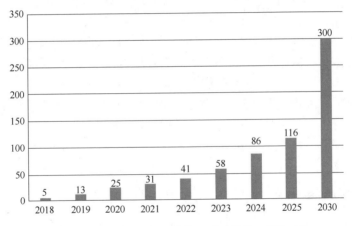

图 3-1　中国动力电池退役量预测（单位：GW·h）

3.1.5 梯次利用

动力电池梯次利用因其价格优势，适用于要求充放电倍率相对较低、资金周转速度高的用户，在用户侧储能多类型领域都可应用。

随着新能源汽车的高速增长，动力锂电池用量大幅提升，2018 年起动力电池已逐步进入大规模退役阶段，未来退役电池应用前景较为广阔。

典型案例是江苏溧阳普莱德公司梯次利用电池储能系统，该系统总功率为 180kW，总容量为 1.1MW·h，有效容量为 1MW·h，由上海煦达新能源科技有限公司主导设计，主要应用为削峰填谷和需量电费管理。

3.2　退役动力电池再利用模式、策略及技术路线

3.2.1　梯次利用概念及定义

动力电池 SOH 低于 70%~80% 时，不适合继续作为动力电池使用，应退出运行。

这类电池还具有较为理想的剩余容量，理论上可以再用于储能系统。

1. 如何认识梯次利用

梯次利用不是电池全寿命周期的必要环节；没有强制回收，梯次利用无法市场化；不能为了梯次利用而梯次利用，只有电池质量过硬、成本极低、应用场景高度匹配，才有开展梯次利用的必要性，缺一不可；永远不要与新电池比成本差，理论上，梯次利用电池应无偿获得，甚至逆向有偿获得。

2. 梯次利用是"伪命题"吗

技术上的研究、创新及示范无可厚非，怎么做都有意义。

若电池在设计、生产、品控、使用等环节有缺陷，则梯次利用很大程度上是失败的，但不代表梯次利用是"伪命题"。

如果所有的指标都对标新电池，则梯次利用没法做。但安全、可靠必须对标新电池，否则梯次利用没必要做。

3. 关于分选（筛选）

外观检视是必要的，不管怎么分选，一致性差均是客观存在的，无法规避。沿用新电池的分容定容思路不可取，成本太高，故现阶段还没有快速分选技术。

4. 关于重组集成

给 100 个电池模组寻找一个统一的参量指标是不现实的，可以尝试着将其分成五组，每组保证执行同一标准，但各组件不必强求一致。

利用逆变技术和系统设计新思路，电池的离散性是可以解决的。

5. 关于均衡

BMS 无法解决退役电池先天的不一致，只能部分解决充放电过程的不一致性，保证安全和出力的情况下，设定同一充放电截止条件也许可行。

6. 关于梯次电池衰减及寿命评价

梯次利用电池的衰减及其规律不是梯次利用造成和独有的，因为电池还是那个电池，单纯实验室研究梯次电池衰减规律没有意义，具体场景下的衰减特征才有借鉴性，离开电池质量和梯次利用场景去评价其二次利用寿命，没有

意义。

3.2.2　正确看待梯次利用储能系统

梯次利用储能系统不能跑"马拉松"和"百米冲刺"，储能系统不止有大规模储能，还有各种小规模/规格储能，当然小规模不是不可以汇聚成大规模，也没有证据证明梯次电池安全性一定有问题。

梯次利用储能系统运行过程个别模组劣化故障很正常，新电池也存在，无非是概率的问题。

1. 梯次利用现状

目前没有真正意义上的退役电池，绝大部分不是因容量正常衰减至 80% 而退役，而是各种各样原因产生了退役电池。

没有完整的示范运行数据，无法系统判断其安全、寿命及场景适应性。

示范项目居多，真正商业和生产运行的项目很少。

2. 梯次利用困境

量小、质差、不强制回收是市场化的最大障碍，成本高，与新电池储能比，没有显著的成本优势，梯次利用过程产生的环境效益未体现在产品价值/价格中。

3. 梯次利用如何市场化

退役电池量足够大，且强制回收，无需拆解、筛选，模组直接使用，电池制造质量和电动汽车运维水平显著提高，无限期的免费售后更换（弥补寿命不足）。

4. 梯次利用机遇与挑战

梯次利用技术应用受新能源汽车发展战略调整、电池类型、电动汽车发展速度等影响，机遇与挑战并存，如图 3-2 所示。

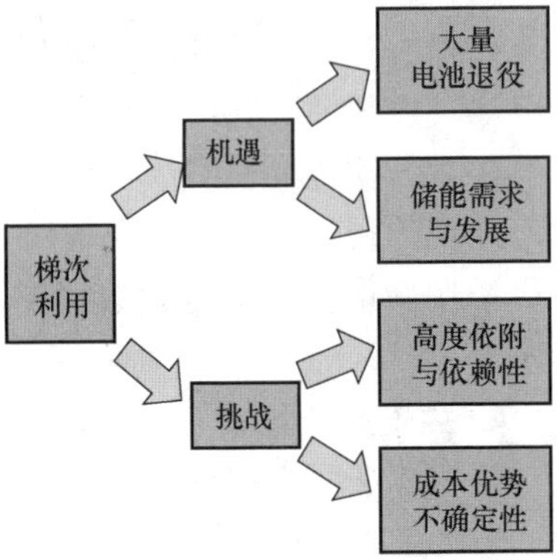

3.2.3　梯次利用思路与原则

1. 梯次利用参与主体

梯次利用应是多方参与，包括制造、电池包、车载应用，以及退役回收，涉及全产业链，如图 3-3 所示。

2. 梯次利用关键点与难点

电池模组快速筛选、低成本集成、高效均衡、安全防护等技术是梯次利用的难点和关键点，需要通盘考虑，以期实现低成本、长寿命及高安全性梯次利用储能技术的全面推广应用，如图 3-4 所示。

图 3-2　梯次利用机遇与挑战

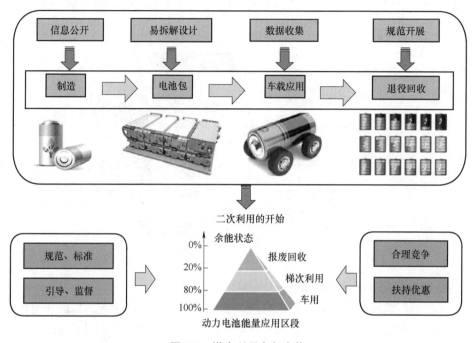

图 3-3　梯次利用参与主体

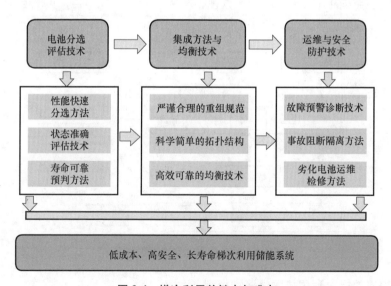

图 3-4　梯次利用关键点与难点

3. 梯次利用商业应用模式

梯次利用商业应用模式方面，应以电池回收利用为切入点，取得回收处理相关资质，进而以低成本（零成本）获得大量退役电池，实现可持续发展，如图3-5所示。

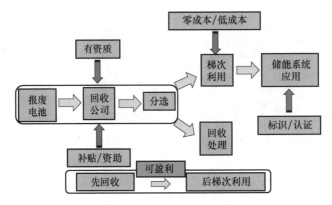

图 3-5　梯次利用商业应用模式

4. 梯次利用低成本控制节点

梯次利用储能技术成本主要由分选、重组、运维三方面组成，目前在电池分选方面的投入较大，后期成本下降空间较大。重组过程中由于使用了新的电力电子设备，使得成本下降空间不大，未来若实现 BMS 等的再利用，则成本可大幅下降。而运维方面，大家普遍不太重视，实际上如果运维不当，可能会造成整个梯次利用成本大幅攀升，如图3-6所示。

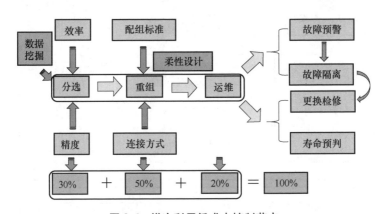

图 3-6　梯次利用低成本控制节点

5. 理想的梯次利用技术经济性指标

目前，退役电池成本与个别新电池的成本接近或持平，成本优势不明显，但是随着电池回收职责、关系的不断科学、优化，未来还有下降空间。寿命方面，由于梯次利用电池储能系统充放电倍率较小（不超过 $0.3C$），加上动力电池在第一阶段的运维水平不断提升，故其使用寿命未来可期，如图 3-7 和图 3-8 所示。

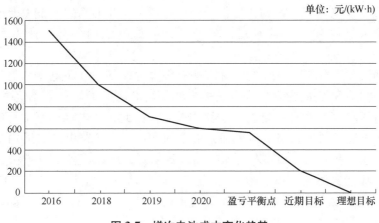

图 3-7　梯次电池成本变化趋势

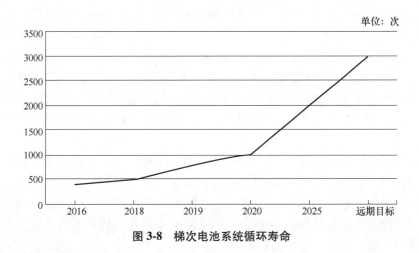

图 3-8　梯次电池系统循环寿命

3.3　退役电池性能诊断与分析

3.3.1　国内外现状

电动汽车电池荷电状态（State of Charge，SOC）的定义为电池在一定放电倍率下，剩余电量与相同条件下额定容量的比值[1]。SOC 可描述电池剩余电量，是电池使用过程中的重要参数。对电动汽车来说，通过准确地估算电池的 SOC，合理利用电池提供的电能，可以使得电动汽车的续航能力更强。而且电池在运行过程中，大电流的充放电可能造成电池的过充或过放，此时精确的 SOC 估算对合理利用电池有很好的指导作用，可进行及时和准确的调整和维护，防止由于过充或过放造成不可修复性的损坏，提高电池的循环使用寿命，降低成本[2]。

电动汽车动力电池 SOC 的估计方法有很多种，其中开路电压法是预测电动汽车电池初始 SOC 最为常用和有效的方法。当电池处于静态或无负载状态时，电池端电压和 SOC 存在一定的数学比例关系。因此，在电动汽车运行前，电池管理系统可通过测量开路电压来估计电池的 SOC[3]。开路电压法适用于电动汽车停车状态，在充电初期和末期 SOC 估计效果好，所以其他估算方法往往都使用开路电压法来解决 SOC 的初始值问题。通常认为电池开路电压是电池荷电状态 SOC 的函数[4,5]。不同 SOC 下，电池的开路电压不同。因此，如何提高开路电压法估算电池 SOC 初始值的准确度是准确估计电动汽车电池 SOC 的重要课题。

除电池的开路电压特性，电池模型的核心参数还包括电池的容量和电池的阻容参数。对新电池来讲，电池模型的这些参数可以通过电池试验测试得到。但是随着电动汽车的运行，电池充放电循环次数增加，电池会逐渐老化，电池模型的参数也会随之变化。对于电池的容量和电阻等随电池老化的变化情况已经有较多研究[6]。而由于衰减前后，电池内部的正负极活性物质不变，故通常认为随着电池的老化，电池的开路电压与 SOC 关系保持不变[7]。

关于蓄电池的内部阻抗测量，尽管不能直接确定其荷电状态 SOC，但作为 IEEE 的推荐性标准[8]，是目前行业公认的蓄电池无损维护的最佳方案之一。相对于单一频率下的内部阻抗，蓄电池的内部阻抗谱及其变化趋势无疑能提供更多、更有价值的有关其 SOC 的信息。阻抗谱技术作为一种对蓄电池进行在线检测与维护的重要手段，正受到日益关注[9-14]。

3.3.2 退役磷酸铁锂电池性能

3.3.2.1 退役电池 SOH、内阻性能分布特性

选取某一批磷酸铁锂退役电池，该批电池出厂时额定容量为 180A·h，系钢壳电池，运行六年左右退役，对其 SOH 状态（容量、内阻）进行统计分析。

1. 电池容量测试

在室温条件下，以 $0.3C$ 电流对电池进行容量测试，由表 3-2 和图 3-9 可知，容量在 126~153A·h 之间的电池占比最高为 81.46%，为原标称容量的 70%~85%。

表 3-2　容量分布统计

标准要求	$C<60\%$	$60\%\leqslant$ $C<70\%$	$70\%\leqslant$ $C<75\%$	$75\%\leqslant$ $C<80\%$	$80\%\leqslant$ $C<85\%$	$85\%\leqslant$ C
样品数量/块	12	379	557	755	590	42
占比（%）	0.51	16.23	23.85	32.33	25.27	1.81

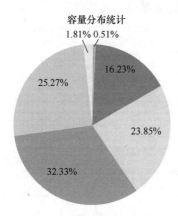

图 3-9　容量分布饼状图

2. 电池内阻测试

选取 $C<75\%$ 电池进行分析，除个别测试值异常外，交流内阻大部分在 0.5～0.9mΩ 区间内，详见表 3-3。

表 3-3　电池交流内阻分布情况

项目		最小值	最大值	均值
交流内阻/mΩ	02#	0.36	0.75	0.51
	05#	0.41	0.97	0.58
	03#	0.47	1.26	0.67
	04#	0.32	1.14	0.63
	06#	0.43	0.90	0.59
	07#	0.51	17.98	0.74
	09#	0.47	15.12	0.71
	10#	0.46	1.57	0.86

3. 试验结论

1）该批电池容量在 144～153A·h 之间的占比为 25.27%，为原标称容量的 80%～85%；容量在 135～144A·h 之间的电池占比为 32.33%，为原标称容量的

33

$75\% \sim 80\%$；容量在 $126 \sim 135 A \cdot h$ 之间的电池占比为 23.85%，为原标称容量的 $70\% \sim 75\%$。

2）交流内阻分布在 $0.5 \sim 0.9 m\Omega$ 区间内，高于新生产电池（$0.1 \sim 0.5 m\Omega$）。

3.3.2.2 退役电池老化现象及其特性

电池在长期使用老化后偶尔会出现缺液跳水现象，如图 3-10 所示，其充放电曲线如图 3-11 所示。若此类电池进入梯次利用应用环节，则会在使用过程中突然出现电性能失效，无法实现正常连续供电，甚至会在电池供电期间断电而造成设备中断。

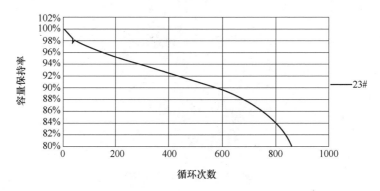

图 3-10　电池循环跳水示意图

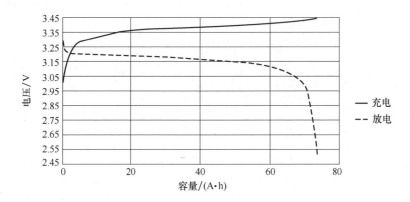

图 3-11　电池充放电曲线

此类缺液跳水多为因电解液的过度消耗、气密性不足而挥发导致的，电池潜存的这种故障无法通过交流内阻（ACR）、直流内阻（DCR）、膨胀率和容量衰减速率等外特性指标检测出来并进行预判与筛选。常见的对于电池容量跳水原因及其老化特性的分析方法如下所述。

1. 基于充放电曲线预判磷酸铁锂电池循环跳水故障

在对电池状态估计方法的多项研究里，引用了电量增量分析方法用于电池内部衰退机理分析，该分析方法可提供一种原位非破坏性的电池容量衰退因素分析方法，电解液不足时因缺少可利用的锂离子搬运媒介而导致锂离子过度消耗，因此通过该方法可以判定可循环锂离子损失情况。

2. 基于充放电曲线特征辨别容量保持能力失效电池

在新能源汽车工况下使用后的电池因使用条件苛刻，个别单体会加速老化或内部健康状态变差，容量衰减速率增大，若没有历史数据，则仅从容量和内阻指标无法直接将此类电池辨别出来，在梯次利用使用阶段，作为短板电池影响其电池模组循环过程中的容量保持能力，无法满足循环寿命要求。同时，容量衰减速率不一致也将是梯次利用电池组循环过程一致性变差的主因之一。

根据此类曲线特征可以将容量循环衰减速率大的不健康失效电池辨识出来。

3. 基于充放电曲线特征检定析锂电池

由于析出金属锂的可逆性和氧化还原反应机理，充放电曲线的末期/放电曲线的初期会出现电压平台，即在高电压区间曲线出现一个峰值，根据这一特点可判定电池是否有析出锂。

3.3.2.3　退役电池性能及状态评价方法展望

利用充放电设备测量的直流内阻误差较大，易受到温度、设备电流准确度误差、电压采集误差和测试连接表面接触电阻的影响，因此 DCR 检测并不适合用于梯级利用处理环节对电池的内阻进行测试评价。

锂离子电池在使用过程中，电池健康状态发生退化的本质原因是电池内部的电极材料以及电解液性质发生退化。根据电化学原理，交流内阻表达的是锂离子和电子通过电解液、隔膜、导线、活性材料颗粒运输阻抗，仅能反映出电池的物理内阻，不能完全反映出电池健康状态。但随着电池循环老化，电池内部的电化学内阻（包括电极界面的化学反应电阻 R_{ct} 和粒子内部扩散极化电阻）随着电池健康状态的衰退而增大，直接影响电池的电性能。

基于电池阻抗电路模型和频域分析奈奎斯特（Nyquist）图，如图 3-12 所示，拟采用内阻/电化学电阻指标快速检测与判定电池健康状态的评价方法，取代需要充放电过程的 DCR 测试，对电池内部电极材料状态表征更精准。采用电池阻抗分析仪测量电池电阻的情况，从 ACR（物理电阻）和 EIS（电化学阻抗）两个方面来综合评价电池的健康状态。如图 3-13 所示，电池经不同循环次数后，EIS 不同频率下内阻的大小随着老化状态不同有比较显著的区别，可以据此 EIS 测试来表征电池老化状态。

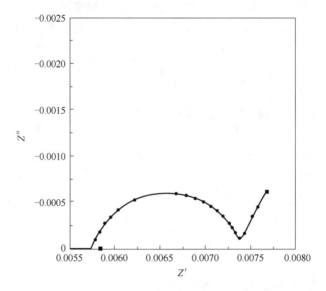

图 3-12　电池 EIS 测试

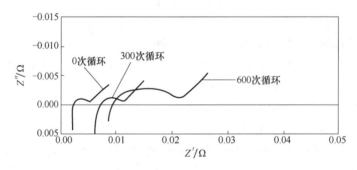

图 3-13　不同循环次数下电池 EIS 测试

3.3.2.4　小结

本节测试分析了退役电池容量及内阻分布特性，分析了电池容量"跳水"现象及可能原因，总结了现有方法在退役电池状态快速评估方面的问题及缺点，展望了利用电化学阻抗技术对电池性能状态及老化特性进行评价的可行性。

3.3.3　不同衰退状态下磷酸铁锂电池单体开路电压和荷电状态关系

3.3.3.1　磷酸铁锂电池电压与容量间的关系

通过试验分析，发现梯次利用电池模组一致性发散是导致其容量衰退的重要原因，本节将研究电池开路电压与容量衰退的相关性。

图 3-14 所示为八个串联单体在初始容量测试充放电过程中的单体电压和八个单体电压均值的变化。可以看出，2-4 单体电池最先达到充放电截止电压，且在整个充电过程中都高于平均电压，在整个放电过程中都低于平均电压。在 2-4 单体达到充电截止电压 3.65V 时，单体平均电压仅为 3.49V，而此时 1-1 单体电池的电压为 3.449V；2-4 单体达到放电截止电压 2.5V 时单体平均电压仅为 3V，而此时 1-1 单体电池的电压为 3.147V。若按电池组平均电压来看，电池组还能继续充放电，而实际上该电池组已经不能再充入或放出容量，影响电池组的充放电性能。

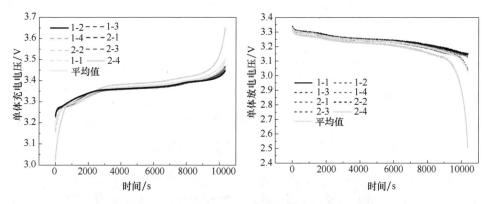

图 3-14　八个单体电压和平均电压随时间变化曲线

图 3-15 所示为八个串联单体在 100% SOC 点和 0% SOC 点的开路电压及八个开路电压（OCV）的平均值，从图中可以看出八个单体电池 OCV 在均值附近波动较大，说明八个单体电池的一致性较差。

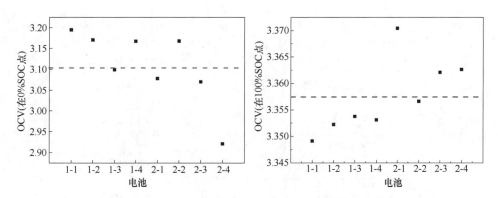

图 3-15　八个单体高低端开路电压和平均开路电压

图 3-16 所示为八个串联单体不同循环次数的充放电截止电压极差，可以看

出 1#和 2#电池组串联单体随着循环次数增加极差越来越大，表明电池的离散度越来越大。从图中可以看出八个串联单体的充放电截止电压的极差随着循环次数的增加越来越大，在 100% SOC 点和 0% SOC 点的开路电压也越来越大，可以看出八块电池的一致性越来越差，即发散度越来越大。

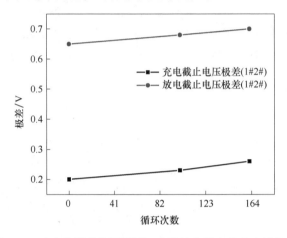

图3-16 八个串联单体不同循环次数的充放电截止电压极差

图 3-17 所示为不同循环次数下 2-4 单体电池的整个充放电过程的电压以及八个串联单体电池的平均电压，从 2-4 单体电池的充放电过程来看，随着循环次数的增加，在充放电末端 2-4 单体电池达到截止电压的时间越来越短，说明电池组可以充入/放出的容量越来越少，也反映出电池组的一致性变差，同时也可以看到 2-4 单体电池截止电压与成组电池充放电截止时的平均电压差值越来越大，电池组的一致性也越来越差。

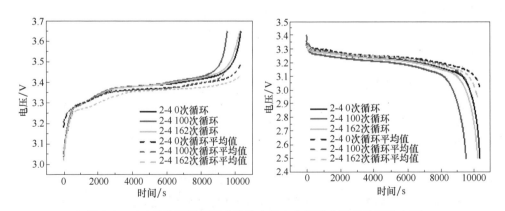

图3-17 2-4 单体不同循环次数的充放电电压及串联单体平均电压

3.3.3.2　电池开路电压及 SOC 在充放电过程的变化特性

针对某项目中所使用的退役磷酸铁锂电池，进行了电池 SOC 估算技术的检测，下面是按照常规充电测试和常规放电测试得到的测试数据和结果分析。

1. 1/3C 分段充电 SOC 数据

充电方法：在室温下以 1/3C 倍率将电池放电至电压下限，静置 30min，然后以 1/3C 倍率对电池进行充电，每充电 10% SOC 后静置 30min，记录充电过程中电池的电压变化情况，如图 3-18 所示。

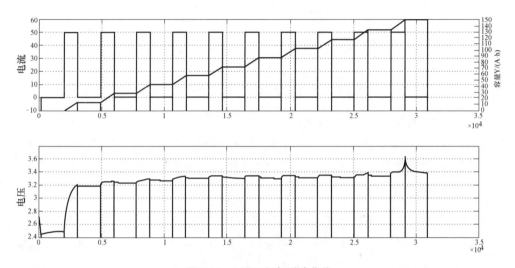

图 3-18　1/3C 充电测试曲线

在上述充电过程中，SOC 为 BMS 系统的计算值，每一次充电结束的依据是充电设备输出的安时数达到 15.2A·h（电池容量为 152A·h），由于第一次充电时初始 SOC 为 8.5%，因此第一次充电时输出的安时数为 12.92A·h，最后一次由于达到充电截止条件，因此充电设备输出的安时数为 13.75A·h。

充电测试中计算 SOC 与安时数的对应关系如表 3-4 和图 3-19 所示。

表 3-4　SOC 与相应的安时数

安时累积/ (A·h)	0	12.92	28.12	43.32	58.52	73.72	88.92	104.12	119.32	134.52	149.72
SOC（%）	0	8.5	18.25	28	37.75	47.5	57.25	67	76.75	86.5	96.25

从表 3-4 和图 3-19 中可以看出，当输入 15.2A·h 的能量时，SOC 的增量平均为 9.75%，其他能量以其他形式损失。适当调整影响损失能量的系统参数，建立精确的系统模型，就可以得到更加符合实际系统的数学模型，从而提高系统的计算精度。

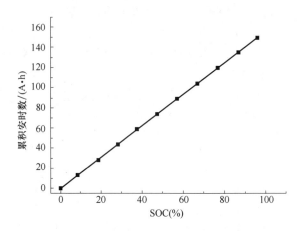

图 3-19 充电阶段 SOC 与电池容量间关系

2. 1/3C 分段放电 SOC 数据

放电方法：在室温下以 1/3C 倍率将电池充电至电压上限，静置 30min，然后以 1/3C 倍率对电池进行放电，每放电 10% SOC 后静置 30min，记录放电过程中电池的电压变化情况，如图 3-20 所示。

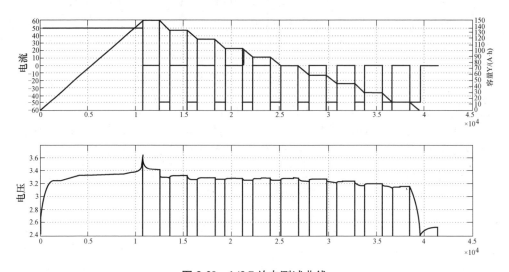

图 3-20 1/3C 放电测试曲线

在上述放电过程中，SOC 为 BMS 系统的计算值，每一次充电结束的依据是充电设备输出的安时数达到 15.2A·h（电池容量为 152A·h），由于第一次放电时初始 SOC 为 96.25%，因此第一次放电时输出的安时数为 9.5A·h，最后一次由于达到放电截止条件，因此放电设备输出的安时数为 21.9A·h。

放电测试中计算 SOC 与安时数的对应关系如表 3-5 和图 3-21 所示。

表 3-5　SOC 与相应的安时数

安时累积/ (A·h)	0	9.50	24.7	39.9	55.1	70.3	85.5	100.7	115.9	131.1	146.3
SOC（%）	96.25	86.9	79.55	70.2	60.85	51.5	42.15	32.8	22.45	12.1	2.75

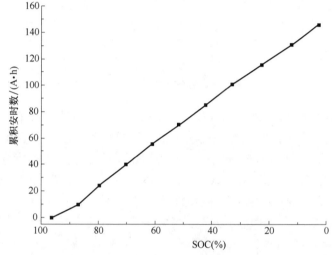

图 3-21　放电阶段 SOC 与容量间关系

从表 3-5 和图 3-21 中可以看出，当放电 15.2A·h 的容量时，SOC 的减少量平均为 9.35%，其他能量以其他形式损失。适当调整影响损失能量的系统参数，建立精确的系统模型，就可以得到更加符合实际系统的数学模型，从而提高系统的计算精度。

图 3-22 所示为根据上述测试结果得到的采用退役磷酸铁锂动力电池的 SOC-OCV 曲线，利用该曲线，可以较准确地根据电池的开路电压来判断电池的荷电状态。

3. 测试结果

通过上述的测试结果，在分段充电模式下，若每个 SOC 平台阶段的计算值都低于实际输入的安时数，则符合电池的充电特性，即输入的安时数一部分以能量形式存储，小部分以其他形式损耗。由于存在能量损耗，故由连续充电模式下的估算结果，实际的 SOC 会低于安时计算 SOC 10% 左右，满足 5% 的误差要求的性能指标。

在分段放电模式下，若每个 SOC 平台阶段的计算值都低于实际输入的安时

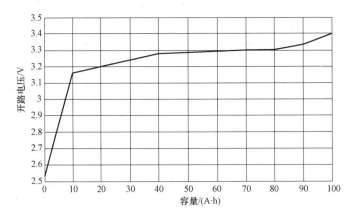

图 3-22　退役磷酸铁锂动力电池 SOC-OCV 曲线

数，则符合电池的放电特性，即放出的安时数一部分以能量形式存储，小部分以其他形式损耗。由于存在能量损耗，故由连续放电模式下的估算结果，实际的 SOC 会低于安时计算 SOC 10%左右，满足 5%的误差要求的性能指标。

3.3.3.3　不同衰退状态下磷酸铁锂电池单体开路电压和荷电状态关系

通常电池的开路电压被认为是电池 SOC 的函数，以电池样本 1 为例，可以绘制不同衰减情况下，其开路电压与 SOC 关系、开路电压与电池容量关系分别如图 3-23 和图 3-24 所示。

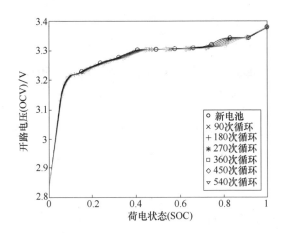

图 3-23　开路电压与电池荷电状态关系随电池衰减的变化情况

可见随着电池容量的衰减，电池的开路电压与 SOC 关系曲线有较明显的变化。特别是电池在 SOC 约 80%电压平台随着电池的逐渐老化而消失。

而目前还没有文献明确地指出电池开路电压曲线随着电池衰减的变化情况。

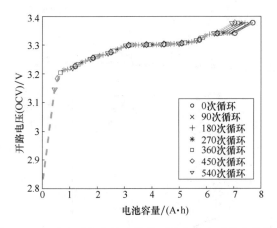

图 3-24　开路电压与电池容量关系随电池衰减的变化情况

尤其在实车应用情况下，通常均认为电池的开路电压不随电池衰减而变化。然而，试验结果正好相反。

如果不考虑电池开路电压的变化情况，则电池模型无法准确地描述电池特性，也无法准确地估计电池的状态及提出合理的管理算法。为了对电池衰减后的开路电压进行细致的分析，需要简要分析电池的衰减机理。

对于常用的正极为磷酸铁锂，负极为石墨的动力电池，其电池开路电压与正负极电势示意图如图 3-25 所示。整个充电过程中，磷酸铁锂正极电势基本变化很小，而石墨负极主要有三个平台，代表了三个相变过程，在图中以Ⅰ，Ⅱ，Ⅲ标示。则电池的开路电压曲线也会有相应三个平台。常用的磷酸铁锂电池，其主要的衰减机理是可用锂离子的损失，衰减后的情况如图 3-25 所示，可见在只有可用锂离子损失的情况下，对应电池开路电压曲线平台Ⅰ才会有相应的明显减少，而电压平台Ⅱ和Ⅲ变化较少。

#1 电池开路电压与电池内部电量关系随电池衰减的变化情况如图 3-26 所示。可见随着电池循环次数增加，电池容量减少，而电压平台Ⅱ和Ⅲ区域，即电量 0~6A·h 范围内，电池的开路电压基本保持不变。

电池电压平台Ⅰ处电池开路电压曲线变化情况如图 3-27 所示，可见，随着电池容量的衰减，对应电池开路电压曲线中电压平台Ⅰ逐渐消失。通过简单的标定，即可以根据电池的容量衰减情况，分析得到电池的开路电压变化情况。

3.3.3.4　小结

本节主要研究了电池模组间单体开路电压在电池充放电循环过程的离散特性；研究了单体电池开路电压随充放电过程的变化特点，以及单体电池开路电压与 SOC、电池容量间的关系。

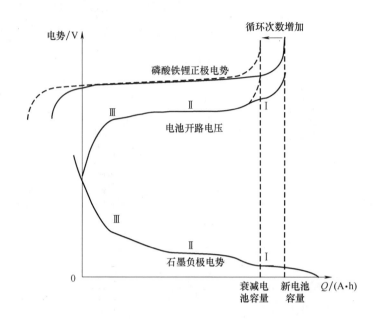

图 3-25   电池正负极电势与开路电压示意图

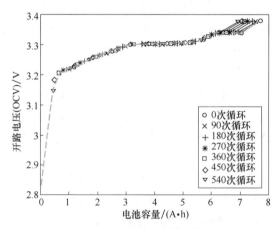

图 3-26   #1 电池开路电压曲线变化情况

最后，研究了不同衰退状态下电池开路电压与荷电状态间的关系，发现随着电池循环次数增加，电池容量减少，电压平台Ⅱ和Ⅲ区域中电池的开路电压基本保持不变。而随着电池容量的衰减，对应电池开路电压曲线中电压平台Ⅰ逐渐消失。

通过本节的分析，可以得到电池开路电压和电池电量关系变化情况。在对电池开路电压和电量关系精确估计的基础上，容易得到电池开路电压和 SOC 的关系曲线。

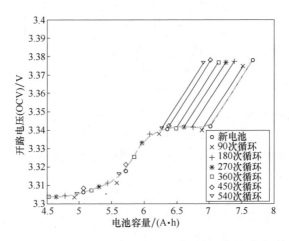

图 3-27　#1 电池平台 I 处开路电压曲线变化情况

3.3.4　同种衰退状态下磷酸铁锂电池单体阻抗特性与荷电状态关系

3.3.4.1　原理机理概述

1. 引言

锂离子电池主要由正极、负极、电解质、隔膜四部分组成。目前正负极材料均由能可逆地嵌入和脱出锂离子的活性材料组成,电解质材料由离子导电而电子绝缘的液体或者固体组成。隔膜由聚乙烯或聚丙烯或其复合膜组成。在充电过程中,锂离子从正极材料脱出,经过电解质部分,最终嵌入负极材料,同时电子经过外电路从正极转移到负极。放电过程则发生相反的过程。在实际研究中,充放电过程的每一步都可以细分为许多复杂的微观过程,如锂离子脱离正极材料晶格的过程,在正极材料中输运的过程,在液体电解液中发生的溶剂化与去溶剂化的过程,经过负极表面固体电解质相界面(Solid Electrolyte Interface,SEI)膜的过程,在负极材料中输运并最终嵌入负极材料的过程等。

由此可见,锂离子电池是一个电化学反应器,在充放电对应的能量存储与转换过程中,其内部会发生一系列复杂的物理化学变化过程,包括活性材料的氧化还原反应、离子及电子输运过程,电解质内的载流子输运过程等,所有这些过程中的主要速率控制环节集中于电化学氧化还原反应及载流子扩散和输运过程中。因此,锂离子退役电池快速评价技术所对应的加速老化试验目标主要是提高电化学反应速度和载流子扩散速率。

2. 电化学反应动力学

电化学反应的本质仍然是化学反应,其反应热力学、动力学过程仍然符合相关方程和定律,只不过同时受到化学电位控制,同时也与电场方向、电荷浓度密切相关，发生反应的位置集中在电极材料内部及表面。从加速化学反应速度的角度来说，主要应参考化学反应速率及与之相关的阿伦尼乌斯（Arrhenius）方程对应的物理意义和化学动力学过程。

$$充电过程：LiFePO_4 \longrightarrow FePO_4 + Li^+ + e^-$$

$$放电过程：FePO_4 + Li^+ + e^- \longrightarrow LiFePO_4$$

其化学反应速率 $v = kcn$，式中，v 为反应速率；k 为反应速率常数；c 为反应物浓度；n 为反应级数。对于磷酸铁锂正极材料来说，其反应物浓度是一个定值。为简化推理过程，假设反应为一个简单的一级反应，则 $n = 1$，此反应的速率计算公式简化为

$$v = kc \tag{3-1}$$

由公式易看出反应速率只与速率常数 k 相关，而速率常数由 Arrhenius 方程计算得到，Arrhenius 方程表示如下：

$$k = A\exp(-E_a/RT) \tag{3-2}$$

式中，k 为反应的速率系（常）数；E_a 和 A 分别称为活化能和指前因子；R 为摩尔气体常数；T 为热力学温度。这些参数中，指前因子 A 及摩尔气体常数 R 为定值，变量只有活化能 E_a 和温度 T，当这两个系数确定时即可得到速率常数 k。活化能 E_a 的物理意义是：从原反应体系到产物的中间阶段存在一个过渡状态，这个过渡状态和原系统的能量差就是活化能 E_a。因此，对磷酸铁锂正极反应来说，由于反应物和生成物是明确的化学物质，因此其反应活化能也为定值。所以，反应速率常数实质上仅与反应温度 T 相关。当 T 增大时，反应活化能减小，反应难度降低，速度加快。由此可以明确，温度是影响磷酸铁锂正极反应速度的主要因素，温度升高，反应加速，所以可将升温作为加速老化的一项试验条件。

除反应速度外，锂离子在电池电极及电解质中的扩散过程也是影响电池整体反应速度的重要因素。由于锂离子在液相中的扩散速度（一般在 10^{-3} 量级）显著高于固相扩散速度（一般在 10^{-9} 数量级以下），因此扩散过程的速率控制步骤主要是电极材料内的固相扩散过程。

在现有的研究中，研究人员广泛应用快离子导体内部扩散理论适用的菲克系列定律作为研究电池内部载流子扩散速度的主要依据，以此作为相关理论推导的基础公式，研究电池加速反应速度的动力学适用条件。菲克系列定律中的基础是菲克第一定律：在单位时间内通过垂直于扩散方向的单位截面积的扩散物质流量（称为扩散通量，用 J 表示）与该截面处的浓度梯度成正比，也就是说，浓度梯度越大，扩散通量越大。菲克第一定律的数学表达式如下：

$$dxJ = -DdC \tag{3-3}$$

式中，D 称为扩散系数（m^2/s）；C 为扩散物质的体积浓度（原子数/m^3 或 kg/m^3）；

dC/dx 为浓度梯度；"－"号表示扩散方向为浓度梯度的反方向，即扩散物质由高浓度区向低浓度区扩散。扩散通量 J 的单位是 $kg/(m^2 \cdot s)$。由公式可以看出，扩散系数越高或者浓度梯度越大，单位时间内的扩散物质流量越大，扩散速度越快。扩散系数是一个非常复杂的物量，一般只能由试验测定。它受到多种因素影响，最主要的因素是压力、温度等。

对磷酸铁锂等固态电极材料来说，不存在压力的问题，因此扩散系数主要与温度相关，且相关性和反应速率常数与温度相关性相似，温度越高，扩散系数越大。从这个角度来说，升高温度可以提升扩散系数，也是加快载流子扩散进而加速电池反应速度的因素。但对于一个给定的试验条件，可以认为温度是一个定值，因此扩散系数也是确定的。扩散速度的影响主要决定于载流子浓度梯度。

对电池电极来说，载流子浓度梯度主要由电流大小决定，为统一不同规格电池的电流计量方法，一般以倍率（C）来表示归一化电流大小。因此，可以说温度和倍率大小是决定扩散速度的主要因素，在温度条件确定的情况下，扩散速度主要由倍率决定，倍率越高扩散速度越快，反应速度也越快。

由上述理论分析可知，电池的加速老化试验条件主要是提升温度、倍率（电流）等动力学参数，使得化学反应速率常数和扩散系数增大，同时增大载流子浓度梯度，从而达到提升化学反应速度和扩散速度，进而加快电池内部反应的目的。

因此，通常所说的高温加速老化试验和大倍率加速试验均可从上述推导中找到理论支撑，但不可忽略的是在电池充放电循环过程中会发生电化学反应，其反应历程还会受制于电位区间、电位扫描速率、电场方向等，所以反应和扩散速度也会受到上述因素影响。同时，考虑到电池内部反应是较为复杂的锂离子、电子双载流子耦合扩散体系，因此在理论研究中应对公式进行补充和适度简化，再结合应用工况边界条件对其参数范围进行修正，才能真正从理论上为研究工作奠定基础，这也是理论研究的重点内容。

尽管理论推导表明提升温度、增大倍率可以加快电池的反应速度，但并不是温度越高、倍率越大越能快速反应电池衰减趋势。因为在电池能量转换的可逆反应加速的同时，造成电池衰退的副反应也同样在升温和大倍率作用下加速。

因此，在研究电池加速老化试验技术和快速评价方法时，必须将动力学参数限定在较为合适的范围内，一方面能够大大加快反应速度，缩短检测周期，另一方面也能够较为准确地反应电池衰退的趋势，而这种准确并不只体现在数学对应关系上，而是必须以内特性为根本出发点，以电池内部关键内特性指标和参数是否一致作为判断加速老化试验条件是否与常规老化条件能够建立等效关系的根本依据。

在此基础上再将等效衰减曲线与传统方法的标准衰减曲线进行对应，建立它们之间的耦合关系，方能依此确定加速老化的动力学试验参数条件，并提出快速评价试验方法的理论及实践依据。

目前，研究工作中对退役电池寿命检测主要沿用已有的传统检测方法。这些方法一般针对动力电池，由于动力电池运行工况与退役差别较大，因此检测方法中充放电倍率较大（$\geqslant 1C$），且动力电池不以寿命为关键指标，故循环周期较短（$\leqslant 500$ 次），远远无法满足退役应用对寿命这一关键指标的检测需求，也无法反映全寿命周期内不同节点输出特性的变化情况。采用改变温度和倍率的方式来达到快速评价退役电池，涉及电池内部的离子扩散机理，以这些理论为指导，才能更好地开展下面的工作。

3. 锂离子电池动力学机理——锂离子在固体中的扩散

锂离子电池主要包括以下过程：①物质传递（如从本体溶液到电极表面）；②电极表面上的电子转移；③电子转移步骤的前置或后续化学反应，这些可以是均相过程或电极表面的异相过程；④其他的表面反应，如吸附、脱附或结晶。锂离子电池中物质在固相中的扩散一般被认为是最慢的步骤，因此，提高电池的能量密度和倍率特性需要准确了解和调控离子在固体中的输运特性。

固体包括晶体、非晶体和准晶体，晶体是其内部的原子、分子或离子在空间中做三维周期性排列，是严格有序的结构；非晶体是结构长程无序，没有晶体周期性的固体材料；准晶体是介于晶体和非晶体之间的固体，准晶体具有与晶体相似的长程有序的原子排列，但不具有晶体的平移对称性。

锂离子电池中的电极材料多为粉末样品，个别厂家的粉末材料产品中单个颗粒结晶度很高，为单晶小颗粒，大多数的电极材料为包含缺陷的多晶粉末材料。多晶是众多取向晶粒的单晶集合，晶粒与晶粒之间存在晶界。在采用液态电解质的锂离子电池中，一般在正负极与电解质接触的表面还会生长一层或多层 SEI 膜，这层膜一般认为是电子绝缘、离子导通，在充放电过程中，锂离子必须穿过这层膜。Goodenough 等人描绘了锂离子电池中电极费米能级与电解质中 HOMO（最高占据分子轨道）、LUMO（最低未占据分子轨道）的示意图，当有机溶剂或锂盐的 LUMO 低于负极的 Fermi 能级时，负极中的电子将注入 LUMO，导致溶剂或锂盐被还原；而当 HOMO 高于正极的 Fermi 能级时，电子将注入正极，导致溶剂或锂盐被氧化，产生的产物中不能溶解的部分将沉积覆盖在负极或正极表面上。

SEI 膜的成分和结构通常认为是靠近电极材料的为无机物层，主要包含 Li_2CO_3、LiF、Li_2O 等，中间为有机物层，包括 $ROCO_2Li$、$ROLi$、$RCOO_2Li$ 等，最外层为聚合物层，如 PEO-Li 等。全固态锂电池使用固态材料作为电解质，固体电解质材料包括无机固体、聚合物固体及其复合物，其中既有多晶材料和无定型材料，也有复合晶体和非晶态的材料。因此，离子在锂离子电池材料中的输运涉及在单晶固体、多晶固体和无序固体中的输运问题。

离子在单晶固体中一般通过晶格中的格点空位或间隙空位输运。对于多晶固体，离子既可以在晶格中传输，也可以在晶粒之间的晶界或者在颗粒的固液界面以及固气表面传输。离子在实际材料中的传输路径是重要的基础科学问题。

锂离子电池中的电解质材料为纯离子导体，电极材料为混合离子导体。由于电中性的要求，充放电过程中离子和电子会同时嵌入或脱出电极材料（是否严格时间同步是另外的基础科学问题）。离子与电子之间存在着相互作用，混合离子导体中离子的输运会受到电子输运特性的影响。

无论是混合离子导体还是纯离子导体，在浓度梯度、化学势梯度、电场梯度的驱动下，内在和外在的离子都可以在固体中或穿过固体传输。发生传输的离子既可以是来自晶格内部的内在离子，也可以是外来离子（如对电解质、负极来说，来自正极材料的离子可以视为外来离子）。

（1）离子在晶格内的扩散　微观上看，在一定的温度下，粒子在凝聚态物质（包括液体和固体）的平衡位置存在着随机跳跃。在一定的驱动力作用下，粒子将偏离平衡位置，形成净宏观扩散现象。离子在晶体中扩散的微观机制主要包括肖特基（Schottky）类型的空位传输机制以及弗伦克尔（Frenkel）类型的间隙位传输机制。对于实际材料体系，扩散机制更为复杂，例如 $\beta\text{-}Al_2O_3$ 的推填子机制，$LiCoO_2$ 的双空位传输机制，Li_3N 的集体输运机制，Li_2CO_3 间隙位-空位交换类型的"knock-off"机制等。

间隙位扩散机制适用于间隙固溶体中间隙原子的扩散。在间隙固溶体中，尺寸较大的骨架原子构成了相对固定的晶体点阵，而尺寸较小的间隙原子处在点阵的间隙中。间隙固溶体中间隙数目较多，而间隙原子数量又很少，意味着在任何一个间隙原子周围几乎都存在间隙位置，这就为间隙原子向周围扩散提供了必要的结构条件。尺寸较小的间隙原子在固溶体中的扩散就是按照从一个间隙位置跳动到其近邻的另一个间隙位置的方式进行的。这种方式也叫作直接间隙扩散机制，也是最简单的一种扩散机制。

空位机制适用于置换式固溶体的扩散，原子通过跳跃到邻近的空位实现扩散。晶格中的结点并非完全被原子占据，而是存在一定比例的空位。空位的数量随温度的升高而增加，在一定温度下对应着一定的空位浓度。由于熵的增加，在一定温度下存在一定浓度空位的晶体热力学能量更低。在置换式固溶体（或纯金属）中，由于原子尺寸相差不太大（或者相等），因此不能进行间隙扩散。空位扩散机制在这类固体中起到了重要的作用。在设计固体电极与电解质材料时，通过掺杂产生空位通常是提高离子电导率的重要方式。当空位团聚时，还可能存在多空位机制和双空位机制，其中 $LiCoO_2$ 中锂的扩散被认为是双空位机制。

当间隙原子同时占据间隙位和格点位时，原子可以通过间隙位-格点位交换的形式输运。间隙方式的扩散系数通常远高于取代式的扩散系数，然而，间隙位溶质原子的浓度却小于取代位原子的浓度。在这种情况下，输运为间隙位-取代位共同作用机制。如果这种输运是通过空位来完成的，则称为解离机制；如果输运仅通过自间隙原子来完成，则称为踢出机制。

除了前述的两种主要机制，还可能存在集体输运机制，即几个原子同时运动的机制，原子的集体运动方式类似于链状或者履带状，这种机制适用于无定形体系。固体电解质 Li_3N 中锂离子输运亦遵循此机制，另外，此机制也存在于碱金属离子在氧化物离子导电玻璃中的输运。推填子机制和自间隙位机制同样属于集体输运机制，因为离子跃迁过程需要不止一个原子同时运动。

（2）离子在晶界处的扩散　晶界是由结构不同或者取向不同的晶粒互相接触形成的。它与晶粒的取向、成分、成键状态以及形貌大小等有很大关系。各类纳米复合物容易形成不同形式的晶界。

Joachim Maier 在 Carl Wagner 等人的研究基础上，进一步深入研究了空间电荷层对离子传输的影响理论，假设载流子的迁移率不受空间电荷层的影响，分析了平衡时载流子在空间电荷层两侧的浓度变化，解释了晶界处离子电导率显著提高的机制。

空间电荷层理论方法不考虑实际晶体结构对载流子在空间中分布的限制，不考虑局部应力对离子迁移率的影响，也无法预测出现导电增强的体积比例。实际晶界还有可能存在着杂质聚集偏析和不同形式的缺陷。这使得晶界既有可能是有利于离子传输的晶界，也有可能成为阻塞离子传输的晶界，需要具体问题具体分析，不易准确预测。虽然存在着上述困难，前述的各种界面模型及空间电荷层模型还是提供了从不同角度思考界面离子传输行为的理论指导。

4. 小结

在锂离子电池中，涉及锂离子在电极材料、电解质及其界面中的输运，离子的输运特性与锂离子电池的功率密度密切相关，掌握离子在固体中的输运特性对于设计和开发材料、提高电池性能具有十分重要的意义。

目前，离子在固体中输运的诸多机制还未明晰，如固体中离子传输的通道、离子和电子的相互作用、离子与骨架原子的相互作用、离子与离子之间及离子与杂质原子之间的相互作用如何影响离子的输运特性，外源锂在固体中输运的微观机制，固体中浓度梯度和电场梯度建立的微观机制，如何驱动内在和外来的离子在固体中运动，在垂直于及平行于表面和界面的离子输运行为，固-固界面处离子从一相进入另一相的微观过程，具有高离子电导率材料的结构和组成特点，如何设计材料使得在利用尺寸效应带来动力学优势的同时，减少热力学不稳定性带来的负面影响，这些都需要进行进一步的研究。

3.3.4.2 磷酸铁锂动力电池单体循环及电化学阻抗性能

1. 绪论

近年来随着锂离子电池在电动汽车和智能电网中的应用，具有超长循环寿命的锂离子电池逐渐成了电池中的研究重点。磷酸铁锂（LiFePO$_4$，LFP）材料作为一种具有超长的循环寿命、优异的倍率循环性能和良好的安全性的正极材料，近年来在退役领域大规模应用。大规模应用前仍需详细研究电池的循环性能、电压/容量衰减速率、适用温度等相关方面才能更好设计和使用，因此研究 LFP 基锂离子电池衰退机制和模型是具有重大意义的。

近年来锂离子电池寿命衰减模型已经广泛应用在工业领域，并演化出多种针对不同款商用锂离子电池的衰减模型。如 Wang 等人研究发现，磷酸铁锂离子动力电池容量衰减符合 1/2 次方的衰减变化规律。Ramadass 等人基于半经验方法为锂离子电池开发了容量衰减预测模型，用两种方法获得了容量衰减参数与循环的相关性。黎火林等人研究了商用 18650 型锂离子电池的容量衰减情况，建立了一个基于温度、电流和时间寿命预计的经验模型。

本研究通过收集整理大量动力电池单体运行数据、动力电池单体循环测试数据研究了商用软包 LFP 电池在不同温度下的容量衰减曲线。通过对商用软包 LFP 电池进行特定循环次数进行小电流节点测试，从而分离电池的极化容量损失和不可逆容量损失。基于电池阻抗测试数据，结合电池等效电路元器件特性，研究分析了核心等效电路元器件对电池阻抗特性影响。

2. 试验样品和方法

（1）收集数据　试验样品为国内某厂家生产的锂离子电池，出厂日期是 2014 年 6 月。正极为磷酸铁锂，负极为石墨，极片面密度约为 $1.3 \text{mA} \cdot \text{h/cm}^2$。

（2）试验仪器及环境　电池充放电仪器生产厂家为深圳新威公司，型号为 XW5005C8，每台设备为标准八通道，单通道最大电流为 50A，最大电压为 5V，电流准确度为 0.001A，电压准确度为 0.001V。电池测试在三组恒温箱中同时进行。恒温箱厂家是巨浮仪器有限公司，内箱尺寸（W×H×D）为 500mm×600mm× 500mm；内容积为 150L；外箱尺寸（W×H×D）为 950mm×1500mm×1050mm；恒温箱相对湿度≤30%。

（3）试验方法　循环测试：分别在 25℃（298K）、45℃（318K）和 55℃（328K）对电池进行 1C 倍率恒流充放电循环测试，电压范围为 2.5~3.8V，无恒压充电步骤，每次充放电之间的搁置时间为 10min。

3. 试验结果与讨论

（1）动力电池单体运行数据　上述单体电池研究样本的首次充放电曲线如图 3-28 所示，从图中可以看出，电池的首次充电容量为 $161.9 \text{mA} \cdot \text{h/g}$，首次放电容量为 $156.8 \text{mA} \cdot \text{h/g}$，库仑效率为 96.8%，说明在首次充放电过程中存在较大的容量损失，主要来自于电解液的分解产生 SEI 膜，因此消耗了一部分活性锂。目前可用表面改性或是掺杂等手段提高库仑效率。

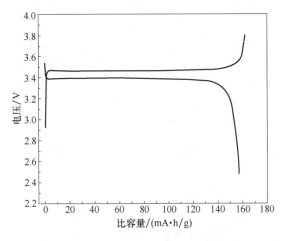

图 3-28　商用 LFP 半电池首次充放电容量曲线

图 3-29 所示为商用 LFP 电池在 298K、318K 和 328K 温度下的循环放电容量曲线，从放电容量曲线图中可以看出，在相同的循环测试中，电池容量的衰减与温度成正比关系。从图中可以看出，温度的改变造成电池的初始容量出现显著差异。这是由于在 1 循环倍率下循环时，温度的改变影响了电解液和电极材料的动力学和热力学平衡，提高了电池内部锂离子的传输速率，减小了电池内部极化现象，从而在相同倍率下产生放电容量增加效应。

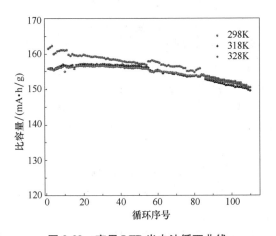

图 3-29　商用 LFP 半电池循环曲线

基于以上原因可以发现，电池的容量变化由两个部分组成，一部分为温度造成的极化容量变化，另一部分为电池的不可逆衰减容量。电池在不同温度下的循环数据受到多方面因素的影响，因此为了建立更准确的衰减模型，需要分离电池内部极化所造成的容量损失，使用电池的不可逆容量来进行电池容量衰减预测。

（2）衰减模型建立与预测　要建立准确的衰减模型需要首先确定 LFP 基电池的衰减机制。通过调研发现，在 LFP 电池中造成容量衰减的最主要原因是电解液分解和电池胀气。因此，电解液分解速率与电池容量衰减速率紧密相关，因此建立以下方程：

$$Kt_n = Q_0 - Q_n \tag{3-4}$$

式中，K 为电解液分解速率；t_n 为 n 次充放循环所用时间；Q_0 为电池的初始放电容量；Q_n 为第 n 次循环后电池的放电容量。分别将 298K、318K 和 328K 的电池放电容量数据代入式（3-4）得到三种温度下的电解液分解速率为 $K_1 = 2.3244 \times 10^{-4}$ Q/h，$K_2 = 2.9417 \times 10^{-4}$ Q/h，$K_3 = 3.4225 \times 10^{-4}$ Q/h。

通常认为，温度对化学反应的加速作用符合 Arrhenius 方程，常用于描述液态反应速率。在锂离子电池方面常用于描述电解液分解和退化对于电池性能的影响，如 Hartmut 等人曾经使用 Arrhenius 方程模拟老化对电池的影响，Rathod 等人曾经使用 Arrhenius 方程建立电池性能随温度变化的模型。由于 Arrhenius 方程可以描述性能随温度变化的关系，因此使用 Arrhenius 方程构建电池容量衰减模型。

温度对化学反应速率的影响十分显著，几乎所有的化学反应速率都随着温度的升高而升高。温度与反应速率的关系实际上是温度与反应速度常数的关系，Arrhenius 根据试验结果提出了表示速度常数 K 与温度 T 之间关系的经验方程。

$$K = A \times e^{-E_a/R} \tag{3-5}$$

同时对式（3-5）两边取对数，可以得到 Arrhenius 方程的线性形式如下：

$$\ln K = \ln A - \frac{E_a}{R} \cdot \frac{1}{T} \tag{3-6}$$

式中，K 为反应速度常数；A 为 Arrhenius 方程的指前因子，与碰撞的频率和碰撞时的取向有关；E_a 为活化能；R 为标准气体常数；T 为开氏温度。

4. 电池电化学阻抗测试

项目试验采用的电池为磷酸铁锂电池。进行不同温度不同倍率下的循环、阻抗等试验，每组循环有 24 块电池同时进行，每 1800 次循环拿掉两块分别进行 ARC 和拆解后继续试验。电池的一致性是本研究的基础，下面从内外特性两方面来分析所选电池一致性的情况。从每组 24 块电池中随机抽取六块电池进行分析，以论证电池的一致性。首先对六块电池进行不同倍率下的充放电，分析其充放电曲线的一致性。

（1）充放电数据　图 3-30 所示为六块电池的充放电循环曲线，可以看出，曲线重合性比较好，这充分说明电池在各个荷电状态的性能比较接近，电池一致性较好。

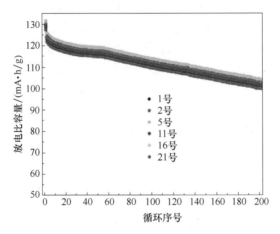

图 3-30　六块全电池的充放电循环曲线

（2）阻抗分析　图 3-31 是本研究建立的电池电化学阻抗等效电路。图 3-32 是六块电池初始状态的交流阻抗谱图，从图中可以看出，电池的欧姆电阻和极化电阻比较接近，但是电池的扩散内阻出现分散。并根据实际分析选取了如图 3-31 所示的等效电路模型。

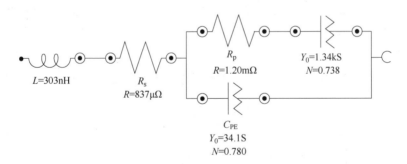

图 3-31　电化学阻抗等效电路

综上所述，从 200 块电池中随机抽取的六块电池在充放电容量、充放电电池曲线以及电池的阻抗谱图方面都表现出性能接近的特征，这说明电池样品的一致性较好，能够保证电池横向对比的基础要求。

5. 小结

本节收集整理了大量动力电池单体运行数据、动力电池单体循环测试数据，并对其进行了初步分析，同时获得了电池在不同温度循环后的不可逆容量损失。

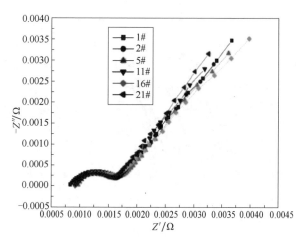

图 3-32　六块电池阻抗数据分析

建立了单体电池电化学阻抗等效电路，以及基于等效电路的电化学阻抗谱。分析了单体电池间在循环过程（200 次）的阻抗变化特征，发现欧姆电阻和极化电阻（SEI 膜扩散电阻和电荷转移电阻）保持一致，固相扩散电阻出现明显离散性。

3.3.4.3　不同循环寿命下磷酸铁锂电池单体阻抗

1. 绪论

无论是不同高温加速条件下的电池特性衰减，还是不同大电流高倍率下的电池特性衰减，其本质都是电池内部材料在发生氧化还原时发生了不可逆变化，导致化学平衡不断向性能衰减的方向移动。从理论上来说，外部不同的动力学条件，造成的电池外特性容量、能量、容量保持率等参数的变化，从电池内特性上都能找到相应的依据，通常表现为电池材料的结构发生变化，电极表面的形貌发生变化，电池隔膜孔径和孔隙率发生改变，电解液发生分解等。

但是，上述电池内特性的变化有些是不能进行量化的，只能进行定性的对比分析，而不能进行精确的计算，比如电池极片形貌的改变。因此只能通过研究，寻找既能量化又能准确反映电池内部变化的参数，在电池动力条件与衰减特性之间建立耦合关联关系，比如电池隔膜的空隙率，以及电池的定频交流阻抗（EIS）。

2. 电化学阻抗分析

后续通过动力学加速条件的研究，建立了常规检查和动力学加速条件之间的等效关系，同时研究两种测试方法体系下的内特性参数变化对应关系，从可量化的内特性参数的数值变化，直观地验证和解释所建立的等效关系的准确度。

图 3-33 所示为电池 $1C$ 循环不同寿命阶段的 EIS 谱图对比分析，从图中可以看出电池在充放电循环过程中，交流阻抗谱会发生比较规律的变化，电池的欧姆阻抗和极化阻抗不断增加，其中极化阻抗增大更加明显。

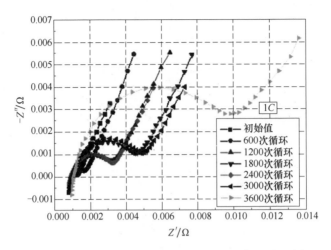

图 3-33   电池 1C 循环不同寿命阶段的 EIS 谱图对比分析

图 3-34 所示为电池 2C 循环不同寿命阶段的 EIS 谱图对比分析，从变化规律上来看，与电池 1C 循环的变化趋势相似，但数值上相对较为缓和。

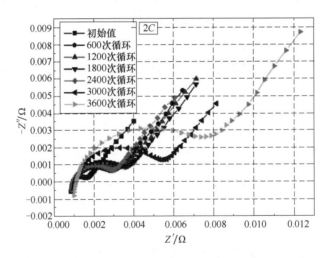

图 3-34   电池 2C 循环不同寿命阶段的 EIS 谱图对比分析

图 3-35 所示为电池 1C 和 2C 循环不同寿命阶段的 EIS 解析数值，可以发现无论是采用 1C 循环还是 2C 循环，电池的 R_s 都表现为相对稳定，而与电池极化相关的 R_p 则均表现为上升的趋势，这一特征能够和电池的寿命衰减建立很好的对应关系，因此可以用电池 EIS 中的 R_p 对电池进行快速的寿命评价。

3. 小结

本阶段研究分析了同一电池在相同充放电条件下，不同循环次数对应的单体

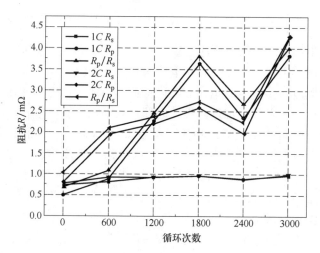

图 3-35 电池 1C 和 2C 循环不同寿命阶段的 EIS 解析数值分析

阻抗谱变化特征及两者间的变化关系。不难发现，在相同的充放电倍率下，随着电池充放电次数增加，电池欧姆电阻基本保持不变，而极化电阻和固相扩散电阻发生了明显变化，其电化学阻抗谱随循环次数增加而单调增大。说明极化电阻和固相扩散电阻是反应电池衰减状态的特性参数。

3.3.4.4 不同类型电池在不同荷电状态下电化学阻抗特性

1. 电池电化学模型

针对标准的电池单体，在研究交流阻抗谱与电极过程对应关系的基础上，构建基于多孔电极理论的锂电池交流阻抗谱模型。同时，通过理论分析、试验测试等方法研究模型参数、温度与 SOC 等对阻抗谱的影响规律，并通过该模型研究外部参数对电池电极过程的影响。

电化学阻抗谱方法在锂离子电池研究中起到越来越重要的作用，在该方法中，对准稳态的锂离子电池施加一定频率范围的正弦波电压或者电流扰动，记录下电池的阻抗相应曲线 $\left[Z(\omega) = \dfrac{\Delta V}{\Delta I} = Z_{re} + jZ_{im} \right]$。这个方法无损简单，从频率域上反映整个电池系统的电化学情况，与其他的方法相比，可以获得更多界面结构以及电极动力学等方面的信息。以阻抗的虚部为 x 轴，实部为 y 轴的曲线为 Nyquist 图；以频率为 x 轴，以阻抗的绝对值和相角为 y 轴的曲线为 Bode 图。

阻抗有三个基本的前提条件：①因果性，即系统只因为扰动才做出响应，扰动和响应的频率是一一对应的；②稳定性，当扰动去除后，系统可回到初始状态；③线性，在扰动较小的情况下，ΔV 与 ΔI 呈线性变化。原因是无论 Bulter-Volmer 公式还是法拉电流，电流与极化电流呈指数关系，$\Delta I = A \left[\exp\left(\dfrac{\alpha F}{RT} \Delta V \right) - 1 \right]$，当 ΔV

极小时，右边的式子进行泰勒展开，$\Delta I = A \dfrac{\alpha F}{RT} \Delta V$，进一步，$\Delta I = \Delta V / Z(\omega)$。当测试对象为内阻为 m$\Omega$ 量级的商用锂离子电池时，一般会采用电流扰动的方法，避免因电压扰动产生较大电流而影响电池的性能状态。

锂离子在电池中传输主要包括三个过程：①锂离子从电解液传输到活性物质颗粒处；②锂离子从颗粒外部进入颗粒内部；③锂离子在活性物质内部扩散。其中①可以用一个电阻表示；活性物质与电解液的界面处，电子绝缘，锂离子导通，相当于一个双电层，通常用一个 RC 并联电路来等效②这一部分；③锂离子在固相中的扩散，通常用 Warburg（瓦尔堡）阻抗表示这一部分。

图 3-36 给出了一个典型的锂离子电池阻抗谱图。曲线与实轴的交点为电解液以及其他连接部分的欧姆阻抗，高频部分的半圆为 SEI 膜的电阻，SEI 膜直接与电解液接触，界面两端异种电荷的吸附脱附受频率的变化影响比较大，所以在高频段的半圆代表 SEI 膜阻抗，当 SEI 膜达到稳定状态时，这个半圆是不随时间变化的；中频部分的半圆一般认为是电荷转移部分的电阻，受电极电势影响很大，对于长循环后的电池，性能的衰减表现在阻抗上，通常是这一部分阻抗随着循环的进行逐渐增大；低频部分的直线代表锂离子在活性物质固相中的扩散，称为瓦尔堡（Warburg）阻抗。Warburg 阻抗描述的是电荷通过扩散穿过某一阻挡层的电极行为，分为有限厚度的 Warburg 阻抗和无限厚度的 Warburg 阻抗，在锂离子电池中，锂离子在活性物质中的扩散是半无限扩散，$Z_{\mathrm{w}} = \dfrac{\sigma(1-\mathrm{j})}{\sqrt{w}}$。三电极和对称电池是区分正负极作用的有效的方法。

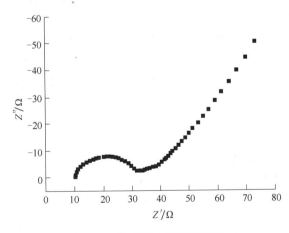

图 3-36　锂离子电池阻抗谱图

Agubra 等人发现石墨负极的 SEI 膜越厚，其电化学阻抗谱中电荷转移电阻越高；Love 等人发现商用的 18650 LCO/graphite 电池在 316Hz 测试的阻抗值受 SOC 的影响最小，且对于四个 18650 组装的电池包，当其中一个电池过充时，整个电池包在 316Hz 的阻抗也会发生变化，通过对单个频率点的阻抗变化可以作为监测电池组 SOH 的手段。

Huang 等人利用动态阻抗的方法研究了 5Ah 的三元/石墨电池，参比电极的是外面沉积金属锂的铜棒，在正极三元侧，由于界面处锂离子的浓度不同，使得嵌锂过程的电荷转移电阻比脱锂过程要大。一些研究基于等效电路的电化学模型来模拟电池的 SOC、SOH 等，也有部分研究通过 EIS 来测试加入添加剂前后或者循环过程中电极动力学参数的变化，还有利用 EIS 研究搁置过程中的锂沉积问题。

除此之外，近年来，有一部分人已经开始研究电池在充放电过程中的阻抗变化，即动态阻抗，通常为了保证时间稳定性，将低频的截止频率调高，以防止低频区正负极发生电化学反应影响电池状态。虽然降低了一些准确性，但减少了等待电池达到稳定状态的时间消耗，具有一定的现实意义。

Itagaki 等人利用动态阻抗的方法研究了正负极在充电、放电过程中的电荷转移电阻变化，以及利用动态阻抗研究了石墨负极 SEI 膜的形成过程。三电极的方式被用来区分正负极的影响。

2. 试验准备

（1）电池的基本信息

1）国内某厂家生产的 30A·h 方形钢壳电池，正极是磷酸铁锂，负极是石墨，电池的尺寸是 10cm×7.8cm×11cm；

2）国内某厂家生产的 10A·h 软包电池，正极是磷酸铁锂，负极是石墨，电池的尺寸是 14cm×11.5cm×0.7cm；

3）国内某厂家生产的 10A·h 软包电池，正极是三元，负极是钛酸锂，电池的尺寸是 20cm×10cm×0.6cm；

4）国外某厂家生产的 25A·h 圆柱形钢壳电池，正极是三元，负极是钛酸锂，电池的尺寸是长 16cm，直径 21cm。

（2）充放电以及充电方向阻抗测试

1）将电池 0.2C 充电至截止电压（充放电设备为美国 Bitrode ka MCV3005，磷酸铁锂电池为 3.65V，钛酸锂电池为 2.8V），保持恒压至电流降至 0.03C；

2）搁置 10min；

3）0.2C 倍率放电至截止电压（磷酸铁锂电池为 2.5V，钛酸锂电池为 1.5V）；

4）搁置 10min；

5）1C 的倍率充电，以 10% 的标称容量作为截止条件，静置 1h；

6）采用四探针方式测试电池阻抗，频率范围是 1mHz~100kHz，扰动为 1mV 或 1A，测试仪器为德国 Thales IM6E；

7）重复5）、6）步骤，直至充电至100% SOC。

（3）充放电以及放电方向阻抗测试

1）同上面步骤的1、2、3、4；

2）再进行上面步骤的1、2；

3）1C的倍率放电，以10%的标称容量作为截止条件，静置1h；

4）采用四探针方式测试电池阻抗，频率范围是1mHz~100kHz，扰动为1mV或1A，测试仪器为德国Thales IM6E。

5）重复3）、4）步骤，直至充电至0% SOC。

（4）电池动态阻抗测试　在做动态阻抗测试之前，先制备正极极片。将活性物质Fd-3m结构的$LiNi_{0.5}Mn_{1.5}O_4$粉末、导电添加剂乙炔黑、黏结剂聚偏氟乙烯PVDF（溶于N-甲基二吡咯烷酮NMP中）按照90∶5∶5的质量比混合，使用搅拌机将浆料搅拌均匀，随后用75μm的刮刀将浆料均匀涂覆在铝箔上，55℃烘干12h后，冲成φ14mm的圆片并称重，接着在真空烘箱120℃下干燥8h后，立即转移到充满高纯氩气的手套箱中组装成电池。纽扣电池的型号为2032扣式电池壳，负极为φ15mm的金属锂片，电解液为1M的$LiPF_6$溶于EC+DMC中，隔膜为φ16mm的陶瓷涂覆隔膜。LNMO/Li的半电池组装之后，静置8h，这个过程让电解液与隔膜、极片充分浸润接触。

动态阻抗的测试仪器为德国Thales IM6E中的一个测试模块"battery cycling"。电压范围为3.5~4.9V，电流为0.5C。充放电过程中各取六个点进行阻抗测试，即充放电到某一特定电压值时，电流停止，开始测试阻抗，阻抗测试完成后，继续充放电。这六个点的电压值是在测试的电压区间内平均取点，分别是3.733V、3.967V、4.2V、4.433V、4.667V、4.9V，如图3-37所示。

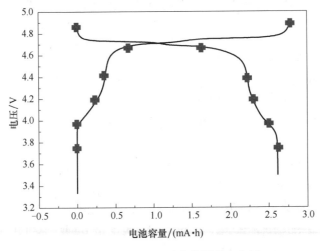

图3-37　LNMO/Li动态阻抗取点电压

动态阻抗测试中，频率范围设置为 50mHz~8MHz，调整取点数以及每个点测量的重复数，每个电压点的测试时间是 3 分 31 秒。

选取的温度点是 -20℃、-10℃ 和 55℃，每个温度点三个电池，电池在 -20℃ 和 -10℃ 测试之前在烘箱内静置 12h（广州五所 MT3065），电池在 55℃ 测试之前在烘箱内静置 5h。

3. 不同荷电状态下电池电化学阻抗测试

（1）磷酸铁锂电池电化学阻抗测试 图 3-38 给出了 10A·h 的磷酸铁锂电池放电至 50% SOC 后，电池电荷转移电阻随搁置时间的变化情况。当电池搁置 1h 后，电荷转移电阻基本达到一个稳定的状态。可以看出经过 1h 的弛豫电池基本上达到热力学平衡状态，此时测试电池的阻抗可以基本上消除极化导致的非真实状态的影响。这也是上述四款电池选择搁置时间为 1h 的原因，将搁置时间缩短具有很重要的现实意义，因为电池在实际使用过程中，不可能等待 4h 或更长的时间再测试电池的阻抗。

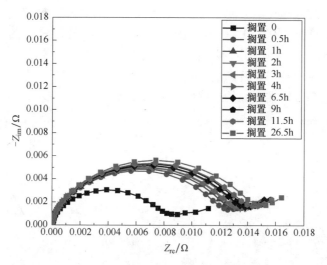

图 3-38 50% SOC 电池电荷转移电阻随搁置时间的变化

图 3-39 给出了等效电路拟合模型，R_1 代表电池的欧姆电阻，由于商用电池的欧姆电阻很小，仪器测试线以及用鳄鱼夹夹电池的方式等会带来较大的误差，另外欧姆电阻随 SOC 的变化较小，所以图 3-38 的阻抗谱中，欧姆电阻被归零处理。商用电池的欧姆电阻一般是施加脉冲电流，通过直流压降计算得出的。

阻抗谱图中仅出现一个明显的半圆，拟合中采用一个 RC 并联电路，代表通过电极界面的总电流是法拉第过程电流和双电层变化产生的电流之和。R_2 代表极化阻抗，这里主要是指电荷转移电阻，具体指锂离子电池电极表面上的锂离子转移。由于电极表面粗糙以及不均匀性，故表面存在弥散效应。

等效电路中用 CPE 取代 C。常相位角元件包含两个参数，CPE-T 和 CPE-P。CPE-P 被称为抑制因子，当 CPE-P = 1 时，相当于纯电容；当

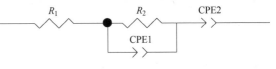

图 3-39　等效电路图

CPE-P = −1 时，相当于纯电感；当 CPE-P = 0 时，相当于纯电阻，对电池来说，CPE-P 在 0.5~1。低频部分的拟合采用 CPE 元件，而不是 Warburg 阻抗。首先是拟合方便，CPE 有两个参数，Warburg 阻抗有三个参数，采用 CPE 拟合更简单些，且 CPE 的拟合效果比 Warburg 阻抗好。其次，CPE 元件与 Warburg 阻抗有一定的关联，原因是当 CPE-P = 0.5 时，CPE 相当于有限扩散层的 Warburg 阻抗。锂离子在固相中的扩散也受到颗粒表面双电层的影响，已有部分文献采用这样的方式。

四款商用电池电荷转移电阻随 SOC 的变化如图 3-40~图 3-43 所示，需要说明的是磷酸铁锂电池充电方向，由于 0% SOC 下电池的电荷转移电阻过大，故作图时主动舍弃该点。从 LFP/石墨全电池的电荷转移电阻随 SOC 的变化趋势可以看出，随着 SOC 的增加，电荷转移电阻总体呈现 M 形演化趋势，这归结于 LFP 与石墨共同作用的结果，且磷酸铁锂的扩散系数小于石墨的扩散系数，起到限制作用。由于石墨负极在嵌锂的过程中锂离子扩散系数逐渐减小，所以以电荷转移电阻逐渐增大。

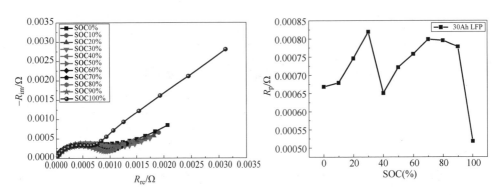

图 3-40　30A·h LiFePO₄ 电池放电方向不同 SOC 的阻抗 Nyquist 图及拟合结果

由图 3-44 可以看出，LiFePO₄ 在嵌锂过程中出现极大值和极小值，原因是 LiFePO₄ 在嵌锂起始阶段存在电化学活化，嵌入的锂离子越多，电化学活化作用越明显，扩散系数越大。随着嵌锂量的增大，该材料逐渐由 FePO₄ 单相转变为 LiFePO₄+FePO₄ 两相共存，两相共存的扩散系数小于单相的扩散系数，所以在 x = 0.75 时，扩散系数出现极大值。随着嵌锂量的增大，该材料逐渐由 LiFePO₄+

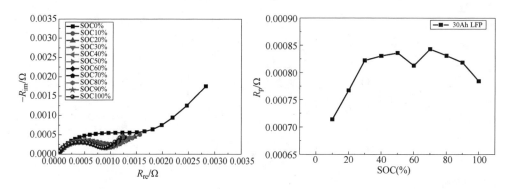

图 3-41　30A · h LiFePO₄ 电池充电方向不同 SOC 的阻抗 Nyquist 图及拟合结果

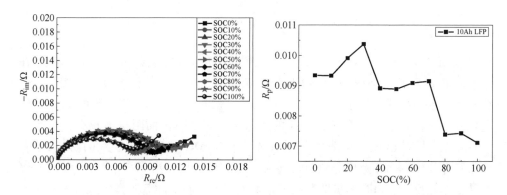

图 3-42　10A · h LiFePO₄ 电池放电方向不同 SOC 的阻抗 Nyquist 图及拟合结果

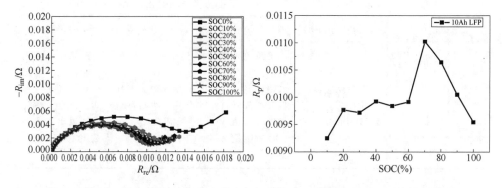

图 3-43　10A · h LiFePO₄ 电池充电方向不同 SOC 的阻抗 Nyquist 图及拟合结果

$FePO_4$ 两相共存转变为 $LiFePO_4$ 单相，扩散系数逐渐增大，所以在 $x = 0.35$ 时，扩散系数出现极小值。

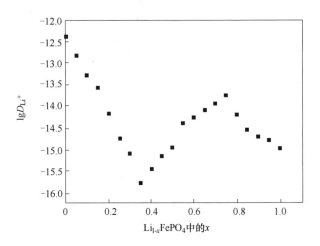

图 3-44　EIS 法测定的 Li$_{1-x}$FePO$_4$ 化学扩散系数与嵌锂量的关系

在 LFP/石墨全电池放电过程中，锂离子从石墨迁移到 LFP 中，首先在 100%~70% SOC 范围内 LFP 对阻抗的影响最大，由于由单相区转向两相区，故锂离子扩散系数减小，阻抗增大，而随着嵌锂进行到 70%~50% SOC 时，发生电化学活化，石墨和 LFP 中锂离子的扩散系数增大，因而阻抗会减小，在 50% SOC 左右，阻抗出现极小值，而在 50%~30% SOC 时，活化导致的阻抗减小，失去主导作用，两相反应导致阻抗增大，起主导作用，当 30%~0% SOC 时，逐渐转向单相反应，LFP 的扩散系数开始增大，并且石墨随着脱锂的进行，其中的锂离子扩散系数也在增大，导致阻抗减小，见表 3-6。

表 3-6　LiFePO$_4$/石墨电池不同 SOC 下正负极材料变化与阻抗的关系

放电过程		100%~70% SOC	70%~50% SOC	50%~30% SOC	30%~0% SOC
LFP	两相反应与单相反应	单相反应转向两相反应，电荷转移电阻增加	随着电化学过程的进行，材料被逐渐活化，阻抗开始降低（主导作用），在 50% SOC 时阻抗达到最小	活化失去主导作用，两相反应导致阻抗增大	两相反应转向单相反应导致阻抗减小（主导作用），并且石墨随着锂脱出扩散系数增大，阻抗减小
	电化学活化				
石墨					

（2）钛酸锂电池电化学阻抗测试　为进一步掌握锂电池电化学阻抗在不同荷电状态下的变化特征，本节对比研究了钛酸锂电池的电化学阻抗变化特性。与 LiFePO$_4$/石墨全电池的电荷转移电阻随 SOC 变化的趋势不同，NCM/LTO 全电池的电荷转移电阻随着 SOC 的增大呈现单调减小，如图 3-45~图 3-48 所示。

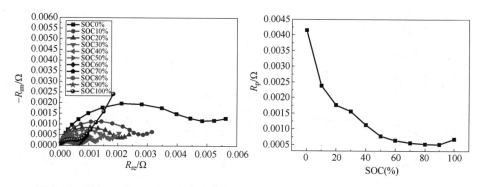

图 3-45　10A·h Li₄Ti₅O₁₂ 电池放电方向不同 SOC 的阻抗 Nyquist 图及拟合结果

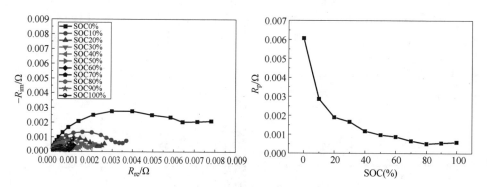

图 3-46　10A·h Li₄Ti₅O₁₂ 电池充电方向不同 SOC 的阻抗 Nyquist 图及拟合结果

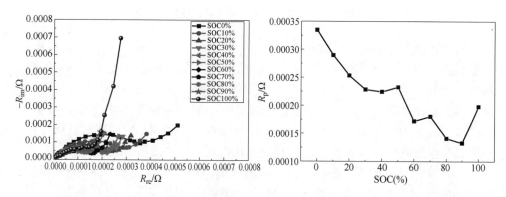

图 3-47　25A·h Li₄Ti₅O₁₂ 电池放电方向不同 SOC 的阻抗 Nyquist 图及拟合结果

这主要是由于 NCM 正极在脱锂的过程中呈现的是固溶体行为，其锂离子的扩散系数随着脱锂的进行逐渐增大，而 Li₄Ti₅O₁₂ 的嵌脱锂过程也是两相反应，锂

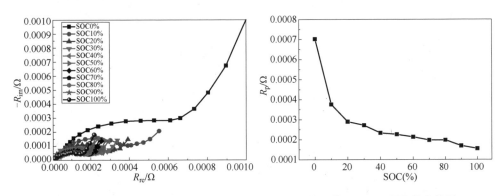

图 3-48　25A·h Li₄Ti₅O₁₂电池充电方向不同 SOC 的阻抗 Nyquist 图及拟合结果

离子扩散系数的变化行为与磷酸铁锂材料类似，在 1.55V 两相反应的电压平台处扩散系数值最小，如图 3-49 所示，另外 $Li_4Ti_5O_{12}$ 嵌锂后电导率急剧增加。

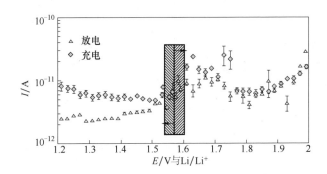

图 3-49　$Li_4Ti_5O_{12}$化学扩散系数与嵌锂量的关系

但钛酸锂中锂离子的扩散系数的数量级在 $10^{-12} \sim 10^{-10}\,cm^2/s$，而三元材料的扩散系数在 $10^{-13} \sim 10^{-12}\,cm^2/s^{[90]}$，动力学控制因素在于固溶体反应的三元材料，所以其全电池电荷转移电阻随着 SOC 的增加单调减小。对于 $LiFePO_4$/石墨全电池，锂离子在磷酸铁锂中的扩散系数的数量级在 $10^{-16} \sim 10^{-12}\,cm^2/s$，而在石墨中的扩散系数在 $10^{-9} \sim 10^{-6}\,cm^2/s$，动力学控制因素在于两相反应的磷酸铁锂材料，所以其全电池电荷转移电阻随着 SOC 的变化很复杂，这是两者的区别。

（3）半电池"动态"阻抗测试　从测试的结果来看（见图 3-50~图 3-52），−20℃ 和 −10℃ 下首次充电过程中，阻抗谱出现了第二个半圆，而在 55℃ 下没有出现第二个半圆，可能的原因是在充电过程中，电解液在金属锂负极表面分解，在低温条件下，生成 LiF、Li_2CO_3、烷基酯锂等物质沉积在负极表面，形成 SEI 膜；而在高温条件下，SEI 膜成分较难沉积，甚至烷基酯锂等有机成分进一步分解成 LiF、Li_2CO_3 等无机成分，无法形成一层有效的 SEI 膜，所以在电化学阻抗谱上没有出现第二个半圆。

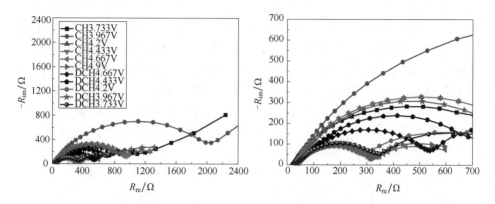

图 3-50　−20℃ LNMO 半电池首次充放电动态阻抗

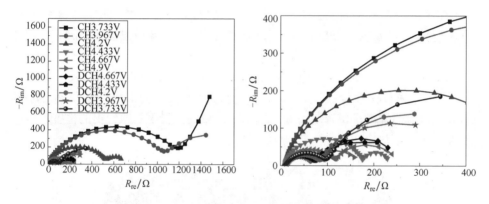

图 3-51　−10℃ LNMO 半电池首次充放电动态阻抗

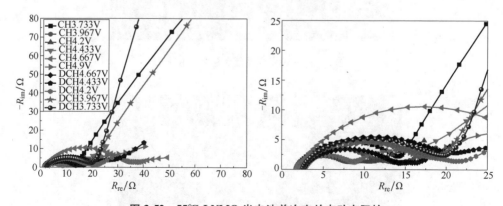

图 3-52　55℃ LNMO 半电池首次充放电动态阻抗

另外，对于以金属锂作为负极的半电池，锂枝晶不可避免。锂枝晶在生长的过程中，表现在阻抗谱上就是电荷转移电阻减小。在每个温度点，−20℃条件下三个电池的个体差异性较大，可能与低温下电极的动力学性能变差有关，−10℃和55℃时三个电池的一致性较好。其中−10℃以下，充电开始（充电至4.2V），电荷转移电阻有较大幅度的减小，原因可能是锂枝晶形成以及脱锂活化导致阻抗的降低。并在此时出现了第二个代表SEI膜的半圆，一般认为高频部分的半圆代表SEI膜阻抗，中高频部分的半圆代表电荷转移阻抗。随着充放电的进行，SEI膜阻抗逐渐减小，并趋于稳定。在55℃下测得的阻抗值整体减小，三个电池的电荷转移电阻在充电到4.667V时达到最大。

电荷转移对应于电化学的法拉第电流，影响极化电流的影响因素主要有反应速率常数、电极材料、反应物浓度以及温度，可以认为这些也是影响电荷转移电阻的因素。对于LNMO的半电池来说，充电到4.4V，正极材料内部发生的是固溶体反应，而充电到4.667V时，开始发生两相反应，两相共存的扩散系数小于单相的扩散系数，在阻抗谱上表现为电荷转移电阻明显增大。而放电到4.667V时，电荷转移电阻与充电过程不对称，原因是放电的后半段过程经历的是固溶体行为。

如图3-53和图3-54所示为SEM结果，−10℃电池中心区域形成一层厚的SEI膜，其中还包含锂枝晶。而55℃时，金属锂负极表面形成一些凹凸不平的坑，是因为脱嵌锂离子位置不对称，锂离子沉积的位置不是原脱出的位置，所以金属锂负极表面从最初的光滑状到多孔状变化。

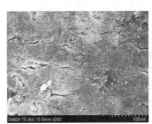

图3-53　−10℃金属锂负极中心位置

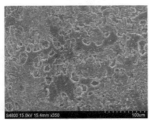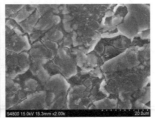

图3-54　55℃金属锂负极中心位置

4. 小结

通过电化学阻抗谱分析研究了商用磷酸铁锂/石墨电池和三元/钛酸锂电池的电荷转移电阻随 SOC 的变化情况，以及 $LiNi_{0.5}Mn_{1.5}O_4$ 半电池的动态阻抗。

两款不同 A·h 的磷酸铁锂电池充放电方向测试都显示电荷转移电阻随 SOC 的增大呈 M 形，两款不同 A·h 的钛酸锂电池充放电方向测试都显示电荷转移电阻随 SOC 的增大而减小。这背后反映了电池材料的动力学特性。

对于磷酸铁锂电池来说，当 100%~70% SOC 时，磷酸铁锂材料由单相反应转向两相反应，电荷转移电阻增大；当 70%~50% SOC 时，随着电化学过程的进行，材料被逐渐活化，阻抗开始降低（主导作用），在 50% SOC 时阻抗达到最小；当 50%~30% SOC 时，活化失去主导作用，两相反应导致阻抗增加；当 30%~0% SOC 时，两相反应转向单相反应导致阻抗减小（主导作用），并且石墨随着锂脱出扩散系数增大，阻抗减小。另外锂离子在磷酸铁锂中的扩散系数小于石墨的扩散系数，起到限制作用。

对钛酸锂电池来说，NCM 随着锂离子的脱出扩散系数增大，虽然 $Li_4Ti_5O_{12}$ 的扩散系数随着嵌锂量的不同表现出复杂性，但 NCM 的扩散系数数量级比 LTO 小，起到限制作用，因此其电荷转移电阻随着 SOC 的增加而减小。

本节的半电池的动态阻抗并不是严格意义上的动态阻抗，半电池的充放电测试以及阻抗测试在同一台仪器上完成，电池充放电至某一电压节点，停下来测试阻抗，阻抗测试完成后继续充放电至下一电压节点。在这个过程中牺牲了部分准确性，由于测试的实时性以及 SEI 膜的形成主要发生在首次充放电过程中，所以在动态阻抗中可看到充电开始阶段电荷转移电阻的减小，暗示着电解液的浸润过程以及阻抗谱中由一个半圆到两个半圆，第一个半圆大小逐渐保持不变，表明 SEI 膜生长并逐渐稳定的过程。

综上，阻抗谱作为分析电池内部电化学过程的方法，谱图复杂多变，背后代表的电化学过程更加复杂。同时为了消除个体差异性，需要大量的数据支持找出一般的规律性，以上的分析只做定性分析，还需要其他手段辅助得出结论。需要说明的是虽然可以从电化学阻抗谱图上简单判断电化学过程包含几个过程，以及通过等效电路和拟合等方法获得电化学参数以及界面结构的相关信息。但是用于拟合的等效电路不是唯一的，单纯从电学角度出发，可以提出很多甚至拟合效果更好的等效电路，然而挑战是如何从等效电路中给出合理的电池电化学解释。

3.3.4.5 磷酸铁锂电池加速老化动力学机理

1. 概述

通过前文理论与实践依据分析已知，锂离子电池加速老化的动力学条件主要是温度和倍率。提高温度从而加速电池反应的理论来源是 Arrhenius 方程：$k = A\exp(-E_a/RT)$ 及反应速率方程 $v = kc^n$。由于 Arrhenius 方程中反应速率常数 k 只

与温度变量 T 相关，因此，当温度升高时，反应速率常数增大。在反应速率方程中，反应物浓度 c 是定值，同时假设一般的电池材料反应为一级反应，因此反应速率常数增大则反应速度加快。

虽然这一理论推理是定性正确的，但结合锂离子电池内部的实际反应情况，需要对每一个方程的推导进行定量或半定量修正。同样地，在扩散动力学推理中，运用菲克第一定律可知，当电流（倍率）增大时，扩散速度加快。同样，这一定律的运用也是在诸多假设下进行半定量简化，在实际情况中仍需要做出修正。

确定理论上对反应有加速作用的动力学参数后，便可开展试验研究。以单动力学参数或多动力学参数对电池进行加速老化试验，动力学参数应选择一个变化区间，如温度范围可选择 $45\sim55℃$，倍率范围可选择 $2\sim5C$。检测电池在这些参数作用下的加速全寿命周期运行趋势。同时，以传统寿命检测方法测试电池运行寿命。主要应关注容量、能量、中值电压等，在内特性参数中主要应关注交流阻抗谱图对应的等效电路参数、电压容量微分变换曲线对应的氧化还原电位值、电极片的微观形态、正负极材料的晶体结构及晶胞参数、正负极材料内铁、磷元素含量等。

通过参数对比和分析，找出内外特性均具有高度相似性和重叠度的加速老化试验曲线，将此曲线作为寿命周期检测的等效曲线。依据等效曲线和传统寿命检测标准区间之间的关联度建立它们之间的数学关系，并将等效曲线对应的检测动力学参数条件与寿命周期运行趋势相结合，建立动力学参数与寿命衰减特性之间的耦合关系。

建立等效曲线后，实质上也就是建立了电池寿命快速评价的等效换算关系。以等效曲线对应的动力学参数条件作为加速老化试验条件，以等效曲线作为电池在此快速评价方法下的标准试验结果，将传统检测方法与加速老化试验方法之间的数学关系作为寿命快速评价的换算关系。通过高温或大倍率等加速老化条件下的测试，间接推测出常规的室温小倍率下电池寿命，以达到对锂离子退役电池快速评价的目标。

2. 充放电数据

图 3-55 所示为电池 $55℃$ $2C$ 倍率循环 200 次电池循环，从图中可以看出电池在高温下性能急剧衰退，由此可见锂离子退役用 LFP 电池对高温表现非常敏感，高温可能会导致电池的电解液发生分解，给电池性能带来不可逆的变化。

如图 3-56 所示为电池的等效电路图，本研究采取经典等效电路模型对电池阻抗进行系统分析。试验中采用了对称电池阻抗的方法，去除另一电极对阻抗的影响，研究单一电极阻抗的变化，如图 3-57 和图 3-58 所示。因为大电池在循环过程中电流的不均匀性，所以试验尽可能选取极片中心区域。

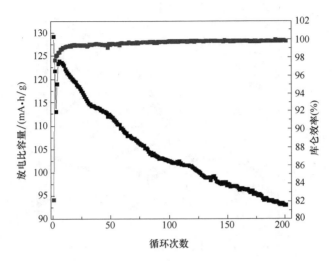

图 3-55　LFP 电池 2C 倍率 55℃下充放电循环容量曲线

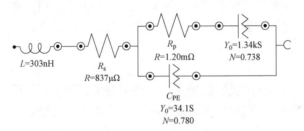

图 3-56　等效电路图

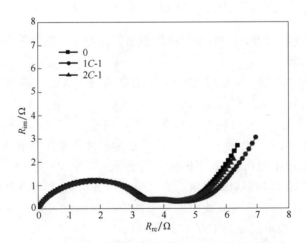

图 3-57　电池不同倍率下循环单一负极阻抗的变化

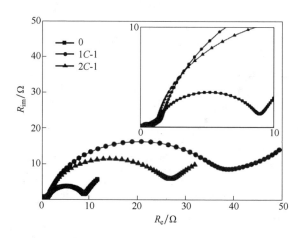

图 3-58 电池不同倍率下循环单一正极阻抗的变化

从结果来看,三种状态下负极变化不大,进一步表明循环过程中负极表面没有发生变化。正极电荷转移电阻变化明显,结合全电池的阻抗和相应的频率对应情况,可以定性地认为造成阻抗增大的主要问题在于磷酸铁锂正极,因此从侧面印证了在循环过程中正极容量衰减。

3. 小结

本部分研究了单一电极阻抗的变化,结果显示,随着充放电倍率增大,负极变化不大,表明循环过程中负极表面没有发生变化。而正极电荷转移电阻变化明显,可以定性地认为造成阻抗增大的主要问题在于磷酸铁锂正极。

3.3.5 不同衰退状态下磷酸铁锂电池单体阻抗特性与荷电状态关系

3.3.5.1 60A·h退役磷酸铁锂动力电池阻抗特性与荷电状态关系

1. 外特性测试

(1)容量特性测试 退役磷酸铁锂动力电池的充放电性能测试主要是考察所研究的退役动力电池在大电流充放电时的性能好坏,测试得到了退役电池在1/3C倍率下恒流充电、放电时的容量电压关系曲线,并做出退役电池的充放电曲线,如图 3-59 和图 3-60 所示。图 3-59 所示为退役电池在 1/3C 下的充电曲线,图 3-60 所示为退役电池在 1/3C 下的放电曲线。

以 1/3P(70W)功率对电池进行充放电,图 3-61 所示为该电池充放电容量曲线,图 3-62 所示为该电池充放电能量曲线,经过测试可知,该电池的放电容量为 59.36A·h,放电能量为 190.37W·h。

(2)电池内阻测试 电池内阻测试使用的是 HIOKI 生产的 BT3562 型电池内阻测试仪,其频率为 1000Hz,测试环境温度为(25±2)℃,测试时电池均处于

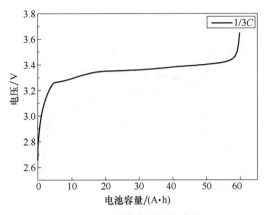

图 3-59　退役电池充电曲线

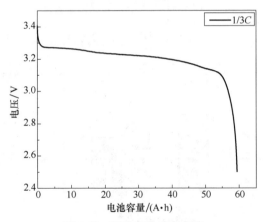

图 3-60　退役电池放电曲线

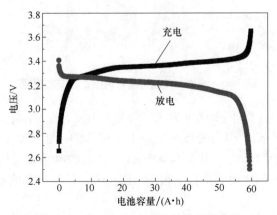

图 3-61　CATL-66A·h 充放电容量曲线

73

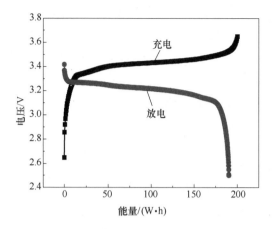

图 3-62　CATL-66A·h 充放电能量曲线

满电状态（100% SOC）。96 块退役单体电池内阻测试结果及内阻正态分布曲线如图 3-63 所示。

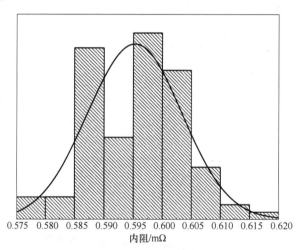

图 3-63　梯次利用动力电池内阻正态分布曲线

从图 3-63 可见，不同单体电池内阻的差别明显，在 96 块单体电池中，内阻的最小值为 0.578mΩ，内阻的最大值高于 0.616mΩ，相差 0.038mΩ。内阻正态分布曲线表明，内阻位于 0.585~0.605mΩ 区间内的电池数量最多。从出厂检验标准知该电池的初始内阻离散程度很小，而在经过长期车载使用之后，电池内阻会显著上升。

（3）倍率性能测试　倍率性能测试主要考察所研究的退役动力电池在大电流充放电时的性能好坏，测试了退役动力电池单体在 $1/3C(20A)$、$1/2C(30A)$

和 1C（60A）三种倍率条件下恒流充电、放电时的容量电压关系曲线，如图 3-64 所示。在测试倍率充电性能时，放电电流保持 20A 不变，将充电电流依次设置为 20A、30A 和 60A；同样地，在测试倍率放电性能时，充电电流保持 20A 不变，将放电电流依次设置为 20A、30A 和 60A。

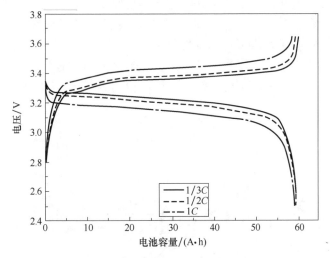

图 3-64　电池在不同倍率下的充放电性能

从图 3-64 可以看出，随着充电倍率增大，充电曲线电压平台逐渐升高，充电容量随之减小，1C 充电容量占 1/3C 充电容量的 97.85%；随着放电倍率增大，放电曲线电压平台逐渐降低，放电容量却几乎保持不变，1C 放电容量占 1/3C 放电容量的 99.63%，证明电池仍具有良好的倍率充放电性能。电池单体在不同倍率下充放电时的容量大小分别见表 3-7。

表 3-7　不同倍率下的充放电容量

倍率	1/3C	1/2C	1C
充电容量/(A·h)	59.8548	59.4020	58.5704
容量百分比（%）	100%	99.24%	97.85%
放电容量/(A·h)	59.4016	59.4019	59.1807
容量百分比（%）	100%	100%	99.63%

（4）放电深度及容量循环性能测试　放电深度（Depth of Discharge，DOD）是影响电池循环性能的关键因素之一，通过研究放电深度对循环寿命的影响，可以在满足使用条件的前提下，选择最适宜的放电深度，达到减缓电池老化速度，延长电池使用寿命的目的。试验研究了退役电池在 100% DOD、80% DOD、

50% DOD 和 20% DOD 四种放电深度下的循环性能，这四种放电深度对应的荷电状态（SOC）区间分别是 100% SOC、10%~90% SOC、25%~75% SOC、40%~60% SOC，由于放电深度不同，所以在提供相同能量时，循环次数也相应地会发生变化，放电深度大的电池循环次数少，反之放电深度小的电池循环次数多。

每周期循环结束后，对电池单体进行容量标定，考察电池在循环后的容量变化情况。标定结果如图 3-65 所示，由标定容量保持率曲线可知，在循环过程中电池的标定容量均出现不同程度的下降，但经过七个周期循环后容量保持率都在 85% 以上。其中在 20% DOD 下循环的电池标定容量下降速率最慢。综合上述分析可知，在小放电深度下，循环更有利于延长此退役电池的使用寿命。

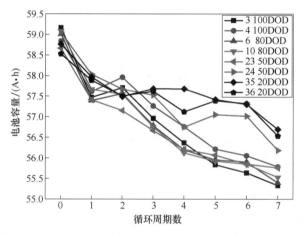

图 3-65 不同 DOD 下各循环周期后的标定容量保持率曲线

对退役磷酸铁锂动力电池在各周期循环结束后测量其累计放电能量，图 3-66~3-69 分别是电池在 20% DOD、50% DOD、80% DOD 和 100% DOD 时的累积放电能量。

图 3-66~图 3-69 是磷酸铁锂电池在不同 SOC 范围内循环，经过六个周期后累积转移的总能量，可以看到电池的累积转移总能量与循环次数近似呈线性规律增长，但是增长速度在逐渐变缓，这是由电池本体的性能衰退所导致的，主要表现为极化内阻的增加、电池可逆容量的损失等。可以定性地看到，虽然放电深度降低，但电池的使用寿命得到延长。

（5）电池发热特性 本节主要测试研究电池表面的发热特性，通过在电池表面中部区域粘贴热电偶的方式采集温度数据，利用无纸记录仪记录并存储所采集到的不同时间电池表面的温度数据，通过对照倍率充电或倍率放电时的工步时间，即可得到在不同倍率下充电或放电时电池表面的发热情况。

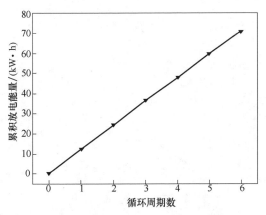

图 3-66　20% DOD 累计放电能量图

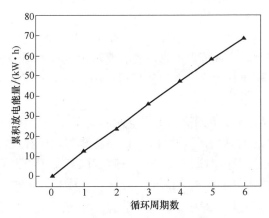

图 3-67　50% DOD 累计放电能量图

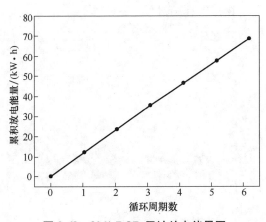

图 3-68　80% DOD 累计放电能量图

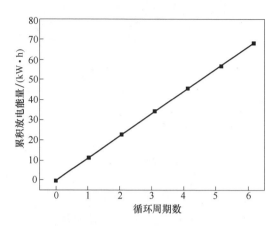

图 3-69　100% DOD 累计放电能量图

测试电池在 $0.2C$（12A）、$0.5C$（30A）和 $1.0C$（60A）倍率下充放电时电池的温度情况，并与测试的环境温度做对比，掌握电池在不同倍率充放电下的温升情况，提出大容量梯次利用动力电池使用过程中合适的使用倍率。测试的环境温度为（20±2）℃。

图 3-70 为单体电池在不同倍率下充电时的温升情况，图 3-71 为单体电池在不同倍率下放电时的温升情况，从图 3-70 和图 3-71 中可以看出，电池在 $0.2C$ 和 $0.5C$ 倍率下进行充放电时温升较小，与测试的环境温度相比，温升在 3℃ 以内；电池在 $1.0C$ 倍率下进行充放电时，温升在 5℃ 左右；考虑到电池成组使用时的温度累加效应，因此，对于退役大容量动力电池在进行梯次利用时，电池的使用倍率应低于 $0.5C$，确保电池在使用过程中不会温度过高，从而提高大容量梯次利用电动汽车电池在梯次利用过程中的安全性。

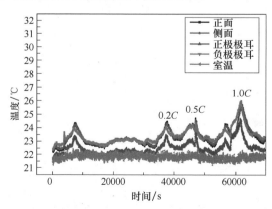

图 3-70　单体电池在不同倍率下充电时的温升情况

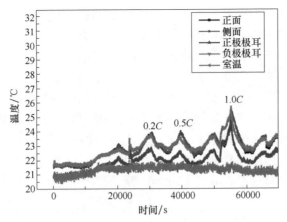

图 3-71　单体电池在不同倍率下放电时的温升情况

通过对不同倍率下充电或放电时表面发热特性的研究，得出所研究的退役电池在高倍率下大电流充放电时，其表面发热情况较为严重，而由于电池成组后不利于热量散发，所以应制定安全合理的热管理策略，或者尽量减少大电流充放电的时间，以避免出现电池容量快速衰退的现象。

2. 电池电化学阻抗特性

（1）引言　电化学阻抗谱（Electrochemical Impedance Spectroscopy，EIS）方法是一种给电化学系统施加一个频率不同的小振幅交流信号（正弦波电位或电流）为扰动信号，在直流信号基础上测试微小的交流响应成分，得出两者比值（即为系统的阻抗或导纳）随正弦波频率 ω 的变化关系，进而分析电极过程的动力学、双电层和扩散等，研究电极材料、固体电解质、导电高分子以及腐蚀防护等机理。电化学阻抗谱方法的特点如下：首先，以小幅值的正弦波对称地围绕稳定电位极化，不会引起严重的瞬间浓度变化及表面变化；其次，由于交变电流是在同一电极上交替地出现阳极过程和阴极过程，即使测量信号长时间作用于系统，也不会导致极化现象的累积；最后，电化学阻抗谱方法是一种频率域的测量方法，通过测量很宽的频率范围来研究电极系统，比常规电化学方法可以得到更多的电极界面结构信息及动力学信息。

测量电化学阻抗谱时应满足三个条件：第一，因果性条件，即当用一个正弦波电位信号对电极系统进行扰动时，要求系统只对该电位信号进行响应；第二，线性条件，电化学系统的电流与电位之间是动力学规律决定的非线性关系，然而当采用小幅度正弦波电位信号对系统扰动时，电位和电流之间可以近似看作呈线性关系；第三，稳定性条件，当电极系统受到扰动时，其内部结构所产生的变化很小，当扰动停止后，系统可以恢复到原来的状态。

电化学阻抗谱的测量结果有多种表达形式，本试验中使用的是最常用的

Nyquist 图，即-Z''-Z'阻抗复平面图，主要强调阻抗虚部与实部之间的关系，阻抗拟合时使用的也是此组数据。锂离子电池常见的电化学阻抗谱 Nyquist 图如图 3-72 所示，在此图中从左至右频率逐渐降低，可以看出曲线主要由高、中频区的两个半圆弧以及低频区的斜线组成。

在此图中，高、中频区第一个半圆代表 SEI 膜的电阻和电容，中频区第二个半圆代表电荷传递阻抗和双电层电容；低频区的斜线代表锂离子在电极材料中的固态扩散阻抗。在本研究实际测得的退役电池 Nyquist 图中（不是图 3-72），中频区只有一个半圆弧，这是因为薄膜电极上石墨或其他碳材料的含量非常少，导致 R_{SEI} 非常小，由于电荷转移过程的阻抗比 SEI 膜的阻抗大得多，因而覆盖了 R_{SEI}。

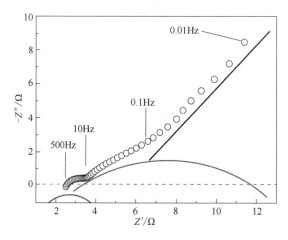

图 3-72　电化学阻抗谱 Nyquist 图

在使用 EIS 研究电池体系时，正弦激励电压幅值的设置不尽相同。S. Rodfigues 等人采用幅值为 5mV 的正弦电压激励锌锰电池，Y. Songhun 等人采用幅值为 10mV 的正弦电压激励锂离子电池，R. Li 等人认为，正弦激励的电压幅值应设置在 5～50mV，幅值太小，不能对电池体系形成有效的激励；幅值太大，不能满足 EIS 测试的线性条件。B. Evgenij 等人提出，只要施加的电压幅值小于热电压 U_T，反应系统响应的微分方程便可近似认为满足线性条件。

$$U_T = R \cdot T/F = k \cdot T/e \qquad (3-9)$$

式中，R 为空气常数；T 为绝对温度；F 为法拉第常数；k 为玻尔兹曼常数；e 为电子电荷。当温度为 25℃时，U_T 为 25.7mV。

在相同的外界条件下，用幅值为 2mV、5mV 和 10mV 的正弦电压激励电池体系。2mV 对 LiFePO$_4$ 锂离子电池的激励在中频区变化极不稳定，而 10mV 和 5mV 表现出较稳定的变化规律。与 5mV 相比，10mV 的正弦激励电压具有更好的稳定性，因此试验选取电压幅值为 10mV。不同时间间隔测得的阻抗谱相似，说明阻抗谱可在一定程度上重现。

对于特定的电池体系，不同频率下的阻抗可反映不同的电化学过程。C. R. Yang 等人用 10mHz ~ 0.1MHz 的频率研究锂离子电池负极的钝化膜；Y. Songhun 等人用 5mHz ~ 0.1MHz 的频率研究锂离子电池的容量特性；J. Vetter 等人研究锂离子电池寿命所用的频率为 1mHz ~ 6kHz。

不同正极材料电池的阻抗随频率变化的规律不同，虽然先前的研究中频率上限值设置较高，但综合考虑 $LiFePO_4$ 锂离子电池的内部电化学反应机理，比较不同频率下的 EIS，忽略高频处的感抗行为，取高频上限值为 1kHz。考虑到电化学工作站在低频处测量的准确性，在满足 EIS 可反应电池扩散行为的前提下，取低频下限值为 10mHz。

本试验使用瑞士万通公司生产的 PGSTAT302N 型电化学工作站测量电池的电化学阻抗谱，频率范围为 10mHz ~ 100kHz，扰动正弦电压振幅为 10mV，并使用配套的数据分析软件 NOVA 进行等效电路拟合。

（2）电池不同 SOC 下的 EIS 测试　选取两块容量和内阻接近的电池单体，对其进行阻抗试验。试验选取 0%、10%、20%、30%、40%、50%、60%、70%、80%、90% 和 100% SOC 11 个点的阻抗进行 EIS 测试，两块电池单体的测试结果如图 3-73 所示。

高频区比较集中，电池欧姆电阻 R_s 随电池荷电状态（SOC）的变化不大，而中频区在横轴上的截距所代表的电荷传递阻抗 R_p 差异较大，低频区部分则较为分散。

（3）不同 DOD 循环下的阻抗特性　挑选出八块容量和内阻接近的电池单体，在 100% DOD、80% DOD、50% DOD 和 20% DOD 四种循环条件下，每种条件选择两块电池单体进行循环试验。

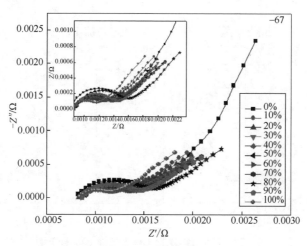

图 3-73　电池 EIS 分析

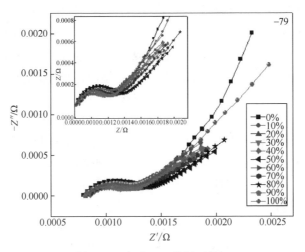

图 3-73　电池 EIS 分析（续）

从图 3-74 可以看出，不同 SOC 下电池在高频区的曲线几乎重合，中低频区曲线较为分散，当 SOC 小于 50% 时，电池 EIS 图谱受 SOC 影响较大，曲线上圆

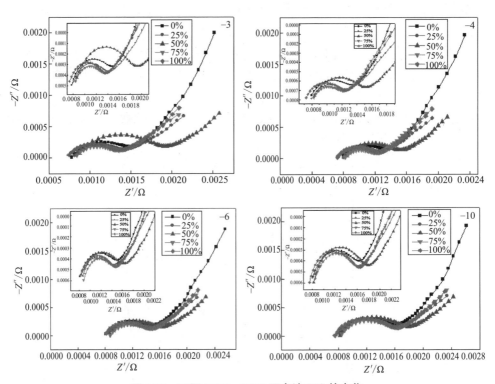

图 3-74　不同 DOD、SOC 下电池 EIS 的变化

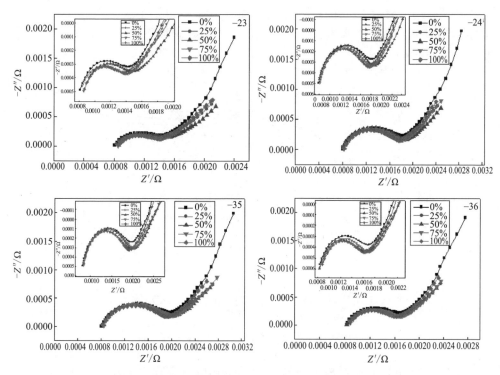

图 3-74　不同 DOD、SOC 下电池 EIS 的变化（续）

弧部分代表的电荷传递阻抗随 SOC 的变化非常明显；当 SOC 大于 50%时，EIS 图谱变化较小。圆弧左侧在横轴方向上比较集中，圆弧右端比较分散，圆弧的高度随 SOC 变化显著不同，由此可判断电池欧姆电阻随 SOC 变化不大。圆弧在横轴上的截距所代表的电荷传递阻抗差异较大。

为了详细对比曲线各部分所代表的阻抗值的变化情况，对电化学阻抗谱图进行了等效电路拟合，拟合所使用的等效电路如图 3-75 所示。在等效电路图中，R_s 代表欧姆阻抗，通常是由电解液、集流体、隔膜以及集流体与正负极界面的接触阻抗组成的，它是阻抗图谱中当-Z''为零时所对应的横坐标数值；R_p 通常和一个电容元件并联代表阻抗谱中的圆弧部分，反映了发生电化学反应时的电荷传递阻抗；Q_2 则反映了锂离子在电极活性材料中的固态扩散阻抗。

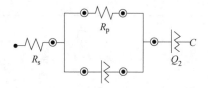

图 3-75　等效电路图

从拟合结果来看，可知在循环前中欧姆阻抗波动范围不大，基本维持稳定，如图 3-76 所示。说明电解液、集流体、隔膜等性质非常稳定，在经过长期循环后没有出现严重劣化。

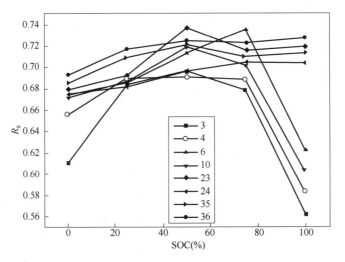

图 3-76　欧姆阻抗 R_s 的 EIS 拟合结果

从图 3-77 可知，随着 SOC 增大，电荷传递阻抗呈现先减小后增大的趋势，在低和高 SOC 区，电极已接近全充和全放状态，无明显的电极反应发生，造成电荷专递阻抗增大。

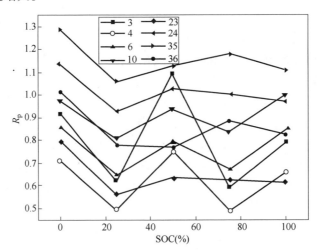

图 3-77　电荷传递阻抗 R_p 拟合结果

固态扩散阻抗 Q_2 的 EIS 拟合结果如图 3-78 所示，从对固态扩散阻抗的拟合结果来看，锂离子电池的固态扩散阻抗仅在循环初期出现显著下降，在随后的循环过程中保持稳定，说明循环初期的活化过程会显著改善锂离子的固态扩散。

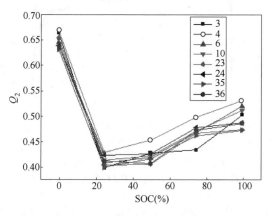

图 3-78 固态扩散阻抗 Q_2 的 EIS 拟合结果

总的来说，通过电化学阻抗谱测试，可以考察退役动力电池在不同放电深度下循环多个周期后其内部性质的稳定性，各部分阻抗的变化情况，以及是否出现严重的性能衰退现象。同时，这也是其容量保持率较高，内阻基本没有发生明显增大的内部原因所在。

3.3.5.2 22A·h 退役磷酸铁锂动力电池阻抗特性与荷电状态的关系

1. 电池外特性测试

（1）电池容量性能测试 图 3-79 所示为电池在 $0.5C(9A)$ 倍率下的充电曲线，图 3-80 所示为该电池在 $0.5C$ 倍率下的放电曲线，该电池在 $0.5C$ 倍率下的充电容量为 18.11A·h，放电容量也是 18.11A·h。

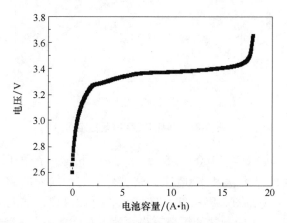

图 3-79 22A·h 电池 0.5C 倍率充电曲线

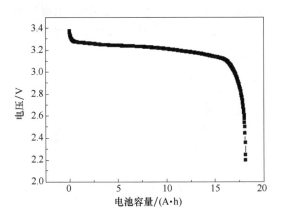

图 3-80　22A·h 电池 0.5C 倍率放电曲线

（2）电池容量循环性能测试　取四块同一批次的上述退役电池，0.5C 倍率下分别在不同 DOD 下循环五个周期（500 次），其循环曲线如图 3-81~图 3-84 所示。由标定容量曲线可知，在循环过程中电池的标定容量均出现不同程度的下降，但经过五个周期循环后容量保持率都在 85% 以上。其中，在 100% DOD 下循环的电池标定容量下降速率最慢。综合上述分析可知，在小放电深度下循环更有利于延长此退役电池的使用寿命。

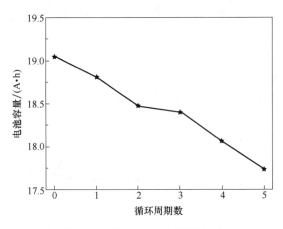

图 3-81　20% DOD 容量标定图

设定在三种放电深度（100%、50%、20%）下，每个循环周期对应的循环次数分别为 250 次、400 次和 1000 次，共进行了七个周期的循环，循环次数与放电容量的关系曲线如图 3-85~图 3-87 所示，可以看出，在七个周期的循环过程中，放电容量呈现出阶梯状的缓慢下降，放电深度越浅，下降幅度越小。

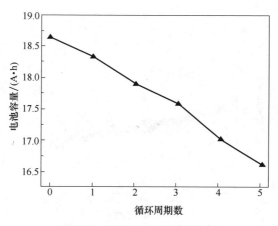

图 3-82　50% DOD 容量标定图

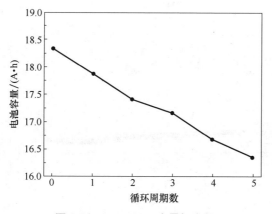

图 3-83　80% DOD 容量标定图

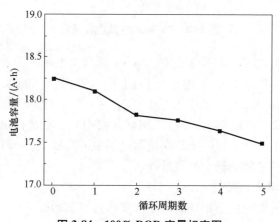

图 3-84　100% DOD 容量标定图

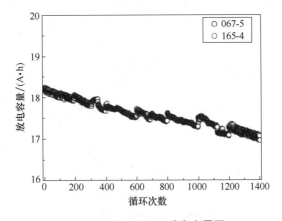

图 3-85 100% DOD 放电容量图

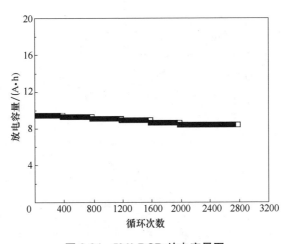

图 3-86 50% DOD 放电容量图

（3）电池内阻测试 测量了所有 22A·h 单体电池的内阻，电池的内阻情况如图 3-88 所示。在所有的电池中，内阻最小值为 2.43mΩ，内阻最大值为 4.29mΩ，相差达 1.86mΩ，其中内阻位于 2.5~3.5mΩ 之间的电池占 77%。该电池的初始内阻在 2.0mΩ 左右，经过长期车载使用后，电池内阻明显增大，且离散程度增加。内阻的增大说明电池在使用过程中可能发生了 SEI 膜增厚、电解液损耗以及活性材料之间接触变差等过程。

2. 电池电化学阻抗特性

在上述同一放电深度下循环的电池在完成每周期的循环后，测量其在不同荷电状态的电化学阻抗谱，测量结果如图 3-89~图 3-93 所示。从图中可以观察到代表循环前阻抗谱的黑色曲线在低频部分的斜线长度明显长于其他曲线，此外，随着循环的进行，曲线逐渐向低频方向（右）移动，曲线圆弧部分的高度先减小后增大。

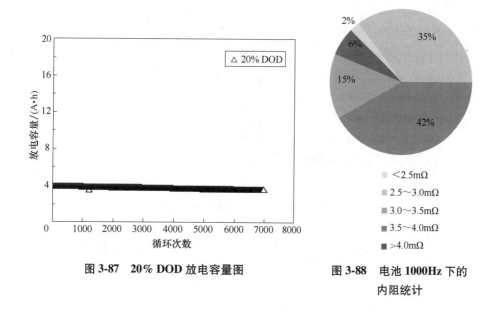

图 3-87　20% DOD 放电容量图

图 3-88　电池 1000Hz 下的内阻统计

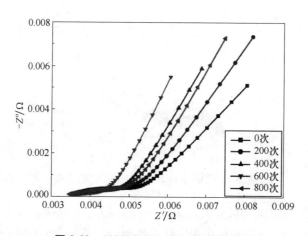

图 3-89　100% DOD，0% SOC 阻抗谱

可以从图 3-94～图 3-96 的曲线低频区的数据得出电池系统的总阻抗为 0.0035Ω，即为电池的直流内阻，通过直流伏安法可验证内阻值正确与否。每条 EIS 曲线都是由两段弧线构成的，两段弧线的存在也反映了正负极反应过程的区别，国内外的一些文献中分别对正负极的反应过程进行了研究，得出以下结论：两段弧线中低频区的弧度相对较大，石墨电极的 EIS 曲线正好与之相似，而高频

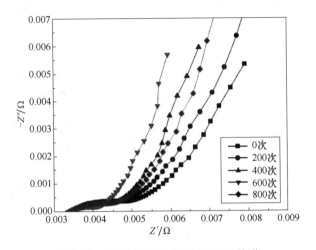

图 3-90　100% DOD，25% SOC 阻抗谱

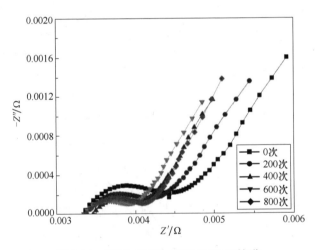

图 3-91　100% DOD，50% SOC 阻抗谱

区的曲线则是正极反应所对应的。由图可以得到一个规律，即低频区内半弧随 SOC 的增长而减小，而高频区半弧变化不明显，只有一条斜向上的斜线。

　　为了详细对比曲线各部分所代表的阻抗值的变化情况，对阻抗谱图进行了等效电路拟合，拟合所使用的等效电路及拟合结果如图 3-97 所示。在等效电路图中，R_s 代表欧姆阻抗，通常是由电解液、集流体、隔膜以及集流体与正负极界面的接触阻抗组成的，它是阻抗图谱中当 $-Z''$ 为零时所对应的横坐标数值；R_p 通常和一个电容元件并联，代表阻抗谱中的圆弧部分，反映了发生电化学反应时的电荷传递阻抗；Q_2 则反映了锂离子在电极活性材料中的固态扩散阻抗。从图 3-97b

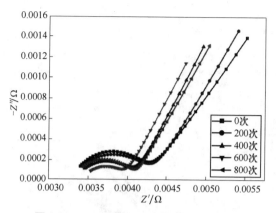

图 3-92　100％ DOD，75％ SOC 阻抗谱

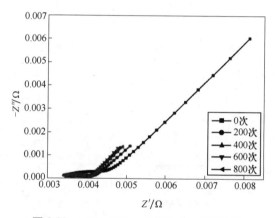

图 3-93　100％ DOD，100％ SOC 阻抗谱

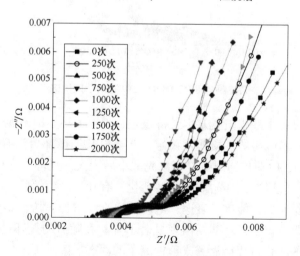

图 3-94　80％ DOD，0％ SOC 阻抗谱

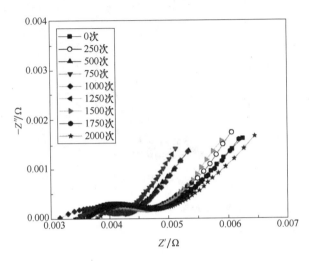

图 3-95　80% DOD，25% SOC 阻抗谱

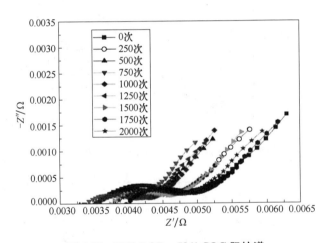

图 3-96　80% DOD，50% SOC 阻抗谱

可知，在循环过程中欧姆阻抗基本维持稳定，仅在循环后期出现轻微增大，说明电解液、集流体、隔膜等性质非常稳定，在经过长期循环后没有出现严重劣化；从图 3-97c 可知，电荷传递阻抗呈现出先减小后增大的趋势，这也与实测谱图的结果保持一致，说明在循环初期电池被活化，有利于电化学反应的进行，但在循环后期，活性材料的性能逐渐衰退，电荷传递难度增加；从图 3-97d 可知，锂离子的固态扩散阻抗仅在循环初期出现显著下降，在随后的循环过程中保持稳定，说明循环初期的活化过程会显著改善锂离子的固态扩散。

　　总的来说，通过电化学阻抗谱测试，得到退役电池在不同放电深度下循环七个周期后其内部性质稳定，各部分阻抗没有明显增大，没有出现严重的性能衰退现象，这也是其容量保持率依然高于 85%，内阻基本没有发生明显增大的内部原因所在。

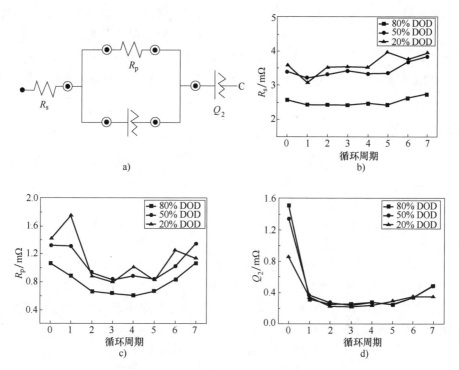

图 3-97 不同 DOD 下各循环周期后的电化学阻抗谱拟合结果

a）等效电路图 b）欧姆阻抗 R_s c）电荷传递阻抗 R_p d）固态扩散阻抗 Q_2

3.3.5.3 小结

本节以 22A·h 和 60A·h 退役磷酸铁锂动力电池为对象，对其容量、能量、阻抗、倍率等电性能进行了分析，研究了表征不同衰退状态的电池关键参量，即电性能的试验技术。采用恒流充放电方式分析了两种型号电池的容量，22A·h 的剩余容量超过初始容量的 80%，60A·h 电池的剩余容量在初始容量的 90%。采用不同电流充放电的方式分析了两种电池的倍率充放电特性，结果表明两种电池都具有较好的倍率充放电特性。

本节分析了电池在 1000Hz 下的定频内阻，60A·h 电池的内阻相比出厂上增大了 20%，22A·h 电池的内阻相比出厂增大了 30%～50%。

本节还分析了 22A·h 和 60A·h 电池在不同充放电深度（DOD）、不同荷电状态（SOC）下的交流阻抗特性，发现：①不同 SOC 下，高频区比较集中，电池欧姆电阻 R_s 随电池荷电状态（SOC）的变化不大，而中频区在横轴上的截距所代表的电荷传递电阻 R_p 差异较大，低频区部分则较为分散；②随着 SOC、循环次数增加，欧姆阻抗基本维持稳定，仅在循环后期出现轻微增大，说明电解液，集流体、隔膜等性质非常稳定，在经过长期循环后没有出现严重劣化；电荷传递阻抗呈现出先减小后增大的趋势，这也与实测图谱的结果保持一致，说明在循环初期电池被活化，有利于电化学反应的进行，但在循环后期，活性材料的性能逐渐衰退，电荷传递难度增加；固态扩散阻抗仅在循环初期出现显著下降，在随后的循环过程中保持稳定，说明循环初期的活化过程会显著改善锂离子的固态扩散。

3.3.6　小结

本章围绕磷酸铁锂单体电池开路电压与荷电状态、电化学阻抗特性与荷电状态间的关系，开展了大量的测试分析及研究总结，研究结果与结论如下：

1）测试了退役电池容量及内阻分布特性，分析了电池容量"跳水"现象及可能原因，展望了利用电化学阻抗技术对电池性能状态及老化特性进行评价的可行性。

2）研究了不同衰退状态下电池开路电压与荷电状态间的关系，发现随着电池循环次数增加，电池容量减少。随着电池容量的衰减，电压平台Ⅱ和Ⅲ区域中，电池的开路电压基本保持不变，而对应电池开路电压曲线中电压平台Ⅰ（SOC80%以上处）逐渐消失。

3）研究了同一电池在相同充放电条件下，不同循环次数对应的单体阻抗谱变化特征，及两者间的变化关系，发现在相同的充放电倍率下，随着电池充放电次数增加，电池欧姆电阻基本保持不变，而极化电阻和固相扩散电阻发生了明显变化，其电化学阻抗谱随循环次数增加而单调增大。说明极化电阻和固相扩散电阻是反应电池衰减状态的特征参数。

4）对比研究了磷酸铁锂/石墨电池和三元/钛酸锂电池的电荷转移电阻随 SOC 的变化情况，可以看出：

① 两款不同 A·h 的磷酸铁锂电池充放电方向测试都显示电荷转移电阻随 SOC 的增大呈 M 形，两款不同 A·h 的钛酸锂电池充放电方向测试都显示电荷转移电阻随 SOC 的增大而减小。这背后反映了电池材料的动力学特性。

② 对磷酸铁锂电池来说，当 100%~70% SOC 时，磷酸铁锂材料由单相反应转向两相反应，电荷转移电阻增大；当 70%~50% SOC 时，随着电化学过程的进行，材料被逐渐活化，阻抗开始降低（主导作用），在 50% SOC 时阻抗达到最小；当 50%~30% SOC 时活化失去主导作用，两相反应导致阻抗增加；当 30%~0% SOC 时，两相反应转向单相反应导致阻抗减小（主导作用），并且石墨随着锂脱出扩散系数增大，阻抗减小。另外锂离子在磷酸铁锂中的扩散系数小

于石墨的扩散系数，起到限制作用。

③ 对钛酸锂电池来说，NCM 随着锂离子的脱出扩散系数增大，虽然 $Li_4Ti_5O_{12}$ 的扩散系数随着嵌锂量的不同表现出复杂性，但 NCM 的扩散系数数量级比 LTO 小，起到限制作用，因此其电荷转移电阻随着 SOC 的增加而减小。

5）研究了单一电极阻抗的变化，结果显示随着充放电倍率增大，负极变化不大，表明循环过程中负极表面没有发生变化。而正极电荷转移电阻变化明显，可以定性地认为造成阻抗增大的主要问题在于磷酸铁锂正极。

6）以 22A·h 和 60A·h 退役磷酸铁锂动力电池为对象，研究了 22A·h 和 60A·h 电池在不同充放电深度（DOD）、不同荷电状态（SOC）下的交流阻抗特性，可以看出：

① 不同 SOC 下，高频区比较集中，电池欧姆电阻 R_s 随电池荷电状态 SOC 的变化不大，而中频区在横轴上的截距所代表的电荷传递电阻 R_p 差异较大，低频区部分则较为分散。

② 随着 SOC、循环次数增加，欧姆阻抗基本维持稳定，仅在循环后期出现轻微增大，说明电解液、集流体、隔膜等性质非常稳定，在经过长期循环后没有出现严重劣化；电荷传递阻抗呈现出先减小后增大的趋势，这也与实测图谱的结果保持一致，说明在循环初期电池被活化，有利于电化学反应的进行，但在循环后期，活性材料的性能逐渐衰退，电荷传递难度增加；固态扩散阻抗仅在循环初期出现显著下降，在随后的循环过程中保持稳定，说明循环初期的活化过程会显著改善锂离子的固态扩散。

综上，阻抗谱作为分析电池内部电化学过程的方法，图谱复杂多变，背后代表的电化学过程更加复杂。同时为了消除个体差异性，需要大量的数据支持找出一般的规律性，以上的分析只能做定性分析，还需要其他手段辅助得出结论。需要说明的是虽然可以从电化学阻抗谱图上简单判断电化学过程包含几个过程，以及通过等效电路和拟合等方法获得电化学参数以及界面结构的相关信息。但是用于拟合的等效电路不是唯一的，单纯从电学角度出发，可以提出很多甚至拟合效果更好的等效电路，然而挑战是如何从等效电路中给出合理的电池电化学解释。

参 考 文 献

［1］　麻友良，陈全世，齐占宁. 电动汽车用电池 DEF 定义与检测方法［J］. 清华大学学报（自然科学版），2001，41（11）：95-97.

［2］　劳力. 动力蓄电池管理系统 SOC 算法研究［D］. 北京：北京交通大学，2007.

［3］　林成涛，王军平，陈全世. 电动汽车 soc 估计方法原理与应用［J］. 电池，2004（5）：376-378.

［4］　ROSCHER M A，SAUER D U. Dynamic electric behavior and open-circuit-voltage modeling of

LiFePO$_4$-based lithium ion secondary batteries [J]. Journal of Power Sources, 2011, 196: 331-336.

[5] 毛华夫, 万国春, 汪镭, 等. 基于卡尔曼滤波修正算法的电池 SOC 估算 [J]. 电源技术, 2014, 38 (2): 298-302.

[6] BLOOM I, COLE B W. An accelerated calendar and cycle life study of Li-ion cells [J]. Journal of Power Sources, 2011, 101: 238-247.

[7] ECKER M, GERSCHLER J B. Development of a lifetime prediction model for lithium-ion batteries based on extended accelerated aging test data [J]. Journal of Power Sources, 2012, 215: 248-257.

[8] IEEE Recommended Practice for Maintenance, Testing, and Replacement of Valve-Regulated Lead-Acid (VRLA) Batteries for Stationary Applications [S]. IEEE Std 1188-1996.

[9] RODFIGUES S. Munichandraiah N, Shukla A K. A review of state-of-charge indication of batteries by means of a. c. impedance measurements [J]. Journal of Power Sources, 2000, 87 (1): 12-20.

[10] KARDEN E, BULLER S, DONCKER R W D. A method for measurement and interpretation of impedance spectra for industrial batteries [J]. Journal of Power Sources, 2000, 85 (1): 72-78.

[11] KARDEN E, BULLER S, DONCKER R W D. A frequeucy domain approach to dynamical modeling of electro-chemical power sources [J]. Electrochimica Acta, 2002, 47 (13): 2347-2356.

[12] 王秀菊. 蓄电池内阻同蓄电池各类失效模式的关系 [J]. 电源世界, 2004 (4): 45-49.

[13] HARIPRAKASH B, MARTHA S K, JAIKUMAR A, et al. On-line monitoring of lead-acid batteries by galvanostatic non-destructive technique [J]. Journal of Power Sources, 2004, 137 (1): 128-133.

[14] 徐艳辉. 商业化锂离子电池的阻抗谱研究 [J]. 电源技术与应用, 2003, 6 (10): 29-32.

第4章

退役电池筛选

4.1 锂电池性能评价技术

不同类型电动汽车对动力电池的要求不尽相同。具体而言，HEV 在加减速时需要大电力交换，电池的电压和电流会发生短暂的突变，因此需要采用大功率型锂动力电池。而 EV 用锂动力电池与手机电池一样，电池使用时充放电电流一般较小，特殊情况下，电池进行反复多次深度放电而不影响其内部的性能和循环容量，EV 对锂动力电池的容量要求较高，因此需要采用大容量型锂动力电池。不过电动汽车与手机电池相比，电动汽车要求锂动力电池具有充放电效率高，标称容量大，循环寿命长，安全性能高等特性。从不同类型电动汽车上退役下来的电池的性能差异巨大，因此均要从剩余寿命、荷电状态以及健康状态三方面进行性能预估。

4.1.1 残余寿命

对于退役后容量还有 80% 左右的电池进行再利用时，其所处的环境、温度及放电制度等千变万化，导致锂电池的寿命以不同的方式衰减，因此，有必要对锂动力电池的剩余寿命进行分析研究，以便最大限度地利用退役电池的剩余量[1]。基于这样的背景，建立锂离子电池寿命模型无论是对性能研究的进一步完善，还是对可靠性寿命预计都具有现实意义[2-4]。锂动力电池的寿命分为使用寿命、循环寿命和储存寿命三种。在建立电池的寿命模型时，存储寿命模型和循环寿命模型的使用最为广泛。

1. 存储寿命模型

国外对电池存储寿命模型的研究已有很多[5-8]。部分学者研究发现[9]，以石墨为负极的锂动力电池，负极表面发生的副反应是引起电池容量衰减的主要原因。Broussely 等人[10]认为石墨负极表面与锂离子发生反应形成的 SEI 膜，造成了锂离子的不可逆消耗，以此来建立电池的存储寿命模型。根据此模型，可以得出环境温度对电池储存寿命的影响规律，但是没有考虑电池内部特性和电池的外部参数对电池储存寿命的影响，因此具有一定的局限性。Spotnitz 等人[11]通过建立 SEI 膜的分解速度对容量衰减的影响，以此提出了以容量衰减为基础的存储寿命模型。上述模型都是基于锂离子的消耗和恢复建立的存储寿命模型。然而，Liaw 等人[12]同样从动力电池容量衰减的角度出发，但是通过建立电池的等效电路来预测电池的储存寿命。同时，这一等效电路还能模拟出搁置后的电池在不同的电流激励下的放电行为。但是这一模型以电池的电压、阻抗和荷电状态为研究对象，未考虑温度对电池的影响，同样具有很大的局限性。根据电池内部阻抗的变化规律，国外学者提出了以内阻上升、功率下降为基础的存储寿命模型[13]。Wright 等人[14]针对镍钴氧化物为主体正极材料的动力电池，在不同的荷电状态下进行了多个温度的存储寿命测试，以电池电阻的变化为基础，提出了电池的存储寿命模型；Thomas 等人[15]根据高功率型动力电池的功率衰减随时间、温度和荷电状态的变化而变化的曲线，推导出以内阻上升、功率下降为基础的存储寿命完全经验模型；Bloom 等人[16]以电池阻抗随循环时间的变化为基础，建立了电池的存储寿命模型。

2. 循环寿命模型

循环寿命模型通常是以加速寿命试验原理为基础建立的[17]。Randy 等人[18]针对锂动力电池在不同荷电状态下进行了多个温度的加速寿命测试，建立了以阻抗增加、功率衰退为基础的循环寿命经验模型。该模型与 Wright 等人[14]提出的存储寿命经验模型形式基本相同，但该模型在存储寿命经验模型的基础上增加了荷电状态变化幅度（$\Delta\% \text{ SOC}$）对锂动力电池循环寿命的影响。Jon 等人[19]针对锂动力电池建立了基于 Neural-Network 原理的循环寿命经验模型，该模型拟合程度较高。根据容量衰减的规律同样可以建立电池的循环寿命模型[20]。Ramadass 等人[21]根据第一性原理提出了预测电池容量衰减规律的循环寿命半经验模型。根据该模型可以得出电池容量衰减随循环次数的变化规律，但是忽略了放电深度、环境温度和放电截止电压对电池循环寿命的影响，因而拟合程度较低。Ning 等人[22]在 Ramadass 等人[21]提出的循环寿命半经验模型的基础上，增加了放电深度和放电截止电压这两个因素对电池循环寿命的影响，在一定程度上提高了模型的精度，试验证实这一模型适用于多种循环制度。上述以电池的容量衰减为基础建立的各种循环寿命模型未考虑温度对电池容量衰减的影响，也没有充分考虑锂离子在电池内部扩散和迁移的极限条件，所以只适用于较低倍率下的循环条件（$<1C$）。基于此，Smith 等人[23]利用有限元方法建立了锂动力电池的循环寿命模型，根据此模型可以预测电池在 $40C$ 放电倍率下的容量衰减规律。

近年来，国内也开始致力于锂电动力电池寿命的研究[24-26]。黎火林等人[27]

根据可靠性试验理论，针对锂动力电池在不同温度和充放电倍率下的加速寿命试验，建立了电池的循环寿命模型。许参等人[28]则以 Rakhmatov 模型[29]为基础，通过近似法建立了电池的循环寿命模型。

4.1.2　劣化失效

锂动力电池的劣化失效估计一直是国内外研究的热点[30-32]。20 世纪 90 年代，国内外锂动力电池的劣化检测技术还比较落后[33-35]，检测锂动力电池的恶化程度的方法主要基于定义法[36]、内阻仪测定法[37]和部分放电法[38]。然而，导致锂动力电池的劣化失效原因很多，如温度的升高导致电解液的分解[39]，电池内部热效应导致电极材料的恶化[40]，电池负极材料表面电解质膜的形成与溶解等[41]。电池劣化失效的复杂性导致上述三种检测方法难以精确地估计出电池的失效程度。因此，锂动力电池的劣化失效估计成为了国内外研究的一个难点。

近年来，由于锂动力电池研发技术的不断发展，电池的劣化失效估计引起了学者和科研机构的高度关注，电池的内部失效机理得到广泛、深入的研究。国外开发了一些新的方法估计锂动力电池的劣化失效程度，并取得了较大突破[42]。某学者[43]曾采用对电池施加放电脉冲来测量电池电压，从而确定电池的劣化程度。日本株式会社通过用电化学检测方法计算电池的容量保持率来估计电池的劣化失效程度。国内一些学者也相继提出过一些快速检测电池劣化程度的方法[44-46]。阿城继电器股份有限公司[47]提出了一种基于模糊神经网络原理的方法预测电池的劣化失效程度，该方法不仅可以在数据量非常大的情况下准确估计电池的劣化失效程度，而且拟合程度大幅提高。周汉民和林浩等人提出了根据充放电曲线中的特征数据推导电池的劣化失效程度。哈尔滨子木科技有限公司[48]提出了一种新的估计电池劣化失效程度的方法，首先根据锂动力电池的交流内阻、开路电压与电池实际容量之间的关系预测电池的容量衰减规律，然后根据容量衰减规律与内阻的关系来估计电池的劣化失效程度。上述这些模型均在一定的程度上提高了电池劣化失效估计的准确度，但是仍未能全面表达出电池劣化失效的全部机理。

国内外很多研究机构最近又将目光瞄准了电化学阻抗谱测定法研究电池内部电化学过程动力学的问题[49-51]。为了全面地分析电池内部的变化规律，把电化学阻抗谱方法引入电池劣化失效研究过程中[52]。根据交流阻抗谱技术建立电池阻抗模型，判断模型中的参数与电池劣化失效程度的关系。Ramadass 等人[53]根据交流阻抗谱法提出了电池的劣化主要受负极阻抗增加的影响。在充放电循环中，负极表面固态电解质膜的重复形成导致负极对电池劣化的影响远远大于正极材料。Andre 等人[54]认为除了欧姆内阻和电化学极化内阻外，Warburg 阻抗（浓差极化内阻）对电池的劣化失效也有影响。Tetsuya 等人[55]在 Andre 等人的基础上提出了一种新的分析锂动力电池劣化失效的机理。电池劣化失效除了受到接触阻抗、负极 SEI 膜阻抗、电化学极化和浓差极化阻抗的影响外，正极两种颗粒的粒径也对电池的劣化失效也有重大影响。随着电化学阻抗谱理论和应用的不断更新，电化学阻抗对电池内部失效的机理研究不断深入。若将这种基于电化学阻抗谱的劣化失效估计方法应用于电池出厂预测的试验台上，那么将会更进一步提高电池劣化失效估计的准确度和加快锂动力电池的劣化失效检测速度。

4.1.3　荷电状态

SOC 为电池的荷电状态，表示电池的剩余容量与额定容量的比值。所以 SOC 值直接反映了电池所处的状态和剩余容量，限定了电池所能承受的最大放电电流值。对于锂动力电池的合理使用而言，最首要的任务就是精确地估计电池的 SOC 值[56]。由于电池工作时所处的环境时刻变化，并且电池内部及外部参数也随时发生变化，因此导致锂动力电池的 SOC 不能通过直接测量得到，只能进行 SOC 估计。鉴于电池 SOC 值的重要性，国内外在电池的 SOC 估计方面的研究很多，也取得了一些进展[57-59]。国内外对于锂动力电池荷电状态估计分为以下三种：

第一种是以电池工作原理为基础，根据电池内部的电化学反应确定 SOC 值[60]。采用这一方法估计电池的 SOC 值，准确度较高。但是锂动力电池内部的电化学反应十分复杂，导致这一方法在应用和推广上存在严重的不足。

第二种是确定锂动力电池的电压、电流和温度等外部参数与 SOC 之间的关系，从而进行锂动力电池的 SOC 估计。由于电池的电压、电流和温度的外部参数较易采集，因此，在应用上体现出较强的可行性。国内外大多数学者热衷于采用这一方法估计锂动力电池的 SOC 值[61-62]。在进行 SOC 估计时，选取的外部参数不同，在针对其进行外部运行特征分析时采用的方法也各有不同。传统的锂电池的 SOC 估计的方法主要有安时积分法[63]、放电试验法[64]、开路电压法[65]、负载电压法[66]、内阻计算法[67]、等效电路模型法[68] 以及在此方法的基础上发展起来的卡尔曼滤波法[69-70]、神经网络法[71]、线性模型法[72] 及一些其他衍生的算法[73-74]。通过神经网络估计电池 SOC 是由 Gerard[75] 提出的。卡尔曼滤波法是一种不断调整参数以适应电池模型的 SOC 估计方法，这种方法应用于锂离子电池是 Di Domenico D 提出的[77]。而模糊逻辑方法是由 Salkind[76] 提出的。

第三种 SOC 估计的方法是采用曲线拟合技术，根据开路电压 OCV 关于 SOC 的曲线的形状，用指数函数、幂函数、高斯函数或多项式函数对 SOC-OCV 曲线进行拟合，由于电池的开路电压 OCV 较易采集，因此可根据已知的 OCV 值和 OCV-SOC 拟合函数估计锂动力电池的 SOC 值[78]。采用开路电压曲线拟合技术进行 SOC 估计时，充放电电流的变化、环境温度的变化、电池的自放电率以及电池的老化等都会使实际曲线和模型曲线略有不同，从而带来估计误差。

锂动力电池对电池外部性能参数的测试要求一般远远高于普通锂离子电池，而锂动力电池的实际使用环境时刻变化，这就使得锂动力电池的 SOC 估计时要考虑环境对其影响。因此，锂动力电池 SOC 估计应满足以下要求：

1）估算准确度高。锂动力电池的 SOC 估计误差应控制在 10% 范围内。尤其是在 SOC<10% 和 SOC>90% 时，应尽可能地减小电池的 SOC 估计值与实际值的误差。从而避免电池的过充过放电。

2）实时估计。应尽可能的对电池进行实时 SOC 估计，以便于随时调整电池的工作状态。

3）累计误差小。处于工作中的电池 SOC 值随时发生变化以及停止工作时自放电的影响，使得锂动力电池的 SOC 估计误差累积逐渐变大。因此，需要联合其他方法对电池的 SOC 估计方法进行修正，从而尽可能地减小累积误差。精确地进行锂动力电池的 SOC 估计不仅可以获得电池的剩余容量和判断电池所处的状态，而且还能及时调整电池的工作状态，防止电池过充或过放，尤其是调整电池的最大充放电倍率，从而充分发挥电池的性能，延长电池的使用寿命。

4.1.4　数据处理方法

锂动力电池的循环寿命、劣化失效和荷电状态测试均涉及大量数据，通常都需要采用各种方法探索这些数据之间的关系[78-80]。下面简单介绍目前比较常用的数据处理方法。

1. 插值法

插值法是一种函数逼近的方法。根据电池的循环寿命、劣化失效程度或荷电状态等离散型数据分别构造插值基函数，根据离散数据所构造的函数结构通常是 n 次多项式函数，由于多项式函数的次数通常较高，导致方法计算复杂，且数据拟合精度不高，因此当试验数据为浮点型数据时，拟合精度更低[81]。

2. 曲线拟合法

曲线拟合法是根据数据的走向进行曲线拟合，使得曲线尽可能地穿过所有的数据点。由于循环寿命、劣化失效程度或荷电状态估计所涉及数据量较大，而且数据记录存在仪器和人为误差，导致曲线穿过所有数据点是不实际的，因此要求曲线尽可能从数据点的附近穿过，在这种情况下，拟合参数不免存在误差，通过增加实际数据的个数可以尽可能地减小误差[82]。

3. 最小二乘法

最小二乘法是一种特殊的曲线拟合法。首先根据曲线拟合法寻找几种拟合函数，最小二乘法进一步筛选出所有数据点距离曲线的二次方和最小时的函数作为最佳拟合函数，然后根据此函数进行参数估计。当数据无明显的变化规律时，很难找到一种函数形式来表征数据自身的意义，数据拟合的准确度较低[83]。

4. 遗传算法

遗传算法是基于自适应全局优化概率搜索的算法。根据初始数据和遗传规律进行逐步迭代，从而逼近预测数据的最优解，当数据为离散型数据时，要求数据的变化必须有规律可循，采用此方法可根据迭代次数逐步提高数据拟合准确度[84]。

5. 其他方法

对离散型数据进行拟合的方法还有很多，如样条插值法、幂函数拟合法、指数函数拟合法、径向基函数法、高斯函数拟合法、Kriging 法等。使用时需根据针对具体的数据进行选择，以提高数据的拟合准确度。

4.2 锂电池健康状态评估方法

建立储能系统中动力电池状态评价方法，实时监控或者提前预知电池状态，不仅为在役电池的筛选以及分级组合提供了科学依据，而且能够有效延长动力电池服役期限，降低动力电池的全生命周期成本，提高资源利用的有效性和合理性[85]。动力电池状态受到多种因素的影响，估算较为复杂[86]。随着电池的老化，电池状态的变化主要体现在容量和内阻上。当电池健康状态恶化时，其阻抗会逐渐增大，容量、能量、功率将发生不同程度的衰减[87]。目前，在锂电池健康状态评估方面，主要是将容量、内阻、功率或循环次数中的一种或几种作为估计参数，根据参数变化规律，进行数学拟合回归，得到适合于特定电池的健康状态评估算法，国内外研究者建立的评估方法主要包括定义法、交流阻抗分析法、部分放电法、化学分析法、电池模型法等。

4.2.1 定义法

这种方法是利用定义的方法，在标准环境下对电池进行充放电，实际测量动力电池的现有容量。到现在为止，用负载放电是工业和专业领域内最可靠的方法，也是最直接的方法。但是这种方法存在的最大缺点就是需要离线测试，而且需要的时间较长。在实际的过程中，电池是固定在电动汽车上的，拆卸不易。同时，这种测试是以降低电池循环次数为代价的，因为测试的同时也减少了实际可用的循环次数[88]。

4.2.2 交流阻抗分析法

许多研究成果与数据表明，电池的阻抗大小可以从一定程度上反应电池的性能好坏。尤其是电池在 1~1kHz 交流电流激励下，电池表现的阻抗与电池的劣化程度有比较显著的关系[89]。交流阻抗分析法就是利用电池阻抗与健康状况的内在联系，通过测量电池在不同频率下的阻抗来预测电池的健康状况[90]。这种方法需要有深厚的电磁理论基础，要做大量的试验来确定电池阻抗与健康状况的内在联系。同时，需要用专门的设备测量电池阻抗，成本较高，从经济效益考虑不适合大规模应用[91]。

4.2.3　部分放电法

这种方法是通过对电池进行大电流放电，检测其端电压的变化范围，分析电池电压的变化规律来预测电池的寿命[92]。这种方法要求设备操作精度高，需要有专业的测量设备对电池进行离线测试，放电电流大，受到周围环境的限制，测试会对电池本身健康状况有影响[93]。

4.2.4　化学分析法

该方法是应用化学方法，通过测量电解液的密度变化和电极板腐蚀情况对电池的健康状况进行估计，该方法估算准确，但其最大的缺点就是破坏电池结构，导致电池不能再次使用。这种方式只适合用于由电池引起事故时对电池进行解剖分析[94]。

4.2.5　电池模型法

业界普遍认为电池的内阻与电池的健康状况存在内在联系，所以建立相关的电池模型，根据试验数据进行参数辨识，对辨识结果进行一系列处理，获得电池特性，包括电池的内阻、荷电状态、健康状态等。这种方法根据建立电池模型的难易程度和模型的不同用途，相应的计算复杂程度不同，对电池特性的估算精度也有很大的差别[95]。

4.3　结构及组分变化对锂离子电池容量衰减的影响机理

4.3.1　材料结构的变化

1. 正极材料结构变化

正极材料是目前锂离子电池体系中锂离子的主要来源，所以正极材料一般都是含锂化合物，最常用的是由锂和过渡金属元素形成的嵌入式氧化物。目前应用最多的正极材料主要有六方层状结构的 $LiMO_2$（其中 $M = Co$，Ni，Mn），尖晶石结构 $LiMn_2O_4$[96]以及橄榄石结构的 $LiFePO_4$。无论哪种结构的材料，当锂离子从正极中脱出时，为了维持材料电中性状态，金属元素必然会被氧化到达一个高的氧化态，这里就伴随了一个组分的转变过程。而组分的转变往往容易导致相转移，所以当锂离子不断在材料中嵌入脱出时，相变也在持续发生，长期下去必然会给晶体稳定性带来威胁。相对于负极而言，正极材料由于相转移和体相结构的变化引起的不可逆容量对电池寿命有很大的影响[97]。

（1）层状结构 $LiMO_2$　在层状结构中，研究最多的主要有 $LiCoO_2$、$LiNiO_2$、$LiMnO_2$ 以及后来通过改性得到的多元正极材料，$LiCoO_2$ 也是最早用于商业化锂离子电池的正极材料。

$LiCoO_2$ 作为目前商业化锂离子电池中应用比例最大的正极材料，具有理想的 α-$NaFeO_2$ 型结构，属于六方晶系，R3m 空间群，Li^+ 和 Co^{2+} 分别交替占据层间的八面体位置。在充放电过程中，随着锂离子从正极材料中脱出，$Li_{1-x}CoO_2$ 会发生三次相变过程。在 $x = 0.07 \sim 0.25$ 时，$Li_{1-x}CoO_2$ 的 c 轴会伸长 2%，层间距降低；当 $x = 0.5$ 左右时，会发生锂离子从有序向无序排列，并发生六方相到单斜相的转变，这个相变是可逆的。但是如果继续脱出锂离子，那么 c 轴会急剧缩短，产生 9% 的体积变化[98]，钴离子迁移到锂离子的空位上引发阳离子混乱[99]，造成材料结构由八面体到四面体的不可逆转变，所以 $LiCoO_2$ 最多只能脱出约 0.55 个锂离子，过度充电会构成结构的破裂，晶格失氧。

李晓干[100] 在研究 $LiCoO_2$ 抗过充电时发现，电池在高电压范围内（3.3 ~ 4.7V）循环，电池的容量迅速衰减，从 XRD 图中发现，当充电电压高至 4.7V 时，六方相发生部分转变为尖晶石相而形成两相共存体，循环伏安表明电池在循环过程中出现单斜相和六方相共存的现象。这些结构的变化都在一定程度上造成了电池容量的衰减。在电压高于 4.2V 下循环，结构的变化就会导致容量的剧烈衰减[101]。$LiNiO_2$ 的结构与 $LiCoO_2$ 相似，在充放电过程中也会发生三方晶系到单斜晶系的可逆相变，但是由于 Ni^{3+} 易被还原成 Ni^{2+}，二价 Ni 的半径和锂离子相近，容易造成结构中的 Li 空位，使得结构中镍和 Li 呈无序排列，使得电池的电化学性能恶化[102]。而 $LiMnO_2$ 本身就处于热力学亚稳定结构，层状结构在首次充放电过程中就会发生变化，高自旋的 Mn^{3+} 会引发的 Jahn-Teller 效应，使得材料在充放电过程中易发生不可逆结构变化，变成类尖晶石结构。

六方层状多元正极材料 $LiNi_{1-x-y}Co_xMn_yO_2$ 可以看成是层状 $LiNiO_2$ 中 Ni 用过渡金属 Co 和 Mn 取代部分 Ni 得到的产物。通过引入 Co 减少阳离子混合占位情况，有效稳定材料的层状结构，引入 Mn 则可以降低成本提高材料的安全性和稳定性。这三种元素的协同作用使得材料既具有 $LiCoO_2$ 良好的循环性能，又保持了 $LiNiO_2$ 高容量和 $LiMnO_2$ 安全性的优势。例如 $LiNi_{1/3}Co_{1/3}Mn_{1/3}O_2$ 材料在锂离子嵌入和脱出时候体积效应只有 3% 左右，但是这种材料首次库仑效率很低的原因与材料的结构有密切关系，在充电的初期由于 Li 和 Ni 在晶格中的无序排列，

Li 空位被部分 Ni 占据而使得锂离子空位减少，高电位下晶格中的氧缺失也会引起首次不可逆容量增加。

（2）尖晶石型 $LiMn_2O_4$　尖晶石型 $LiMn_2O_4$ 的主体结构是由氧离子做规则的立方紧密堆积组成，锂离子和锰离子分别占据在四面体和八面体空隙中，具有 Fd3m 的空间群。其基本框架 Mn_2O_4 是一种非常有有利于 Li^+ 脱出和嵌入的结构，因为八面体 16c 以及四面体 8a 和 48f 共面的网络结构为锂离子的扩散提供了通道。充放电过程中，在尖晶石表面形成四方向结构的 $Li_2Mn_2O_4$，尤其在高倍率下，在放电末期发生 Jahn-Teller 效应，破坏材料结构引起容量衰减[103]。在 $LiMn_2O_4$ 尖晶石相中，根据 Jahn-Teller 原理，在氧八面体场的作用下，Mn^{3+} 外层的 eg 轨道会分裂成 dx_2-y_2 和 dz_2 两个能级，导致形成 MnO_6 八面体场沿 X、Y 轴缩短，Z 轴伸长的四方双椎体，使得晶格常数比 c/a 的数值大约增长了 16%，即尖晶石的立方结构向能量更低的、更稳定的四方结构转变，所以在 3V 平台的 $Li_{1+x}Mn_2O_4$ 是由 $LiMn_2O_4$ 和 $Li_2Mn_2O_4$ 两相形成的，破坏了晶体的对称性[104]。两相结构的不相容，导致了电极材料颗粒间电接触不良，锂离子扩散困难，随着锂离子的脱出和嵌入，晶体不断地膨胀和收缩，晶体原有结构被破坏，破坏了锂离子迁移的三维通道，使得脱嵌锂离子变得困难，电池性能恶化，导致容量和循环效果的下降，其中 Mn^{3+} 是导致材料 Jahn-Teller 效应的直接原因。

尖晶石 $Li_xMn_2O_4$ 的相转变发生在电化学反应过程中。当 $0 \leqslant x \leqslant 1$ 时，$Li_xMn_2O_4$ 在 4V 区域保持尖晶石立方结构，对应反应为

$$LiMn_2O_4 = Li_{1-x}Mn_2O_4 + xe^- + xLi^+ \tag{4-1}$$

在这个过程中，Mn 的平均价态在 3.5~4 之间，这时尖晶石中 Mn^{3+} 所占的比例较少，Jahn-Teller 效应不明显，晶体结构没有显著的变化。当 $1 < x \leqslant 2$ 时，在 3V 区域内发生立方相向四方相转变[105]。发生的反应为

$$LiMn_2O_4 + ye^- + yLi^+ = Li_{1+y}Mn_2O_4 \tag{4-2}$$

此时，Mn 的平均价态小于 3.5，说明其中 Mn^{3+} 离子所占比例较大，更容易发生 Jahn-Teller 效应。一般认为 Jahn-Teller 效应只发生在 3V 区域，但其实即使在 3V 以上区域循环，也会发生局部过放电，发生相变产生四方相从而导致 Jahn-Teller 效应。在放电过程中，特别是在高倍率下，锂离子在电解液中的扩散速度远远大于在颗粒内部的扩散，导致锂离子在尖晶石表面累积，电池处于热力学非平衡状态，$LiMn_2O_4$ 颗粒表面和内部的 Li^+ 浓度不同，存在浓度梯度，形成了一个 Mn^{3+} 富集的区域[106]，造成表面锰的平均化合价低于+3.5，从而导致强烈的表面 Jalln-Teller 效应。这种 Jalln-Teller 效应容易导致表面开裂或者颗粒粉碎，增加颗粒的表面积，这样会加速锰溶解。

很多研究表明[107,108]，当尖晶石中存在氧缺失时会引起循环性的恶化。尖晶

石 $LiMn_2O_4$ 在充放电过程中发生氧缺失的主要原因是 $LiMn_2O_4$ 对电解液的催化分解有一定的催化作用，其本身失去氧；为了维持化合价的平衡，氧缺失会导致材料中 Mn 的平均化合价降低，Mn^{3+} 的比例上升，而且氧缺失还会削弱金属离子和氧离子之间的键能，这些都加剧了锰溶解和 Jahn-Teller 效应。Xia[109] 等人在研究中发现，当材料中存在氧缺失时会加速电池容量的衰减，并且发现在 4.2V 和 4V 两个平台上都会发生容量衰减，而材料不存在氧缺失时容量衰减只在 4.2V 区域。用原位 XRD 方法研究发现，4V 区域的容量损失来源于不可逆的相变。说明在循环过程中，材料的氧缺失会导致材料结构的变化，从而导致容量的衰减。

（3）橄榄石型 $LiFePO_4$ $LiFePO_4$ 属于正交晶系，Pnmb 空间群，具有橄榄石结构，铁原子和锂原子分别占据八面体的 4c 和 4a 位置，磷原子占据四面体的 4c 位置，氧原子六方紧密堆积排列，轻微形变。$LiFePO_4$ 的充放电反应在 $LiFePO_4$ 和 $FePO_4$ 两相之间进行，充电过程中的体积收缩可以弥补碳负极的膨胀，有助于提高锂离子电池的体积利用效率。目前研究发现，$LiFePO_4$ 在循环过程中结构变化很小，容量衰减的主要原因并不在于正极材料结构变化。

在 $LiFePO_4$ 晶体和 $FePO_4$ 晶体中，Fe-O 键是所有键中键长最小的。在完全充电状态下，$LiFePO_4$ 转化成 $FePO_4$ 时键长改变很小，只有晶胞体积减小了 6.81%，密度增加了 2.59%。这种变化过程可以保证在锂离子嵌入脱出的过程中，不会因为结构的变化过大造成容量的损失。在 $LiFePO_4$ 中多阴离子 PO_4^{3-} 的稳定性可以有效抑制材料由橄榄石结构向尖晶石结构转变。所以磷酸铁锂相对于其他材料来说，在结构上的稳定性较好。

2. 负极材料结构变化

石墨为整齐的层状结构，层数达到数百层，电池充电时锂离子嵌入层间，同时与外电路输运来的电子结合形成锂化石墨，此时层间距会有所增大；放电时，石墨层间失去锂离子并向外电路释放电子，发生脱嵌被氧化的反应，此时层间距又会减小。碳负极材料在电池首次充电过程中会与电解液发生反应，共有三种形式。

第一种是溶剂化锂离子的嵌层反应或者溶剂共嵌入反应，这种情况对石墨结构的破坏，导致层状的石墨结构被粉化，石墨的电子导电性中断。第二种是在碳负极表面形成一层钝化膜，即 SEI 膜，优良的 SEI 膜具有电子绝缘性，可以阻止溶剂分子在电极表面持续的还原反应，防止溶剂化锂离子嵌入石墨层间，可以保护碳负极。第三种是两种情况同时存在，石墨负极的整体被钝化，但部分结构损坏。因此，在锂离子嵌脱过程中，其体积将发生变化，这种特点限制了电池的充放电循环寿命。如果在循环过程中发生溶剂化锂离子的嵌层反应或者溶剂共嵌入反应，则会直接破坏石墨层的结构，导致层状的石墨结构被粉化，石墨的电子导电性中断。

石墨负极对于 PC 基的电解液体系来说，其结构在电池进行充放电时，稳定性表现出不佳。在首次充放电过程中，溶剂化的 $Li_x(PC)_y$ 会进入石墨层间，使石墨层发生剥离破裂。关于石墨负极在 PC 基中结构破坏的原因，不同的研究者提出了不同的模型，Besenhard[111] 认为是由于溶剂分子与锂离子共嵌入石墨层中，破坏了石墨的结构顺序导致的。而 Aurbach[112] 则提出了不同的观点，他认为溶剂分子的共嵌入只能用于解释醚类电解液，PC 基电解液更偏向于在颗粒边缘还原而释放出气体，由于气压使得颗粒破裂导致有石墨部分表面暴露在电解液中。一般石墨负极的耐过充放电能力较差，在充放电过程中，锂离子嵌入和脱出电极材料时，石墨层状结构容易遭到破坏。

4.3.2　活性物质溶解

正极材料的溶解是指电极在电解液的浸润中，活性物质逐渐减少被溶蚀的过程。高温下正极材料的溶解是导致电池容量衰减的原因之一[113]，尤其对电池在高温下的循环性能和储存性能影响更大。过渡金属在一定条件下溶解是 Li_xMO_y[114] 正极材料都存在的一个问题，活性物质的溶解对电池性能恶化的原因主要有以下三点：

1）金属元素的溶解导致活性物质量减少，直接造成电池容量损失；

2）正极材料的溶解引起材料结构的变化，并且在颗粒表面形成没有化学活性的物质，使得锂离子在电池材料中传输受阻；

3）电解液中含有溶剂化的金属离子，在电解液中迁移至负极，在低电势下以金属或者盐的形式沉积在负极表面，这些沉积物对负极表面 SEI 膜的稳定性和厚度有这不可避免的影响，导致电极表面极化增加，电池内阻增大。

所以活性物质的溶解对电解的影响不仅仅来自于溶解，还有过渡金属溶解以后带来的更多不利影响。

Amine[115] 发现高温会加速 Fe^{2+} 从 $LiFePO_4$ 中溶解到电解液中，这些铁离子在电解液中迁移至负极，被还原成金属沉积在碳负极表面，这些在负极表面的金属会催化 SEI 膜的形成。这一系列的反应会消耗更多体系中可循环的锂离子，同时使得负极表面阻抗增大，这些结果都是导致容量衰减的原因。Koltypin[116] 研究了不同条件下 $LiFePO_4$ 中铁溶解的情况，发现当电解液中有 H^+ 存在时会在电极表面发生 H^+ 和 Fe^{2+} 的离子交换。Kim[117] 采用 ZrO_2 包覆 $LiCoO_2$ 的方法一直溶解 Co，明显提高了电池的循环性能。郑洪河[118] 等人在研究三元材料的溶解于与化学性能之间的关系时候发现，将不同荷电状态的三元正极材料在室温下浸泡在电解液中四周后，发现高充电状态会加速金属离子的溶解，并且 Mn 的溶解易于 Ni 和 Co 的溶解，Ni 的溶解只发生在 4.6V 以上，而且在充电至 4.5V 和 4.6V 的极片浸泡过后容量损失较大，这部分容量的损失与金属离子在电解液中的溶解有关。

Iltchev[119]对比在室温和高温下 $LiFePO_4$ 和 $LiMn_2O_4$ 在电解液中的溶解度时，发现 $LiFePO_4$ 的溶解度远远小于 $LiMn_2O_4$，相对来说 $LiMn_2O_4$ 在高温下溶解更加剧烈。K. Amine[120]在研究尖晶石型 $LiMn_2O_4$ 体系电池中，发现 Mn 溶解是造成电池容量衰减的一个重要原因。活性物质在电解液中的溶解不单会造成活性物质减少引起容量的损失，溶解在电解液中的金属离子对电池体系的也不容忽视。Kim[121]等人在研究锰溶解和容量损失之间的关系时候发现容量的损失和电解液中 Mn 的含量之间的关系甚微，因为有一部分损失的 Mn 又以 Mn 的氟化物和氧化物的形式重新沉积到了电极表面，所以用 ICP 测试到的电解液的溶剂化 Mn 比起材料的净损失小很多。

从 Hajime[122]等人的研究中发现，电解液中 Mn^{2+} 和水的含量会导致负极剧大的容量损失。说明活性物质的损失导致的容量损失只是引起电池容量衰减的一个因素，更多的是溶解引起的其他不利于电池的电化学性能的副反应。Quinlan[123]等人将 $LiMn_2O_4$ 电极在 70℃下 1M $LiPF_6$/EC+DMC+DEC 电解液中浸泡五天以后，发现容量从 $124mA \cdot h/g$ 降到了 $102mA \cdot h/g$，并且通过 SEM 发现电极表面沉积了一层薄膜，薄膜的主要组成成分包含了磷和氟，这层薄膜阻碍了锂离子的自由脱嵌，增加了阻抗，这是引起容量衰减的原因之一，用 XPS 分析电极表面组分发现了 MnF_2 的存在，Mn 的氧化态也从 MnO_2 变成了 MnO。锰溶解的产物有溶剂化 Mn^{2+}，它可以迁移到负极，在嵌锂的石墨负极上被还原，以 $Mn(s)$ 的形式沉积到负极上面[124]，Mn^{2+} 也会和电解液的分解产物形成氟化物或者氧化物沉积到电极表面[125]，导致电极的阻抗增加，堵塞锂离子扩散通道，引起容量的衰减。锰的溶解还会破坏 $LiMn_2O_4$ 的结构，导致容量的快速衰减。Mn 溶解过程中伴随有尖晶石结构的变化，反应过程为 $LiMn_2O_4$ 脱出 MnO 转变为 $LiMn_2-XO_{4-x}$，同时，一部分 Mn^{3+} 转变为 Mn^{4+}，生成的 MnO 进入溶液。

$$Mn^{3+}(LiMn_2O_4) \longrightarrow Mn^{4+}(Li_2Mn_3O_7) + Mn^{2+}(MnO) \tag{4-3}$$

Mn^{3+} 溶解后，使得正极材料与导电剂之间的电阻增大，锂离子的脱嵌更加困难。

4.3.3 锂离子消耗

在锂离子电池的设计中，一般负极的容量都会略多于正极，而可循环的锂离子也是由电极正极提供的，所以决定电池容量的是在正负极间可逆嵌入和脱出的锂离子含量。在首次充放电过程中，在负极表面形成 SEI 膜，该钝化膜的主要成分是 Li_2CO_3、LiF、Li_2O、LiOH[126]等各种无机物和 $ROCO_2Li$、ROLi、$(ROCO_2Li)_2$ 等各种有机成分，故会消耗掉部分锂离子，而这些容量的损失是不可逆的。负极的性能与 SEI 膜的性状和稳定性有很大的联系，能否在负极表面形成稳定的 SEI

膜对电池性能来说也有着不可忽视的影响。SEI 膜的形成会消耗电池中有限的锂离子，如果 SEI 膜在循环过程中不断遭到破坏，那么在负极/电解液界面将不断发生氧化反应形成新的 SEI 膜，这个过程会消耗体系中正极能提供的有限的锂离子，活性锂离子的减少会导致容量的衰减。电解液锂离子的减少会导致电解液的导电性降低，而正极材料中锂离子的缺失则会造成电池两极之间的不平衡。

锂离子消耗主要来自负极表面电解液的分解导致的表面 SEI 膜的增长。Kassem[127] 在他的研究中表明造成电池存储容量衰减的主要原因是锂消耗，他的研究中发现正极表面发生的界面反应造成的容量衰减远远没有负极表面的剧烈，且他的研究中未发现有活性物质的溶解。Broussely[128] 采用 $LiCoO_2$ 和 $LiN_xM_yO_2$ 作为正极材料研究电池高温下存储性能时，认为在高温下存储的电池容量发生不可逆衰减的主要原因是石墨负极与电解液发生界面反应，这个界面反应主要是锂在电极表面的氧化，导致可循环锂离子减少。

John Wang[129] 用补充锂离子的技术来延长锂离子电池的寿命，在电池循环至容量保持率的 30% 时，将正负极取出后分别用锂作电极装成电池，发现负极的容量只衰减了 10%，而正极的容量没有明显的改变，通过锂片作为电极对正极补充消耗的锂离子后，电池容量有所回升，他认为引起电池容量衰减的一个重要原因是由于体系中活性锂离子的减少。Haishen Song[130] 发现，在不同温度下循环600 次后，磷酸铁锂/石墨在 55℃ 中容量损失了 30%，而在 25℃ 下只有 5%，在采用锂片为负极时，正极的容量会有部分回升。说明在循环过程中可循环锂的损失是导致容量衰减的一个非常重要的因素。

Castro[131] 在研究磷酸铁锂/石墨电池老化机理时，发现在高温下随着循环的进行，可逆的 Fe^{3+}/Fe^{2+} 氧化还原反应减弱，电池中可循环的活性锂离子形成了含锂化合物沉积在电极表面，部分溶解到了电解液中，导致体系中可循环锂离子减少而引起容量衰减。很多的研究[132-136]都这证明了在 $LiFePO_4/C$ 体系中，长期循环后导致容量衰减的一个重要原因是体系中活性锂离子的减少。Honghe Zheng[137] 在研究 $LiFePO_4/C$ 电池容量衰减机理时，发现经过 1000 次循环后，正极的容量没有变化，但是负极的容量在高倍率下迅速衰减，这和阻抗测试结果相似，说明负极的阻抗在经过循环后明显增加；而通过 EDX 元素分析未在表面发现有 Fe 元素的存在，这就说明负极阻抗的增加来源于消耗可循环 Li，在负极表面形成 Li，使得 SEI 膜增厚。

Zhang[138] 用基于物理原理的单粒子模型研究了锂离子容量衰减的机理，发现形成 SEI 膜消耗掉的锂离子和正极活性物质的损失是容量衰减的两个主要原因。他将低倍率下容量衰减分为三个阶段。第一阶段，形成 SEI 膜时消耗部分锂离子，使得正极嵌入的锂离子减少。第二阶段，正极活性材料的流失远远超过消耗掉的锂离子量，所以在放电末期正极中嵌入的锂离子达到饱和。在前两个阶段中，负极的电压决定了电池是否到达充电末期。第三阶段，决定电池电压的是正极电压的变化，负极在放点末期脱出的锂离子越来越少，导致越来越多循环中的锂离子残留在负极中，引起额外的容量衰减。

Komaba[139]和Tsunekawa[122]在研究锰酸锂体系电池时发现正极活性物质的溶解，并且溶解的Mn^{2+}迁移到负极并沉积在其表面，破坏了SEI膜或者负极表面形貌，从而影响负极性能，但是锰的沉积不是直接引起容量衰减的原因，当锰离子在负极被还原成金属锰沉积在石墨电极上时，就有两个锂离子从石墨电极中脱出进入溶液，可以表示成

$$yMn^{2+}+Li_xC_6 \longrightarrow yMn(on\ C)+Li_{x-2y}+2yLi^+ \tag{4-4}$$

这部分锂离子将不再参与正负极之间的嵌入和脱出反应，造成电池体系的容量衰减。N. Wu在动态条件下运行电池，发现容量的衰减速度远远大于静止充放电的电池，通过研究发现导致这个结果的主要原因是变换的温度和位置使得负极表面的SEI膜不稳定，持续被破坏后重新形成，使得负极的阻抗增加，加速了容量的衰减。而在电解液中加入一定量的FEC[140]，有利于在负极表面形成薄而稳定的SEI膜，显著提高了高温下的容量保持率。这也说明了负极的稳定性对电池的影响非常大。

负极对电池性能的影响还源于过充电时，在负极上会发生副反应，导致锂离子在负极表面沉积，引起锂离子的消耗。这部分沉积的金属锂还会增加电池的内阻，引起容量衰减。

4.3.4　内阻增加

电池长期循环的过程中，内阻的增加也是引起容量衰减的一个重要原因。引起内阻增加的原因有很多，主要来自两个方面：①电解液在电极/电解液的界面发生氧化反应导致电极表面膜电阻增加，负极SEI膜不稳定，在循环过程中不断在表面形成新的表面膜等原因都使得极化增加，电池内阻增加[141]；②正极中金属离子在电解液中溶解，溶解的离子化的金属离子通过电解液迁移到负极，在负极表面以金属或者盐的形式沉积在负极表面，造成电极极化增大。其中还有研究证明了集流体的腐蚀也会导致内阻的增加[142]，在对集流体预处理的前提下，这方面的影响较小。内阻的增加会导致能量密度降低和容量减小，特别是对负极来说，在电极/电解液界面发生的反应是造成负极老化的最主要的原因。

目前常用的锂离子电池的电解液主要是由各种有机碳酸酯按照一定比例混合组成的溶剂和锂盐作为溶质组成的。在电池体系中，电解液的分解会引发很多副反应。尽管电化学反应一般都选择在合适电解液的电化学窗口范围内，但充电到高压时，还是会引起电解液的分解，其分解产物或是成膜使电池极化增大，导致

电池的容量损失。在电池体系中，电极表面都发生着复杂的化学变化。电解液在电极表面发生分解产生的 H^+ 不但会加速金属离子的溶解，同时形成的不溶性产物（如 Li_2CO_3 和 LiF 等）会堵塞电极孔道，增大电池内阻。充电过程中，电解液对含碳电极也具有不稳定性，会发生还原反应。以 EC/DMC/LiPF$_6$ 电解液为例[143]，首先在充电过程中，溶剂在负极表面被还原：

$$2EC+2e^-+2Li^+ \longrightarrow (CH_2OCO_2Li)_2 \downarrow +CH_2=CH_2 \uparrow \tag{4-5}$$

$$EC+2e^-+2Li^+ \longrightarrow LiCH_2CH_2OCO_2Li \downarrow \tag{4-6}$$

$$DMC+e^-+Li^+ \longrightarrow CH_3+CH_3OCO_2Li \downarrow \tag{4-7}$$

其中还原产物可以作为负极表面钝化膜的组成成分。一般认为，锂盐要比溶剂容易还原，还原产物夹杂于负极沉积膜中，从而影响电池的容量：

$$LiPF_6=LiF+PF_5 \; ; \; PF_5+H_2O \longrightarrow 2HF+PF_3O \tag{4-8}$$

$$PF^{5-}+ne^-+nLi^+ \longrightarrow LiF \downarrow +Li_xPF_y \downarrow \tag{4-9}$$

$$PF_3O+ne^-+nLi^+ \longrightarrow LiF \downarrow +Li_xPF_y \downarrow \tag{4-10}$$

$$HF+(CH_2OCO_2Li)_2 \downarrow +Li_2CO_3 \downarrow \longrightarrow LiF \downarrow +(CH_2COCO_2H)_2+H_2CO_3(固) \tag{4-11}$$

溶剂的氧化会导致溶剂量减少和锂盐浓度的上升，会使 Li^+ 扩散困难，这将导致锂离子电池的性能恶化。

因此，电解液中溶剂和锂盐的氧化分解及其产物在电极表面形成一层钝化膜，从而影响了电池的性能。电解液的氧化主要从以下几个方面引起材料的可逆容量衰减：①电解液是 H^+ 产生的主要来源，电解液在较高的电压时氧化生成 H^+，随着温度和电压的升高，电解液的氧化越来越严重；②电解液在高电压下氧化生成自由电子，使正极材料自身发生电化学反应，生成电化学惰性物质，包覆在活性物质的表面，形成钝化层。反应如下：

$$EI \longrightarrow (Oxide)EI^+ +e^- \tag{4-12}$$

$$Li_xMn_2O_4+2\delta e^- \longrightarrow Li_xMn_2O_{4-\delta}+\delta O^{2-} \tag{4-13}$$

其中，EI 为电解质溶剂分子；(Oxide)EI$^+$ 表示带电荷的电解质分子（阳离子团），该阳离子团非常不稳定，将在材料表面发生进一步反应。如果两个阳离子团之间发生聚合反应，则会生成稳定的、新的阳离子团，迁移到负极以后，可在负极上进行还原反应。在这个尖晶石的脱氧过程中，溶剂起到提供者的作用，可能在其表面上生成其他物相，即所谓的钝化层，阻碍了电子的顺利传递。在高温条件下更有利于这些反应的进行，最终导致活性物质离子间的接触电阻及 Li^+ 迁移电阻的增加，从而使电池的极化增大，放电容量减小。并且电解液的累积性氧化分解必将引起电解液的恶化，容量衰减也随之更加严重。

Yoshida[144] 发现电池容量衰减随着负极 SEI 膜厚度的增加而逐渐增加，并且负极的阻抗也在不断增加，因为有部分锂离子被消耗用于形成 SEI 膜，所以体系中循环的锂离子减少。在负极表面，较低的电势导致溶剂在其表面发生还原反应，而在正极表面不存在这种催化电解液，在电极表面发生化学反应是外界因素，但是含锂过渡金属氧化物会与电解液中的 HF 发生自发的表面反应，Li_xMO_y 与亲核烷基碳酸盐分子之间发生亲核反应。在 Aurbach[143] 的研究中发现，这些表面反应都会引起电极阻抗的增加，特别是在高温下，这些表面反应会更加剧烈，所以在高温下引起容量衰减的一个最重要的因素就是内阻的增加。Li[145,146] 表明在高温时电池储存性能变差，引起容量衰减的原因不是由于体相结构的变化，而是因为正极在储存过程中围观晶体尺寸的变化，正极的阻抗增加是造成容量衰减的主要原因。Christensen[147] 研究负极阻抗与电池充放电容量的关系，认为在碳负极表面形成 SEI 膜不仅消耗了锂离子，还增加了负极的阻抗，所以导致了电池倍率性能变差。

4.3.5　小结

本节从以下方面分析总结了锂离子电池容量衰减的内部因素：

1）电池的充放电过程是一个复杂的电化学过程，导致电池容量衰减的因素也不是单一的，并且一个方面的恶化有可能会引发其他因素来共同影响电池的容量、循环性能、能量密度等。从材料本身出发，正负极材料在脱嵌锂的过程中都存在的体积效应，而有些正极材料的充放电过程还伴随着相转移的变化，这些在长期循环中都有可能导致材料结构破裂，脱嵌锂离子受阻。

2）当前广泛运用的正极材料多为过渡金属氧化物，这些材料在电解液中长时间浸润会导致金属离子的溶解，在电化学过程中，溶解还会加剧。溶解不但会减少活性正极材料的量，还会引起正极结构的变化。更严重的是溶解在电解液中的金属离子会在迁移至负极表面时，在负极表面以盐或者被还原成金属的形式沉积在负极表面，影响 SEI 膜的稳定性。SEI 膜破损后，电极与电解液接触点会继续发生反应形成 SEI 膜，如此反复下去，不但会消耗掉体系中有限的锂离子，并且电解液的分解还会造成负极阻抗增大，电池内阻增加，从而严重影响电池性能。

4.4　制造工艺和运行工况对锂离子电池容量衰减的影响机理

4.4.1　电池制造工艺对电池容量衰减的影响

电池容量衰退的影响因素很多，其中一点就是电池的形状。常见的电池形状主要有方形和圆柱形，本章参考文献［148］对这两种形状的电池寿命进行了研究。研究中选取的两种电池只有外形不同，其他方面都一样。两种电池经历300次的寿命循环，最高截止电压为4.1V，最低截止电压为2.75V，试验完成后，检测到圆柱形电池的容量衰减率（16%）小于方形电池的容量衰减率（24%）。文章中也对可能的原因进行了分析，指出正极材料的性能变差是导致圆柱形电池容量衰减的主要因素，而方形电池容量衰减则是由于压缩强度降低，寿命循环中石墨颗粒与膨胀的负极之间的接触变差所导致的。

近几年来，随着纯电动汽车的不断发展，人们对锂离子动力电池性能的要求也在不断提高。能有效提高锂离子电池性能的途径有两种，一是寻找全新的正极材料；二是提高电池的制造工艺水平。对于前者来说开发周期长且成本较高，并不能快速有效地解决目前的问题，而众所周知，电池的制造过程对电池的性能会产生很大的影响，如电池内阻、寿命等，因此引进先进的电池生产技术对提高电池的性能有很大的帮助。电池的制造过程对电池的性能起决定性的作用，因此在电池制造过程中会有一些要特别注意的地方，详见表4-1。

表4-1　电池制造过程对电池性能的影响

工序	注意事项	对电池的影响
正极配料	通过高温除去材料中的水分	温度偏高，正极材料结块，使正极材料不能充分参与反应，电池容量衰减；温度偏低，水分去除不干净，导致电池内阻增加，电池容量减少
搅拌	使各种原材料充分分散	搅拌不均匀，会引起电池局部不均匀，可能导致电池的容量、内阻和循环寿命的异常甚至安全问题；搅拌过程有杂质混入也会影响电池性质
涂布	使浆料均匀的覆盖在基体表面并烘干	拉浆厚度不稳定引起电池局部不均匀，可能导致电池的容量、内阻和循环寿命的异常甚至安全问题；极片烘干不彻底，会引起掉粉或过热，影响极片的黏结性能，使涂层剥离程度加剧，而是电池内阻抗不断增大，循环容量下降加剧
滚压	增加电极活性物质的密度并使表面平整	压力不足、碾压厚度不到位会导致装配困难；碾压不平整使得极片表面不光滑甚至有毛刺，会引起电池短路、自放电甚至出现安全问题，而电池的短路及自放电都会使电池的容量下降
制片	按型号要求裁剪极片	切口有毛刺会引起电池短路、自放电甚至出现安全问题，而电池的短路及自放电都会使电池的容量下降；极片出现弧形装配困难
点焊	使极片与极耳良好连接在一起	若虚焊或铆接不牢，则会导致电池短路或内阻偏大，内阻偏大，从而直接影响电池的容量，使电池可用容量减少

（续）

工序	注意事项	对电池的影响
烘烤	除去极片中的水分	温度过高，引起极片掉粉或电池短路；温度过低，极片除水不净，导致电池容量低、内阻不稳定
入壳	使电池芯叠层紧密，方便套壳	压力过大易导致电芯压坏短路，直接影响电池的可用容量；压力过小会使电芯压不到位，影响下步操作
叠片	隔膜良好绝缘的基础上正负极良好结合	正极活性区域超出负极活性区域，具有安全隐患；操作过程中隔膜受到损伤，导致电池短路或自放电，而电池的短路及自放电都会使电池的容量下降
封口	使电池壳与盖帽无缝连接	焊接功率不稳定易出现焊接漏点，引起电池漏气或漏液，这会打破电池内部反应的平衡，使电池的可用容量减少
后处理	除去电池中的水分	温度过高会损坏电池；温度过低影响水分的去除，导致电池容量低，内阻不稳定、循环差及尺寸异常等问题

从表 4-1 可以得知，制作工艺的细微差别也将会对新电池的性能产生不同的影响，而这种影响在电池的运行过程中，经过不同使用条件，不同工况的作用后效果进一步放大，使得电池之间的不一致性更为明显。

4.4.2 电池运行工况对容量衰减的影响机理

1. 温度对容量衰减的影响机理

由图 4-1 可知，不同的温度对电池放电容量的影响是不同的。一般来讲，外界温度越低，电池内部电解质的活性受到的影响越大，电解液的阻值以及黏度也就越高，这些因素都在很大程度上阻止了锂离子的运动，电池内部的化学反应就越不容易进行。

电池电极材料的类型、结构与热稳定性是锂离子电池性能稳定的主要因素。如果电池的温度升高，则其内部会发生很多放热反应。如果此时产生的热量超过了热量的散失，则随着电池内部温度的升高，正极会发生活性物质的分解和电解液的氧化[149]，这两种反应将产生大量的热，导致电池温度的进一步上升，进而会引起电池的失效。

有些正极材料在高温下的稳定性差，例如 $LiMn_2O_4$ 正极在高温下会发生溶解，由于电解液中存在的 H_2O 会与 $LiPF_6$ 反应产生 HF，进而造成了材料表面的侵蚀，发生了锰的溶解，严重影响了电池的高温性能与存储性能。对于负极，当前采用的材料主要为石墨材料，随着温度的升高，嵌锂状态下的碳负极将首先与电解液发生放热反应[150]。

并且石墨的颗粒大小也会对反应的强弱产生影响[151]。同时，电解液与不同

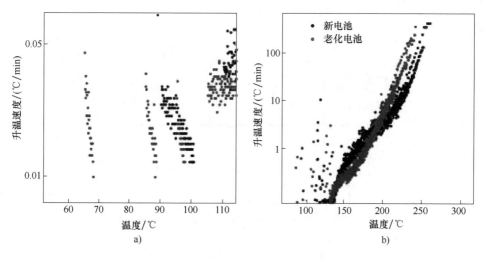

图 4-1　新旧电池温升速率与温度曲线图

a）60～100℃之间　　b）100～300℃之间

的石墨材料发生反应的速率存在较大的差异，其与嵌锂的人造石墨反应放热速率远大于嵌锂的 MCMB、碳纤维、焦炭的速率。同时，负极碳材料的热稳定性能还与材料的比表面积有关，比表面积较大的碳材料与电解液的反应速率随温度的升高直线增加。许多负极材料中包含有石墨、碳素、锂酸盐、硅等物质[152]，因此石墨负极材料的选取对电池的寿命有至关重要的作用。电极材料在循环中的脱落、颗粒坍塌、黏结剂的失效都会造成电极材料性能的下降，进而导致整个电池性能的衰退。

Wu 等人[153]对比了 LiMn$_2$O$_4$/graphite 电池在模拟高低温工况与 25℃ 下常规循环的衰退机理，如图 4-2 和图 4-3 所示，结果表明在高低温循环工况下 LiMn$_2$O$_4$ 电极的结晶度变差，晶格参数增加，Mn 溶解量显著上升，导致容量的明显下降。

He 等人[154]对 18650 型 Li（Ni$_{1/3}$Co$_{1/3}$Mn$_{1/3}$）O$_2$ 动力电池在 25℃ 与 50℃ 进行了 200 次循环试验，结果发现 Li（Ni$_{1/3}$Co$_{1/3}$Mn$_{1/3}$）O$_2$ 电极的结构在高倍率循环后微观结构发生了形变。

参考文献［155］中以 12A·h 的 LiFePO$_4$/MCMB 动力电池为研究对象，通过改变电池的充放电倍率与 SOC，设计了电池在−10℃ 下的循环试验并研究了低温下电池充电倍率对电池容量衰减的作用。结果表明电池低温循环容量衰减主要源于负极的析锂行为，容量损失受充电 SOC 与充电倍率影响显著。电池在 1/10C 小倍率充电中未发现析锂现象，而在 1/3C、1/2C、1C 倍率下均出现了析锂行为，如图 4-4 所示。SEM 分析示棒状的金属锂在负极表面沉积，锂金属层随着循环次

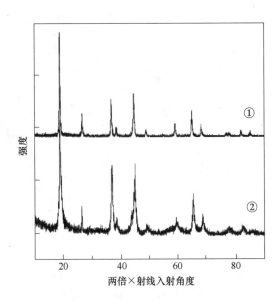

图 4-2　LiMn₂O₄ 电极在 100% SOC 状态下循环 500 次后
的 XRD：①在恒温 25℃模式　②在操作模式

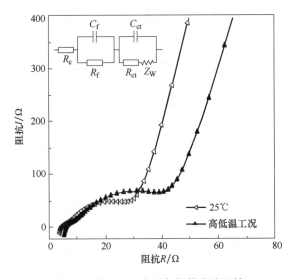

图 4-3　循环 500 次后负极的交流阻抗

数的增加而增厚。

如图 4-5 所示，以温度与 SOC 为变量，设计了电池的搁置试验方案，并通过
对电池进行跟踪测试以及运用 XRD、SEM、TEM、XPS 等电化学表征手段，对

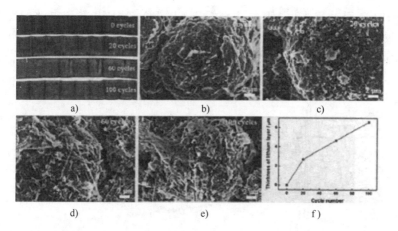

图 4-4 a）电池在 1/3C 充电倍率下不同的循环周期的 MCMB 负极外观图
b）电池循环前 c）循环 20 次后 d）循环 60 次后 e）循环 100 次后的 SEM
图谱 f）电池在 1/3C 充电倍率循环过程中的锂金属层厚度的变化

1.1A·h 高功率的 LiFePO₄/graphite 动力电池在不同 SOC 下的高温搁置衰退机理
展开了深入的研究。结果表明在高温下电池的容量损失随着 SOC 升高显著增加，
全电池在搁置后容量发生衰减，但是倍率性能基本没有变化，同时 LiFePO₄ 电极
的倍率性能未发生明显变化。55℃，100% SOC 搁置后，负极表面 Fe 含量比在
55℃、10C 循环时更高，LiFePO₄ 溶解显著。

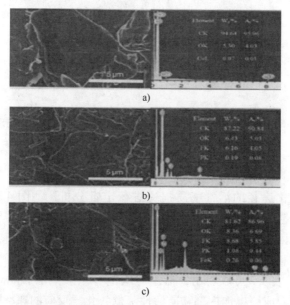

图 4-5 电池在搁置前后的 SEM 与 EDS 分析
a）新电池 b）25℃，100% SOC 搁置后 c）55℃，100% SOC 搁置后

2014 年，Klett 等人[156]研究了 55℃下 LiFePO4/MCMB 软包电池的性能。研究发现高温导致导电剂的性能衰退，使得正极活性物质颗粒与电子导体间的电阻增大，同时，高温导致循环状态下的石墨孔隙率降低及表面性能的变化，最终引起电池内阻的增大，如图 4-6 所示。

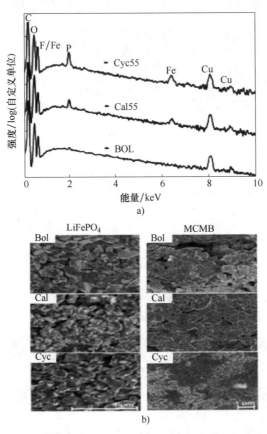

图 4-6　a）石墨负极在 55℃下的 Bol、Cal、Cyc 的 EDX 光谱图
b）磷酸铁锂和石墨负极在 55℃下的 Bol、Cal、Cyc 的扫描电镜图

2016 年，Shi 等人[157]利用间歇恒电流电位滴定法（GITT），dQ/dV 峰值曲线方法对不同老化途径的活性物质损失进行定量分析，如图 4-7～图 4-9 所示。结果表明，低温时锂离子嵌入脱出、扩散系数降低，造成的大量活性锂损失是容量衰减的主要原因，而高温时则主要是由于正极活性材料与电解液的界面副反应导致大量活性材料的损失。

由图 4-10 及表 4-2 可以看出，低温对电池容量衰减的影响十分严重。究其原因，主要是低温时，电池内部物质活性降低，化学反应的速率降低，同时电解液阻值及黏度增加，影响锂离子在正负电极间的脱嵌运动，导致电池容量的衰

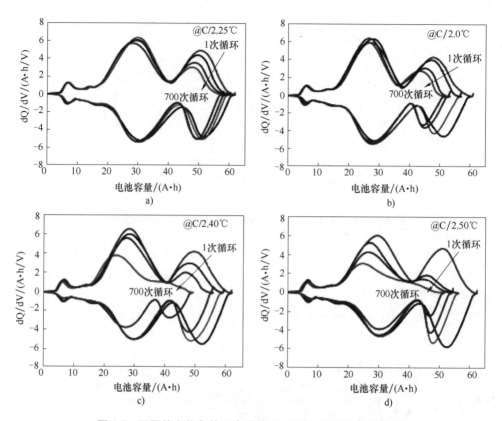

图 4-7　不同热老化条件下电池的 dQ/dV 与容量曲线的变化

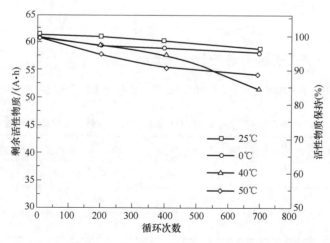

图 4-8　在不同的热应力下，剩余活性物质在老化循环后的降解过程

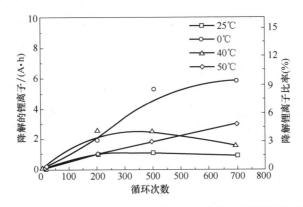

图 4-9　在不同的热应力下，锂离子在老化循环后的降解过程

减。上述试验只是针对电池放电进行研究的，如果在低温下对电池进行充电，则电池电压很快达到截止电压，恒流充电无法进行，只能改为恒压充电才能充进少许容量。

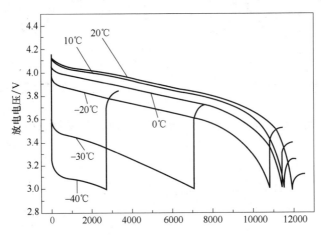

图 4-10　不同环境温度下电池以 0.3C 倍率放电时端电压随时间的变化曲线

表 4-2　0.3C 放电时，不同温度下电池的放电容量、放电能量和效率

温度/℃	放电容量/(A·h)	放电能量/(W·h)	可用容量比（%）
-20	30.625	111.4426	87.5
0	33.319	125.3662	95.2
10	33.976	130.308	97.1
20	35.124	134.194	100.4

即便是一般的高温环境中，电池不"早夭"也会"折寿"，因为高温下，电池内部材料腐蚀老化的速度加快，内部化学平衡遭到破坏，这会对电池寿命产生不利影响。

2. 高倍率对容量衰减的影响机理

以 $1.1A \cdot h$ 高功率的 LiFePO$_4$/graphite 动力电池为研究对象，对电池在高倍率放电中的老化进行非解体与解体的衰退机制解析试验结果表明，高倍率下电池循环容量衰减主要源于正极中的锂损失，首次用 TEM 观测到 FePO$_4$ 和 LiFePO$_4$ 相共存，锂损失被负极 SEI 膜消耗；高倍率高温条件下，在循环后的石墨负极表面发现微量 Fe 元素（磷酸铁锂的溶解），常温下没有这一现象。LiFePO$_4$ 电极在 $10C$ 倍率下循环后，$0.5 \sim 3C$ 下 LiFePO$_4$ 的高倍率性能明显下降，随着温度增加，下降更明显。

当电池经过 600 次循环后，负极出现了不可逆的容量损失，并且在不同条件下，循环后电极容量损失存在较为明显的差异，见表 4-3。在 $1C$、$25℃$，$10C$、$25℃$ 与 $10C$、$55℃$ 三种条件下不可逆容量的衰减分别为 4.64%、6.51% 与 9.18%。这一结果说明在循环后，尤其是 $10C$ 循环后石墨负极发生了一定的不可逆的容量衰退。$10C$ 倍率下负极容量的衰退与界面反应有关。当电池在高倍率下放电时，负极界面会发生 SEI 膜的破裂，这会导致石墨颗粒裸露在电解液中，石墨颗粒随之会发生颗粒溶解与破坏，进而导致容量等电化学性能的衰退。

表 4-3 整个锂离子电池总容量的分解衰减

	1C 放电倍率（%）循环 300 次	2C 放电倍率（%）循环 300 次	3C 放电倍率（%）循环 300 次
整个电池的容量衰减（%）	9.5	13.2	16.9
Q_1	3.5	2.9	2.8
Q_2（碳颗粒）	NA	8.4	10.6
Q_2（LiCoO$_2$）	3.8	NA	NA
Q_3	2.3	2.0	3.4

当电池在 $1C$ 倍率下循环时，负极表面 SEI 膜比较稳定，界面反应很小，循环过程中主要表现为 SEI 膜很缓慢地生长、增厚的过程，如图 4-11 所示。而当 $10C$ 倍率下放电循环过程中，SEI 膜会发生破裂与损坏，新的 SEI 膜会在暴漏的石墨电极表面形成，在这个过程中会造成电解液的大量分解与活性锂离子的消耗，同时影响活性材料的电化学性能。在整个循环中，这个过程是一个周而复始的不间断发生的过程，因此，大量消耗了活性锂离子，活性材料的电化学性能也

会因此下降，这些因素导致高倍率下电池循环性能变差。

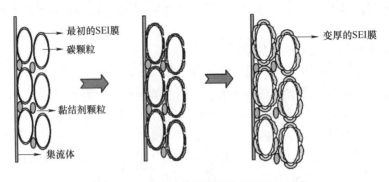

图 4-11　电池循环时碳表面的 SEI 膜的演变

倍率放电是指将电池以一定大小的电流放电至电池截止电压的放电方式，充电倍率与放电倍率相同。实践表明，电池的容量衰减随着电池放电倍率的增大而加快，同时，当锂离子电池在高倍率下进行充放电循环时，电池内部的升温速度很快，如果产生的热量不能很快地得到释放，则会使得碳负极表面的还原反应速度加快，从而在电池内部产生大量的气体，导致电池内部压力增大，进而造成 SEI 膜的破裂。电解液会经过裂缝继续与负极嵌锂的碳颗粒发生反应，导致 SEI 膜变得越来越厚[158]。图 4-12 给出了磷酸铁锂电池在室温条件不同倍率的放电曲线，由图中可以看出，随着放电倍率的提高，电池的放电时间逐渐缩短，由于电池是恒流放电，即说明随着放电倍率的提高，电池的放电容量逐渐减小。

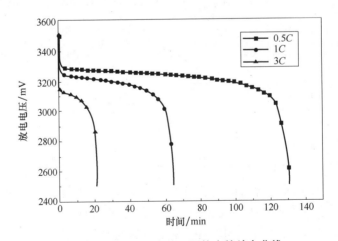

图 4-12　磷酸铁锂电池不同倍率的放电曲线

电池充放电倍率越大，充放电电流越大，电池极化现象越明显，电池系统内部的平衡就会遭到影响，这会对电池的内阻及电压产生一定的作用，另外，电池极板老化的速度也会加快，从而缩短了电池的寿命[159]，见表 4-4。

表 4-4　48 块电池模组不同倍率放电曲线

放电倍率 C	放出功率/(W·h)	放出容量/(A·h)	可用容量比（%）
0.5	6465.15	35.43	101.2
1	6113.14	34.61	98.89
2	6059.73	34.08	97.37
3	5878.78	33.45	95.57
4	5638.92	32.85	93.86

从上述的试验中可以看出，大的充放电倍率对电池容量衰退会产生较大影响。

图 4-13～图 4-15 比较了不同倍率放电循环后电池容量的衰减情况。为了忽略放电倍率对电池放电容量的影响，电池在每经过 24 次循环之后，对其进行活化，然后统一按照 0.5C（5A）恒流放电，截止电压为 2.5V。如果放电倍率对电池的循环性能没有影响，则所有的电池 5A 恒流放电容量应该相近，然而研究发现并非如此。图中可以看出前 48 次循环中，不同倍率放电对电池容量衰减率（所有衰减率均用新电池做基准）差别较小，0.5C、1C、3C 容量衰减率分别为 3.67%、4.26%、4.53%。196 次循环之后，相应的容量衰减则达到 7.93%、9.31%、10.98%，容量衰减率相差较大。这些均说明放电电流对电池容量衰减影响很大。

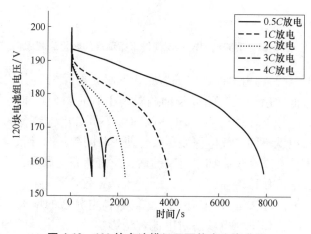

图 4-13　120 块电池模组不同倍率充电曲线

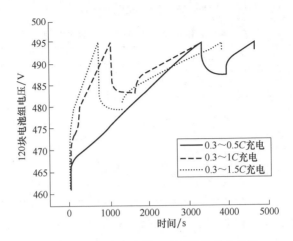

图 4-14　120 块电池模组不同倍率放电曲线

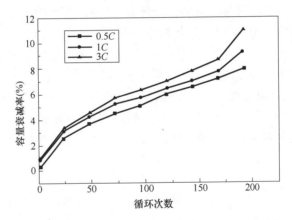

图 4-15　磷酸铁锂电池不同倍率循环后的容量衰减率

　　放电深度 DOD 是动力电池放出的容量占其额定容量的百分比，而荷电状态 SOC 则是动力电池使用一段时间或长期搁置不用后的剩余容量与其完全充电状态容量的比值。电池循环过程中的 DOD 或 SOC 不同，电池容量的衰减程度也不同，电池的寿命也就不同。放电深度越大，使用时间越长，导致电池活性材料损耗越快，电池寿命衰减越快。如果可能的话，应避免完全放电，并更频繁地为电池充电，以延长电池使用寿命。

　　由图 4-16 可知，在高温 55℃环境下，随着荷电状态的增加，电池容量的衰减加剧。可见，在高温下荷电状态对电池容量影响较大。在 0% SOC、50% SOC 和 100% SOC 三个荷电状态下，循环 196 次后的容量衰减率分别为 5.26%、5.70%、8.31%。这可能是因为在高温下，满荷电状态会使正负极表面副反应加剧，从而破坏了正负极表面的 SEI 膜的稳定性，或使表面 SEI 膜增厚严重，从而加剧了电池容量的衰减。

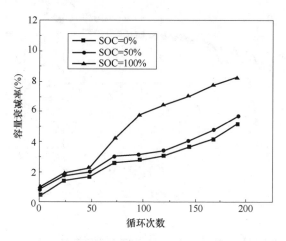

图 4-16　磷酸铁锂电池在不同 SOC 循环后的容量衰减率

通过图 4-17 和图 4-18 所示充放电曲线可以看出，放电倍率越低，电池所能充进的容量也就越大，尤其是以 1C 的充电倍率对电池进行充电时，充电容量可达到 100%，当以大电流对电池进行充电时，虽然充电时间缩短，但比 1C 的充电倍率充进的容量要少。与倍率充电类似，小倍率放电电池可达到全容量放电，相反高倍率放电会使电池很快到达截止电压，且会对电池内部结构产生不利影响。当电流增大时，极化现象也就更明显，电池系统就会偏离平衡状态，在外表现为对电池电压以及内阻的影响，时间一长就会加速电池极板老化，致使电池寿命缩短。基于以上分析，尤其是当充放电电流过大时，将会对电池性能产生严重的影响，控制电池放电倍率是延长电池寿命的一种有效方法[160]。

3. 自放电对容量衰减的影响机理

锂离子电池的自放电可能引起两种类型的容量损失：一是可逆容量损失，二是不可逆容量损失。可逆容量损失指的是损失的容量能在充电时恢复的容量损失。一般而言，物理自放电所导致的能量损失是可恢复的，这类自放电主要是由于在制造工艺和储存过程中，电池隔膜上正负极的金属杂质经过充电反应后，在负极的析出物和粉尘、集流体毛刺击穿隔膜而造成物理微短路所致，其原理如图 4-19 所示。

不可逆容量损失指的是损失的容量无法在充电时恢复的容量损失。正负极在充电状态下可能与电解质发生微电池作用，发生锂离子嵌入与脱嵌，正负极嵌入和脱嵌的锂离子只与电解液的锂离子有关，正负极容量因此不平衡，充电时这部

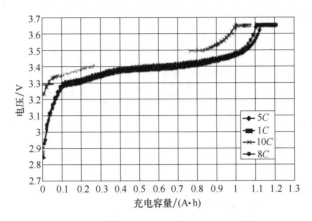

图 4-17　磷酸铁锂电池不同倍率充电曲线

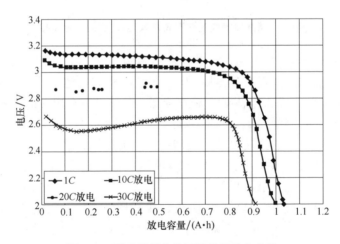

图 4-18　磷酸铁锂电池不同倍率放电曲线

分容量损失不能恢复。

　　一般的电池静置不用时，内部也会有相应的化学反应，从而消耗掉一部分电量，这就是所谓的自放电，自放电损失的容量中也有一小部分是不可逆的，比如自放电的过程中，电解液氧化产物堵塞电极微孔等。

　　过度充放电也会对锂离子电池产生不利影响。一个比较明显的由过度充电导致的问题便是负极析锂现象，其后果是活性物质被消耗，而且析锂后产生的物质可能堵塞电极空隙，最终导致电池容量的减少。

　　4. 充放电电压对容量衰减的影响机理

　　充放电电压的影响：当电池在充电时，所设置的电压要低于一定的值，否则

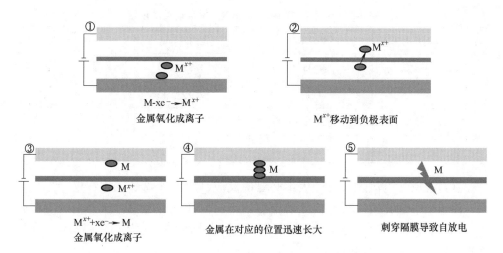

图 4-19　磷酸铁锂电池物理微短路原理图

容易造成电池过充，影响电池的使用性能[161]。

　　从图 4-20 和表 4-5 可知，在 2.5~3.65V 和在 2.5~4V 循环的电池，循环后的内阻变化基本相同；在 2~3.65V 循环的电池，内阻变化较大；而在 2~4V 循环的电池，内阻变化最大。当放电终止电压为 2.5V 时，充电上限电压从 3.65V 上升至 4V，基本不影响内阻；充电上限电压为 3.65V 时，将放电终止电压从 2.5V 降低到 2V，会增大内阻的增幅；同时将充电上限电压升高至 4V，放电终止电压降低到 2V，会对内阻的增加具有协同作用，会增大内阻的增幅。这可能是因为在循环过程中，Li^+ 在正、负极嵌脱，导致活性物质逐渐变疏松，同时 SEI 膜不断增厚，使电池内阻增大。增大充放电终止电压范围，提高了每次循环的 Li^+ 嵌脱比例，将加速活性物质的变化。

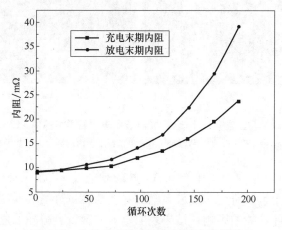

图 4-20　充放电末期内阻与循环次数的关系

表 4-5　不同充放电终止电压电池循环前后的内阻

充电起始与终止电压/V	循环前内阻/mΩ	循环后内阻/mΩ	增加幅度（%）
2.5~3.65	4.45	7.55	69.7
2.5~4	4.66	7.96	70.8
2~3.65	4.34	8.00	84.3
2~4	4.96	10.44	110.5

在过充时，电池内部会产生不必要的反应，使得锂离子沉积在电池电极表面，阻止了活性物质的运动，导致电池内部反应速率的降低，进而造成容量损失；同时，过充时会在电池的负极与隔膜之间形成金属锂，从而对隔膜产生阻塞作用，使电池自身的内阻增大[162]。

电池过放对电池容量的影响也是不可忽视的，电池设置的截止电压越低，电池容量衰减得越快[163]，尤其在电动汽车动力电池组整体充放电的情况下，因为电池组性能的好坏取决于容量最低的单体电池，性能差的单体电池容易导致电池组在放电后期产生过放的情况，从而加速电池组的老化。

如图 4-21 和图 4-22 所示，2012 年，Lu 等人[164]通过扫描电子显微镜法（SEM）和透射电子显微镜法（TEM）观察了石墨负极在过充电后的表面形貌，发现石墨表面上会析出一层锂枝晶或锂薄膜，这些析出的金属锂会与电解液发生反应，使得负极的 SEI 膜不断增厚。

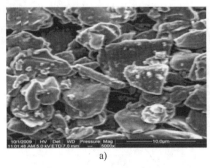 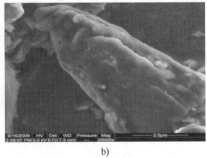

a)　　　　　　　　　　　　　　　　　b)

图 4-21　在正常条件下测试的锂/石墨电池石墨样品的 SEM 图像

a）石墨电极的放大倍率为 5K　b）单个粒子表面的高放大倍数为 20K

参考文献［155］中制备了 0.65A·h 的软包装 LiFePO$_4$/graphite 动力电池，以过放电电压为变量，研究了过放电电压对电池容量衰退的作用机制以及过放电循环电池常规循环性能的影响。结果表明电池的容量衰减随着过放电电压的降低

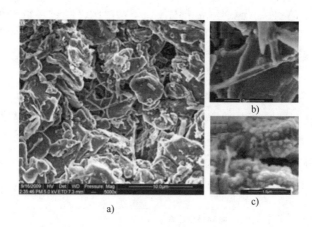

图 4-22　从锂/石墨电池中提取的石墨样品在过度使用条件下的扫描电镜图像

a）石墨电极的视野开阔　b）管状枝晶的高倍放大　c）单个粒子的高倍放大

而增加。0.5V 与 0V 过放电循环中电池的容量衰减明显，并引起了电池后续常规循环性能的显著下降。0V 循环中电池的活性锂和活性材料损失过放电与常规循环这两个阶段同时发生。0.5V 与 0V 循环后电池出现了明显的胀气行为，0V 下电池的胀气组分分析显示，主要气体为 H_2、CH_4、C_2H_6，$LiFePO_4$ 正极的容量在循环中保持不变，而石墨负极的容量随着过放电电压的降低而减小，见表 4-6。

表 4-6　磷酸铁锂/石墨动力电池在 0V 过放电循环后的胀气组分

电池	H_2（%）	N_2（%）	O_2（%）	CO（%）	CH_4（%）	C_2H_6（%）	C_2H_2（%）	C_2H_4（%）	C_3H_8（%）
0V	35.68	2.75	0.77	0.45	53.06	6.12	0.18	0.29	0.69

过充会使电池产生不同程度的劣化，主要有以下几点因素：①过充反应在负极发生；②过充反应在正极发生；③在过充时电池内部会发生不必要的反应，使得锂离子沉积在电池电极表面，阻止了活性物质的运动，导致电池内部反应速率的降低，进而造成容量损失[165]；④在电池的负极与隔膜之间，通常会有金属锂的形成，从而对隔膜产生阻塞作用，使电池自身的内阻增大，在快速充电的情况下，由于电流过大导致电极极化，对电池寿命的影响将更大；以上几种情形对电池影响而产生的容量衰减是不可逆的[166]。

电池过放对电池寿命的影响也是不可忽视的，电池设置的截止电压越低，电池的寿命衰减得越快。电池在过放的过程中容易发生极板的老化，进而发生不可逆反应，导致电池容量减小到规定值[167]。

以使用在电动汽车上型号为 IFR18650P 的磷酸铁锂动力电池为例，当设置放电截止电压为 2V 时,与放电截止电压 2.5V 相比,经过多次循环,电池容量衰减了将近 30%。而在电池组中,性能的好坏取决于容量最低的单体电池,这将导致在放电后期更容易产生过放的情况,从而产生恶性循环,加速电池老化[168]。

2015 年,Zhang 等人[169]研究了 $LiCoO_2$/MCMB 在 102% DOD、105% DOD 及 115% DOD 过放电情况下电池容量的衰减机理,如图 4-23 和图 4-24 所示。发现电池过放电后,负极集流体铜箔出现了腐蚀并在负极材料中检测到了铜,分析得出过放电导致容量损失的主要原因是由于集流体溶解并沉积在负极表面,阻碍锂的嵌入与脱出,并促进 SEI 膜形成,造成容量损失。

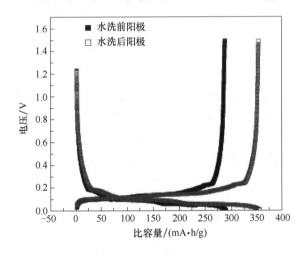

图 4-23 从电池过放电到 115% DOD 的 MCMB 电极的充放电曲线,在水洗前后循环 1000 次

所谓过度放电,是指电池在放电过程中,当电池电压低于放电截止电压时还继续放电,这会对电池容量造成不可逆的衰减。比如,对电动汽车上使用的某型号磷酸铁锂动力电池进行多次循环充放电,该电池的放电截止电压为 2.5V,如果对电池放到 2V 才截止,那么将导致近 30% 的容量不可逆衰减。究其原因,当电池过度放电时,电池中的极板容易老化,从而导致不可逆反应的发生,最终结果是电池容量的不可逆衰减。

对于过度充电,也是要极力避免的。所谓过度充电,是指电池在充电的过程中,当电池电压高于充电截止电压时仍继续对电池进行充电,这将导致电池容量的不可逆衰减。究其原因,主要是电池内部金属锂的形成和锂离子的沉积,前者主要在电池隔膜与电池负极之间产生,隔膜遭到阻塞之后会导致电池内阻增大,当大电流快速充电时,将发生电极极化,从而对电池容量造成不可逆的衰减;后

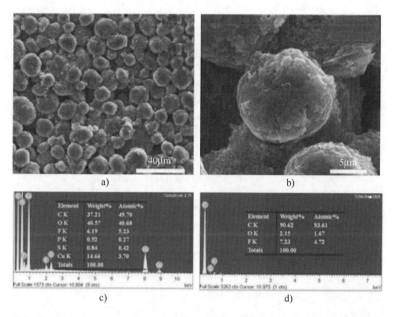

图 4-24　从电池过放电到 115% DOD 和循环 1000 次的水洗 MCMB 电极的 SEM 形貌和 EDS

a）低倍 SEM 图像　b）高倍 SEM 图像　c）阳极在水洗前的 EDS　d）水洗后阳极的 EDS

者主要在电池电极表面产生，活性物质的运动会遭到阻止，降低了电池内部的反应速率，从而导致电池容量的不可逆衰减。

5. 其他影响因素

2016 年，Shi 等人[170]以 LiFePO₄/石墨体系电池并联模组为研究对象，基于并联电压和支路电流等效电路建立并联模型，对不同荷电状态的电池并联模组支路电流连续变化的影响进行理论计算和试验研究。结果表明，循环过程中不均衡电流的增加是造成电池容量衰减的主要原因。

作为电动汽车电源的电池受到一定频率的振动在汽车的行驶过程中是难以避免的，因此有必要研究一下振动对电池寿命的影响。图 4-25 所示为电池在振动条件下的放电曲线，振动的频率范围为 10～50Hz，振动的幅度为 3mm，图中具体哪条曲线对应何种频率没有明示，但是从总体来看，电池的放电曲线正常，在振动环境对电池并没有造成严重的影响，初步断定电池寿命受振动环境影响较小，具体情况如何还有待进一步研究。

4.4.3　小结

本节系统分析总结了制造工艺及运行工况对锂离子电池容量衰减的影响机理及内外在表现，为后续研究退役电池衰减特性奠定了基础。

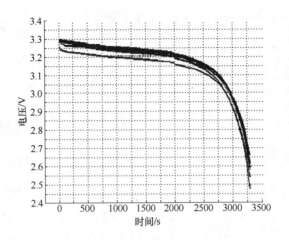

图 4-25　磷酸铁锂电池不同振动频率下的放电曲线

具体结论如下：

1）正极配料、搅拌、涂布、滚压、制片、点焊、烘烤、入壳、叠片、封口、后处理等电池制造工艺会影响电池的质量、使用寿命及安全性。

2）高低温运行环境、大倍率、过充过放、自放电等会引起活性物质损失/溶解、SEI 膜破坏、隔膜孔隙受阻、不可逆副反应发生等现象，进而导致电池容量衰减，寿命缩短。

4.5　异常边界条件下锂离子电池衰减特征及表征方法

4.5.1　高温下 NCA 三元锂离子电池循环特征

本节将研究高温（60℃）与室温（25℃）条件下商品化 NCA 三元锂离子电池的循环特性，并分析电化学阻抗谱随循环次数的变化规律，进而通过扫描电镜表征正负电极表面形貌。结果表明，在高温下电池容量衰减和阻抗增加明显快于室温。扫描电镜表明，不同温度循环之后，正极的表面形貌变化的差别并不显著，而石墨负极表面结构在高温下变化明显。以上结果说明温度是影响电池循环性的重要因素，高温会使负极界面发生较大变化，阻抗增加，最终会导致电池容量迅速衰减。

1. 引言

为解决当前能源短缺和环境污染两大问题，锂离子电池以其高比能量、长循环寿命的特点被逐渐应用于电动汽车、储能电站等大型储能体系中[171]。然而，成组的电池模块中单体的工作条件各不相同，使得电池在长时间使用后在劣化程度上存在较大差异，影响储能系统的正常运行[172]。因此，需要研究锂离子电池循环性能的影响因素，以便能够提前预知和判别电池的健康状态，避免电池系统的安全隐患和提高运行效率[173]。

影响锂离子电池循环性能的因素众多，且电池内部反应机理复杂，在不同的条件下长期使用后，电解液组成、正负极与电解液的界面结构等都会发生较大变化[174-176]。其中，电池在工作时，尤其在大电流放电的条件下，温度会显著升高。在本研究中，选取温度的影响因素，通过充放电循环研究锂离子电池在不同温度下（25℃ 和 60℃）的容量衰减情况，并通过电化学阻抗谱和扫描电镜，分析温度对锂离子电池性能的作用机制，为判断电池的健康状态和建立电池快速评价系统提供技术支持。

2. 试验

本研究测试对象为商品化 NCA 锂离子电池，标准电压范围为 2.75~3.60V，标称容量为 500mA·h。测试时将电池置于恒温箱中（设定为 25℃ 或 60℃），采用蓝电 T2001 测试系统对电池进行充放电循环寿命试验。充电过程中，首先以 0.5C 的电流充电至 3.6V，然后恒压充电至电流下降到 0.1C；放电过程中，采用 0.5C 倍率恒流放电至 2V。

选取 25℃ 和 60℃ 下循环的电池，当电池循环进行到 1、100、200 或 300 次时，采用 Autolab 电化学工作站对电池进行交流阻抗测试，测试时电池均处于半放电态（50% SOC），并建立相应的等效电路进行拟合分析，得到电池阻抗情况随循环次数的变化规律。

选取 25℃ 和 60℃ 下循环后的电池，在氩气氛手套箱（Super 1220/750）中拆开，将正负电极分别用碳酸二甲酯溶剂洗涤干净，真空干燥。然后将电极装入密封袋，采用扫描电镜（SEM，荷兰 FEI Sirion 2000）对电极形貌进行表征。

3. 结果与讨论

（1）循环性能　图 4-26 所示为 NCA 锂离子电池在 25℃ 和 60℃ 条件下的容量保持率-循环次数关系图。从图中可知，在整个循环过程中，电池容量随循环次数的增加逐渐衰减，但高温下的衰减明显快于室温。在循环 300 次后，25℃ 的容量保持率为 93.2%，反映出在室温下锂离子电池较好的循环稳定性；而 60℃ 的容量保持率仅为 50.2%，容量大幅衰减。以上结果说明，常温下电池可保持较好的工作状态；但过高的温度（60℃）将导致电池性能急剧劣化，在不到 100 次时容量保持率便低于 80%，并且在后续循环中劣化程度愈加严重，无法正常工作。

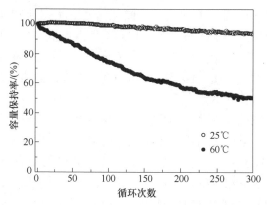

图 4-26　NCA 锂离子电池在 25℃和 60℃下的循环特性

（2）交流阻抗谱　为了研究循环过程中电池内部阻抗的变化规律，测定循环不同次数的电池的电化学阻抗谱。图 4-27 所示为 NCA 锂离子电池在 25℃和 60℃条件下不同循环次数的交流阻抗谱。由图可知，所有的阻抗谱均由高频区的圆弧和低频区的倾斜直线组成，其分别对应于界面电荷转移过程和扩散过程的阻抗[177]。并且随着电池循环的进行，表示电荷转移的圆弧的曲率半径逐渐增加，说明电池阻抗在逐渐增大。

为了定量地反映电池阻抗的增加情况，采用如图 4-28a 所示的等效电路对阻抗谱进行了拟合，拟合结果表示在图 4-28b 中。在图 4-28 中，R_b 为电池的欧姆内阻，包括电解液、隔膜、集流体等部分；R_{ct} 为电荷传递过程的电化学阻抗；C_{dl} 为电化学反应界面电容；W 为反应扩散传质过程的 Warburg 阻抗。通过图 4-28b 可知，在循环 300 次内，25℃和 60℃条件下的欧姆内阻 R_b 变化均不明显，而电荷传递过程的阻抗 R_{ct} 随着循环的进行迅速增加，且 60℃条件下增加的速度远大于 25℃。这说明在电池反复充放电过程中，高温所致的电解液不可逆分解和电极/电解液界面阻抗的增加都明显快于低温条件。而电极/电解液界面阻抗的增加也源于充放电过程中发生在两相界面上的不可逆反应，使得电极/电解液界面膜不断增厚，阻抗增大。

（3）电极形貌　为了进一步研究循环过程中电极形貌的变化，分别对不同温度下循环前后的正负极极片进行 SEM 分析。图 4-29 所示为 NCA 三元正极 SEM 照片。从图 4-29a 可知，循环前 NCA 三元正极呈现直径约 1μm 的聚集颗粒，表面光滑平整，颗粒大小均一，电极结构完整。在 25℃循环 300 次后（见图 4-29b），电极形貌并未发生明显变化，与循环前基本一致。而在 60℃循环 300 次后（见图 4-29c），电极形貌与 25℃（见图 4-29b）也十分类似，并未观察到明显的电极材料坍塌或结构破坏。以上结果说明高温对电池的正极材料和正极/电解液界面的影响相对较小。

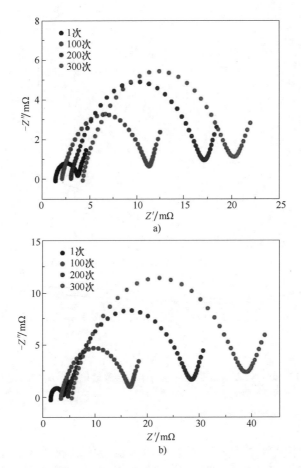

图 4-27　NCA 锂离子电池在 25℃和 60℃下不同次数的交流阻抗谱图

a）25℃　b）60℃

　　而对于石墨负极，温度对电极表面的影响相对较大。图 4-30 所示为石墨负极的 SEM 照片。从图 4-30a 可知，循环前石墨负极呈现直径约 1μm 的聚集的片层结构，层表面光滑平整，层状结构边缘呈现石墨特有的形貌，且颗粒大小均一，电极结构完整。在 25℃循环 300 次后（见图 4-30b），部分石墨负极形貌发生变化，表现为颗粒粒径变小和表面形貌重组。而在 60℃循环 300 次后（见图 4-30c），以上形貌变化更加明显，石墨电极表面堆积更加严重，且相邻颗粒间几乎连为一体，石墨特有的边缘已不明显。以上结果说明高温条件下，电解液在石墨负极表面的分解更为明显，由此造成石墨负极表面形貌显著变化，电极/电解液界面变厚，从而造成电池内部阻抗急剧增加，电池性能衰减。以上结果也说明了 NCA 三元锂离子电池在高温条件下性能衰减主要源于石墨负

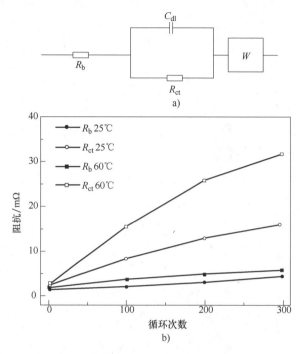

图 4-28 a）NCA 锂离子电池阻抗谱拟合等效电路 b）阻抗值曲线

极表面的变化。

4. 小结

1）本研究通过对 NCA 三元锂离子电池在 25℃和 60℃条件下的循环性能测试，以及交流阻抗谱分析和正负极表面形貌表征，研究了电池容量衰减与阻抗谱、电极形貌的相互关系。结果表明高温条件会导致电池容量迅速衰减，电化学阻抗迅速增大，而这些性能变化主要源于高温所致的负极结构破坏，尤其是负极表面形貌变化和负极/电解液界面显著增厚。

2）以上结果说明，工作温度是影响锂离子电池循环性能的重要因素，过高的温度将导致电池性能的不可逆衰减，在实际的应用中应尽量避免电池工作温度过高。

4.5.2 基于 SEI 膜阻抗表征的负极析锂及内短路机理

电池的充放电过程是一个复杂的电化学过程，导致电池容量衰减的因素也不是单一的，并且一个方面的恶化有可能会引发其他因素来共同影响电池的容量、循环性能、能量密度等。

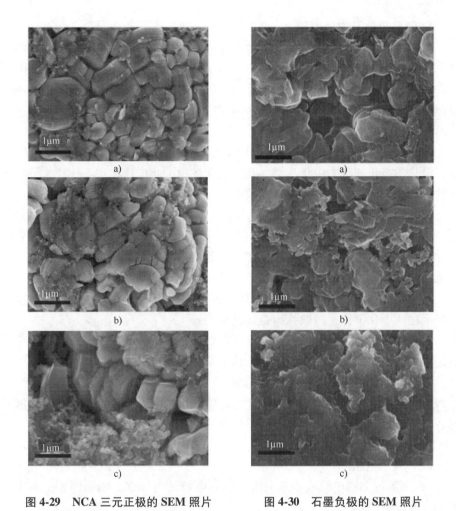

图 4-29　NCA 三元正极的 SEM 照片
a）循环前　b）25℃循环 300 次后
c）60℃循环 300 次后

图 4-30　石墨负极的 SEM 照片
a）循环前　b）25℃循环 300 次后
c）60℃循环 300 次后

　　从材料本身出发，正负极材料在脱嵌锂的过程中都存在体积效应，而有些正极材料的充放电过程还伴随着相转移变化，这些在长期循环中都有可能导致材料结构破裂，脱嵌锂离子受阻。当前广泛运用的正极材料多为过渡金属氧化物，这些材料在电解液中长时间浸润会导致金属离子的溶解，在电化学过程中，溶解还会加剧。溶解不但会减少活性正极材料的量，还会引起正极结构的变化。更严重的是溶解在电解液中的金属离子会在迁移至负极表面时，以盐或者被还原成金属的形式沉积在负极表面，影响膜的稳定性。膜的破损使得电极与电解液接触点会继续发生反应形成膜，如此反复下去，不但会消耗掉体系中有限的锂离子，电解液的分解还会造成负极阻抗增大，电池内阻增加，从而严重影响电池性能。

1. 研究思路及方法原理

锂离子电池内阻变化能反应电池内部的物理化学变化，长时间工作或滥用条件下工作的锂离子电池往往由于 SEI 膜增厚、电极结构变化等原因导致内阻升高。如果负极发生析锂，则当锂枝晶生长较多时，还会破坏 SEI 膜，造成 SEI 膜电阻突然下降。因此，通过检测电池内阻，可为动力电池衰减性能加速、突变评价提供有指导意义的参数。

电池在充放电过程中是存在极化的，通常可将锂离子电池极化分为欧姆极化、电化学极化和浓差极化三类。几类极化各自的响应速度也不一样。影响极化程度的因素很多，但一般情况下充放电电流密度越大，极化越大。

1）欧姆极化：顾名思义，由锂离子电池的欧姆内阻引起的极化叫作欧姆极化，也称为电阻极化。电池的欧姆内阻由电极材料、电解液、隔膜电阻及各部分零件的接触电阻组成（有些解释还把膜电阻也算上），通过一定的电流时，其极化电动势可以计算，$E = IR$。欧姆极化是瞬时发生的。

2）电化学极化：指由于正、负极上电化学反应速度小于电子运动速度而造成的极化。电化学极化一般认为是微秒级的。

3）浓差极化：指由于参与反应的锂离子在固相中的扩散速度小于电化学反应速度而造成的极化。浓差极化一般认为是秒级的。

锂电池内阻主要由以上三部分组成，广义而言，和欧姆电阻一样，活化极化和浓差极化都可以理解成电池内阻的组成因素，或者说成是活化阻抗和浓差阻抗。活化极化和浓差极化的大小需要建立复杂的数学模型加以计算。

内部阻抗由以下几部分组成：

（1）离子电阻

1）隔膜内部的电解液：影响因素包括电解液电导率，隔膜面积、厚度、孔隙率、曲折系数。

2）正极内部的电解液：电解液电导率，正极厚度、厚度、孔隙率、曲折系数。

3）负极内部的电解液。

（2）电子电阻

1）两个电极的活性物质：电极电导率、厚度、面积。

2）集流体（铜箔和铝箔）：集流体厚度、宽度、长度，极耳数量、位置。

3）引线（极耳、极柱、内部导电连接元件）：外形尺寸、电导率。

（3）活性物质与集流体的接触电阻　主要包括正极物质与铝箔、负极物质与铜箔。

一般来说，电池的电化学阻抗可以做一个等效电路图，如图 4-31 所示，主要由欧姆阻抗 R_b、双电层电容 C_d、电化学反应阻抗 R_{ct} 以及扩散电阻 R_w 组成。

一般来讲，在锂离子的嵌入和脱出循环过程中，R_b 值变化一般不大，而 C_d 和 R_{ct} 的变化却较为明显。

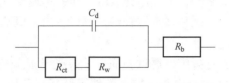

图 4-31　简单的锂离子电池阻抗等效电路

基于此思路，拟通过交流阻抗测试技术开展锂离子电池退化研究。由于 SEI 膜阻抗 R_{SEI} 与锂枝晶造成的内部微短路密切相关，因此是关注的重点。本研究将测试结果结合模拟电路分析，分别分析过充电循环次数、过充电电压、正负极配比等条件对交流阻抗（Electrochemical Impedance Spectroscopy，EIS）结果的影响，进而分析电池性能的衰减与突变研究。

2. SEI 膜阻抗 R_{SEI} 与锂枝晶及其造成的内部微短路间的关联关系

选取标准化的电池体系，以中间相炭微球（MCMB）作为负极材料、钴酸锂作为正极材料。设置不同充电制度、充电倍率、充电温度，对电池进行充放电测试。记录电池电压、电流，研究体系的电化学响应，进行交流阻抗测试。对电池体系的交流阻抗结果建立较为准确的模拟电路，拟合电路中各器件的参数，分析电极材料是否发生退化失效。

在 25℃ 下对全电池扣式电池进行正常充放电（2.75~4.2V）与过充电实验（2.75~4.5V）。由图 4-32 的充放电曲线可以看出，正常充放电条件下电池容量比较稳定，第 1、5、10 次的放电容量保持在 135~150mA·h/g 之间。过充电时，电池第 1、5、10 次的放电比容量分别约为 181.5mA·h/g、132.9mA·h/g、

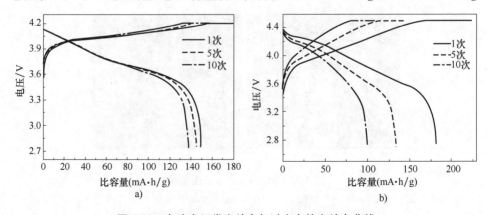

图 4-32　电池在正常充放电与过充电的充放电曲线

99.7mA·h/g。不难看出，在过充电条件下，随着过充电次数的增加，电池的充放电比容量都在迅速减少。其次可看出，随着过充电次数的增加，电池的放电电压迅速降低，充电电压上升，电池的充放电电压差迅速增大。而正常充放电的电池，充放电电压差较小，循环稳定性较好。可以看出，电池的过充电对循环稳定性有较大影响。

对循环后的电池进行拆解，通过扫面电镜及光学显微镜观察电池表面形貌。图 4-33 展示了电池在非过充电与过充电条件下循环后负极 MCMB 电极表面形貌对比。在非过充条件下，电极 MCMB 表面较为光滑，颗粒平整。而在过充测试后，碳微球表面变得粗糙，通过图 4-33b 中插入的放大图，可以清晰地看到密集的枝晶状结构，表面碳微球表面有微小的锂枝晶生长。这些锂枝晶将会随着循环

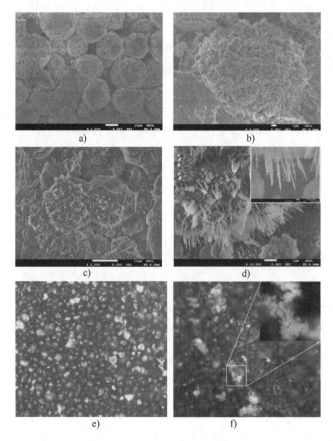

图 4-33 MCMB 电极表面形貌

a)、b) 电池非过充条件下 SEM 形貌　c)、d) 电池过充电到 4.5V 后 SEM 形貌　e) 正常充放电后光学显微镜形貌　f) 电池过充电到 4.5V 后光学显微镜形貌

次数增加逐渐长大，有可能刺穿隔膜造成微短路。而这种析锂造成的内短路是电池失效的一个重要原因。这种内短路产生的热和过强的电能释放会导致电池寿命严重受损，甚至造成热失控。图 4-33d 中过充后的极片相比于图 4-33c 中非过充的极片，可明显看到一些絮状产物，与文献报道的形貌相似，可能是表面析锂生成的锂枝晶，或者是沉积的锂及其与电解液反应的产物。综上，同为充电电流 1C 以及 30 周循环数，过充条件（2.75~4.5V）相比于正常充电条件（2.75~4.2V），循环稳定性明显降低，同时负极 MCMB 上出现了锂枝晶，具有一定的安全隐患。

为建立枝晶内短路的无损检测方法，对过充电电池在充电状态下进行了 EIS 测试，并建立模拟电路进行分析。参考文献中对固态电解质锂离子电池测试得到的交流阻抗谱如图 4-34a 所示，并建立了模拟电路（见图 4-34b）。经过分析可从图中得到电解液电阻 R_b，固态电解质膜电阻 R_i，电阻 R_e 以及扩散电阻 R_d，其中 R_e 可忽略不计。该阻抗谱拟合出的 RC 模拟电路如图 4-34b 所示，其中可以看到图 4-34a 中每一部分电阻都与一个 RC 电路等效，总的模拟电路相当于各个电阻 RC 模拟电路的串联。然而 4-34a 和 b 中的体系是正负极均为锂金属的体系及固态电解质，与所采用的样品电池不同。图 4-34c 为采用的测试体系测量出的电化学阻抗谱，在借鉴大量文献基础上建立了如图 4-34d 所示的模拟电路。其中，R_e 代表电解液电阻，C_{SEI} 和 R_{SEI} 等效于固态电解质膜的阻抗，R_{ct} 代表电极的电荷转移步骤阻抗，Z_w 则为 Warburg 阻抗，反映了阴极扩散层的扩散阻力。下面将就测试结果结合这种模型进行分析，由于 SEI 膜阻抗 R_{SEI} 与锂枝晶造成的内部微短路密切相关，因此是关注的重点。本研究将测试结果结合模拟电路分析，分别分析过充电循环次数、过充电电压和正负极配比对 EIS 结果的影响。

（1）循环次数的影响　图 4-35 展示了电池在相同充放电电压和电流条件下，循环 100、200、300 次后拆解负极的形貌图。从图中可以看出，随着循环次数的增大，电池负极析锂的程度也在逐渐上升。图 4-35a 中几乎看不到白色的锂，而图 4-35b 中白色的锂明显增多，至于图 4-35c，很显然地，锂的数量和密度都要比前两张图要更多。如果说图 4-35a 中，石墨负极表面仍较光滑，则图 4-35b 就相对存在起伏，而图 4-35c 则显得极其凹凸不平。

图 4-36 展示了在某一截止电压下，交流阻抗测得的 R_{SEI} 数值随着循环次数的变化。如图 4-36a 和 b 所示，正常充电的电池 R_{SEI} 数值随着循环次数的增加缓慢增大并保持平稳。如图 4-36c 和 d 所示，4.4V 过充电下 R_{SEI} 数值随着循环次数增加较快增大。在充放电循环的前 30 次内，表面层扩散阻抗 R_{SEI} 逐渐由 10 次后的 44.56Ω 增加至 224.2Ω，表明电极表面 SEI 膜随循环次数的增加明显增厚，膜电阻增大。而循环至 40 次时，R_{SEI} 值变为 157.3Ω，较 30 次时突然降低，随后 R_{SEI} 继续增大至 50 次时的 585.4Ω。对出现拐点的电池拆解后，用 SEM 观察负极

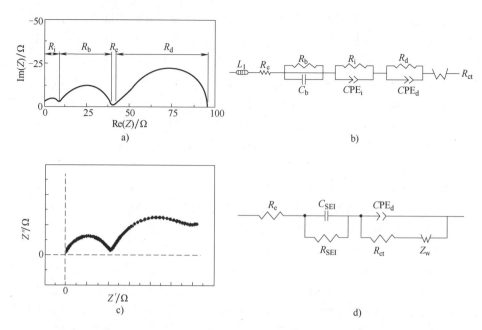

图 4-34 **a）** 典型的锂离子电池电化学阻抗谱 **b）** 典型电化学阻抗谱拟合出的 RC 模拟电路
c） 测试得到的电化学阻抗谱 **d）** 对应的 RC 模拟电路

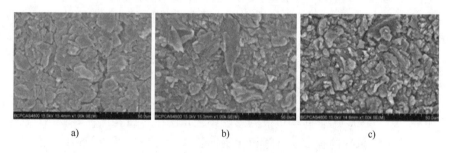

图 4-35 不同循环次数条件下锂离子电池负极析锂扫描电镜图
a）循环 100 次条件下 b）循环 200 次条件下 c）循环 300 次条件下

极片，易发现锂枝晶，说明 R_{SEI} 的突然减小可能是锂枝晶造成的，锂枝晶的生长会对 SEI 膜造成局部破坏，从而降低了锂离子在表面层的扩散阻抗值。而此时锂枝晶只发生在局部区域，尚未直接造成电池内短路，在随后循环中 SEI 膜重新修复，膜电阻继续增大，但电池后续很快失效。因此，R_{SEI} 拐点的出现暗示电池内锂枝晶对 SEI 膜产生破坏，提示电池将发生枝晶内短路。

（2）充电电压的影响 图 4-37 展示了在不同充电截止电压条件下，当充放电电流为 $2C$ 电流，循环次数 100 周后的负极形貌。可以很直观地看出，正常充放电条件下的石墨负极表面平整（见图 4-37a），几乎没有白色的锂，而过充条

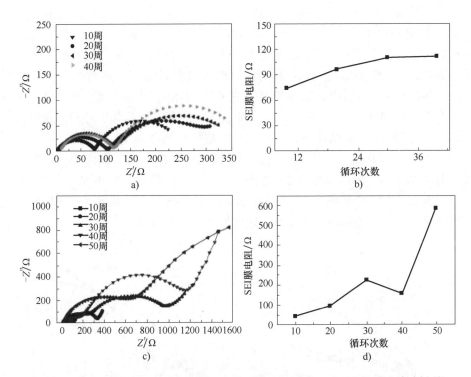

图 4-36　**a）4V 正常电压下不同循环次数后的 EIS 图谱　b）4V 正常充电电池的**
扩散阻抗 R_{SEI} 与循环次数关系　c）4.4V 过充电压下不同循环
次数后的 EIS 图谱　d）4.4V 过充电电池的扩散
阻抗 R_{SEI} 与循环次数关系

件下图 4-37b 和 c 在石墨表面变得凹凸不平，有白色杂质，同时图 4-37c 出现裂缝，表明极片结构破坏。

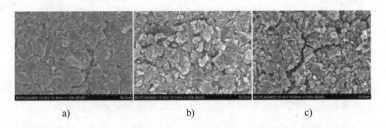

图 4-37　不同充电电压条件下锂离子电池负极析锂扫描电镜图
a）4.2V 充电电压条件下　b）4.4V 充电电压条件下　c）4.6V 充电电压条件下

交流阻抗测试显示，相同正负极配比的电池，电池过充电电位越大，R_{SEI} 拐点出现越早，说明锂沉积随着过充电电位增大而加重。

当正极材料 $LiCoO_2$ 与负极 MCMB 微球等效质量比为 1.2：1 时，在 4.4V、4.6V 不同截止电压下对电池进行充放电测试。结果如图 4-38 所示，当电池充电截止电压设置为 4.4V 时，在充放电循环的前 30 次内，表面层扩散阻抗逐渐由 10 次后的 25.67Ω 增加至 74.04Ω，表明 SEI 膜在循环过程中逐渐增厚，在第 40 次的循环过程中 R_{SEI} 值降低至 60.55Ω，拐点出现在第 30~40 次；而当电池充电截止电压为 4.6V 时，Nyquist 谱图上的阻抗大幅提高，且低频区并未出现直线部分，即没有 Warburg 阻抗出现，表面层扩散阻抗在循环至 20 次时明显降低，拐点出现在第 10~20 次。表明过充状态下随截至电压的升高，锂离子电池阻抗增大，但是 R_{SEI} 拐点更早出现，说明更早时发生了内短路。且图 4-38d 显示，在较高过充电电压下，会造成更严重的容量衰减，这可能是由于循环过程中锂枝晶生长更迅速，同时正极材料结构也有一定破坏，电池失效更快。

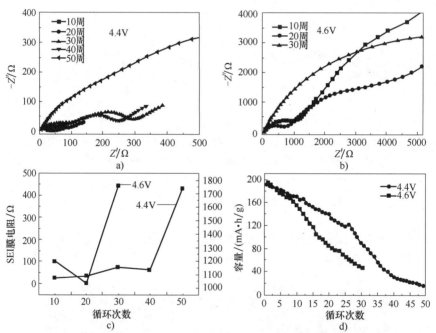

图 4-38　a）正负极活性材料比为 1.2：1 时，4.4V 过充电压下不同循环次数后的 EIS 图谱
b）正负极活性材料比为 1.2：1 时，4.6V 过充电压下不同循环次数后的 EIS 图谱
c）R_{SEI} 随循环次数的变化　d）电池容量随循环次数的变化

（3）正负极材料配比的影响　图 4-39 展示了四种不同正负极配比锂离子电池的 R_{SEI} 随循环次数的变化。相同过充电电压，不同正负极配比的电池，正极过量越多，R_{SEI} 拐点出现越早，说明锂沉积随着正极材料过量增大而加重。当电池充电截止电压设置为 4.4V，正极材料 $LiCoO_2$ 与负极 MCMB 微球等效质量比分别为 1.1：1、1.2：1、1.3：1 与 1.4：1 时，电池在充放电循环过程中，表面层扩

散阻抗逐渐增加。

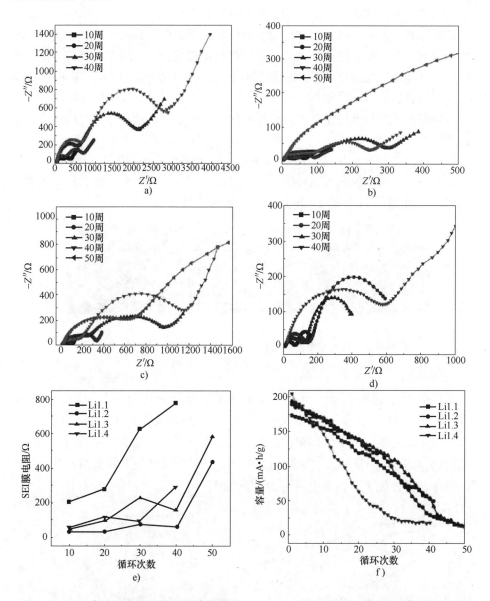

图 4-39　**a）电池正负极活性材料等效质量比为 1.1∶1 时，循环不同次数后的 EIS 图谱**

　　　　b）电池正负极活性材料等效质量比为 1.2∶1 时，循环不同次数后的 EIS 图谱

　　　　c）电池正负极活性材料等效质量比为 1.3∶1 时，循环不同次数后的 EIS 图谱

　　　　d）电池正负极活性材料等效质量比为 1.4∶1 时，循环不同次数后的 EIS 图谱

　　　　　　e）不同质量比下扩散阻抗 R_{SEI} 与循环次数关系

　　　　　　　f）电池容量与循环次数关系

等效质量比为 1.1：1 时，扩散阻抗一直增加而未出现拐点；质量比为 1.2：1 与 1.3：1 时，R_{SEI} 拐点出现在 40 次；质量比为 1.4：1 时，R_{SEI} 拐点出现在 30 次。

说明随着正极材料过量比例增加，锂枝晶造成的内短路问题加剧，出现内短路时间提前。而当负极比例较高时，可以避免出现拐点，也就是抑制锂枝晶造成的内短路。同样，通过电池的容量随循环次数的变化，也可以看出正极比例越高，电池的容量衰减越严重。

本研究也证明较低的正负极活性材料比例能够延缓锂枝晶生成与内短路，从而提高了电池安全性。

（4）充放电倍率的影响 图 4-40 展示了充放电电流分别为 $2C$、$3C$、$4C$，循环周数为 100 次的电池负极扫描电镜图，可以看出，充放电电流越大，电极表面越粗糙，$4C$ 电流下石墨负极表面可以看出析锂杂质。

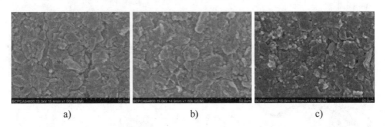

a)　　　　　　　　　b)　　　　　　　　　c)

图 4-40　不同充放电电流条件下锂离子电池负极析锂扫描电镜图

a）$2C$ 电流　b）$3C$ 电流　c）$4C$ 电流

图 4-41 所示为 4.4V 截止电压下，正负极等效质量比为 1.2：1 时，不同倍率（$1C$、$2C$、$5C$）下 $LiCoO_2$-MCMB 循环性能曲线，及循环 25 次后的 EIS。由图可以看出，电池充放电倍率越大，电池的容量越低，容量衰减越明显，同时交流阻抗测试的 R_{SEI} 阻抗越大。说明在大电流下，对电池材料及界面结构有一定破坏，电池循环性能下降，电极表面 SEI 膜电阻升高。

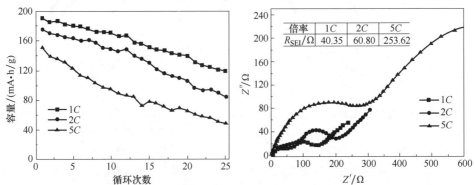

倍率	$1C$	$2C$	$5C$
R_{SEI}/Ω	40.35	60.80	253.62

图 4-41　4.4V 截止电压下，正负极等效质量比为 1.2：1 时，不同倍率（$1C$、$2C$、$5C$）下 $LiCoO_2$-MCMB 循环性能曲线及交流阻抗图谱与 R_{SEI} 数值

3. 小结

基于以上研究结果，可以得到以下结论：

1）$LiCoO_2$-MCMB 全电池在过充电等滥用条件下，会发生枝晶内短路造成电池失效。过充电电压越高、正负极配比越大、电池倍率越大，越容易发生电池失效。

2）对 $LiCoO_2$-MCMB 全电池进行了交流阻抗测试，建立了等效电路，找到了评价电池性能衰减相关的关键参数 R_{SEI}。

3）探究了充放电循环次数、过充电压和正负极活性材料等效质量比等参数对电极交流阻抗的影响规律。

4）首次提出 R_{SEI} 变化作为电池衰减性能加速、突变评价参数，基于此可开发基于电池内阻的衰减评价方法。

4.6　退役动力电池循环寿命及衰减特征预测方法

研究退役动力电池衰减规律，评估电池寿命，需要对电池的容量衰减建立数学模型，通过计算拟合合理预测电池的性能变化。

4.6.1　预测方法选择

1. 方法调研

本研究对锂离子电池容量衰减模型进行了调研和初步建模计算工作。目前锂电池寿命预测方法主要分为三类：第一类基于模型的方法，即通过对电池负载条件，材料属性及退化机理结合电池失效机制实现对寿命的预测；第二类数据驱动的方法，即不考虑电池内部的化学反应及失效机制，直接从电池性能测试数据和状态监测数据中挖掘隐含的信息，实现电池寿命预测。第三类则是前两者的结合。综合三种方法来看，第一类可以较好地反映电池的物理和电化学特性，但存在参数难以识别的缺点；第二类方法简单实用，但易受数据不完整性的影响，适应性有待提高；第三类尚未取得较大突破，模型建立较难。

综合上述调研情况，初步决定采用第二类方法进行寿命预测的建模计算，通过使用粒子滤波等统计学方法，根据电池放电容量、放电电压、EIS 数据等对模型进行参数的拟合，根据给予的失效阈值提供寿命预测结果的概率分布，概率最大的区间即为预测寿命。

2. 方法确立

粒子滤波算法的历史最早可以追溯到 1960 年，当时 Kalman 先生提出了经典的卡尔曼滤波器（Kalman Filter），为线性高斯问题提供了一种在当时看来最优的解决方法。直到今日，卡尔曼滤波器仍然在某些领域被广泛采用，也成为了解决现实应用问题的一个标准框架之一。然而，现实的科学领域中很多问题都具有非线性特性，这就使得非线性滤波问题成为了不得不去研究的一个广泛存在的问题。通常所说的非线性滤波，就是基于带有噪声的观测值，在估计非线性系统动态变化这一类问题中都可以使用动态状态空间模型进行描述。

扩展卡尔曼滤波算法（Extended Kalman Filter，EKF）是解决非线性滤波问题最为经典的方法。EKF 算法的缺陷体现在由于它是基于非线性系统模型的局部线性化，虽然对于弱非线性系统能够得到理想的滤波结果，但是对于强非线性系统，EKF 在线性化过程中会无法避免地引入许多截断误差，这就使得系统真实的非线性特性无法得到完美的体现，以至于导致系统发散，这种算法也只能逼近到一阶的精度。

另一种解决非线性滤波问题的滤波器叫作无极卡尔曼滤波器（Unscented Kalman Filter，UKF）。这种滤波器与上一种相比，其基本想法是近似一种高斯分布，这比近似任何一种非线性方程容易得多。也正由于此，UKF 不会对系统模型进行线性化，也就不存在无法充分体现系统真实的非线性特性的缺陷。对任意的非线性系统，使用 UKF 都能得到精确到三阶矩的系统后验均值和协方差估计。可是由于 UKF 是以 EKF 框架为基础，所以它的局限性也与 EKF 一样只对非线性系统的后验概率密度做了高斯假设，而对一般的非高斯分布模型不太适用。

粒子滤波算法是一类基于递归贝叶斯估计的序贯蒙特卡洛方法。该方法不仅利用了系统的测量信息，而且还将模型用于系统行为。在粒子滤波算法中，系统状态由一些从未知状态空间的近似概率密度中采样得到的粒子集来表示，粒子通过非线性的过程模型产生和递归地进行更新，观测模型是一个可用的观测信息的集合，是状态概率密度的先验估计。粒子滤波算法提供了良好的状态跟踪行为，同时也能维持计算负载的易处理性。与仅对线性高斯系统适用的卡尔曼滤波相比，粒子滤波的适用情形更加广泛，它允许系统是非线性非高斯的。

对锂离子电池的寿命进行预测，首先要建立它的循环寿命退化模型；然后选取锂离子电池寿命结束时的容量阈值；最后将状态量数据代入模型并执行粒子滤波算法，得出结果。

研究主要通过运行 MATLAB 程序来模拟粒子滤波算法，对原始数据进行预测估计，本研究选取的电池容量衰减模型服从以下等式：

$$Q = a\exp(bk) + c\exp(dk)$$

式中，Q 为电池的容量；k 为循环次数。Q，a，b，c，d 含有噪声，噪声为高斯白噪声，均值为零，方差未知。于是给出预测模型的状态如下：

$$X(k) = \begin{bmatrix} a(k) & b(k) & c(k) & d(k) \end{bmatrix}^{\mathrm{T}}$$

观测方程为

$$Q(k) = a(k)\exp[b(k)k] + c(k)\exp[d(k)k] + v(k)$$

式中，测量噪声为均值为零、方差为 σ_v 的高斯白噪声，即 $v(k) \sim N(0, \sigma_v)$。

应用 MATLAB 软件对粒子滤波算法的预测模型进行模拟。

本研究中采用的原始数据分为两大类，A 组数据是美国马里兰大学实验室环境下测试得到的容量退化原始数据，B 组数据是杭州万向生产的软包磷酸亚铁锂动力电池，在电动大巴使用退役后进行了一年循环测试所获得的数据。

4.6.2　建模及循环数据

1. 电池样本 1 数据

第一类数据是美国马里兰大学实验室环境下测试得到的容量退化原始数据，该数据又分为三组，其中 A 组共 311 个数据，B 组共 163 个数据，C 组共 223 个数据，具体程序运行所得预测结果如图 4-42~图 4-44 所示。

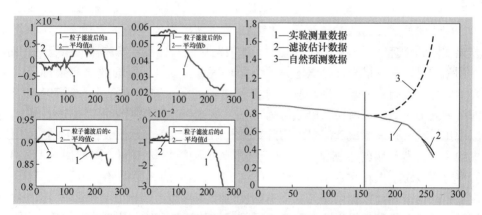

图 4-42　A 组数据滤波估计的状态参数及循环寿命预测结果

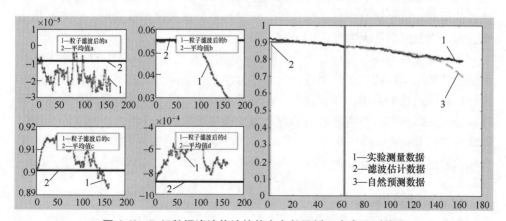

图 4-43　B 组数据滤波估计的状态参数及循环寿命预测结果

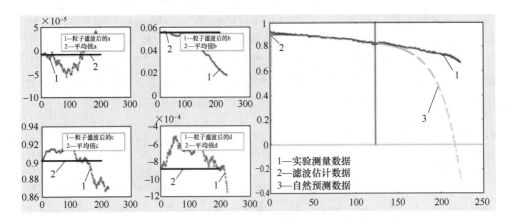

图 4-44　C 组数据滤波估计的状态参数及循环寿命预测结果

图中滤波估计的状态参数是 MATLAB 程序所模拟的粒子滤波器的矩阵参数，并无实际的物理意义，只是通过其粒子滤波前后的对比表示滤波器的稳定性。而在预测结果图中，横坐标是电池充放电循环次数，纵坐标是充放电剩余百分比，表示电池的剩余寿命，一般而言，锂离子电池的剩余充放电百分比到 70% 以下即可视其为失效，或者说其电池寿命终结，该比例也可根据使用需要进行调整。图中用黑色线条表示试验测量的实际数据，用灰色线条表示滤波估计的结果，用虚线表示自然预测的数据结果。由于三组数据的数据量不同，因此用 MATLAB 程序分别设定了循环次数 160、63、125 为滤波估计的起始循环次数，至于循环次数前的滤波估计数据则是先验概率密度的样本。

通过这三组数据可以非常清楚地看到滤波估计与自然预测都具有一定的预测准确性，但三组试验数据中两者都在一定的循环次数之后出现明显的差异，滤波估计的预测在整个试验中都表现良好，全过程都与试验值非常逼近，而自然预测则在循环次数逐渐变大的过程中出现了很大的误差。

如果以充放电剩余百分比为 70% 作为电池寿命的终止，可以看出粒子滤波估计的结果与实际数据非常逼近，误差非常小；相比而言，自然预测的误差非常大，以第三组数据为例，预测起始的循环次数点为 125，自然预测的寿命截止循环次数为 180 左右，而实测数据的寿命截止循环次数为 223 左右；则实际的剩余循环寿命（Remaining Useful Lifes，RUL）为 RUL-true = 223-125 = 98 个周期，而自然预测的剩余循环寿命为 RUL-prediction = 180-125 = 55 个周期，误差为 RUL-error = |55-98| = 43 个周期，可见误差比滤波估计要大得多。

2. 电池样本 2 数据

第二类组数据是历时一年测试得到的实测数据，该组数据来自 12 块电池，其电池类型为软包磷酸亚铁锂动力电池，标称的额定容量为 20A·h，电池的生产厂家是杭州万向，电池所使用的条件为青岛薛家岛的电动大巴，使用时间为三年九个月，测试时间超过一年。这一类数据分为 11 个电池小组，其中每个小组又有 2017 年 4 月 20 日、2017 年 7 月 5 日和 2017 年 9 月 14 日三个时间段的数据。同样用 MATLAB 程序对这一大组数据 3×11 共 33 组数据进行粒子滤波的预测。经过处理后，把得出的图像分为 D、E、F 三组，每组再下分 11 个图像。由于数据较多，故这里只展示其中有代表性的部分数据的拟合结果。

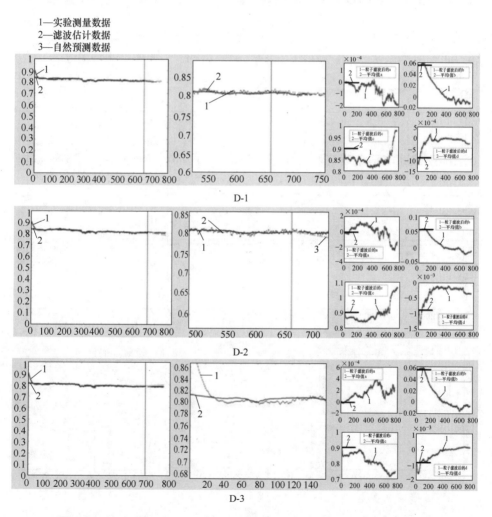

图 4-45　D-1、D-2、D-3、D-4、D-5、D-6、D-7、D-8、D-9、D-10、D-11
组数据滤波估计的状态参数及循环寿命预测结果

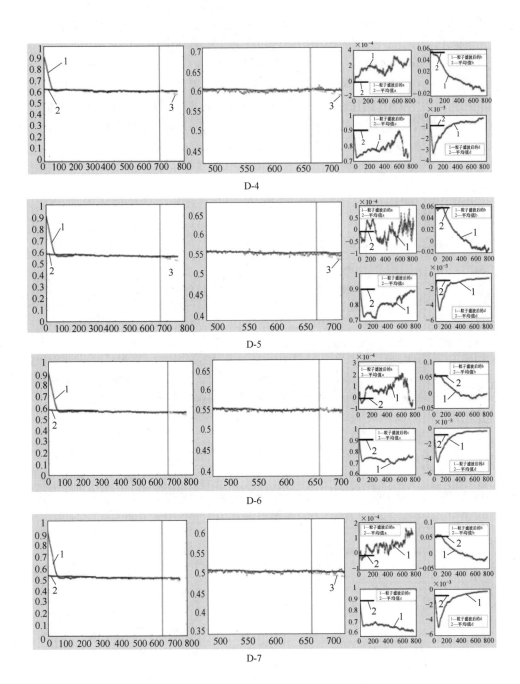

图 4-45　D-1、D-2、D-3、D-4、D-5、D-6、D-7、D-8、D-9、

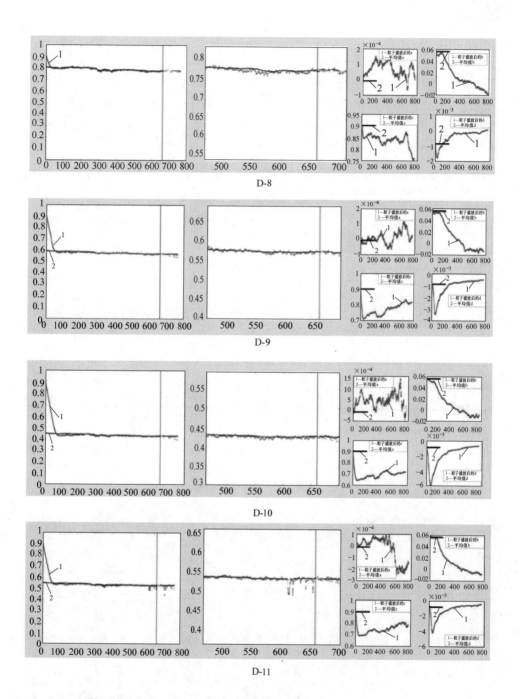

D-10、D-11 组数据滤波估计的状态参数及循环寿命预测结果

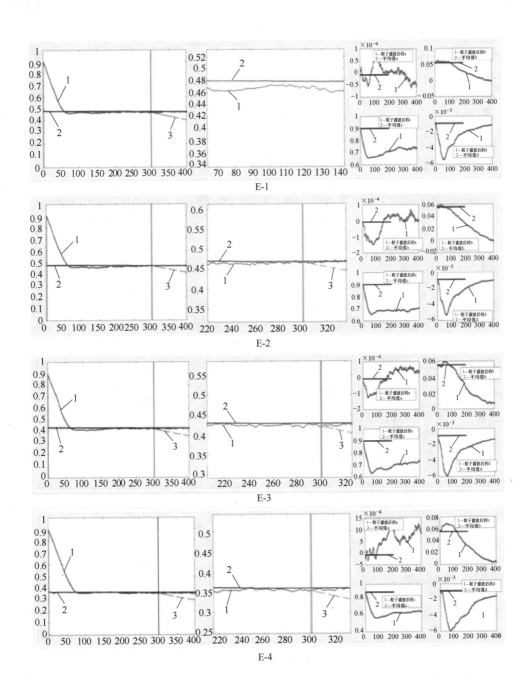

图 4-46　E-1、E-2、E-3、E-4、E-5、E-6、E-7、E-8、E-9、

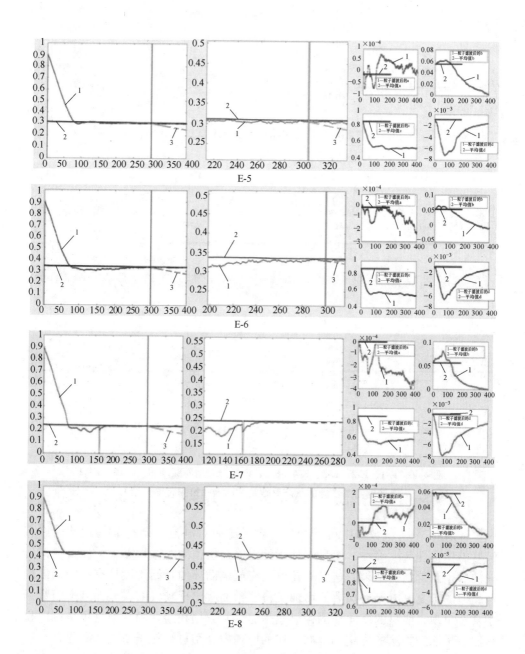

E-10、E-11 组数据滤波估计的状态参数及循环寿命预测结果

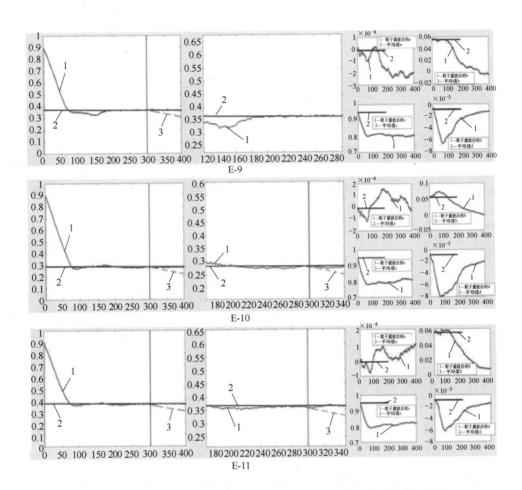

图 4-46 E-1、E-2、E-3、E-4、E-5、E-6、E-7、E-8、E-9、E-10、E-11
组数据滤波估计的状态参数及循环寿命预测结果（续）

　　从以上 3×11 组数据中可以看到，粒子滤波对电池剩余寿命的预估始终有较好的稳定性与准确性，而自然预测是根据开始预测的循环点上未经过任何处理的值预测得到的结果，这虽然在电池充放电循环的开始阶段具有一定的准确性，但随着充放电循环次数的增加，自然预测会出现较大的误差，到 F 组数据中甚至出现了明显的反向预测，显然是与试验数据相违背的，但这更从侧面显示出粒子滤波算法的优越性。在上述的原理中介绍过，粒子滤波算法先是经过 SIR 滤波算法的改进弥补了粒子退化的问题，后又经过 RPF 滤波算法的改进克服了粒子多样性匮乏的问题，这些都体现在预测曲线与试验数据的高度吻合中。

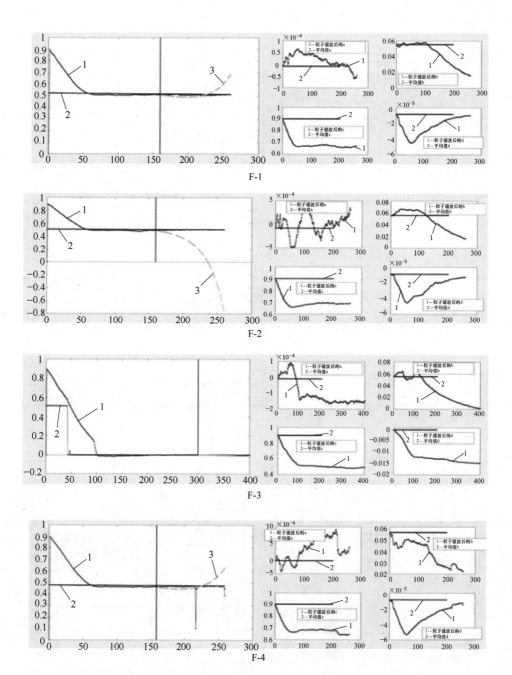

图 4-47　F-1、F-2、F-3、F-4、F-5、F-6、F-7、F-8、F-9、F-10、F-11
组数据滤波估计的状态参数及循环寿命预测结果

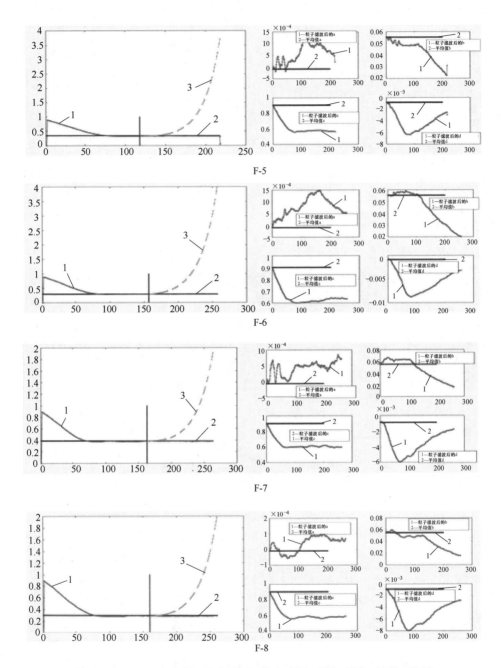

图 4-47　F-1、F-2、F-3、F-4、F-5、F-6、F-7、F-8、F-9、F-10、F-11
组数据滤波估计的状态参数及循环寿命预测结果（续）

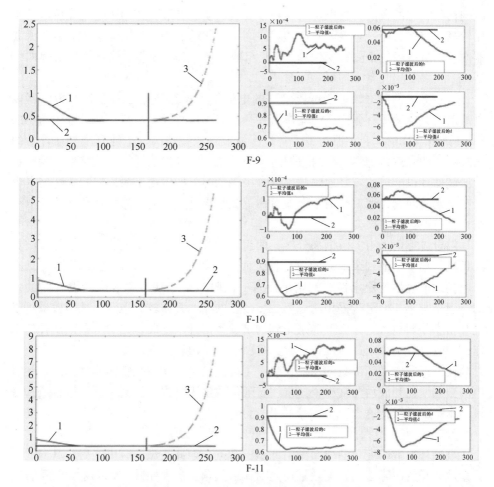

图 4-47 F-1、F-2、F-3、F-4、F-5、F-6、F-7、F-8、F-9、F-10、F-11
组数据滤波估计的状态参数及循环寿命预测结果（续）

在 D 组的数据中，一个比较明显的特点是粒子滤波预测结果曲线的起始点都与试验数据的曲线有很大的差距，这是因为建立试验模型时选取的初始状态参数在程序中也有所体现，因此可以看到，粒子滤波的初始状态参数的选取是十分重要的，会直接影响甚至改变曲线的整体走势。

在 E 组的数据中，一个有些异常的现象是尽管从整体来看粒子滤波预测的曲线走势与试验数据的曲线大致相同，但从曲线细节图中可以看出粒子滤波曲线都要比试验数据曲线稍低，这一现象其实在 D 组少数图中已经有所体现。仔细分析 E 组数据的特点，该组数据的循环充放电百分比已经到达了比较低的数值，预测结果会出现一定程度的整体偏移。分析原因后，可以认为还是归结于粒子滤波的初始状态的数值，这里选用的粒子滤波的状态参数更适用于电池充放电百分比较高的状态，而一旦电池寿命随着时间有退化的趋势，则同样参数的粒子滤波器便不能最适当地预测其变化趋势，E 组数据中所有的预测曲线整体比实际曲线稍低。

针对 F 组的数据，由于试验测试的电池组到该组数据已经接近结束，所以电池的充放电循环百分比已经非常低并且趋势近似直线，这时甚至可以用简单的 Excel 进行直线的拟合；但为了了解粒子滤波算法在锂离子电池剩余寿命评估的全过程中的表现，仍然对该组数据进行粒子滤波的预测估计。试验结果表示，粒子滤波估计也能够比较好地预测出这种极端情况下的电池寿命衰退趋势。但是也存在一定的问题，那就是由于电池寿命退化临界终止，粒子滤波估计无法预测终结点处电池性能的突变。

结合以上两大组的数据来分析，两组试验都在一定程度上验证了粒子滤波算法预测锂离子电池剩余寿命的可行性，而且证明该种算法对电池 RUL 预测具有相当高的准确性与稳定性，就结果而言，试验结果也基本符合试验设计时的预期。但是与第一大组数据相比，第二组数据的曲线整体较为平滑，试验效果可以说并不十分明显，一方面可能是得到的试验数据并不全面，无法就电池从开始工作到失效这样一个全过程进行试验，也就无法得出整个电池寿命过程中的充放电百分比随充放电循环次数的图线；另一方面也在于试验数据整体非常稳定，一组内的数据变化与波动非常小，如果用普通的数学工具拟合的甚至可以拟合成一条较为水平的直线，这也使得试验效果大打折扣。

反观 A 和 B 组数据，由于这组数据本身就是为了体现电池充放电百分比随充放电循环次数的变化曲线而做出的试验数据，因此在试验应用之后，其曲线无论是从粒子滤波算法的预测效果还是对比自然预测的参照效果，都是比较符合预期效果的。但是第一大组的试验数据较少，试验量不足是其一大缺点，因为仅靠三组数据的图像无法支撑试验结论，所以第二大组的试验也是十分必要的，该 36 组的试验数据支持很大程度上弥补了试验量不足的缺陷，这也是课题设计这两组数据的初衷。

4.6.3 小结

对锂离子电池进行有效的剩余寿命预测不仅可以提高系统的可靠性和可维护性，而且有利于科学规划电池的梯次利用，预测电池寿命终结，预防系统故障。本研究采用粒子滤波算法建立经验模型，利用不同的试验数据对锂离子电池做了剩余循环寿命预测的试验，同时对试验进行了分析，并通过对比试验结果表明粒子滤波算法比自然预测法具有更高的预测准确度。

下一步可对算法进一步改进，采用残差重采样法，在多项式分布中抽样，再复制若干次到新的粒子集合中组成重采样的粒子集合。由于电池是高度非线性系统，对准确度和稳定性的要求越来越高，所以粒子滤波算法将会被逐渐完善和改进，并应用于锂离子电池的剩余寿命预测中。

4.7　基于容量及内阻特性的退役电池健康状态评价方法

4.7.1　退役电池交流阻抗谱分析及其直流等效内阻测试方法

电化学阻抗谱（EIS）技术是一种以小振幅的正弦波电位（或电流）为扰动信号的电化学测量方法，又称交流阻抗法。控制电极的交流电压（或交流电流）按小幅度（一般小于 10mV）正弦波规律变化，然后测量电极交流阻抗，进而计算研究体系的电化学参数。

电化学阻抗谱法技术使用小幅度对称交流电对电极进行极化，当频率足够高时，每半周期所持续的时间非常短，不会引起严重的浓差极化和电极表面状态的变化。电极交替出现阳极过程和阴极过程，即充放电过程，即使测量信号长时间作用于电池上，也无法使电池的极化现象得到积累性的发展。因此，这种方法具有暂态法的某些特点，常称为暂稳态法。暂态指每半周内有暂态过程的特点，稳态指电极过程始终进行稳定的周期性变化。以小振幅的电信号对体系进行扰动，一方面可避免对体系产生大的影响，另一方面也使得扰动与体系的响应之间近似呈线性关系，这就使得测量结果的数学处理变得简单。

自 20 世纪 60 年代以来，EIS 在电化学领域得到了广泛的应用。电化学阻抗技术适用于研究快速电极过程、双电层结构及吸附过程等，同时电化学阻抗谱方法又是一种频率域的测量方法，它以测量得到的频率范围很宽的阻抗谱来研究电极系统，因而能比其他常规的电化学方法（电流阶跃法、线性电位扫描法等）得到更多的动力学信息和电极界面结构信息。例如，可以从阻抗谱中含有时间常数的数量及其数值的大小推测影响电极过程的状态变量的情况；可以从阻抗谱中观察电极过程中有无传质过程的影响；也可以测得阻抗谱中，在不同的频率范围内有关电池的溶液电阻、双层电容以及电极极化电阻的信息等。

电极表面反应过程通常有较大的弛豫，且不同过程的弛豫时间差别很大，因此采用宽频率范围的电化学阻抗谱来研究电极过程优势明显，阻抗谱方法的特殊优势决定了在一次频率扫描中，不同的电极过程可以在不同的频率范围体现，并同时出现在一个阻抗谱图形上，因此可以利用该方法对不同时间尺度的电极过程分别进行研究。用电化学阻抗技术结合计算机研究电极反应过程，可以求出多个分步骤的动力学参数，进一步模拟实际的电极过程。目前电化学阻抗谱方法已广泛应用在二次电池性能研究中。

图 4-48 所示为电化学工作站测试得到的标称容量为 66A·h（退役时的剩余容量在 55~60A·h 间）的退役磷酸铁锂动力电池 EIS 谱图。测试条件为：0.5C 恒流充电到额定电压 3.65V，然后恒压充电，直到电流降为 0.1C，然后以 1C 电流放电到指定 SOC 处，搁置 5h 后，进行 EIS 测试，振幅为 ±5mV。

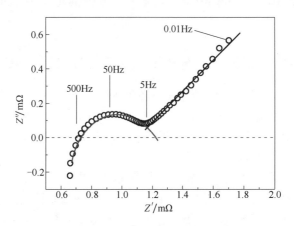

图 4-48　66A·h 磷酸铁锂电池的 Nyquist 曲线

观察 EIS 图可知，软包磷酸铁锂动力电池的 Nyquist 曲线由三个部分组成，即 500Hz 时与实轴相交的高频阻抗；5~500Hz 之间的中高频半圆；0.01~5Hz 低频区域的近似线性部分。

根据前面的分析，与实轴相交的高频阻抗反应的是动力电池内部的欧姆电阻值，包括正负极活性物质本体的欧姆电阻、电解液与隔膜的电阻和极耳接触电阻等；中高频与中频半圆对应的是动力电池内部正极磷酸铁锂、负极石墨的电化学反应过程；低频的线性部分代表了锂离子在电极内部的扩散迁移过程。

根据对 ATL 电池 EIS 谱的分析结果，采用图 4-49 所示等效电路进行拟合。

图 4-50 是磷酸铁锂电池在这三个荷电状态下的交流阻抗谱以及根据等效电路拟合的结果。经计算，拟合值与测量值的卡方均在 0.002~0.001 范围以内，说明改进后的等效电路完全适用于全部荷电状态的磷酸铁锂电池。因此对于磷酸铁锂电池 0.5C 循环寿命试验过程中的 EIS 谱，继续以此等效电流来进行拟合。

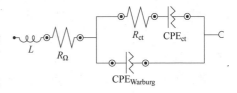

图 4-49　锂离子电池等效电路

具体拟合结果见表 4-7，从表中可知拟合效果较好，卡方均达到 10^{-4}，同时各参数值均在边界值以内。

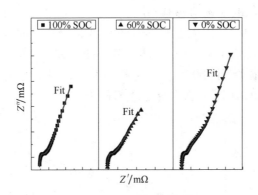

图 4-50　不同 SOC 下交流阻抗谱的拟合结果

表 4-7　0.5C 循环前 500th 的电池 EIS 拟合结果

编号	R_Ω	R_{ct}	Y -Warburg	N -Warburg	Y_{ct}	N_{ct}	χ^2
0054-0.5C-100 周	0.0428000	0.0541000	3675	0.6197	87.42	0.4647	2.59×10^{-4}
0054-0.5C-200 周	0.0433692	0.0573374	3967	0.5763	83.4	0.4833	1.94×10^{-4}
0054-0.5C-300 周	0.0436593	0.0582800	4346	0.6465	98.07	0.3739	1.752×10^{-4}
0054-0.5C-400 周	0.0450001	0.0583524	4972	0.6163	115.1	0.3097	1.379×10^{-4}
0054-0.5C-500 周	0.0454135	0.0594205	5080	0.6449	108.6	0.2264	1.84×10^{-4}
0118-0.5C-100 周	0.0410000	0.0519000	3658	0.6239	82.53	0.4701	2.31×10^{-4}
0118-0.5C-200 周	0.04068416	0.0563515	4362	0.6112	95.52	0.4466	2.64×10^{-4}
0118-0.5C-300 周	0.03997500	0.0555107	4411	0.6179	93.81	0.3981	1.514×10^{-4}
0118-0.5C-400 周	0.04210347	0.0519232	5433	0.6014	107.7	0.4163	1.798×10^{-4}
0118-0.5C-500 周	0.05755794	0.0480824	5299	0.6555	81.75	0.2225	1.601×10^{-4}
0179-0.5C-100 周	0.0430000	0.0502000	3617	0.6337	105.7	0.4295	2.56×10^{-4}
0179-0.5C-200 周	0.0441214	0.0523647	3933	0.6067	94.26	0.4897	2.11×10^{-4}
0179-0.5C-300 周	0.0433373	0.0530539	3841	0.6231	107.6	0.39	1.923×10^{-4}
0179-0.5C-400 周	0.0456137	0.0538849	4262	0.62	120.8	0.3641	2.079×10^{-4}
0179-0.5C-500 周	0.0477216	0.0545714	4446	0.6463	124	0.2233	1.989×10^{-4}

在 0.5C 循环的电池，欧姆电阻 R_Ω、电化学反应电阻 R_{ct}、表示 Warburg 扩散的 CPE 常相位角元件的值 Y-Warburg、表示电化学反应电容效应的 CPE 常相位角元件的值 Y_{ct} 均有不同幅度的增长，与之对应的电池容量在逐渐衰减，但是

这些电路元件参数值的变化却各有不同。从图 4-51 可知，表示电池接触欧姆电阻的 R_Ω 和电化学反应电阻 R_{ct} 呈单调递增的变化趋势，而表示 Warburg 扩散的 CPE 常相位角元件的值 Y-Warburg 和电容效应的 C 在 400 次左右时出现了一个峰值，然后下降，在循环到 600 次左右时开始上升，表示电化学反应电容效应的 CPE 常相位角元件的值 Y_{ct} 则总体变化趋势不明显。

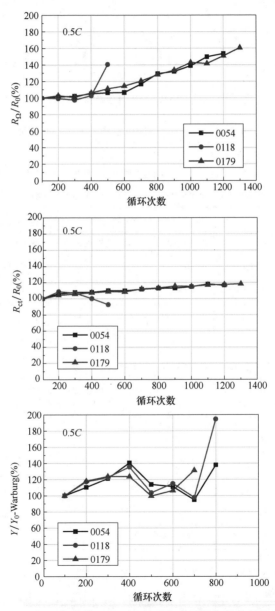

图 4-51　0.5C 循环的电池的 EIS 等效电路元件参数值的变化情况

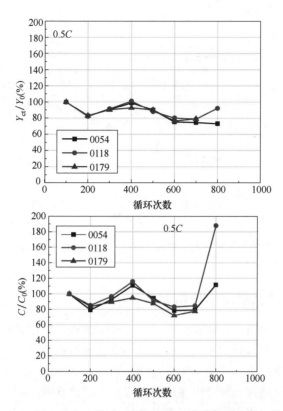

图 4-51　0.5*C* 循环的电池的 EIS 等效电路元件参数值的变化情况（续）

既然表示电池接触欧姆电阻的 R_{Ω}、电化学反应电阻 R_{ct} 与循环次数呈单调递增关系，那么它们的加和也必然与循环次数呈单调递增关系，如图 4-52 所示通过数据拟合，得到它们的和与循环次数的经验公式如下：

$$R_{\Omega}+R_{ct}=98.37786+0.01617x+(1.20937\times10^{-5})\cdot x^2$$

能够与电池的容量单调递减呈对应关系的只有表示电池接触欧姆电阻的 R_{Ω}、电化学反应电阻 R_{ct} 以及它们的加和值，而这些是通过交流阻抗谱解析出来的，在实际电池使用时无法便捷地进行交流阻抗谱的测量及解析，解决的方法是寻找一种在直流条件下与之相对应的测量值来近似地代替。根据前面 ATL 电池的交流阻抗谱分析可以看出，表征电池接触欧姆电阻的 R_{Ω}、电化学反应电阻 R_{ct} 加和值的特征频率是 5Hz 左右，即电池交流阻抗谱中的中高频半圆所对应的频率点。

考虑到 5Hz 的交流频率对应的时间尺度是 0.2s，故只要测量 0.2s 内的电池直流内阻，即可近似对应交流阻抗谱中的 5Hz 的欧姆电阻的 R_{Ω}、电化学反应电阻 R_{ct} 加和值，因此，估算电池健康状态所用的电阻值即采用时间尺度为 0.2s 的直流内阻。

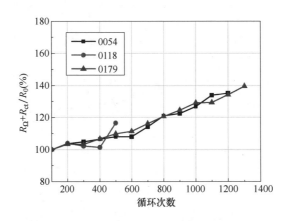

图 4-52 电池接触欧姆电阻和电化学反应电阻的和与循环次数的关系

4.7.2 退役电池健康状态评估方法

储能锂离子电池组在工作过程中，无法直接测得其健康状态，由前述储能锂离子电池单体一致性差异的分析结果可知，由电池组内电池内阻的差异系数可以反映电池组的健康状态，因此，可通过适当的模型建立起电池组内电池内阻差异系数的数学模型，通过一些可以在工作过程中实时测量的参数，间接计算得到表征储能锂离子电池健康状态的内阻差异系数。

通过前述的分析，认为电池组内电池内阻的差异系数与电池组的容量、电池组容量一致性差异系数和内阻一致性差异系数的历史数据，以及电池组充放电循环次数有关，但考虑到直接建立这些参数之间的函数存在困难，且该函数为高阶非线性的数学模型，因此考虑应用神经网络来建立该模型，通过选择合适的神经网络结构并进行适当的训练来实现该函数。考虑到电池组容量的测量需要完整的充放电后才可以得到，所以考虑通过灰色预测来得到电池组当前的容量。图 4-53 所示为储能锂离子电池健康状态模型的示意图。

图 4-54 所示为建模和试验的内容。此处利用三个健康单体电池的容量数据，即容量、内阻差异系数和循环次数来对神经网络模型进行训练，完成训练后，再对一组 4p 电池组进行测试，结合灰色预测和训练好的神经网络测试电池组的健康状态，验证模型的准确性。下文将详细介绍模型的各部分内容。

1. 电池容量灰色预测的算法实现

目前电池容量的预测方法有时间序列模型、ARMA 模型、神经网络模型等，但上述方法所需的数据量较大，而灰色模型所需的数据量少，计算简便，非常适合对电池容量进行预测。

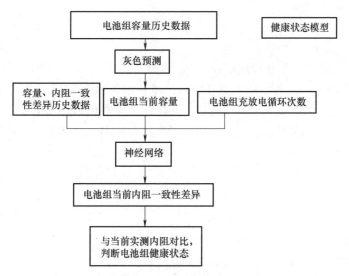

图 4-53　储能锂离子电池健康状态模型示意图

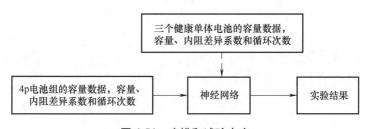

图 4-54　建模和试验内容

（1）灰色预测算法原理　本文采用新陈代谢 GM（1，1）灰色模型预测电池容量，具体原理如下：

电池容量时间序列为

$$S_{\mathrm{bat}}^{(0)} = [\, S_{\mathrm{bat}}^{(0)}(1)\,,S_{\mathrm{bat}}^{(0)}(2)\,,\cdots,S_{\mathrm{bat}}^{(0)}(n)\,]$$

对上述序列进行一次累加，得到 1-AGO 序列为

$$S_{\mathrm{bat}}^{(1)} = [\, S_{\mathrm{bat}}^{(1)}(1)\,,S_{\mathrm{bat}}^{(1)}(2)\,,\cdots,S_{\mathrm{bat}}^{(1)}(n)\,]$$

其中，$S_{\mathrm{bat}}^{(1)}(k) = \sum_{i=1}^{k} S_{\mathrm{bat}}^{(0)}(i)\,, k = 1,2,\cdots,n$

求一次累加生成序列的级比和光滑比。

级比如下：

$$\sigma(k) = \frac{S_{\mathrm{bat}}^{(1)}(k)}{S_{\mathrm{bat}}^{(1)}(k-1)}\,, k = 2,3,\cdots,n$$

光滑比如下：

$$\rho(k) = \frac{S_{\text{bat}}^{(0)}(k)}{S_{\text{bat}}^{(1)}(k-1)}, \ k = 2, 3, \cdots, n$$

判断级比和光滑比是否满足 $\sigma(k) \in [1, 1.5]$，$\rho(k) \in [0, 0.5]$，$k = 2, 3, \cdots, n$。若满足，则说明原始序列为准光滑序列，生成的一次累加序列为准指数规律序列。若级比或光滑比不满足上述条件，则需用二阶弱化算子作用于原始序列，以保证弱化序列的一次累加生成序列为准指数规律序列。经二阶弱化算子作用后的序列为

$$\overline{S}_{\text{bat}}^{(0)} = \left[\overline{S}_{\text{bat}}^{(0)}(1), \overline{S}_{\text{bat}}^{(0)}(2), \cdots, \overline{S}_{\text{bat}}^{(0)}(n)\right]$$

其中，$\overline{S}_{\text{bat}}^{(0)}(k) = \dfrac{1}{n-k+1} \sum\limits_{i=k}^{n} \overline{S}_{\text{bat}}^{(0)}(i)$，$k = 1, 2, \cdots, n$。

得到原始序列的紧邻均值生成序列为

$$ZS_{\text{bat}}^{(1)} = \left[ZS_{\text{bat}}^{(1)}(1), ZS_{\text{bat}}^{(1)}(2), \cdots, ZS_{\text{bat}}^{(1)}(n)\right]$$

其中，$ZS_{\text{bat}}^{(1)}(k) = \dfrac{1}{2} S_{\text{bat}}^{(1)}(k) + \dfrac{1}{2} S_{\text{bat}}^{(1)}(k-1)$，$k = 2, 3, \cdots, n$。

构造灰微分方程如下：

$$S_{\text{bat}}^{(0)}(k) + a ZS_{\text{bat}}^{(1)}(k) = b$$

设 $\hat{a} = (a, b)^{\text{T}}$ 为参数列

$$Y = \begin{bmatrix} S_{\text{bat}}^{(0)}(2) \\ S_{\text{bat}}^{(0)}(3) \\ \vdots \\ S_{\text{bat}}^{(0)}(n) \end{bmatrix}, \quad Y = \begin{bmatrix} -ZS_{\text{bat}}^{(1)}(2) & 1 \\ -ZS_{\text{bat}}^{(1)}(3) & 1 \\ \vdots & \vdots \\ -ZS_{\text{bat}}^{(1)}(n) & 1 \end{bmatrix}$$

则由最小二乘法可得

$$\hat{a} = (B^{\text{T}} B)^{-1} B^{\text{T}} Y$$

由此得到灰微分方程的时间响应函数为

$$S_{\text{batyc}}^{(1)}(k) = \left[S_{\text{bat}}^{(1)}(0) - \frac{b}{a}\right] e^{-ak} + \frac{b}{a}, \ k = 1, 2, \cdots$$

预测第 $n+1$ 个电池容量序列值为

$$S_{\text{batyc}}^{(0)}(n+1) = S_{\text{batyc}}^{(1)}(n+1) - S_{\text{batyc}}^{(1)}(n)$$

置入最新信息 $S_{\text{bat}}^{(0)}(n+1)$，去掉最老信息 $S_{\text{bat}}^{(0)}(1)$，重复上述步骤，即为新陈代谢 GM(1,1)模型。

（2）预测算例　此处以一个单体电池 1000 次充放电循环内的容量变化数据进行预测，其中灰色预测所需的历史数据数量 $n = 5$，仅进行一步预测。

得到的残差序列为

$$\varepsilon^{(0)} = \left[\varepsilon^{(0)}(1), \varepsilon^{(0)}(2), \cdots, \varepsilon^{(0)}(n) \right]$$

其中，$\varepsilon^{(0)}(n) = S_{bat}^{(0)}(n) - S_{batyc}^{(0)}(n)$。

相对误差为

$$\Delta(k) = \left| \frac{\varepsilon^{(0)}(k)}{S_{bat}^{(0)}(k)} \right|, \ k = 1, 2, \cdots, n$$

平均相对误差为

$$\overline{\Delta} = \frac{1}{n} \sum_{i=1}^{n} \Delta(i), \ i = 1, 2, \cdots, n$$

图 4-55 所示为单体电池容量曲线和预测电池容量曲线，大致对比可以看出，预测容量和原始容量相差很小，预测准确度很高。

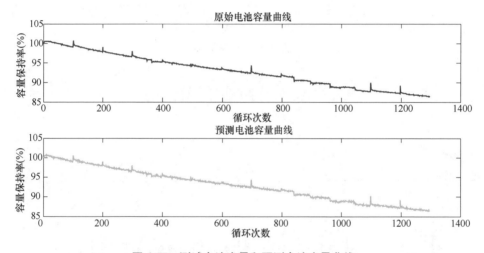

图 4-55　测试电池容量和预测电池容量曲线

图 4-56 所示为残差曲线，从图中可以看出，大部分的残差都在±0.3%以内，预测的准确度较高。

图 4-57 所示为预测相对误差曲线，从图中可以看出，大部分的相对误差都很小，不超过 0.3%，其中最大相对误差为 0.4%，最小误差接近零。

从上述的算例中可以看出，对电池容量的保持率进行灰色预测可以取得较高的准确度，灰色预测算法的应用是可行的。

2. 计算电池健康状态的神经网络算法

由前述内容可知，需要建立电池组内电池内阻的差异系数与电池组的容量、电池组容量一致性差异系数和内阻一致性差异系数的历史数据，以及电池组充放电循环次数的神经网络模型。此处采用 hebbu 规则和 BP 算法训练神经网络，并针对 BP 算法的缺陷进行了一定的改进。

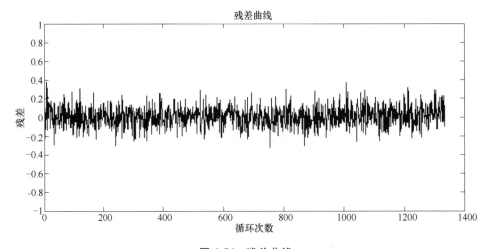

图 4-56 残差曲线

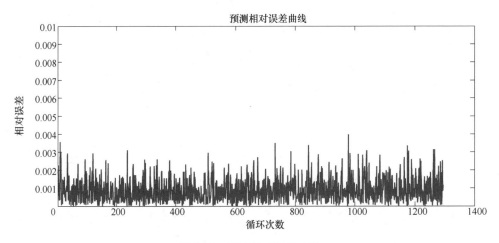

图 4-57 预测相对误差曲线

（1）基本 BP 算法　基本 BP 算法包括两个方面，即信号的前向传播和误差的反向传播，其结构如图 4-58 所示。计算实际输出时按从输入到输出的方向进行，而权值和阈值的修正从输出到输入的方向进行。

图 4-58 中，x_j 表示输入层第 j 个节点的输入，$j=1,\cdots,M$；w_{ij} 表示隐含层第 i 个节点到输入层第 j 个节点之间的权值；θ_i 表示隐含层第 i 个节点的阈值；$\phi(x)$ 表示隐含层的激励函数；w_{ki} 表示输出层第 k 个节点到隐含层第 i 个节点之间的权值，$i=1,\cdots,q$；a_k 表示输出层第 k 个节点的阈值，$k=1,\cdots,L$；$\psi(x)$ 表示输出层的激励函数；O_k 表示输出层第 k 个节点的输出。

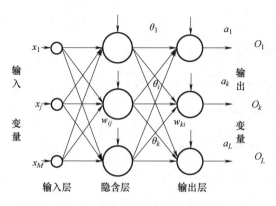

图 4-58 BP 网络结构

1）信号的前向传播过程。隐含层第 i 个节点的输入 net_i 为

$$net_i = \sum_{j=1}^{M} w_{ij}x_j + \theta_i$$

隐含层第 i 个节点的输出 y_i 为

$$y_i = \phi(net_i) = \phi\left(\sum_{j=1}^{M} w_{ij}x_j + \theta_i \right)$$

输出层第 k 个节点的输入 net_k 为

$$net_k = \sum_{i=q}^{q} w_{ki}y_i + a_k = \sum_{i=1}^{q} w_{ki}\phi\left(\sum_{j=1}^{M} w_{ij}x_j + \theta_i \right) + a_k$$

输出层第 k 个节点的输出 o_k 为

$$o_k = \psi(net_k) = \psi\left(\sum_{i=1}^{q} w_{ki}y_i + a_k \right) = \psi\left(\sum_{i=1}^{q} w_{ki}\phi\left(\sum_{j=1}^{M} w_{ij}x_j + \theta_i \right) + a_k \right)$$

2）误差的反向传播过程。误差的反向传播，即首先由输出层开始逐层计算各层神经元的输出误差，然后根据误差梯度下降法来调节各层的权值和阈值，使修改后网络的最终输出能接近期望值。

对于每一个样本 p 的二次型误差准则函数为 E_p：

$$E_p = \frac{1}{2} \sum_{k=1}^{L} (T_k - o_k)^2$$

系统对 P 个训练样本的总误差准则函数为

$$E = \frac{1}{2} \sum_{p=1}^{P} \sum_{k=1}^{L} (T_k^p - o_k^p)^2$$

根据误差梯度下降法依次修正输出层权值的修正量 Δw_{ki}，输出层阈值的修正量 Δa_k，隐含层权值的修正量 Δw_{ij}，隐含层阈值的修正量 $\Delta \theta_i$。

$$\Delta w_{ki} = -\eta\,\frac{\partial E}{\partial w_{ki}};\ \ \Delta a_k = -\eta\,\frac{\partial E}{\partial a_k};\ \ \Delta w_{ij} = -\eta\,\frac{\partial E}{\partial w_{ij}};\ \ \Delta \theta_i = -\eta\,\frac{\partial E}{\partial \theta_i}$$

输出层权值调整公式为

$$\Delta w_{ki} = -\eta\,\frac{\partial E}{\partial w_{ki}} = -\eta\,\frac{\partial E}{\partial net_k}\,\frac{\partial net_k}{\partial w_{ki}} = -\eta\,\frac{\partial E}{\partial o_k}\,\frac{\partial o_k}{\partial net_k}\,\frac{\partial net_k}{\partial w_{ki}}$$

输出层阈值调整公式为

$$\Delta a_k = -\eta\,\frac{\partial E}{\partial a_k} = -\eta\,\frac{\partial E}{\partial net_k}\,\frac{\partial net_k}{\partial a_k} = -\eta\,\frac{\partial E}{\partial o_k}\,\frac{\partial o_k}{\partial net_k}\,\frac{\partial net_k}{\partial a_k}$$

隐含层权值调整公式为

$$\Delta w_{ij} = -\eta\,\frac{\partial E}{\partial w_{ij}} = -\eta\,\frac{\partial E}{\partial net_i}\,\frac{\partial net_i}{\partial w_{ij}} = -\eta\,\frac{\partial E}{\partial y_i}\,\frac{\partial y_i}{\partial net_i}\,\frac{\partial net_i}{\partial w_{ij}}$$

隐含层阈值调整公式为

$$\Delta \theta_i = -\eta\,\frac{\partial E}{\partial \theta_i} = -\eta\,\frac{\partial E}{\partial net_i}\,\frac{\partial net_i}{\partial \theta_i} = -\eta\,\frac{\partial E}{\partial y_i}\,\frac{\partial y_i}{\partial net_i}\,\frac{\partial net_i}{\partial \theta_i}$$

又因为

$$\frac{\partial E}{\partial o_k} = -\sum_{p=1}^{P}\sum_{k=1}^{L}(T_k^p - o_k^p)$$

$$\frac{\partial net_k}{\partial w_{ki}} = y_i;\ \ \frac{\partial net_k}{\partial a_k} = 1;\ \ \frac{\partial net_i}{\partial w_{ij}} = x_j;\ \ \frac{\partial net_i}{\partial \theta_i} = 1$$

$$\frac{\partial E}{\partial y_i} = -\sum_{p=1}^{p}\sum_{k=1}^{L}(T_k^p - o_k^p)\cdot\psi'(net_k)\cdot w_{ki}$$

$$\frac{\partial y_i}{\partial net_i} = \phi'(net_i)$$

$$\frac{\partial o_k}{\partial net_k} = \psi'(net_k)$$

所以最后得到以下公式：

$$\Delta w_{ki} = \eta\sum_{p=1}^{P}\sum_{k=1}^{L}(T_k^p - o_k^p)\cdot\psi'(net_k)\cdot y_i$$

$$\Delta a_k = \eta\sum_{p=1}^{P}\sum_{k=1}^{L}(T_k^p - o_k^p)\cdot\psi'(net_k)$$

$$\Delta w_{ij} = \eta\sum_{p=1}^{P}\sum_{k=1}^{L}(T_k^p - o_k^p)\cdot\psi'(net_k)\cdot w_{ki}\cdot\phi'(net_i)\cdot x_j$$

$$\Delta \theta_i = \eta\sum_{p=1}^{P}\sum_{k=1}^{L}(T_k^p - o_k^p)\cdot\psi'(net_k)\cdot w_{ki}\cdot\phi'(net_i)$$

BP 算法程序流程图如图 4-59 所示。

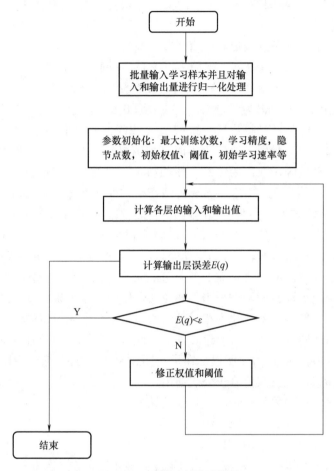

图 4-59　BP 算法程序流程图

（2）基本 BP 算法的缺陷　BP 算法因其简单、易行、计算量小、并行性强等优点，目前是神经网络训练采用最多也是最成熟的训练算法之一。其算法的实质是求解误差函数的最小值问题，由于它采用非线性规划中的最速下降方法，按误差函数的负梯度方向修改权值，因而通常存在以下问题：

1）学习效率低，收敛速度慢；

2）易陷入局部极小状态。

（3）BP 算法的改进

1）附加动量法。附加动量法使网络在修正其权值时，不仅考虑误差在梯度上的作用，而且考虑在误差曲面上变化趋势的影响。在没有附加动量的作用下，网络可能陷入浅的局部极小值，利用附加动量的作用有可能滑过这些极小值。

该方法是在反向传播法的基础上在每一个权值（或阈值）的变化上加一项

173

正比于前次权值（或阈值）变化量的值，并根据反向传播法来产生新的权值（或阈值）变化。

带有附加动量因子的权值和阈值调节公式为

$$\Delta w_{ij}(k+1)=(1-mc)\eta\delta_i p_j+mc\Delta w_{ij}(k)$$

$$\Delta b_i(k+1)=(1-mc)\eta\delta_i+mc\Delta b_i(k)$$

式中，k 为训练次数；mc 为动量因子，一般取 0.95 左右。

附加动量法的实质是将最后一次权值（或阈值）变化的影响，通过一个动量因子来传递。当动量因子取值为零时，权值（或阈值）的变化仅根据梯度下降法产生；当动量因子取值为 1 时，新的权值（或阈值）变化则是设置为最后一次权值（或阈值）的变化，而依梯度法产生的变化部分则被忽略掉了。以此方式，当增加了动量项后，促使权值的调节向着误差曲面底部的平均方向变化，当网络权值进入误差曲面底部的平坦区时，δ_i 将变得很小，于是 $\Delta w_{ij}(k+1)=\Delta w_{ij}(k)$，从而防止了 $\Delta w_{ij}=0$ 的出现，有助于使网络从误差曲面的局部极小值中跳出。

根据附加动量法的设计原则，当修正的权值在误差中导致太大的增长结果时，新的权值应被取消而不被采用，并使动量作用停止下来，以使网络不进入较大误差曲面；当新的误差变化率相对其旧值超过一个事先设定的最大误差变化率时，也必须取消所计算的权值变化。其最大误差变化率可以是任何大于或等于 1 的值，典型的取值取 1.04。所以，在进行附加动量法的训练程序设计时，必须加入条件判断来保证其权值修正公式使用正确。

训练程序设计中采用动量法的判断条件为

$$mc=\begin{cases}0, & E(k)>1.04E(k-1)\\0.95, & E(k)<E(k-1)\\mc, & \text{其他}\end{cases}$$

，$E(k)$ 为第 k 步误差二次方和。

2）自适应学习速率。对于一个特定的问题，要选择适当的学习速率不是一件容易的事情。通常是凭经验或试验获取，但即使这样，对训练开始初期功效较好的学习速率，不见得对后来的训练适用。为了解决这个问题，人们自然想到在训练过程中，自动调节学习速率。通常调节学习速率的准则是：检查权值是否真正降低了误差函数，如果确实如此，则说明所选学习速率减小了，可以适当增加一个量；否则就会产生过调，那么就应该减少学习速率的值。下面给出了一个自适应学习速率的调整公式：

$$\eta(k+1)=\begin{cases}1.05\eta(k), & E(k+1)<E(k)\\0.7\eta(k), & E(k+1)>1.04E(k)\\\eta(k), & \text{其他}\end{cases}$$

，$E(k)$ 为第 k 步误差二次方和。

初始学习速率 $\eta(0)$ 的选取范围可以有很大的随意性。

3）动量-自适应学习速率调整算法。当采用前述的动量法时，BP 算法可以找到全局最优解，而当采用自适应学习速率时，BP 算法可以缩短训练时间，这两种方法也可以用来训练神经网络，该方法称为动量-自适应学习速率调整算法。

（4）网络的设计

1）网络的层数。理论上已证明，具有偏差和至少一个 S 型隐含层加上一个线性输出层的网络，能够逼近任何有理数。增加层数可以更进一步的降低误差，提高精度，但同时也使网络复杂化，从而增加了网络权值的训练时间。而误差精度的提高实际上也可以通过增加神经元数目来获得，其训练效果也比增加层数更容易观察和调整。所以一般情况下，应优先考虑增加隐含层中的神经元数。此处建立的模型选择三层神经网络结构，一个输入层，一个输出层和一个隐含层。

2）隐含层的神经元数。网络训练准确度的提高，可以通过采用一个隐含层来增加神经元数的方法获得，这在结构实现上要比增加隐含层数要简单得多。选取多少隐含层节点才合适，在理论上并没有一个明确的规定。在具体设计时，比较实际的做法是通过对不同神经元数进行训练对比，然后适当地加一点裕量，此处建立的神经网络模型的隐含层包含七个神经元。

3）初始权值的选取。由于系统是非线性的，所以初始值对学习是否达到局部最小、是否能够收敛及训练时间的长短影响很大。如果初始值太大，则使得加权后的输入和 n 落在了 S 型激活函数的饱和区，从而导致其导数 $f'(n)$ 非常小，而在计算权值修正公式中，因为 $\delta \propto f'(n)$，所以当 $f'(n) \rightarrow 0$ 时，有 $\delta \rightarrow 0$。这使得 $\Delta w_{ij} \rightarrow 0$，从而使得调节过程几乎停顿下来。因此一般总是希望经过初始加权后的每个神经元的输出值都接近于零，这样可以保证每个神经元的权值都能够在它们的 S 型激活函数变化最大之处进行调节。所以，一般初始权值取在 $(-1,1)$ 之间的随机数。

4）学习速率。学习速率决定每一次循环训练中所产生的权值变化量。大的学习速率可能导致系统的不稳定；而小的学习速率会导致较长的训练时间，可能收敛很慢，不过能保证网络的误差值不跳出误差表面的低谷而最终趋于最小误差值。所以在一般情况下，倾向于选取较小的学习速率以保证系统的稳定性。学习速率的选取范围在 0.01~0.8 之间。

3. 神经网络模型的训练

设计好神经网络的结构和相关参数后，需要利用一定量的输入和输出变量的数据对神经网络进行训练。此处利用 MATLAB 中的神经网络工具箱进行神经网络的建模和训练，训练数据选择三个健康的单体电池的实测数据。

（1）MATLAB 中神经网络的建模　在 MATLAB 的命令窗口中键入 nntool 命令打开神经网络工具箱，如图 4-60 所示。

单击 Import 按钮两次，分别把输入向量和目标输出加入到对应的窗口（Inputs 和 Targets）中，有两种可供选择的加入对象（单击 Import 后可以看见），

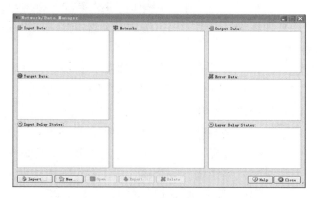

图4-60 MATLAB神经网络工具箱窗口

一种是把当前工作区中的某个矩阵加入，另一种是通过. mat文件读入，如图4-61所示。

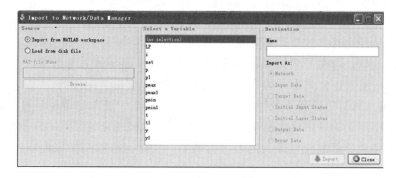

图4-61 MATLAB神经网络工具箱输入输出管理窗口

单击New Network按钮，填入各参数（此处建立的模型为带一个隐层的三层神经网络，下面没有列出的参数表示使用默认值即可，例如Network Type为默认的BP神经网络），如图4-62所示。

1）Input Range：通过单击Get From Input下拉框选择加入的输入向量便可自动完成，也可以自己手动添加。

2）Training Function：使用TRAINSCG，即共轭梯度法，其好处是当训练不收敛时，它会自动停止训练，而且耗时比其他算法（TRAINLM，TRAINGD）少，也就是收敛很快（如果收敛的话），而且Train Parameters输入不多，也不用太多的技巧调整，一般指定迭代次数、结果显示频率和目标误差即可。

3）Layer 1 Number of Neurons：隐层的神经元个数，这是需要经验慢慢尝试并调整的，大致由输入向量的维数、样本的数量和输出层（Layer2）的神经元个

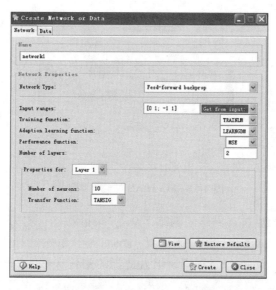

图 4-62　MATLAB 神经网络工具箱结构设计窗口

数决定。一般来说，神经元越多，输出的数值与目标值越接近，但所花费的训练时间也越长，反之，神经元越少，输出值与目标值相差越大，但训练时间会相应地减少，这是由于神经元越多其算法越复杂造成的，所以需要自己慢慢尝试，找到一个合适的中间点。比如输入是 3 行 5000 列的 0~9 的随机整数矩阵，在一开始选择 1000 个神经元，虽然准确度比较高，但是花费的训练时间较长，而且这样的神经网络结构与算法都非常复杂，不容易在实际应用中实现，尝试改为 100 个，再调整为 50 个，如果发现在 50 个以下时准确度较差，则可最后定为 50 个神经元，等。此处设置为 7。

4）Layer 1 Transfer Function：选用 TANSIG（也可以 LOGSIG），即表示隐层输出是[-1,1]之间的实数，与 LOGSIG 相比范围更大。

5）Layer 2 Number of Neurons：输出层的神经元个数，需要与输出的矩阵行数对应，此处设置为 1，等。

6）Layer 2 Transfer Function：如果是模式识别的两类（或者多类）问题，则一般用 LOGSIG，即表示输出层的输出是[0,1]之间的实数；如果输出超过[0,1]，则可选择 PURELIN。

所有参数输入后，可以先用 View 按钮预览一下，没有问题的话就可以单击 Create。另外，网络创建完毕后，如果需要手动设置权重的初始值，则 View 按钮后有个 Initialize 选项卡，在那里可以设定。也可以不自行设定，这时候 Matlab 执行默认的程序进行权重的初始化，如图 4-63 所示。

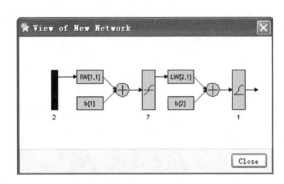

图 4-63　MATLAB 神经网络结构

（2）MATLAB 中神经网络的训练　单击 Train 按钮，打开 Training Info 选项卡，在输入向量 Inputs 和目标输入向量 Targets 下拉框中选择要训练的向量。然后打开 Training Parameters 选项卡，填入适当的迭代次数 epochs（一般先设置一个较小的数，如 200，然后观察收敛结果，如果结果窗口的收敛曲线衰减较快，则表示之前的参数比较有效，因此可填入 2000 或更大的数目使得网络收敛，否则修改之前的参数），结果显示频率 show 和目标误差 goal（这个与第二步中的 Performance Function 有关，如果使用默认的 MSE，则一般满足"goal*样本数量<0.5"即可），此时可以开始训练（按钮 Train Network），得到结果收敛（训练误差不大于目标误差，即蓝色线到达黑色线位置）即可，如图 4-64 所示。

图 4-64　MATLAB 神经网络工具箱训练窗口

训练完成后可得到如图 4-65~图 4-69 所示的各类结果。

至此已完成 MATLAB 下神经网络模型的建立和训练，将网络模型保存后，可进行下一步试验验证。

4. 退役电池健康状态评价方法试验验证

为了验证所建电池健康状态模型的准确性，应用 4p 电池组进行试验验证。

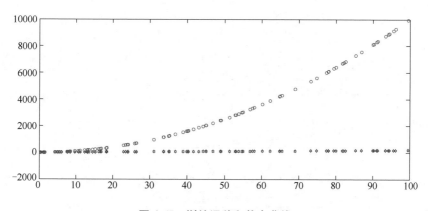

图 4-65　训练误差和状态曲线

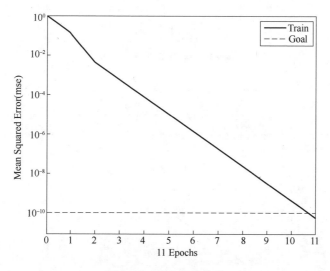

图 4-66　均方误差曲线

神经网络模型的三个输入为电池组的容量、电池组容量一致性差异系数和内阻一致性差异系数的历史数据，以及电池组充放电循环次数。首先进行电池组容量保持率的预测。图 4-70 所示为电池组的实测容量（点）和预测容量保持率（线），从图中可以看出，基于灰色预测得到的容量保持率精确度较高，不仅在电池组与电池单体容量保持率变化情况基本相同的前 700 次循环内预测的结果与实测很相近，而且在 700 次以后，当电池组的容量出现异于电池单体的正常容量变化趋势时，预测的结果仍然与实测值相近，说明建立的健康状态模型具有较好的预测效果。

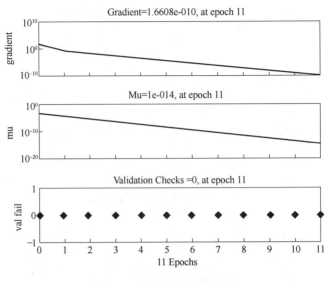

图 4-67　训练状态参数曲线

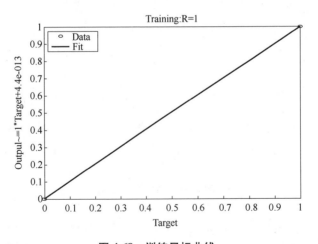

图 4-68　训练目标曲线

图 4-71 所示为电池组的容量差异系数测试值（点）与预测值（线），为实际运算过程中，由灰色预测得到的容量保持率计算得到。

图 4-72 所示为神经网络输出的电池内阻差异系数曲线，由图中可以看出，在电池组充放电循环 700 次后，内阻差异系数已超过 0.05，依据前述的定义，此时可认为电池组的健康出现问题。

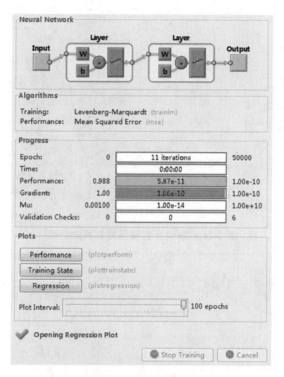

图 4-69　训练结果界面

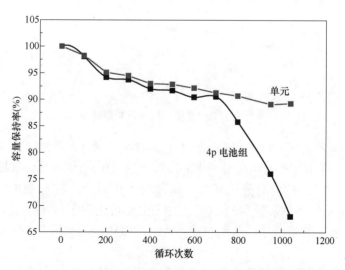

图 4-70　4p 电池组实测容量保持率（点）和预测容量保持率曲线

181

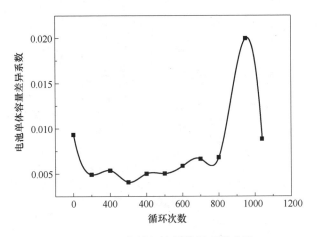

图 4-71　4p 电池组容量差异系数曲线

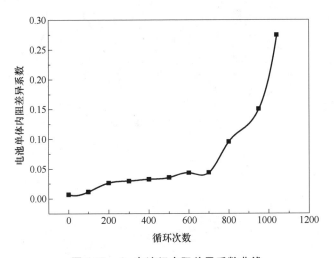

图 4-72　4p 电池组内阻差异系数曲线

图 4-73 所示为实测电池组中各单体电池的容量保持率曲线，图 4-74 所示为实测电池组中各单体电池的电阻变化率曲线，两图中的实际测试数据（点）与预测的数据（线）的吻合程度较好。从图中可以看出，在充放电循环 700 次后，0132#电池单体的容量保持率和电阻变化率均出现了较大的变化，表明该电池单体已出现健康问题，从而导致电池组的整体内阻和容量差异系数出现较大变化。

上述结果表明，所建的电池健康状态模型可以有效检测出电池组的健康问题。

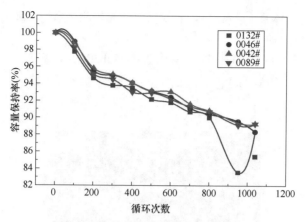

图 4-73　各单体电池的容量保持率曲线

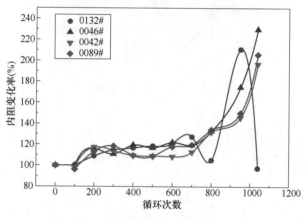

图 4-74　各单体电池的电阻变化率曲线

4.7.3　小结

本节研究分析了电池阻抗特性，并以电化学阻抗测试数据为基本依据，利用建模仿真手段，建立了退役磷酸铁锂电池的健康状态评价方法，通过试验验证，发现其具有较好的准确度和可靠性。

4.8　退役动力电池衰减规律及趋势

4.8.1　研究对象

1. 软包退役电池

12 块软包装退役磷酸铁锂动力电池在充放电仪上进行寿命循环测试，电池为软包装结构、化学体系为磷酸铁锂/石墨，电池初始测试平均容量为17.74A·h。

2. 钢壳退役电池

电池循环寿命试验的研究对象为退役 $LiFePO_4$/石墨型锂离子储能电池（3.2V，标称容量66A·h），退役时的剩余容量在55~60A·h间，如图4-75所示。

图 4-75　试验所用钢壳退役电池

4.8.2　试验条件

1. 软包退役电池

10A 恒流充电至 3.65V，然后转恒压，电流降至 1A 时截止，静置 20min，然后 10A 恒电流放电至 2.85V，然后再静置 20min 转入下一个循环。

2. 钢壳退役电池

试验条件为在 20℃恒温条件下，以 0.3C、0.5C 和 1C 倍率分别进行循环充放电寿命试验，每隔 100 次循环进行一次容量标定，并进行交流阻抗测试，采集交流阻抗谱，主要考察电池的容量、内阻变化。

表4-8 为 0.3C 循环充放电测试的流程，0.5C 和 1C 循环充放电测试的流程与之类似。

表 4-8　测试流程

工步号	工作状态	时间/min	电流/A	上限电压/V	下限电压/V	终止电流/A	采样频率/s
1	搁置	10					默认
2	恒流充电		18	3.65			默认
3	搁置	5					默认
4	恒流放电		18		2.5		默认

（续）

工步号	工作状态	时间/min	电流/A	上限电压/V	下限电压/V	终止电流/A	采样频率/s
5	搁置	5					默认
6	循环	100 次	2~6 步				
7	恒流充电		18	3.65			默认
8	恒压充电			3.65		1.8	默认
9	搁置	5					默认
10	恒流放电		18		2.5		默认
11	循环	3 次	7~11 步				
12	搁置	5					默认
13	恒流充电		18	3.65			默认
14	恒压充电			3.65		1.8	默认
	结束						

4.8.3　退役电池衰减规律及趋势

1. 软包退役电池循环性能

图 4-76 所示为 12 块电池在上述条件下循环 2000 次的容量变化。

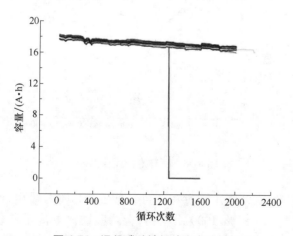

图 4-76　退役磷酸铁锂动力电池循环

从图中可以看出，除了 1#电池在循环 1200 多次后出现衰减突变外（后续将给出详细研究分析结果），其余数块电池容量非常相近，并且表现出了基本相同的衰减行为。容量衰减曲线基本呈现线性变化，无异常。

2. 衰减速率

从图 4-77 中可以看出，测试的 11 块动力锂离子电池容量衰减基本呈线性关系，因此根据以上数据，计算该批电池容量衰减率，并预测其寿命，结果如图 4-78 所示。

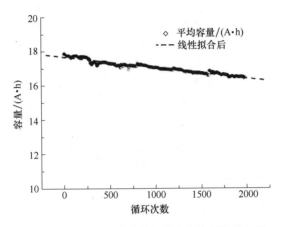

图 4-77　11 块退役磷酸铁锂动力电池平均衰减率

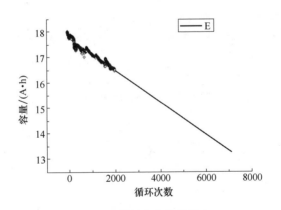

图 4-78　循环寿命线性拟合

从图 4-78 中数据结合计算过程，可以得到 11 块退役电池平均衰减率为 0.63A·h/1000 次（3.55%/1000 次），符合磷酸铁锂电池正常衰减速率。据此可以推测出电池容量下降到初始容量 80% 时候的循环次数。尽管该批电池已经循环 2000 次，但是相对其整个生命周期而言仍相对较短，造成对循环寿命预测的误差。

通常磷酸铁锂动力电池寿命衰减行为在一定范围内遵循线性衰减或指数衰减，因此分布采用线性衰减和指数衰减预测该批电池容量下降到初始容量 80%

时候的寿命。

当该批电池利用线性衰减模型时，利用软件，拟合出的寿命函数为

$$y = 17.7409 - 6.2963x$$

其中，线性相关系数为 0.96101。

根据寿命函数，计算出当电池循环 5632 次时，容量下降到初始容量的 80%。

同样，如果为指数衰减时，拟合出的寿命函数为

$$y = 2.26553\exp\left(-\frac{x}{2449.31}\right) + 15.56703$$

其中，线性相关系数为 0.9823。

从图 4-79 中可以看出，当采用指数拟合时，电池预计寿命超过 7000 次。

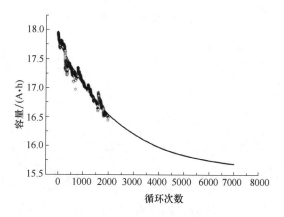

图 4-79　循环寿命对数拟合

下面是钢壳退役电池研究样本的容量衰减变化情况，如图 4-80 ~ 图 4-82 所示。

从图 4-80 ~ 图 4-82 可知，电池容量呈缓慢的单调下降趋势，磷酸铁锂电池的寿命基本在 3000 次以内，从上面三种倍率的循环次数来看电池还属于寿命中期的阶段，并且通过观察发现，电池因为每经历 100 次循环就进行标准容量（0.3C）测试，在每个测试间隔后，电池容量均会有小幅度的上升然后快速下降，并且延续之前的衰减趋势。

图 4-83 是经过归一化处理之后的电池容量保持率的情况，从图中可知，三种倍率下循环的电池，容量保持率的变化趋势没有显著差异，尤其是 0.5C 倍率和 1C 倍率的情况，在 1200 次以内没有明显区别。通过数据拟合，发现试验研究的退役磷酸铁锂电池的容量衰减率，在试验完成次数内，近似满足二次函数的关系，以 0.5C 倍率下的数据为例，其容量保持率为

$$100.42406 - 0.0127x + (1.40663e-6)x^2$$

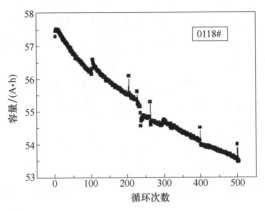

图 4-80　0.3C 循环的电池容量

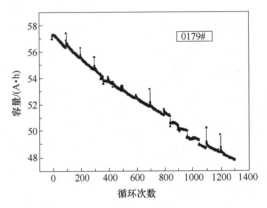

图 4-81　0.5C 循环的电池容量

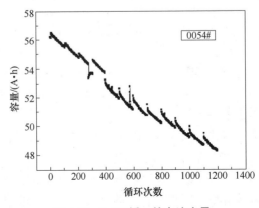

图 4-82　1.0C 循环的电池容量

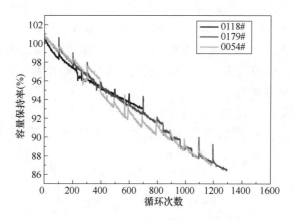

图 4-83　三种循环条件下的电池容量保持率

3. 软包退役电池能量衰减

动力电池在使用过程中，电池的充放电平台会逐渐变化，这导致即使相同容量的退役动力电池储存能量的能力也会出现明显差异，影响到电池的梯次利用价值。

这些影响因素往往与电池的内阻、电化学极化等因素相关联，但是这些影响因素往往不容易直接表达或者精确测量，比如电池的内阻，由于通常动力电池容量都较高，故电池的内阻很小，在测量的时候容易引入较大的误差，但是如果采用电池存储能量的变化，则可以较好地反映出这些参数的变化，以判断电池的健康状态和再利用价值。

图 4-84 所示为该批次的磷酸铁锂动力电池能量存储能力随循环次数的变化。

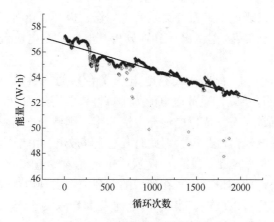

图 4-84　能量循环与线性拟合

从图中可以看出，退役动力电池能量存储能力随循环次数大致呈直线下降关系。从循环初期的平均 56.56W·h，逐渐线性下降到 2000 次时的 52.62W·h，平均每周下降 0.002W·h，约为 0.0355‰/周，和容量衰减速率相比较，说明在此循环周期内由于电池内阻和电化学极化等因素的影响并不显著。

4. 异常软包退役电池

在该批电池测试过程中发现 1#电池在循环了 1243 次以后容量突然下降为零，出现异常情况，为了确定该电池的状态，对该电池的循环数据进行分析。

失效之前循环数据如图 4-85 所示。

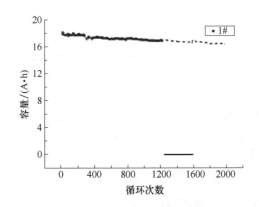

图 4-85 #1 失效电池循环数据

图 4-85 中虚线为其他电池循环数据。从图中可以看出，在第 1242 次之前，失效电池无任何异常现象，表明电池状态完好。

但是在第 1243 次时，电池容量突然降低为零，除了在第 1247 次略有恢复外（容量 1.35A·h），在随后的循环中容量基本保持在 0A·h。

将电池取下，发现电池外观并无鼓胀、划伤、极耳脱落等异常情况。然后将该电池第 1243 次及以后数据调出，分别分析其电压、充电电流和容量变化，结果如图 4-86 所示。

从第 1242 次的电压看出，其充电电压平台接近 3.4V，放电电压平台为 3.2V，均与正常电池接近，重放电电流为 10A，放电容量为 16.9027A·h，表明此时电池仍处在正常状态。随后电池充电流为零，因此充电容量也几乎为零。静置一段时间以后，电池恒流放电，但此时电池能够放电，由于之前电池没有充电，因此也只能放出很少的容量。在第 1247 次时电池充入少量容量（1.35A·h），随后的放电过程中又将此容量放出。在随后的循环中，发现电池充电电流为零，即电池无法充电，但是可以放电，表明 1#电池发生衰减突变现象，后续研究会进行详细表征分析，并给出研究结论。

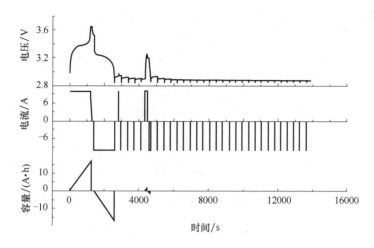

图 4-86　失效电池电压-电流-容量循环数据

4.8.4　软包退役电池容量离散度

作为动力电池，除了对电池循环寿命有较高的要求外，对电池性能衰减的离散程度也有较高要求。一般说来，即使在动力电池使用初期，选用内阻、容量和电压等参数基本一致的电池配组，在使用一定时间以后，这些参数也会出现不同程度的衰减，导致离散程度变大，从而影响到整组电池甚至整个电池系统的正常工作，因此电池性能衰减的一致性也是非常重要的。为此，对测试的磷酸铁锂动力电池循环过程中的容量和能量的离散程度进行统计。

在各种统计方法中，根据高斯分布进行统计是一种较为科学合理的方法。高斯分布公式如下：

$$y = \frac{1}{\sigma\sqrt{2\pi}}e^{-(x-\mu)^2/2\sigma^2}$$

式中，y 为概率密度；x 为测量值；μ 为总体平均值，即无限次测量数据的平均值，相应于曲线最高点的横坐标，在没有系统误差时，它就是真值；σ 为标准偏差，它是总体平均值 μ 到曲线拐点间的距离，以 $x-\mu$ 表示随机误差。可以以 $x-\mu$ 为横坐标，最高点横坐标为零，这时曲线成为随机误差的正态分布曲线；也可以以真实测量值为横坐标，表示测量值的大小。曲线最高点升高，表明样本一致性变好；如果曲线变宽，则表明样本一致性变差。因此将测试的数据按此方法进行处理。图 4-87 所示为高斯分布曲线。

从图中可以根据最高点横坐标和纵坐标的变化来判断样本一致性的变化。采用这种方法，对循环一定周期的电池进行测量。图 4-88 所示为循环过程中容量

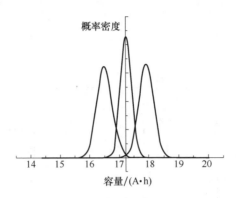

图 4-87　高斯分布曲线

分别在第 1、100、250 和之后每增加 250 次的离散程度变化，图中"+"分别反映的是平均容量的变化和离散程度的变化。从容量变化看，随着循环次数的增加，电池容量在不断下降，与之前结果一致。但是从概率密度看，离散程度先随着循环次数的增加而减小，在约 500 次循环的时候离散程度最小，随后，循环次数的增加，容量的离散程度又开始逐渐增加，这种离散程度先减小，然后增加的现象与之前的推测不一致，具体的原因可能和制造电池的材料和工艺有关。

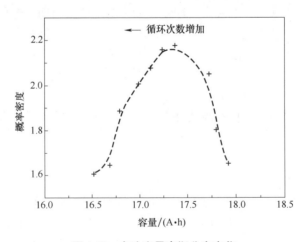

图 4-88　电池容量高斯分布变化

采用相同的方法，统计电池能量存储能力差异性随循环次数的变化，结果如图 4-89 所示。

从图中可以看出，能量存储能力差异在变化趋势上与容量差异变化相近，但是在细节上略有不同，如在第 1750 周循环时，能量存储差异出现了微小的波动。

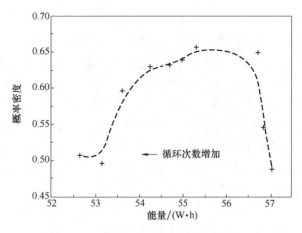

图 4-89 电池能量高斯分布变化

4.8.5 小结

1）通过以上测试数据分析可以看出，随着动力电池的使用和充放电循环，电池的容量均有不同程度的下降，但是下降的程度与电池的初始状态有关系，一般来说，初始电池的一致性高，在相同的使用条件下，后期的一致性也相对较好。

2）电池的能量衰减和电池的容量衰减具有较高的一致性，基本可以利用容量推测电池能量存储能力的变化。

3）动力电池评价参数较多，但是利用高斯分布可以较准确地对电池一致性变化进行评估。

4.9 退役电池性能衰减加速、突变发生的判据及指标体系

本研究分别以出租车及换电公交大巴退役磷酸铁锂电池模块为研究对象，测试并分析其放电容量分布特性。随机抽取若干上述公交大巴退役电池模块并拆解成单体电池，从中再随机抽样选取 12 块进行 2000 次容量循环测试，选取#1 ~ #4电池的容量循环试验结果，研究其容量衰减特性及衰减率，并对退役电池衰减突变现象进行分析。研究发现，退役电池剩余容量及容量衰减特性满足梯次利用要求，但是容量不一致性给电池重组及管理带来了挑战，同时个别电池容量存在衰减突变现象，影响梯次利用储能系统可靠运行。

4.9.1 引言

锂离子电池具有比能量高、高温特性好、循环寿命长等优点[178]，广泛应用于各类电动汽车[179,180]。电动汽车对动力电池的性能要求较高，当动力电池的容量下降到一定程度后，为了确保电动汽车的动力性能、续驶里程和运行过程中的安全性能，必须对其进行更换。通常，从电动汽车上更换下来的退役动力电池（简称退役电池）仍具有较高的剩余容量，经过筛选和重新配组，可应用于运行环境相对良好、充放电工况相对温和、对电池性能要求相对较低的储能场合，实现动力电池的梯次利用。退役电池梯次利用的核心技术主要包括电池分选评估、成组均衡、运行维护、经济性评估等[181]。退役电池重组集成后，目前主要应用于低速电动汽车、助力车、直流电源、微电网等场景，在大规模储能技术领域也有应用的可能性。国内外相关研究机构从不同技术及应用角度开展了相应的研究。

E. L. Schneider 等人详细研究了从大量退役镍氢动力电池及锂离子动力电池中挑选可再利用电池的方法，并测试分析了这些电池的性能，发现其剩余容量十分可观[182]。郭剑波等人发明了一种电动汽车动力电池梯次利用的分级方法，将电池健康状态评估结果与电池的使用条件相结合，对梯次利用动力电池进行分级[183]。吴文龙等人发明了一种退役电池梯级利用分选评估方法，并开发出电池无损分选检测技术，可分选出剩余容量较高的退役电池。

Zhang caiping 等人测试分析了退役电池循环过程中容量和内阻变化特性，进而研究其老化特性，发现两者离散性的增加伴随着电池的明显老化[184]。赵光金等人研究出一种退役单体电池可用性评价方法，建立了基于核心关键参量的电池健康状态评估方法体系，通过容量、内阻、循环性能及隔膜降解特性筛选出可梯次利用的单体电池[185]。Jae Wan Park 等人开发了一种退役电池组能量管理单元，该管理单元最大的亮点在于可以准确评估识别电池模组中性能最差的电池，并采取相应的均衡管理措施[186]。Wu-Yang Sean 等人开发了一种高转换效率的退役电池能量管理系统，即在电池能管理系统上并联有超级电容器，为电压劣化明显的电池提供尖峰能量，实现电池均衡和能量管理[187]。赵光金等人提出了主被动协同响应的退役电池均衡技术，其中主动均衡采用 DC-DC 能量转移技术，被动均衡则采用传统的并联热电阻方法，在此基础上研制出的电池管理系统在充、放电阶段均可进行能量均衡[188]。

总结上述研究现状可见，目前研究成果缺乏典型退役电池循环性能试验数据及其分析结果的研究报道，不利于后续电池梯次利用重组方法及衰减特性的研究。国内外多个早期投运的退役电池梯次利用储能示范工程多已退运[189]，运行过程中个别电池模块性能存在衰减加速、突变的现象较为普遍，但是相关的运行数据及典型故障分析未见报道，其分析表征方法还不完善，不利于规模化梯次利用储能技术推广。

本研究以在车用阶段充放电使用模式不同的大巴和出租车两类典型退役电池模块为试验对象，研究分析了其初始容量分布特征、离散性以及单体电池容量衰减特性和衰减突变现象。

4.9.2　退役电池初始容量性能及其离散性

退役电池存在先天的一致性差，表现在电池间存在比新电池更为明显的电压差、内阻差及容量差，还表现为电池间前述外特性参数分布特性不均一。

本研究选取了两组研究样本。第一个研究样本来自公交大巴换电模式运行五年后的退役电池。电池为软包磷酸铁锂，单体额定容量22A·h，电池模块由单体电池以 2 串 12 并组成（模块规格为 6.4V，额定容量为 264A·h）。

从中选取了 56 个电池模块，对其放电容量进行了测试，测试方法参考国家标准《电力储能用锂离子电池》（GB/T 36276—2018），本试验中采用的电池容量测试方法如下：在（20±5）℃条件下，先将电池残余电量放完，静置 15min，以 0.3C 对电池恒流充电至 3.65V 转为恒压充电，至充电电流降至 0.05C，认为电池充满电。静置 0.5h 后，以 0.5C 恒流放电至电压降到 2.8V，记录放电电量作为电池的容量。

测试结果如图 4-90 所示，由图中可以看出，电池模块剩余容量分布在 45% ~ 80% 间，其中，70% 及以上剩余容量占 61%，80% 及以上剩余容量占 14%，剩余容量离散性十分突出。

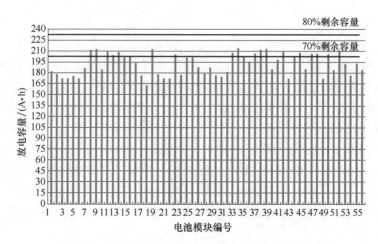

图 4-90　退役电池样本 1 的模块容量分布图

第二个研究样本来自出租车投运四年后的退役电池。电池为铝壳磷酸铁锂，单体电池额定容量 200A·h，单个模块由单体电池以 8 串 1 并组成（模块规格为 25.6V，额定容量为 200A·h）。

从中选取了 132 个电池模块，对其放电容量进行了测试，测试方法与前述样本 1 的相同。测试结果如图 4-91 所示，从图中可以看出，模块最大容量为 182.854A·h，最小容量为 150.139A·h，最大最小容量差值为 32.715A·h，剩余容量分布在 75%~92.5%，均分布在 75% 及以上区间。

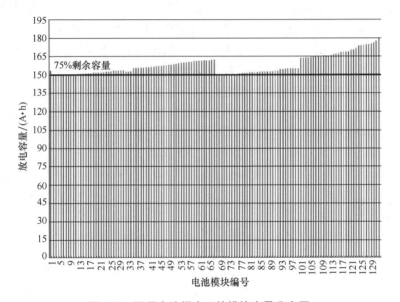

图 4-91　退役电池样本 2 的模块容量分布图

综上所述，大巴车和出租车退役电池模块剩余容量均表现出明显的离散性。但是，本研究中，样本 2 的剩余容量百分数及剩余容量一致性明显优于样本 1。

新电池配组时通常按容量差不大于 ±3% 的标准执行，若退役电池梯次利用配组时执行该标准，则将有很大比例的电池无法配组再利用。鉴于退役电池离散性明显的特征，其电池模块不可能处于同一容量差区间内，而只有处于同一容量差区间的电池模块才可配组使用。以研究样本 1 为例，当配组标准定为 ±3% 时，有 66 个模块（50% 比例）处于同一容量差区间内，其余 66 个模块则分别分布于五个不同的容量区间。即当配组标准按容量差不大于 ±3% 的标准执行时，分布于六个不同容量差区间内的电池模块无法配组成一组电池以梯次利用，详见表 4-9。

因此，对于批量退役电池梯次利用，一种技术路线是通过电池管理技术弥补电池间的不一致性，另一种技术路线是在储能系统拓扑结构设计时采用更多的并联支路，使每一支路电池（或电池模块）数量较少、有较小的容量差、较好的一致性。

表 4-9　当配组标准定为±3%时，退役电池样本 2 的模块容量差分布特征

容量/(A·h)	数量/个
150~155.5	66
155.5~160.9	23
160.9~166.3	23
166.3~171.7	9
171.7~177.1	8
>177.1	3

4.9.3　退役电池衰减加速特征

之前的研究中已发现，退役电池在寿命结束前衰减呈加速特征。如图 4-92 所示，退役软包磷酸铁锂单体电池在 1C 充放电条件下循环 700 次，剩余容量为 80%左右，循环 700 次以后电池容量下降非常明显，到 780 次时剩余容量仅剩 2A·h 左右。

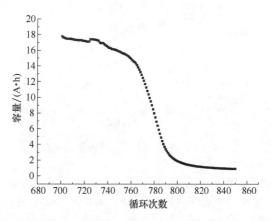

图 4-92　1C 充放电条件下退役磷酸铁锂单体电池衰减特性及循环寿命

1. 试验方法及条件

以前述电池样本 1 为研究对象，从近 200 个退役电池模块中随机抽取五个模块，将这五个退役电池模块拆成单体电池，共计 120 块单体电池，从中随机抽取 12 块（#1~#12），开展性能循环测试，共计循环 2000 周左右。

容量测试参考国家行业标准 GB/T 743—2016，结合所选用电池样本的基本参数和出厂技术测试要求进行。试验中采用的电池容量测试方法如下：在（20±5）℃条件下，先将电池残余电量放完，静置 15min，以 0.3C 对电池恒流充电至 3.65V 转为恒压充电，至充电电流降至 0.05C，认为电池充满电。静置 0.5h 后，以 0.5C 恒流放电至电压降到 2.8V，记录放电电量作为电池的容量。

分别研究其循环性能和容量衰减特性，容量衰减特性计算公式如下：

$$R_n = (C_0 - C_n) / C_0$$

式中，R_n 为退役电池第 n 次循环的容量衰减率；C_0 为退役电池初始放电容量；C_n 为退役电池第 n 次循环的放电容量。

2. 退役电池衰减特性

以#2~#4 电池的容量循环测试数据为样本，研究分析了其衰减特性，初始放电容量分别为 17.7A·h、17.6A·h 及 17.9A·h。与新电池相比，剩余容量分别为 80.5%、80%、81.4%。经过近 2000 周左右循环后，其放电容量分别下降至 16.4A·h、16.5A·h 及 16.7A·h，与新电池比，剩余容量分别为 74.5%、75% 及 75.5%，如图 4-93~图 4-95 所示。

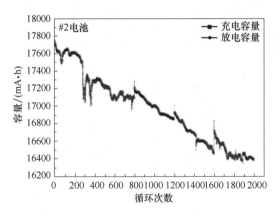

图 4-93　#2 退役单体电池的容量循环曲线

由图可见，退役电池循环衰减过程中，其充放电容量与循环次数总体呈线性关系，但每发生一次容量衰减突变（即容量循环曲线的尖峰处），都会伴随有较为明显的容量下降趋势（虽然经历衰减突变后，其充放电容量都会有小幅上升）。直至下一次的容量衰减突变发生，电池充放电容量将开始下一阶段的明显下降趋势，如此往复循环。

如图 4-96 所示，由#2~#4 电池的容量衰减率曲线可见，退役电池容量衰减率与循环次数呈线性关系。循环近 2000 次后，其中#2 电池的衰减率最大为 7.38%，其次分别为#4 电池（6.77%）和#3 电池（6.33%）。

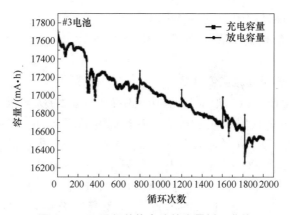

图 4-94　#3 退役单体电池的容量循环曲线

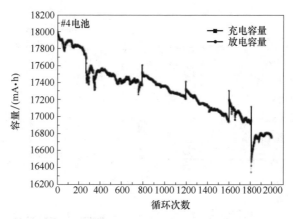

图 4-95　#4 退役单体电池的容量循环曲线

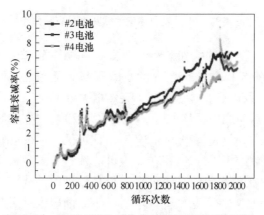

图 4-96　#2～#4 退役单体电池的容量衰减率曲线

综上，在循环过程中，虽然退役电池不可避免存在性能衰减的现象，但是从其衰减后的剩余容量及容量衰减率看，退役电池具有较为理想的梯次利用价值。

3. 退役电池容量衰减突变现象

在随机循环测试的 12 块退役单体电池中，#1 电池在循环过程中出现容量衰减突变为 0mA·h 的现象。#1 的初始放电容量为 17.7A·h，与新电池相比，剩余容量分别为 80.5%。在循环为 1243 次之前，电池充放电容量与循环次数出现很好的线性关系，与#2～#4 电池一样，每发生一次容量衰减突变，都会伴随有较为明显的容量下降趋势。在循环至 1243 次时，放电容量突然降至 0.12A·h，与新电池比，剩余容量为 0.55%。此后继续衰减至接近 0A·h，如图 4-97 所示。

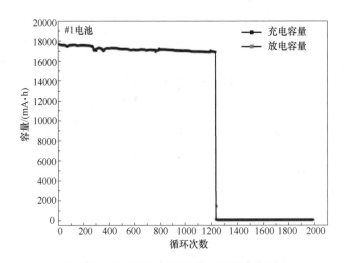

图 4-97 #1 退役单体电池循环容量衰减曲线

#1 电池的容量衰减率曲线如图 4-98 所示，在循环至 1242 次之前，其衰减率平均为 4.4%，且在 1242 次之前，容量衰减率与循环次数间保持较好的线性关系。循环至 1243 次及以后，容量衰减率突然增大近 100%。

在本次抽样试验研究中，12 块单体电池循环 2000 次左右后，仅#1 电池出现了上述衰减突变现象，发生概率为 8.3%。由此可见，退役电池性能衰减在 2000 次内突变是不可预测的现象，但存在发生可能性，且发生概率不低。这种容量衰减突变现象对梯次利用储能系统可靠运行是较大的挑战，一方面需要研究电池容量跳水等性能衰减、突变预警技术，另一方面应设计灵活的储能系统电气拓扑结构，以便可以隔离突然失效电池所在支路，保证尚未失效支路可以正常工作。

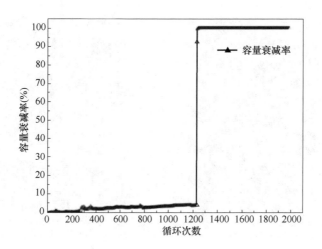

图 4-98　#1 退役单体电池容量衰减率曲线

4.9.4　小结

1）纯电动大巴和纯电动出租汽车两类退役磷酸铁锂电池模块容量测试结果表明，退役电池模块间容量差均较为明显，离散性突出，不利于电池重组。

2）以退役单体电池为研究对象，抽样测试了 12 块单体电池的循环性能，2000 次充放电循环试验数据表明，绝大多数退役电池仍具有较好的循环性能，其容量衰减与循环次数呈现明显的线性关系，其容量衰减率不超过 8%，具有较理想的梯次利用价值。

3）退役单体电池 2000 次充放电循环试验数据表明，个别退役电池存在容量突变为零的现象，本研究研究抽样样本中，其发生概率为 8.3%。为保证退役电池储能系统可靠性，应针对性开展容量跳水预警技术研究。

4.10　退役动力电池衰减、突变原因及表征

4.10.1　单体电池外观表征

图 4-99 和图 4-100 所示为前述研究内容提到的退役下来且发生衰减突变的#1 软包电池的外观正面及侧面照。可以看出其表面平整，无胀气鼓包现象。

 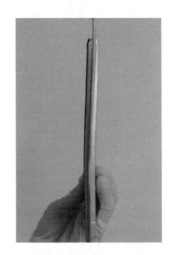

图 4-99　无胀气退役电池外观正面　　　图 4-100　无胀气退役电池外观侧面

4.10.2　磷酸铁锂正极材料特性表征

1. 磷酸铁锂正极电极片光学表征

在通风橱内拆解出现衰减突变现象的退役电池，可以直观地看到#1 电池正极片表面发生了明显变化。图 4-101 所示为拆解下来的两片#1 电池正极片形貌图。

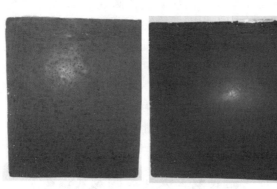

图 4-101　#1 电池不同正极片的表面形貌

可以看出，正极表面并不像正常电池那样光滑平整且表面活性物质涂覆紧密，其中一些正极片表面活性物质疏松，甚至出现了泡状颗粒，活性物质被电解液局部溶解，导致黏结剂分解。

2. 磷酸铁锂正极材料微观形貌表征

（1）正极表面 SEM　图 4-102 和图 4-103 所示为#1 电池正极片的不同位置在

扫描电镜下放大 2K 倍的画面，可以看出正极片表面粉化，表面的导电剂出现脱落溶解现象。

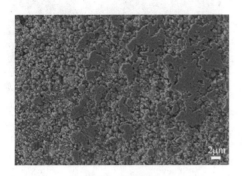 

图 4-102　#1 电池正极 SEM 图（2K 倍）（一）　　图 4-103　#1 电池正极 SEM 图（2K 倍）（二）

粉化现象的发生会影响电极表面活性物质的压实面密度，也将直接导致正极活性物质颗粒之间的有效接触面积减小，使得电极活性物质的导电性和锂离子传输性能变差，从而增大电池在循环过程中的内阻。而导电剂的脱落溶解会直接导致活性材料电导率减小，电子在电极活性物质颗粒之间的转移困难加剧，电池内部阻抗增加，造成电池性能衰减。

图 4-104 和图 4-105 所示为电池正极表面在扫描电镜下放大 4K 倍的画面，可以进一步观察到正极磷酸铁锂粉化的状况。

图 4-104　#1 电池正极 SEM 图（4K 倍）（一）　　图 4-105　#1 电池正极 SEM 图（4K 倍）（二）

正极正面放大 8K 倍、12K 倍以及 20K 倍的 SEM 图，如图 4-106 ~ 图 4-108 所示。

通过图 4-106 ~ 图 4-108 可以越来越清晰地观察到磷酸铁锂颗粒粉化的状况。比较完整的磷酸铁锂颗粒已经很少存在，取而代之的是磷酸铁锂小颗粒碎屑。

图 4-106　**#1 电池正极 SEM 图**（8K 倍）

图 4-107　**#1 电池正极 SEM 图**（12K 倍）

　　图 4-109~图 4-111 所展示的是正极片另一处在扫面电镜下放大 8K 倍、12K 倍以及 20K 倍的画面。同样可以观察到的是电池表面粉化严重，同时正极表面的导电剂脱落溶解。

图 4-108　**#1 电池正极 SEM 图**（20K 倍）

图 4-109　**#1 电池正极 SEM 图**（8K 倍）

图 4-110　**#1 电池正极 SEM 图**（12K 倍）

图 4-111　**#1 电池正极 SEM 图**（20K 倍）

　　图 4-112 选取了较大的磷酸铁锂颗粒作为主要观察对象，通过上面的裂纹以

及周围磷酸铁锂颗粒的大小可以看到磷酸铁锂的粉化程度。这些现象说明退役电池出现加速衰减的原因之一是电池在经过长时间循环之后，其正极材料发生了微观上的形貌变化。

（2）正极侧面 SEM　为了更全面地观察正负极片的形貌，选择用手撕的形式来得到正极片的截面特征，值得注意的是不选择用工具裁剪是因为工具在使用时会使得材料的结构发生改变。获取正极片后制样贴在样品台侧边上。

图 4-113 所展示的是#1 电池的正极片的侧面在扫描电镜下放大 100 倍的画面。可以看到正极片的双层结构，且正极材料中间夹一层集流体。

图 4-112　#1 电池正极 SEM 图（20K 倍）　　**图 4-113　#1 电池正极侧面 SEM 图**（100 倍）

图 4-114 和图 4-115 所示为正极片的侧面在扫描电镜下放大 300 倍和 500 倍的画面，可以更加清晰地观察到正极片的结构。集流体是用于附着活性物质的基体金属，正极片上的集流体的材料是铝箔，同时可以观察到集流体的厚度非常小。

图 4-114　#1 电池正极侧面 SEM 图（300 倍）　　**图 4-115　#1 电池正极侧面 SEM 图**（500 倍）

图 4-116 和图 4-117 所示为#1 电池加速衰减的电池正极片的侧面在扫描电镜下放大 1K 倍以及 1.5K 倍的画面。分别重点观察了集流体上下两侧，可以看到

此时的正极材料磷酸铁锂已有比较明显的粉化现象，且正极材料与集流体之间出现缝隙，发生脱离。

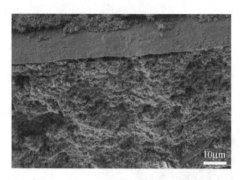

图 4-116 #1 电池正极侧面 SEM 图（1K 倍）

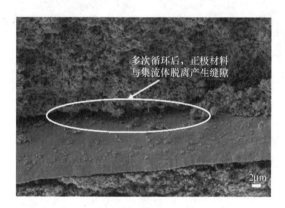

多次循环后，正极材料与集流体脱离产生缝隙

图 4-117 #1 电池正极侧面 SEM 图（1.5K 倍）

3. 磷酸铁锂正极材料 X 射线衍射特性表征

图 4-118 所示为#1 样品，是从加速衰减的软包电池正极片上刮取下来的粉末，收集样品粉末后获取其衍射图谱如图 4-119 所示。#2 样品是购买到的全新的磷酸铁锂粉末，其衍射图谱结果如图 4-120 所示。

将图 4-120 所示衍射结果对照磷酸铁锂衍射标准峰不难发现，除磷酸铁锂本身外，#1 电池的正极片粉末中还含有 $LiFe_2Fe_3O_4$、$Fe(PO_3)_3$ 以及 $Fe_7(PO_4)_6$ 三种晶相结构。而图 4-119 中，#2 样品衍

图 4-118 #1 电池正极片表面刮下的粉末

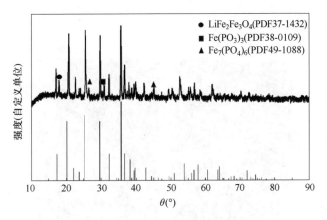

图 4-119　#1 电池正极片浆料 XRD

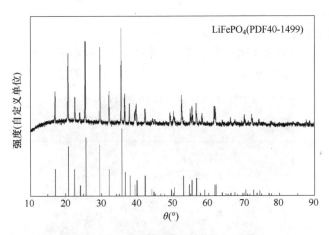

图 4-120　全新的磷酸铁锂粉末 XRD

射结果与标准磷酸铁锂图谱一致，表明购买到的#2 样品为全新、纯净的磷酸铁锂粉末。

对比结果表明，#1 电池正极材料成分，与全新的磷酸铁锂相比，杂质峰较少，排除了正极材料因晶体结构坍塌造成电池加速衰减的可能性，从而在化学成分及结构上对#1 电池的特性进行了表征。

4.10.3　石墨负极材料特性表征

1. 石墨负极电极片光学表征

图 4-121 所示为拆解下来的两片#1 电池负极片直观形貌，从图中可以看出#1 电池表面形貌变化非常明显：在一些电池负极表面出现许多灰白色斑点，这些斑

点是由负极析出的锂枝晶与空气反应形成的氧化锂，析出的锂以不可逆的形式损耗掉了，导致了电池性能的衰减。

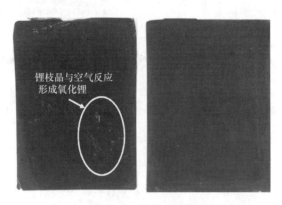

图 4-121　#1 电池不同负极片的表面形貌

2. 石墨负极材料微观形貌表征

（1）负极表面 SEM　图 4-122 所展示的是#1 电池负极表面在扫描电镜下放大 50 倍的画面，可以看到石墨负极表面的大致形貌，负极表面高低不平。

图 4-122　加速衰减负极 SEM 图（50 倍）

图 4-123 所展示的是加速衰减的电池在扫描电镜下放大 100 倍的画面，可以更加清晰地看到负极片表面的形貌，以及块状固体的结构，固体边缘有白色的氧化锂。

图 4-124 所示为#1 电池石墨负极表面在扫描电镜下放大 200 倍的画面，可以更加清晰地观察到白色氧化锂的存在，氧化锂由锂枝晶与空气反应生成，而旁边的石墨颗粒大小以及形状都较为完整。

图 4-125 所展示的是#1 电池在扫描电镜下放大 500 倍的画面，可以更加直观地看到石墨颗粒的微观形貌，颗粒之间通过黏结剂粘结，同时可以观察到石墨颗粒不是规则的球状，颗粒表面覆盖着一层 SEI 膜。

图 4-123　#1 电池负极 SEM 图（100 倍）

石墨颗粒

图 4-124　#1 电池负极 SEM 图（200 倍）

图 4-126 所示为#1 电池负极表面另一位置在扫描电镜下放大 500 倍的画面，同样可以清晰地观察到石墨颗粒之间堆叠的方式以及石墨颗粒的形貌。在石墨颗粒表面，除了覆盖的 SEI 膜，还附着有导电炭黑以及黏结剂。

图 4-125　#1 电池负极 SEM 图
（500 倍）（一）

图 4-126　#1 电池负极 SEM 图
（500 倍）（二）

图 4-127a 所展示的是#1 电池负极片在扫描电镜下放大 1K 倍的画面，可以

更加清晰地观察到石墨颗粒表面所覆盖的薄膜。这些薄膜并未完整的包裹住石墨颗粒，有些位置会出现破损现象。

图 4-127b 所展示的是#1 电池负极片在扫面电镜下放大 2K 倍的画面，可以更加清晰地观察到破损的薄膜以及厚度不一的导电炭黑覆盖层。材料表面有些区域覆盖层厚度增大，而在另外一些区域覆盖层剥落，负极石墨颗粒裸露在外。

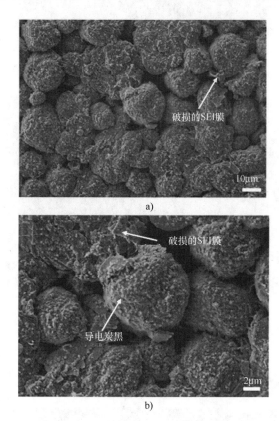

图 4-127 #1 电池负极 SEM 图

a）1K 倍 b）2K 倍

SEI 膜是电子绝缘体，却是 Li^+ 的优良导体，Li^+ 可以经过该钝化层自由地嵌入和脱出，因此这些覆盖在电极表面边缘以及不同区域的钝化薄膜成为电子绝缘膜或固体电解质相界面膜。SEI 钝化膜本身的特性决定了其对电池的循环性能和使用寿命有重要的影响，钝化膜由 Li_2O、LiF、$LiCl$、Li_2CO_3、$LiCO_2$-R、醇盐和非导电聚合物组成，是多层结构，靠近电解液的一面是多孔的，靠近电极的一面是致密的。一方面，SEI 膜的形成消耗了部分锂离子，使得首次充放电不可逆容量增加，降低了电极材料的充放电效率；另一方面，SEI 膜具有有机溶剂不溶性，在有机电解质溶液中能稳定存在，并且溶剂分子不能通过该层钝化膜，从而能有效防止溶剂分子的共嵌入，避免了因溶剂分子共嵌入对电极材料造成的破坏。

上述现象表明，SEI 膜的破损和重构过程使得电解液与负极之间产生多次接触，且不断消耗可逆锂源，从而造成电池容量的不可逆损失，降低电极材料的充放电效率，同时在 SEI 膜的缺口部位形成枝晶的概率会大大增加，由此可见稳定的 SEI 膜的形成对电池性能的影响。

图 4-128 所展示的是#1 电池石墨负极在扫描电镜下放大 4K 倍的画面，可以越来越清楚地观察到石墨颗粒表面所覆盖的厚度不均且局部破损的SEI 膜。

SEI 膜的破损和重构过程将会不断地消耗活性锂离子，且使得电池内阻增大，引起电池容量衰减，性能恶化。另一方面，有缺损的 SEI 膜限制电解液溶剂分子共嵌入的能力将会下降，

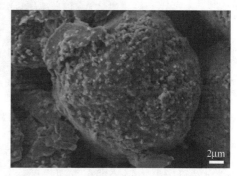

图 4-128　#1 电池负极 SEM 图（4K 倍）

从而导致石墨负极材料的破裂和剥落，使得电池电极退化。

图 4-129 所示为电池石墨负极在扫描电镜下放大 6K 倍的画面，可以看到 SEI 膜表面有很多裂纹，上面白色的柱状物是锂枝晶。SEI 膜破损后，新的 SEI 膜将会在石墨电极表面形成，在这个过程中会造成活性锂离子的消耗，同时影响活性材料的电化学性能。在整个循环中，SEI 膜的破损和重构是一个周而复始的不间断过程，因此，大量消耗了活性锂离子，活性材料的电化学性能也会因此下降，这些因素将导致电池循环性能变差。

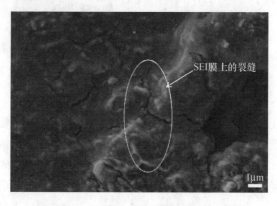

图 4-129　#1 电池负极 SEM 图（6K 倍）

图 4-130 所展示的是#1 电池负极片在扫描电镜下放大 1K 倍的画面，表面附着有圆柱状的锂枝晶和锂枝晶与空气反应后形成的氧化锂。

图 4-130 #1 电池负极 SEM 图（1K 倍）

锂枝晶的形成是由于电流密度及锂离子分布不均等因素，锂离子在负极表面不均匀沉积形成树枝状锂，称为枝晶。枝晶的形成将会进一步消耗活性锂离子，从而使得电池的容量产生不可逆的损失；隔膜是阻挡锂枝晶的重要防线，锂枝晶生长到一定程度后就会与隔膜相遇，对隔膜形成积压和针刺，最终导致隔膜发生机械失效，从而造成电池正负极之间发生短路，严重威胁人身安全。

图 4-131 和图 4-132 所展示的是负极材料在扫描电镜下放大 3K 倍的画面，可以清晰地看到大量圆柱状的锂枝晶以及锂枝晶与空气反应形成的氧化锂。由于氧化锂导电性差，故在 SEM 图中呈现出发白发亮的模糊形貌。如此多的锂枝晶与氧化锂将锂离子以不可逆的形式固定下来，成为"死锂"，这些被固定下来的锂离子不再参与到电池的充放电循环中去，造成电池性能的衰减。

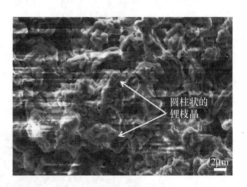

图 4-131 #1 电池负极 SEM 图（3K 倍）（一）

为了进一步观察#1 电池的负极形貌，将#1 电池上裁剪下来的负极片至于试管中，采用稀酸浸泡裁剪下来的负极片，可以明显观察到有大量的气泡冒出，这是由于电池负极片上 SEI 膜的主要成分碳酸锂与稀酸反应，生成二氧化碳溢出所致。将用稀酸处理过的负极片烘干之后，贴在样品台上制样并送入扫描电镜观察形貌。

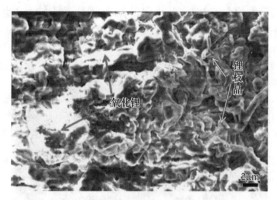

图 4-132　#1 电池负极 SEM 图（3K 倍）（二）

图 4-133a 和 b 分别展示的是经过稀酸处理后的#1 电池负极片在扫描电镜下放大 100 倍和 200 倍的画面，可以看到稀酸处理后的石墨负极表面形貌较处理前已经发生变化。

图 4-133　#1 电池负极 SEM 图
a）100 倍　b）200 倍

与图 4-133 和图 4-134 中经稀酸处理前的负极表面形貌相比，可以看到相对于稀酸处理前，负极表面杂质及覆盖物明显减少，经稀酸处理后的表面呈现出较为规则整齐的形貌，球状石墨颗粒清晰可见。

图 4-134　#1 电池负极 SEM 图

a）1K 倍　b）2K 倍

将石墨颗粒表面的 SEI 膜做处理之后，便于在更高放大倍数下，更加清晰地观察石墨颗粒是否因电池的充放电循环而遭受了结构上的破坏。

图 4-134 所示为经过稀酸处理的#1 电池负极片在扫描电镜下放大 1K 倍和 2K 倍的画面。此放大倍率下可清晰地观察到破碎的石墨颗粒，这是由于在循环中不断嵌锂/脱锂导致其结构发生了破损，这也是导致电池衰减的原因之一。

图 4-135 所展示的两张图是经过稀酸处理后，#1 电池负极石墨颗粒在扫描电镜下放大 5K 倍和 10K 倍的画面，可以观察到石墨颗粒表面覆盖着黏结剂以及导电剂。

（2）负极侧面 SEM　图 4-136 是从#1 电池上取下（采用手撕方式以观察其原本的截面结构）的负极片样品，通过观察其侧面 SEM 可以清晰地看到它的结

图 4-135 #1 电池负极 SEM 图

a) 5K 倍 b) 10K 倍

构，图中放大倍数分别为 100 倍和 200 倍。

从图 4-136 所示石墨负极片侧面整体 SEM 图可以看出，从加速衰减软包电池上取下的石墨负极样品为双层结构，上下两层石墨用集流体（见图中显白色的隔层）隔开，负极集流体的材料为铜箔，同时石墨呈现微球颗粒状排列在集流体上下两侧。为进一步观察其侧面微观结构，在同样观测位置放大 300 倍与 500 倍后，其侧面结构如图 4-137 和图 4-138 所示。

双层石墨微球附着在集流体两侧，石墨微球看起来形状并不规则统一，是因为其表面附着的 SEI 膜未经过稀酸处理，且附着有导电剂、黏结剂，因此石墨球表面并未呈现出规则光滑的球形。SEI 膜和散落的导电剂、黏结剂以及部分结构损坏的石墨颗粒碎屑随处可见，侧面的扫描电镜图更加清晰地展示了#1 电池在经历多次充放电循环之后，其石墨负极颗粒已经发生破碎，是构成电池容量衰减的因素之一。

更换位置也可观察到类似的形貌，如图 4-139 和图 4-140 所示，为另一位置分别在扫描电镜下放大 500 倍和 600 倍的观测结果。双层石墨颗粒在黏结剂的作用下附着在铜箔两侧。

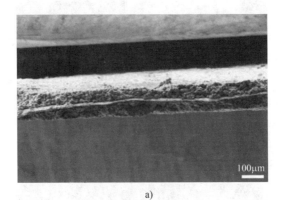

a)

b)

图 4-136   #1 电池负极片侧面 SEM

a）100 倍   b）200 倍

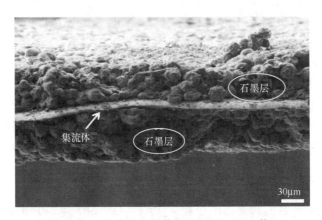

图 4-137   #1 电池负极片侧面 SEM（300 倍）

图 4-138　#1 电池负极片侧面 SEM（500 倍）

图 4-139　#1 电池负极片侧面 SEM（500 倍）

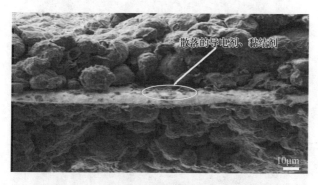

图 4-140　#1 电池负极片侧面 SEM（600 倍）

图 4-141 所示为#1 电池负极片侧面在扫描电镜下放大 1K 倍的观测结果，可以明显看到石墨微球表面的 SEI 膜及散落的导电剂、黏结剂，以及石墨颗粒之间的堆叠情况和石墨颗粒表面的形貌。

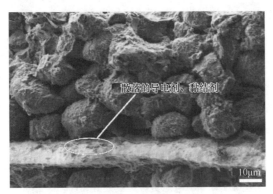

图 4-141　#1 电池负极片侧面 SEM（1K 倍）

　　为清晰地观察微球表面形成的 SEI 膜，调整位置及放大倍数，如图 4-142～图 4-144 所示。特别在 4K 倍的放大倍数下，可以清晰地看出 SEI 膜附着在表层。在电池的充放电循环过程中，SEI 膜的不断破裂与重构时刻消耗着电池内部的可逆锂源，导致电池容量的衰减。

图 4-142　#1 电池负极片侧面 SEM（1K 倍）

图 4-143　#1 电池负极片侧面 SEM（1K 倍）

图 4-144　#1 电池负极片侧面 SEM（4K 倍）

（3）石墨负极材料 X 射线衍射特性表征　#3、#4 为从#1 电池负极片上截取下来的样品，其中#3 样品表面无白色物质，#4 表面有少许白色凝结物，白色凝结物是锂枝晶与空气反应形成的氧化锂。图 4-145 和图 4-146 所示分别为#3 和#4 样品的衍射图谱。

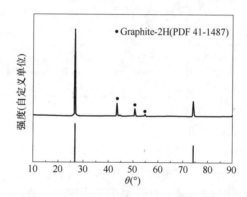

图 4-145　#1 电池负极 XRD（表面无氧化锂）

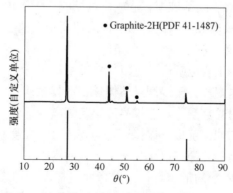

图 4-146　#1 电池负极 XRD（表面有氧化锂）

219

分别对照#3、#4样品标准峰发现，#1电池的负极样品表面衍射结果显示其晶相结构为Graphite-2H，且两样品衍射峰对比无明显差别，排除了负极材料因晶体结构坍塌造成电池性能衰减的原因。

4.10.4 电池隔膜表征

1. 电池隔膜光学表征

由于拆解软包电池隔膜时，会随之产生强烈的刺激性气味，因此必须在通风橱内操作，图4-147所示为拆解下来的#1电池隔膜，其外观形貌保持较好，从隔膜外观上对电池的加速衰减特性表征并不明显，需要对其做进一步的SEM图进行微观上的描述。

图4-147　#1电池隔膜外观

2. 电池隔膜微观形貌表征

隔膜作为电池中的核心材料之一，决定着锂离子电池的性能，因此隔膜材料及制备技术亟须被深入研究。作为锂电池的关键材料，隔膜在其中扮演着隔绝电子的作用，阻止正负极直接接触，允许电解液中锂离子自由通过，同时，隔膜对于保障电池的安全运行也起到至关重要的作用。在特殊情况下，如事故、刺穿、电池滥用等，会发生隔膜局部破损，造成正负极的直接接触，从而引发剧烈的电池反应，导致电池起火爆炸。因此，为了提高锂离子电池的安全性，保证电池的安全平稳运行，隔膜必须满足以下几个条件：

1）化学稳定性：不与电解质、电极材料发生反应；

2）浸润性：与电解质易于浸润且不伸长、不收缩；

3）热稳定性：耐受高温，具有较高的熔断隔离性；

4）机械强度：拉伸强度好，以保证自动卷绕时的强度和宽度不变；

5）孔隙率：较高的孔隙率以满足离子导电的需求。

为了进一步研究隔膜的形貌特征，选择两组样品，即新的隔膜以及#1电池的隔膜，在扫描电子显微镜下进行表征测试。将隔膜裁成适当大小后用导电胶粘在样品台上，同时在隔膜的上表面再次包围一圈导电胶以增加导电性，再镀一层导电金膜后送入仪器观察。

图 4-148 是新隔膜在扫描电镜下放大 200 倍得到的画面，可以看到隔膜表面光滑平整；图 4-149 所展示的是新电池的隔膜在扫描电镜下放大 1K 倍的画面，可以观察到隔膜表面平整光滑。

图 4-148　Celgard 新隔膜 SEM（200 倍）

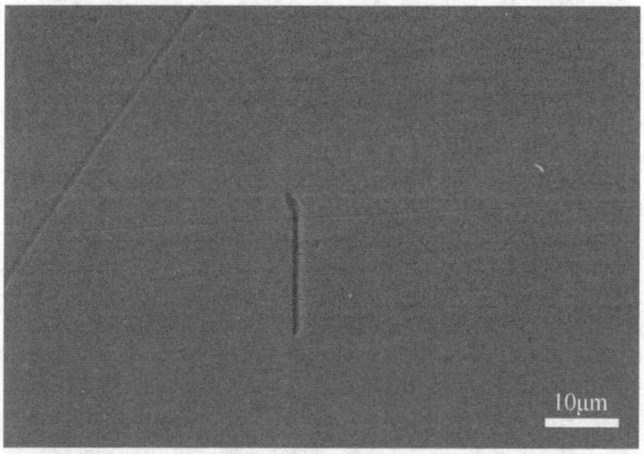

图 4-149　Celgard 新隔膜 SEM（1K 倍）

图 4-150 所展示的是新隔膜的两个不同位置在扫描电镜下放大 10K 倍的画面，可以观察到有许多细微的孔存在。可以看到，新隔膜的孔径规则分布有序，孔隙率较高，以满足动力电池的性能需要。

图 4-151 所展示的是新隔膜在扫描电镜下放大 13K 倍的画面，之所以出现这样的不清晰以及褶皱、裂纹，是因为该处扫描电镜的电子束太强，即使是喷金之后的隔膜也受到了影响，高强度的电子束照射使新隔膜表面产生了裂纹。

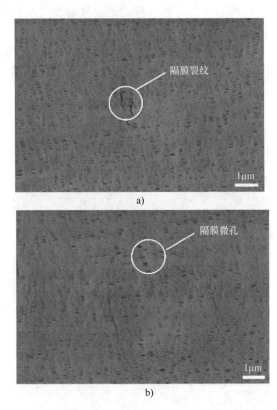

图 4-150　**Celgard 新隔膜 SEM**（10K 倍）

a）与 b）在不同位置观测

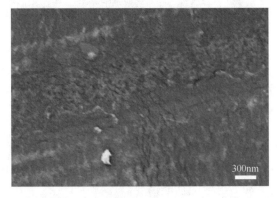

图 4-151　**Celgard 新隔膜 SEM**（13K 倍）

为了更好地观察#1 电池的隔膜形貌，选用乙醇浸泡裁剪下来的隔膜，使隔膜上残留的电解液中的有机物溶解进去。并且使用超声波清洗机处理 5 分钟，再进行烘干之后制样。

图 4-152 所展示的是#1 电池的隔膜在扫描电镜下放大 1K 倍的画面。可以看到经过长时间的充放电循环，隔膜的表面已经不复光滑平整，隔膜表面已经出现褶皱，并且附着有白色杂质颗粒。这些现象说明了电池在运行过程中，隔膜的结构受到了影响，电池性能的加速衰减也与此有关。

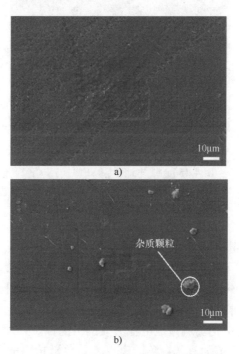

图 4-152 #1 电池隔膜 SEM（1K 倍）

a）与 b）在不同位置观测

图 4-153 所展示的是#1 电池的隔膜在扫描电镜下放大 2K 倍的画面，可以看到隔膜在经历电池的多次充放电循环后，与新隔膜相比已经不复平整光滑，存在很多褶皱，隔膜的形貌结构发生了变化。

图 4-153 #1 电池隔膜 SEM（2K 倍）

图 4-154 所展示的是 #1 电池的隔膜在扫描电镜下放大 7K 倍的画面，呈现出了众多褶皱以及分布不均的杂质粒子，还可以观察到微孔的存在。只不过此时的隔膜孔径和数量已经有所减小，说明部分微孔已经失效，导致锂离子的转移效率大大降低，这也是造成电池性能衰减的原因之一。

图 4-154 #1 电池隔膜 SEM（7K 倍）

4.10.5 小结

1）加速衰减的退役电池正极片表面活性物质在铝箔表面涂覆较为疏松，这是因为活性物质发生了局部溶解，黏结剂分解；正极材料表面粉化严重，直接影响了正极活性物质颗粒之间的有效接触面积，使得电极活性物质的导电性以及锂离子的传输能力大大降低，增大了电池的内阻；正极材料 XRD 的杂质峰较少，排除了正极材料晶体结构坍塌造成电池失效的可能性。

2）退役电池负极表面有灰白色的斑点，是负极析出的锂与空气反应形成的氧化锂。这些析出的锂不再参与电池的充放电循环，对电池的容量造成了损耗；负极部分石墨颗粒破碎造成容量衰减，且表面 SEI 膜厚度不均、分布杂乱且出现破损，说明了电池在充放电循环过程中其内部的 SEI 膜经历了反复的破损和重构，而这一过程将持续损耗可逆锂源，也使得电池的内阻增大；负极材料的XRD 衍射结果排除了负极材料因晶体结构坍塌造成电池加速衰减的原因。

4.11 退役电池性能衰减加速、突变的临界条件及其评价方法

用于电动汽车的锂离子动力电池退役后，具备在储能系统等场合继续使用的潜力，其健康状态的准确预测对于退役电池的梯次利用具有重要意义。考虑到目前采用的电池性能预测指标估算准确度的不足，本研究将从电化学角度出发，分析库仑效率与电池容量衰减之间的内在关系。针对锂离子电池充放电循环中可逆

锂源的消耗机理，在库仑效率的基础上引入了库仑非效率的定义。在相同试验条件下分别获得了两块退役锂离子动力电池充放电容量、库仑效率、库仑非效率三者与循环次数之间的关系。最后，在库仑非效率测试结果对比中，创造性地采用了对数坐标系，就此提出了基于库仑效率对退役动力电池衰减加速、突变进行评价的方法，并通过验证试验证明了方法的正确性。

4.11.1　引言

近年来，环保问题受到了日益广泛的关注，随之出现的是电动汽车技术的发展和数量的不断增长[190]。锂离子电池作为电动汽车用动力电池具有很多优点[191,192]，然而当它的容量衰减至初始容量的 70%~80% 时[193]，电动汽车的续航里程已经不能满足要求，无法达到使用标准的电池组件将面临退役，但退役的动力锂离子电池对于储能系统，尤其是小规模的分散储能系统来说，仍然具有较大的使用价值[194]。退役锂离子动力电池的梯次利用实现了物尽其用，避免了资源浪费，更能延长电池使用寿命，降低动力电池全寿命周期成本，因此拥有巨大的市场需求和应用前景。

为筛选出可继续用于电网和新能源发电储能装置的退役电池，需要对其健康状况有一个直观的了解。电池健康状态（SOH）评估方法对退役电池的梯次利用具有指导意义[195]，因而被广泛研究。SOH 是衡量电池性能的数据指标，其定义在概念上缺乏统一，目前主要体现在容量、电量、内阻、循环次数和峰值功率几个方面[196]。

通常，锂电池的 SOH 由模型评估得到，现有文献研究的锂电池健康状态评估模型主要有电化学模型、等效电路模型和经验模型三种。本章参考文献［196］提出了降阶电化学模型来研究电池的电化学和热学性质，并将模型简化为只含代数和普通微分方程的公式；建立了锂电池电化学复合模型，该模型考虑了充放电方向、充放电倍率和温度的影响，并用递推最小二乘法对模型参数进行辨识[198]；基于锂离子电池 RC 等效电路模型，提出采用偏差补偿最小二乘法在线辨识模型参数，与常规最小二乘法进行对比研究[199]；对锂离子电池戴维宁等效电路模型进行了改进，在此模型基础上增加了荷电状态部分，从而使得锂离子电池的非线性容量效应得以体现[200]；经验模型以试验数据为基础，建模难度低且适用范围广，给出电池内部阻抗与容量退化的关系，提出一种根据容量退化速率优先确定整数变量的条件三参数容量退化经验模型[201]；将变形后的双指数经验模型和数据驱动法相融合，提出了一种简单有效的电池剩余寿命预测方法[202]。

如上所述，虽然针对电池的健康状态评估及其模型研究取得了一定的成果，但并没有形成完善的理论体系。SOH 的估算受各种因素的耦合影响[203]，很难准确监控和分析电池内部状态；一些评估模型难以获得高准确度的电池参数，造成评估结果的准确度和可靠性有些不足[204,205]。因此，锂电池健康状态评估（SOH）对于实际退役电池梯次利用的筛选作用是有限的。

为寻求更加直观有效的退役电池筛选方法，避免复杂模型和方程计算带来的预测准确度误差，本研究将从电化学角度[206]阐述库仑效率的物理意义，得出库仑效率与电池寿命及容量衰减的关系，基于库仑效率引入库仑非效率的概念。对两块退役锂离子动力电池进行电化学测试并进行性能曲线对比分析，特别采用了对数坐标系来描述库仑非效率与循环次数的关系。最后，提出基于库仑效率对退役锂离子动力电池梯次利用进行筛选的新方法，并在后续验证试验中证明结论的正确性。

4.11.2　电池容量衰减及其与库仑效率的关系

通常情况下，要求锂离子动力电池具有较长的循环寿命[207]。锂离子电池实际上是一种浓差电池[208]，锂离子往返于正负极材料之间可逆地嵌入和脱出，像摇椅一样在正负极之间摆动，以完成氧化还原反应。然而，在锂离子电池的充放电循环过程中，可逆锂源的消耗（由于 SEI 钝化膜[209]的形成或其他副反应[210]）造成了库仑效率的降低，从而导致每一个循环周期内电池容量的衰减，直接影响了电池的寿命[211]。

1. 锂离子电池中可逆锂源的消耗

在一个正负极匹配的全电池体系[212]中，锂离子通过电解液和隔膜而往返于正负极之间，但参与到每一次充放电循环中的可逆锂离子数量却在不断减少，直接影响着电池每一个循环的充放电容量。

假设锂离子电池体系正极中含有的初始可逆锂离子数量为 1000 个，库仑效率为 90%，那么在整个电池的充放电循环中，锂离子消耗情况将如图 4-155 所示。

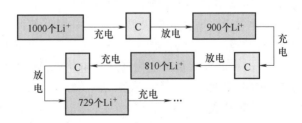

图 4-155　全电池体系在 90%库仑效率下锂离子的消耗

如图 4-155 所示，可用于循环的锂离子数量将以指数情况衰减。按库仑效率为 90% 计算，经过 50 次循环后，剩余参与循环的锂离子数量为

$$1000 \times 0.9^{50} \approx 5$$

此时仅剩 5 个锂离子参与充放电循环，而其余 995 个已参与到 SEI 膜的生成或副反应中而变为不可逆的"死锂"。

电池循环寿命定义为电池容量衰减为初始容量的 80% 所经历的循环次数[213]。库仑效率越高，经历长循环后剩余可逆锂离子数量越多，电池容量衰减越慢，电池的循环寿命也就越长。由前述指数衰减规律，计算当库仑效率为 99%、99.9% 和 99.99% 的三种情况下的剩余锂离子数目如下：

$$1000 \times 0.99^{200} \approx 134 \qquad \text{①}$$
$$1000 \times 0.999^{200} \approx 819 \qquad \text{②}$$
$$1000 \times 0.9999^{200} \approx 980 \qquad \text{③}$$
$$1000 \times 0.9999^{3000} \approx 741 \qquad \text{④}$$

由以上计算可知，当库仑效率达到 99.99% 时，电池经过 3000 次的长循环后，还具有初始容量的 74.1%。电池工业对库仑效率要求不低于 99.9%[214]，在这个库仑效率下，由式②可知循环 200 次后电池剩余容量约为初始容量的 80%，20% 的容量衰减也被电池工业界定义为电池循环寿命的判定准则。充放电循环中的库仑效率能否提高直接影响着电池的容量衰减和循环寿命。

2. 库仑效率与库仑非效率

当充放电电压被限制在一定范围内时，库仑效率可以被看作是恒电流单次循环测试中，剩余可逆锂离子数占参与本次循环的初始锂离子数的比例 CE。在此引入库仑非效率，以此来描述每次充放电循环中锂离子的损失程度，库仑非效率 CI 可用以下公式描述：

$$CI = 1 - CE$$

由上式可知，所谓库仑非效率，其物理意义可以解释为在一个固定电压范围内，单次循环中锂离子的损耗程度。它反映了单次循环中，锂离子从"活锂"转变为"死锂"的数量，以及占本次循环初始时可逆锂离子数量的多少。可用于循环的锂离子以指数级衰减，"死锂"被固定在 SEI 膜内部，造成容量的损失。因此，可以认为基于库仑效率引入的库仑非效率是电池容量衰减的重要指标。

在电池的电化学性能测试结果中，库仑（非）效率与循环次数呈线性关系，难以从中分析得出库仑（非）效率的高低变化规律同电池容量衰减情况之间的关联，更无法以此为参考来对退役电池进行筛选。因此，为使库仑效率这一结果能够更好地反映电池状态，拟采用对数坐标系来描述库仑非效率 CI_n（第 n 次循环的库仑非效率）。在实际电池测试中，值为负的库仑非效率 CI_n（该情况通常由电化学测试仪器产生的噪声干扰造成）同样可以被描述，但需要先取绝对值，并将其与原值为正的库仑非效率在同一对数坐标系下，用不同图形加以区分表达。

4.11.3 电化学测试结果

试验中采用两块已退役（以电池容量降至初始容量的 80% 为标准）的磷酸铁锂型软包锂离子动力电池（为万向电动汽车有限公司同一批次生产，电池容量为 20A·h）做电化学性能测试，两块电池退役前应用场景一致。电化学测试采用新威测试仪，采用相同试验工步先静止 5h 之后开始循环。20℃时，0.5C 恒流放电至 2.8V，静止 20min；0.5C 恒流充电至 3.7V，静置 10min。提取试验数据利用 Oringin 软件对结果进行绘图分析。

1. 电池容量与库仑效率

#1 电池电化学测试结果如图 4-156 所示。

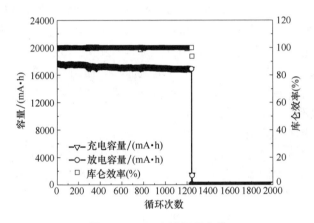

图 4-156 #1 电池运行曲线

从图 4-156 中可以明显看出，#1 电池在前 1200 次循环时，电池运行正常，充电容量与放电容量基本重合，从库仑效率（图中为接近 100%）也不难印证出这一结果；电池运行至 1200 次左右时，容量急剧衰减至零，即电池出现了"跳水"现象，此后电池再无法正常运行。

为了更清晰地观察#1 电池前 1200 次正常运行时的容量以及库仑效率曲线，将其局部放大如图 4-157 和图 4-158 所示。

从图 4-157 和图 4-158 中可以看出，#1 电池在前 1200 次正常运行时，容量稍有下降，下降值在 1000mA·h 以内，实际测试库仑效率维持在 100% 左右，小有浮动。

作为对比，在相同仪器和测试条件下，对#2 退役电池进行电化学测试，以同样的方法绘制容量及库仑效率曲线，如图 4-159～图 4-161 所示。

由图 4-159～图 4-161 中的测试结果可知，#2 电池正常运行 2000 次，而容量衰减在 1500mA·h 左右，实际测得的库仑效率较为稳定地维持在 100% 上下。

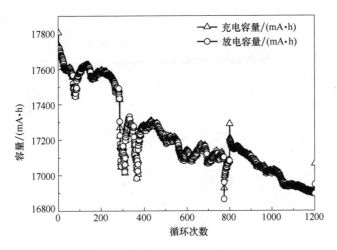

图 4-157　#1 电池容量曲线

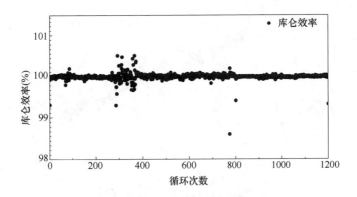

图 4-158　#1 电池库仑效率曲线

从以上#1、#2 电池容量及库仑效率测试结果的对比中，虽然从测试曲线上可以很明显地看出#1 电池在第 1200 次左右出现了容量急剧衰减的情况，因而无法再对其进行任何梯度的梯次利用，但针对这种"跳水"现象，并不能得出一个测试结果作为指标来直观地预测电池的健康状态，从而筛选出可以用于储能梯次利用的退役锂离子动力电池。而对于电池库仑非效率的引入和计算，为退役电池的筛选指标选择提供了新的思路。

2. 库仑非效率计算与结果

利用库仑非效率公式，对#1、#2 电池的库仑非效率进行详细计算。首先采用线性坐标系描述#1、#2 电池的库仑非效率 CI 与循环次数 n 的关系，如图 4-162 和图 4-163 所示。

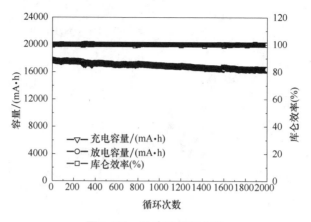

图 4-159　#2 电池运行曲线

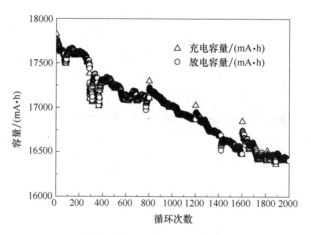

图 4-160　#2 电池容量曲线

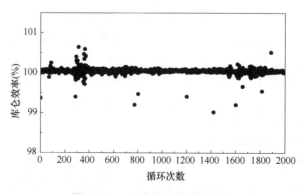

图 4-161　#2 电池库仑效率曲线

230

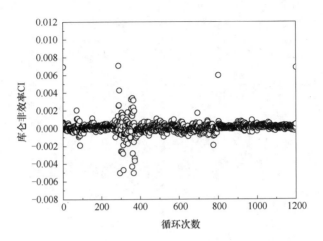

图 4-162　线性坐标系下#1 电池的库仑非效率

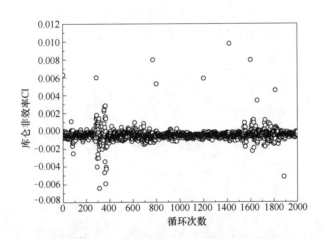

图 4-163　线性坐标系下#2 电池的库仑非效率

从图 4-162 和图 4-163 可以看出，两块电池的库仑非效率均维持在零值附近 ±0.01 范围内浮动。图中库仑非效率 CI 为正时，表明实测的库仑效率 CE 低于 1。由于测试仪器的噪声干扰，实际计算的库仑非效率 CI 存在负值，此时表明库仑效率 CE 略高于 1。

在线性坐标系下，两块电池正常运行期间，其库仑非效率曲线的差异并不明显。

接下来在图 4-164 和图 4-165 中，创造性地采用对数坐标系，分别显示了#1、#2 电池正常运行期间库仑非效率 CI 与循环次数 n 之间的关系。

在对数坐标系下，CI<0 的点同样可以被描述。将线性坐标系下库仑非效率为负值的点先取绝对值，再将它们与原库仑非效率为正值的点放置于同一对数坐标系下，分别用不同图形点加以区分表示。

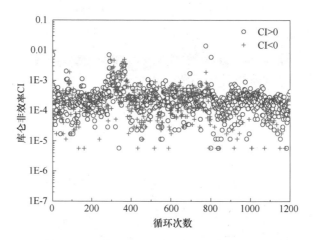

图 4-164　对数坐标系下#1 电池的库仑非效率

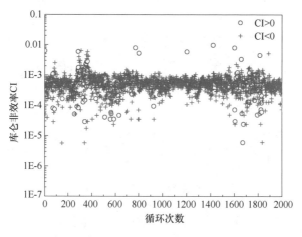

图 4-165　对数坐标系下#2 电池的库仑非效率

从图 4-164 和图 4-165 对数坐标系的结果对比中可以明显观察到，对于在第 1200 次左右出现容量衰减的#1 电池，空心圆圈（CI>0）数量明显多于十字（CI<0）数量，且越接近 1200 次附近时，空心圆圈数量比例越高；#2 电池在整个正常运行的 2000 次循环中，十字（CI<0）数量庞大，明显多于空心圆圈（CI>0），且二者数量比例差异并无明显变化。说明基于库仑效率，所引入的库仑非效率作为新的指标，可以更加直观地作为电池容量衰减的重要依据；对数坐标系下库仑非效率所表现出来的特点也成为对退役动力锂离子电池储能梯次利用筛选的重要依据。

3. 退役电池衰减加速、突变评价方法

为验证上述结论，选取另一块退役磷酸铁锂软包电池（与#1、#2 电池均为万向同一批次生产，电池容量为 20A · h）作为#3 试样。

在相同测试条件下，该电池正常运行了 2400 次而未出现容量急剧衰减的"跳水"现象。再计算其库仑非效率 CI，并将 CI 与循环次数 n 的关系以同样的方法显示在对数坐标系下，如图 4-166 所示。

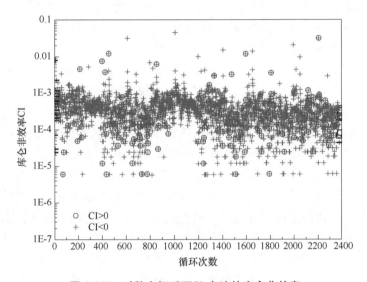

图 4-166　对数坐标系下#3 电池的库仑非效率

图 4-166 中，与图 4-165 所示#2 电池情况类似，在#3 电池已正常运行的 2400 次循环中，十字（CI<0）的数量明显多于空心圆（CI>0），由此验证了通过直观观察电池的库仑非效率来预估电池健康状态的可靠性。基于库仑效率引出的库仑非效率，在对数坐标系下所表现出来的特征可以对退役锂离子动力电池储能梯次利用做出筛选。

4.11.4　小结

本研究从电池的电化学层次，分析介绍了库仑效率与电池容量的内在关系，基于库仑效率引入了库仑非效率的概念，就其物理意义说明了它与电池容量衰减之间的重要关联。

通过两例退役锂离子动力电池的电化学测试对比以及后续的验证试验，发现不同于基于复杂评估模型和方程计算的 SOH 预测指标，库仑非效率可以更加直观可靠地作为退役电池衰减加速、突变的评价指标。

4.12 退役电池筛选方法现状

4.12.1 概述

针对梯次利用锂电池工作特性衰退不一致的问题,有关文献分析了锂电池有效容量、内阻、开路电压和不同电流倍率等特性,指出锂电池经过多次循环使用后容量和内阻参数符合正态分布,退役锂电池大倍率充放电后相比新电池极化现象严重,适合投入小倍率充放电的储能系统中应用。有文献采用电化学阻抗测试(Electrochemical Impedance Spectroscopy,EIS)方法研究了梯次利用锂电池工作特性,建立了电化学阻抗模型,指出锂电池欧姆内阻随着循环次数的增加变化较小,而活化极化阻抗和浓差极化阻抗随着电池循环次数的增加明显增大,表明了锂电池多次循环后的性能变差主要是由活化极化阻抗与浓差极化阻抗的增大引起的。相关文献采用锂电池二阶 RC 等效电路模型分析了梯次利用锂电池在储能系统中的应用,分别对不同内阻分布、不同荷电状态分布和不同单体容量分布的电池组进行了多种电流倍率充放电试验,研究了因单体电池参数不一致对串并联锂电池组充放电电流不平衡的影响。采用梯次利用动力电池作为储能装置的光伏换电站容量优化配置方法,以电站的年最大利润为目标,建立了系统容量优化配置模型;参考电池容量退化模型和电动汽车日行驶里程的统计模型,建立了基于蒙特卡洛模拟法的动力电池容量计算模型,通过实例分析验证了模型的合理性。最后,给出了一种电动汽车动力电池梯次利用的分级方法,研究了动力电池的内外特性,将电池 SOH 评估结果与电池的使用条件相结合,对退役电池进行分级。

现阶段国内的研究主要包括梯次利用锂电池的工作特性研究和退役锂电池在新能源发电应用方面的容量优化和合理配置。虽然少数研究涉及了锂电池梯次回收利用中电池性能测试和判别方法,但因其从锂电池电压、内阻、容量、温升等外特性和电化学原理等内特性的测试和研究入手,测试过程耗时长、能耗大,因此不具有工程应用的意义。

4.12.2 SOH 及寿命评价方法

综合上述国内外研究现状分析可知,为保证退役锂电池可靠的梯度分级,以锂电池性能验证为基础,准确、快速判别出锂电池 SOH,合理地划分其应用梯度范围具有重要的理论和实际意义。就目前而言,此方面的研究工作才刚刚起步,还存在许多亟待解决的关键技术问题。

从电动汽车中退役的锂电池，因电池组中存在不一致的问题，会出现电池寿命的差异。造成这种差异的原因主要包括如下几点：①电池出厂性能的不一致，原材料的不均匀和制造工艺的差异导致的电池不一致问题，这是客观产生的；②电池出厂后所处环境的不同，例如不同的环境温度、自放电程度、空气潮湿度、通风条件等，都会导致不一致的问题；③使用中进一步加剧电池的不一致，电池组最大有效容量通常由有效容量最小的电池决定，由于其长期处于过充过放状态，故老化速度将加快，形成恶性循环，致使电池组不一致性呈扩大趋势，将缩短电池组的使用寿命；不同的外部使用环境会加深其不一致性差异，电池组中各模块的排列位置、温湿度、散热条件、充放电进度等都存在一些不可避免的差异，在某种程度上加大了电池容量、内阻、电压的不一致。电池组的不一致会导致其有效容量减少、工作效率降低、使用寿命缩短等问题。

由上述分析可知，退役锂电池组中各单体电池的有效容量存在差异，若要实现合理的梯次利用，则需对其 SOH 和性能进行重新评估，以决定其适用的梯度范围。那么如何在离线状态下准确地估计退役锂电池 SOH，判别出其性能差异，成为锂电池梯次回收再利用的关键技术之一。

近些年来国内外关于寿命预测方法的研究大体上可分为两类，即基于经验的方法和基于性能的方法。循环周期数法是基于经验方法的代表，该方法通过对电池的循环周期进行计数，当电池的使用次数达到某一范围时认为电池达到了使用寿命。但是这种方法实际上是利用电池使用中的经验知识，当使用条件改变时就会失效。

基于性能的寿命预测方法主要从衰减机理、特征参数、数据驱动三方面入手，利用衰减机理分析方法指出 SEI 膜的形成是导致容量衰减的重要原因。研究了一种基于机理的单粒子模型，该模型描述了电池状态变量受老化因素影响的变化规律，包括温度、电压、荷电状态等受操作状态的影响。该方法几乎适用于所有的状态条件及运行模式，对电池控制策略的分析与其他方法相比更加细致，但是缺点是模型需要精细的参数、复杂程度较高。

从特征参数入手分析不同循环区间对电池容量衰退的影响，如图 4-167 所示，不同循环区间应力与循环次数呈对数关系，该特性可以用于电池容量衰退预测和电池加速衰退测试。

采用数据驱动的方式研究 $LiCoO_2$，及 $LiFePO_4$ 电池的容量增量曲线（ICA），选用相同的数据处理方式分析电池在不同倍率和不同循环次数时的电极反应速率和强度，如图 4-168 所示，图中多个峰值主要体现了负极石墨的嵌锂和脱锂电压平台，同时各个峰的位置和高度的变化在一定程度上也表征了电池正负极活性材料的损失或活性锂离子的损失，该方法提供了一种原位非破坏的电池容量衰退机理分析。

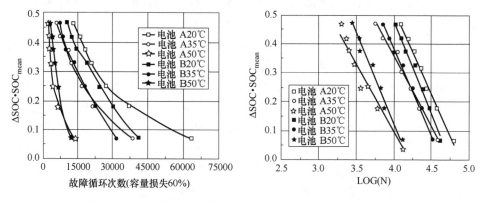

图 4-167 不同循环区间的 $\Delta SOC \cdot SOC_{mean}$ 与循环次数的关系

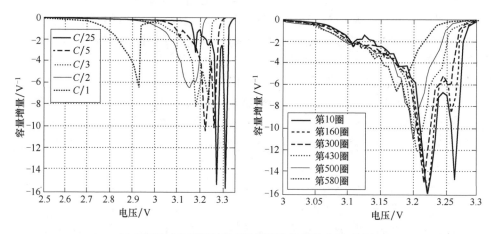

图 4-168 不同倍率及不同循环次数下的 ICA 曲线

4.12.3 传统的容量测试方法

电池容量是指在一定放电条件下电池所能给出的电量，电池容量直接影响电池的最大工作电流和工作时间。理论容量是根据电池内部化学变化计算的，额定容量是由电池生产厂商给出的。理论容量和额定容量只是对未使用的电池的参考指标，本章中所用的容量，除特别标明时，都是指电池的实际容量。电池的实际容量通常会小于理论容量，而且随着测试条件的变化，如改变环境温度和改变放电电流，电池的实际容量都会发生变化。对于退役电池，它们的实际容量又会比在新使用时有明显的衰退。因此，在将退役电池投入梯次利用前，需对这些电池的容量特性进行测试。

传统的容量测试包括整箱电池容量测试和单体电池容量测试，表 4-10 中步骤 1~6 为整箱电池磨合以及初始状态容量测试，试验方法为：以 1/3C 的电流对整箱电池进行五个循环的充放电操作，当箱中某一个单体电池达到充放电限制电压时跳转，以最后一次循环的充电容量作为整箱电池的容量值。当第 6 步中循环次数大于 5 时进行单体电池容量测试，此时整箱电池处于满电状态，将首先达到充电截止电压的单体电池短接，静置 5min 后，继续以 1/3C 电流对电池箱中剩下的电池充电，当某一单体电池电压达 4.2V 时，将此单体电池短接，静置 5min 后继续给剩余电池充电，以此循环直到最后一个单体电池电压达 4.2V，以每次充电容量累计值为各个单体电池的容量值。

表 4-10　容量测试步骤

步骤	操作过程	限制条件
1	静置	10s
2	以 1/3C 恒流放电	某单体电池电压降至 3V
3	静置	1h
4	以 1/3C 恒流充电	某单体电池电压升至 4.2V
5	静置	1h
6	跳至第 2 步	循环次数 ≤5
7	短接充电达 4.2V 的电池，继续以 1/3C 恒流充电	某单体电池电压升至 4.2V
8	静置	5min
9	跳至第 7 步	所有单体电池电压均达到 4.2V

4.12.4　锂电池工作特性及其数学建模现状

锂电池对外部系统来说，只有电池端电压、充放电电流和表面温度可直接测量，电池内部工作状态无法直接检测，因受环境温度、电流倍率、DOD、老化程度等因素影响，其工作状态呈非线性特性。所以，锂电池是一个典型的"黑箱"系统，其内部状态需进行估计和预测，如内阻、SOC、SOH 等。为深入研究锂电池工作特性并进行内部状态估计，通常需建立合理的数学模型，如工作模型和寿命模型。常见的锂电池工作模型主要分为电化学原理模型和等效电路模型。

早期的电化学原理模型有 Shepherd 模型、Peukert 方程、Unnewehr 模型、Nerst 模型等，由于描述电池的工作原理过于简单，并不能精确地再现真实的锂电池工作特性，但因其易于实现，故仍沿用至今。电化学原理模型由一系列带有边界条件的偏微分方程构成，数学方程复杂且包含大量边界方程，给实际应用带来了困难。随着有限元技术的发展，虽然有学者对这些模型做了降阶处理，如准二维模型和单粒子模型等，但仍无法满足实时处理系统的需要，因此其主要应用于实验室中锂电池的原理仿真研究，开发基于不同物质材料的新型电池。

等效电路模型（Equivalent Circuit Model，ECM）使用理想电路元器件模拟锂电池动态工作特性。常见的锂电池等效电路模型主要包括 Rint 模型、Thevenin 模型、PNGV 模型、RC 模型、NREL 模型和 Randles 模型等。

电化学原理模型从电池的电化学基本原理出发，描述了锂电池正负电极之间的动态传质过程，并依据内部带电粒子的传递过程建模，模型准确度较高。相比之下，等效电路模型的准确度无法与其相提并论。但因等效电路模型简单、线性特性、计算容易，易与多种算法相结合进行状态估计，因此得到广泛应用。

为满足实时处理系统的需要，在线建模成为锂电池建模的研究热点，即对于某一特定的等效电路模型，实现模型参数在线辨识。离线建模（即模型参数离线辨识）通常采用查表方法实现，若考虑多种影响因素下的锂电池建模，则需要大量锂电池离线试验数据支持，不仅增加了试验测试工作量，而且建模过程耗时较长。于是，有学者提出了采用线性变参数法（Linear Parameter Varying，LPV）近似锂电池非线性特性，使等效电路元件参数随着电池工作状态和环境因素的变化而变化，更适用于工程实现。模型参数辨识是锂电池建模过程中必不可少的部分，且辨识方法的不同将直接影响模型的可靠性和准确度。常见的锂电池模型参数辨识方法主要有脉冲电流法、卡尔曼滤波法、最小二乘法等。脉冲电流法来源于《Freedom CAR 功率辅助型电池测试手册》中的混合脉冲功率特性（Hybrid Pulse Power Characterization，HPPC）测试方法，根据模型参数计算方法从试验值中提取出所需参数值，其主要应用于离线建模，若要获取不同环境温度下、不同老化程度下的模型参数，仍需在这些状态和条件下进行 HPPC 测试；卡尔曼滤波法用于在线建模，通常与锂电池状态估计联合使用，但随着辨识参数数量的增加，系统维数也相应增大，算法计算量增大，不利于工程实现；最小二乘法是一种常用的参数辨识方法，可应用于离线辨识，其递推形式适用于在线辨识，此方法易于掌握、计算量较小、容易实现。

由以上分析可知，锂电池数学建模是描述锂电池非线性特性和掌握其工作状态的基础，考虑多种影响因素的锂电池工作特性试验研究是建立稳定、可靠、精确数学模型的前提，是试验数据驱动模型的可靠保证。因此，如何在考虑多种影响因素及外部环境条件的前提下，设计锂电池的工作特性验证试验并合理地安排试验流程是研究梯次利用锂电池工作特性和建立精确模型的可靠保证。同时，采用合适的辨识方法从试验数据中提取出有效的模型参数，将锂电池"黑箱"系统"灰箱化"，便于对其内部状态进行精准估计，也是锂电池梯次利用研究的关键技术之一。

4.13　退役磷酸铁锂动力电池状态快速评估装置

4.13.1　退役磷酸铁锂动力电池状态快速评估装置

本节基于前述电化学阻抗特征频点及其快速测试技术，初步开发了退役磷酸铁锂动力电池状态快速评估装置，其硬件模块如图 4-169 所示，软件模块如图 4-170 所示。

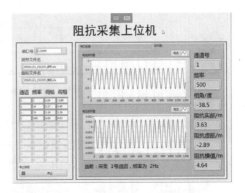

图 4-169　退役磷酸铁锂动力电池
状态快速评估装置硬件图

图 4-170　退役磷酸铁锂动力电池
状态快速评估装置软件图

通过测试电化学交流阻抗及其相角来判断电池内温度变化及 SOH，进而实现电池状态的快速评估。

4.13.2　基于交流阻抗特性的电池内温与状态监测技术

1. 锂电池交流阻抗与其充电电流的相关性

这里选取 70Hz 为特征频率，研究电池交流阻抗特性与电池内温间的关系，而电池内温变化与电池性能状态（电池老化或衰减）密切相关。

为了验证 70Hz 交流阻抗和相角与充电电流的相关性，这里设计断续充电试验，即在 25℃恒温箱内将 24A·h 磷酸铁锂电池放电至 0% SOC，然后静置 3h，再进行恒流充电，每当 SOC 增加 20% 时暂停充电，记录暂停前后的 70Hz 交流阻抗和相角，充电倍率分别为 $1C$、$0.8C$、$0.5C$、$0.4C$、$0.2C$，得到的曲线如图 4-171 所示。

图 4-171 显示充电过程中突然暂停充电，此时电流被调整为零，调整前后相角曲线几乎重合，而阻抗曲线相比连续充电中变化也很小，说明电流的变化不会

239

引起相角和阻抗发生明显变化。

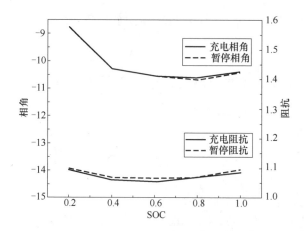

图 4-171　不同倍率下 SOC 每隔 20%暂停充电 1min，记录暂停
前后 70Hz 交流阻抗和相角对比图

本试验证明 70Hz 交流阻抗及其相角不受充电电流的影响。

2. 锂电池 SOC 对交流阻抗的影响

为了进一步验证 SOC 对阻抗测量的影响，又设计了充电静置试验，即在 25℃恒温箱中，首先将 24A·h 磷酸铁锂电池放电至 0% SOC 并静置 3h，再用相同的倍率对电池充电 20%然后静置 2h，循环五次直到 SOC 为 100%，从第一轮充电起记录 70Hz 交流阻抗和相角的变化，绘制出曲线如图 4-172 所示。

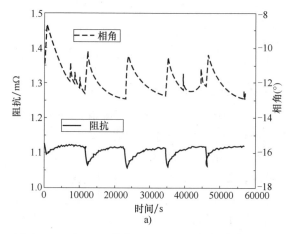

图 4-172　a）不同倍率下 SOC 每充电 20%静置 2h，
70Hz 交流阻抗和相角随时间变化图

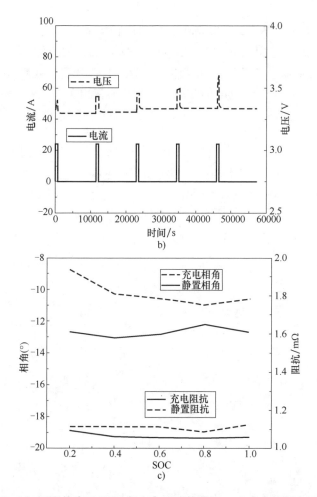

图 4-172　b）不同倍率下 SOC 每充电 20％静置 2h，充电电流和电压变化图

c）不同倍率下 SOC 每充电 20％静置 2h，充电与静置最后时刻 70Hz

交流阻抗和相角随 SOC 变化图（续）

图 4-172a 显示 70Hz 交流阻抗在充电时减小，静置时缓慢回升，相角也在充电时增大，静置时缓慢减小，变化趋势与图 4-170 相同，但在静置时变化趋势与充电时相反；图 4-172c 显示充电最终时刻的阻抗、相角曲线和静置最终时刻的阻抗、相角曲线，图中静置最后时刻的阻抗、相角曲线接近一条水平线。

本试验揭示稳定后的阻抗、相角与 SOC 无关，证明阻抗相角虽然会随着充电变化，但不是直接受 SOC 影响，从后面的试验可知，该变化是由内部温度引起的，当静置 3h，即内部温度回到正常温度后，阻抗和相角也回到原先状态。

3. 不同充电倍率下交流阻抗幅值、相角增长趋势

为了观察磷酸铁锂电池在正常充电时 70Hz 阻抗、相角的变化情况，做了不同倍率下的充电试验，在 25℃ 恒温箱内将 24A·h 磷酸铁锂电池放电至 0% SOC，然后静置 3h，再进行恒流充电的 70Hz 交流阻抗和相角曲线，充电倍率分别为 $1C$、$0.8C$、$0.5C$、$0.4C$、$0.2C$，70Hz 阻抗和相角的变化如图 4-173 所示。

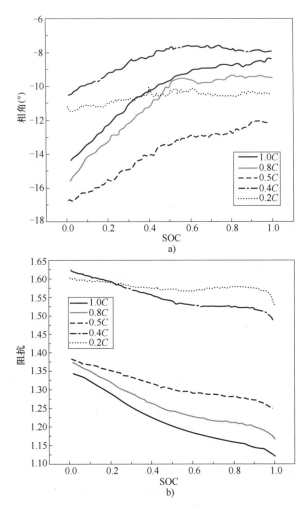

图 4-173 a）不同充电倍率下 70Hz 交流阻抗的相角随 SOC 变化图
b）不同充电倍率下 70Hz 交流阻抗随 SOC 变化图

图 4-173a 显示 70Hz 的相角随充电过程升高，在充电后半段趋于平稳；图 4-173b 显示 70Hz 的阻抗会在中段平稳后，在 SOC 接近 100%时变化较快。从

增长趋势来看，70Hz 的相角随充电过程升高，且倍率越大，增长越快；70Hz 的阻抗随充电过程减小，倍率越大，减小越多。

由于验证了电流、SOC 不影响 70Hz 相角，又通过变温试验找到了温度对相角的映射关系，因此可利用该映射计算充电试验中的电池内温。从充电试验及变温试验可知，$1C$ 充电试验在结束时内温已经高于 48℃，0.8C 和 0.5C 充电结束时，温度分布达到 40℃ 和 35℃，证明内温监测很有必要。

本试验证明了 70Hz 交流阻抗测量能够实时在线预警电池内温，为安全预警和快速充电提供支持。

4. 交流阻抗与电池内部温度关系

试验对象：方壳 24A·h 锂电池。

试验简述：从外部对电池加热，待内外温度平衡，得到同一 SOC 下温度平衡后的各频率阻抗与 T_a 的对应关系。

将放电至 0% SOC 的电池放在防爆箱中，设定温度进行外部加热，不断测量四个频点下的阻抗值（实部、虚部、相角、模值），待以上值稳定后将温度升高 5℃，继续等待阻抗值稳定，记录中间的所有数据，整理出在各个温度下的阻抗变化图和各个温度下稳定后的阻抗随温度变化的曲线图，典型数据如图 4-174 和图 4-175。

由图 4-174 和图 4-175 可知，各频率曲线变化趋势一致，所反映的内部机理在向一个目标水平上变化；其中 10Hz 和 70Hz 曲线平滑，测量结果没有抖动，一致性高。

图 4-176 和图 4-177 及其中间温度曲线图揭示了另一个趋势，即当内部温度上升至 48℃ 以后，10Hz 和 70Hz 的阻抗实部和幅值逐渐接近，直到 78℃ 后开始相同，之后的温度下两个频率点的实部和幅值也相同；而阻抗虚部和相角仍然保持不同。

需要特别指出，由于试验中没有充分静置，所以图 4-178 中 85～110℃ 段的实际阻抗实部和幅值比图中要高。

综上，在 SOC 为 0 时，结论如下：

1）阻抗实部、幅值随温度的增加而升高，并在 90℃ 之后剧烈上升；

2）相角变化幅度不大，在 50℃ 之前随温度的增加而呈上升趋势；

3）测量中需要实时显示各项阻抗参数的变化，好确定参数是否稳定。

5. 锂电池过充状态下的交流阻抗特性

2019 年 3 月又进行了多次过充试验，数据如图 4-179 所示。可见过充前后相角从常温下的 -17° 增加到 -10°，再次验证了交流阻抗相角的在线测量和反映内部温度的特性。

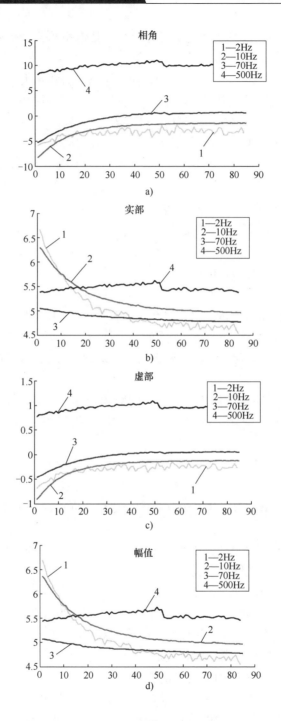

图 4-174　37.8℃下阻抗稳定曲线

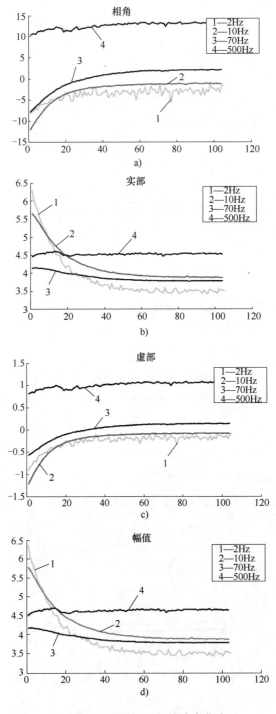

图 4-175 42.79℃下阻抗稳定曲线

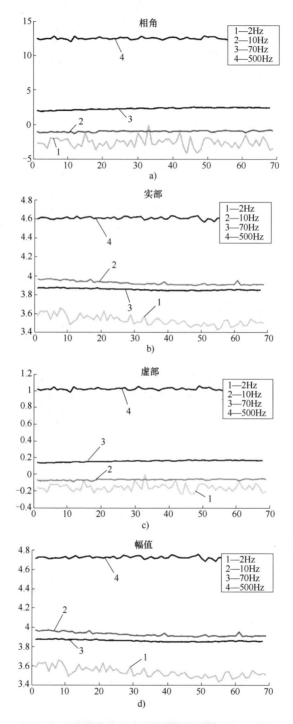

图 4-176　48℃下阻抗稳定曲线

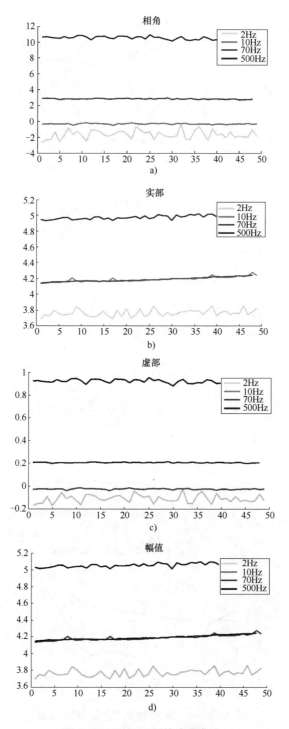

图 4-177 78℃下阻抗稳定曲线

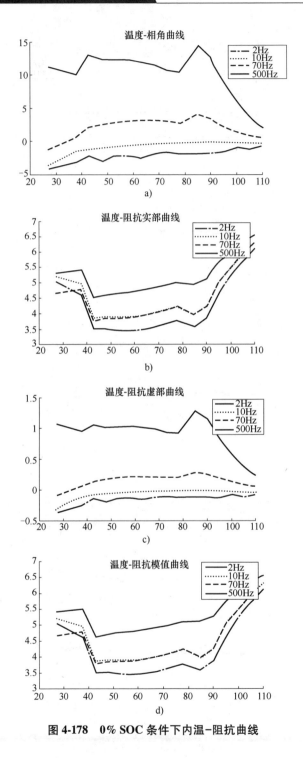

图 4-178　0% SOC 条件下内温-阻抗曲线

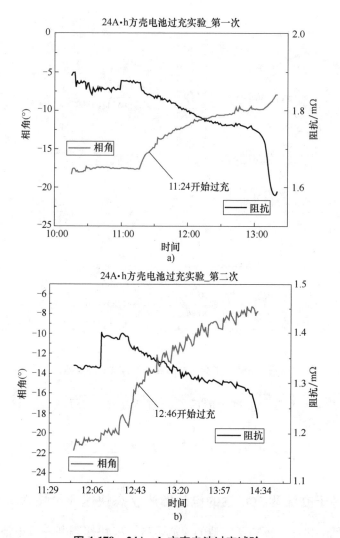

图 4-179　24A·h 方壳电池过充试验

6. 锂电池热失控状态的交流阻抗特性

试验对象：方壳 24A·h 锂电池（电池包中的一组）。

本次试验分为两个过程，初始状态电池 SOC 为 100%，第一步为过充到第一个安全阀打开，第二步为过充至热失控，中间静置两小时。由于通过调整 DA 输出值过滤电压直流分量的函数未能适应快速充电时的电压变化，故第二步热失控过程的电池阻抗未能测量到。

图 4-180 所示为正常充电时的四个频点的波形图。图 4-180 显示在充电时电压波形都有一定程度的扰动，2Hz 时干扰较大。

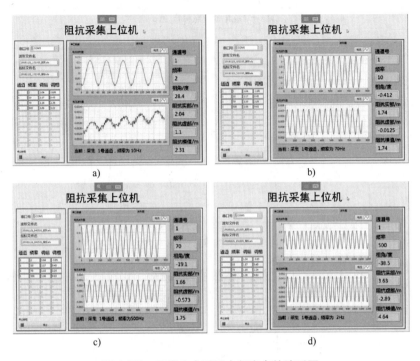

图 4-180　正常充电时四个频率点的波形图

图 4-181 所示为第一步过充前后的阻抗变化图，开始过充的时间为 15:15，安全阀打开的时间为 15:35。

图中能看出在过充时阻抗发生了波动，而在安全阀打开时发生了剧烈的波动。

4.13.3　基于交流阻抗特性的电池健康状态快速评价技术

通过测量 70Hz 下锂离子电池的交流阻抗，来快速判断一批电池的实际容量大小，从而实现退役锂离子电池梯次利用的快速筛选。

1. 试验步骤

1）选取七组不同初始 SOH 的软包锂离子电池，分别编号为 #1~#7，如图 4-182 所示。

2）首先将 #1 电池放置在恒温箱，温度设置为 25℃。

3）以 0.5C 放电至截止电压（2.8V），静置 3h。

4）以 0.5C 充电倍率对 #1 电池充电，同时进行 70Hz 交流阻抗测量，1min 测量一个数据点，至截止电压（3.6V）。

5）静置 3h，同时进行 70Hz 交流阻抗测量，1min 测量一个数据点。

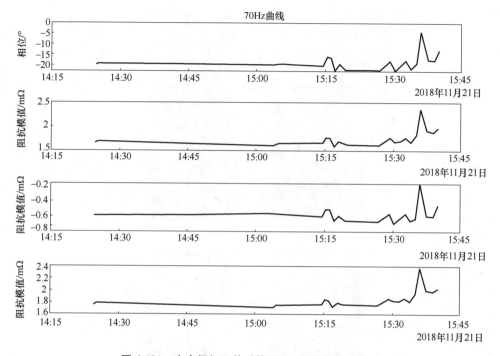

图4-181　安全阀打开前后的70Hz阻抗参数曲线图

6）以 $0.5C$ 放电倍率对电池进行放电，同时进行 70Hz 交流阻抗的测量，1min 测量一个数据点，至截止电压（2.8V），记录放出的电量，标记为#1 电池的实际容量。

7）静置 3h，同时测量 70Hz 交流阻抗测量，1min 测量一个数据点。

8）更换为#2~#7 电池，重复上述步骤 2）~7），其中需要注意的是#6 和#7 电池由于退役时间不确定，所以对这两个电池采用了 $0.1C$ 的充放电电流，用来防止电池无法完全充放电，最终测得七组电池充电、静置、放电、静置下的 70Hz 交流阻抗的变化曲线（阻抗幅值和相角）。

2. 结果

本次退役电池梯度利用快速筛选试验是对不同初始 SOH 的软包锂离子电池采用 $0.5C$ 和 $0.1C$ 的电流进行充放电循环，并同时测量充电过程、充电结束静置过程、放电过程以及放电静置过程中 70Hz 下的交流阻抗，分别得出七组电池的交流阻抗幅值对比图和交流阻抗相角对比图，如图 4-183 和图 4-184 所示。

3. 结果分析

由于充电结束静置过程和放电结束静置过程对七组电池一致性的影响没有意义，因此只截取了充电过程和放电过程两段的幅值对七组电池进行一致性对比。

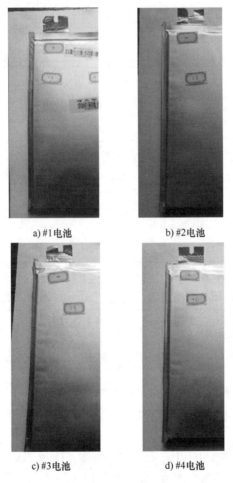

a) #1电池   b) #2电池

c) #3电池   d) #4电池

图 4-182　试验电池

由于充放电过程的相角规律不明显，所以不再分析。

由图 4-185 和图 4-186 可以看出，充电过程和放电过程都存在一个规律，即电池的 70Hz 交流阻抗幅值越大，电池的实际容量越小。

4.13.4　小结

本研究开发了退役磷酸铁锂动力电池状态快速评估装置，并针对锂电池交流阻抗特性设计了一系列试验，从多个角度探讨了充电电流对锂电池交流阻抗的影响，锂电池 SOC 对交流阻抗的影响，不同充电倍率下交流阻抗幅值、相角的变化趋势，交流阻抗与内部温度的关系以及锂电池过充和热失控状态下的交流阻抗特性，从而更加明确了锂电池交流阻抗的特性。

幅值 ─○─ 1号电池(17.44A·h) ─○─ 2号电池(16.93A·h)　　 3号电池(17.18A·h) ─○─ 4号电池(17.80A·h)
　　 ─○─ 5号电池(17.09A·h) ─○─ 6号电池(19.79A·h) ─○─ 7号电池(19.75A·h)

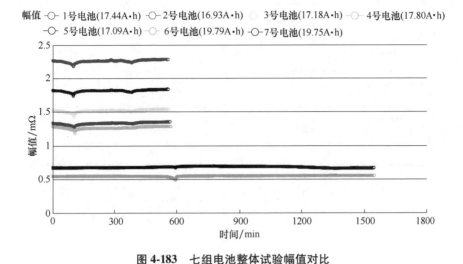

图 4-183　七组电池整体试验幅值对比

相角 ─○─ 1号电池(17.44A·h) ─○─ 2号电池(16.93A·h)　　 3号电池(17.18A·h) ─○─ 4号电池(17.80A·h)
　　 ─○─ 5号电池(17.09A·h) ─○─ 6号电池(19.79A·h) ─○─ 7号电池(19.75A·h)

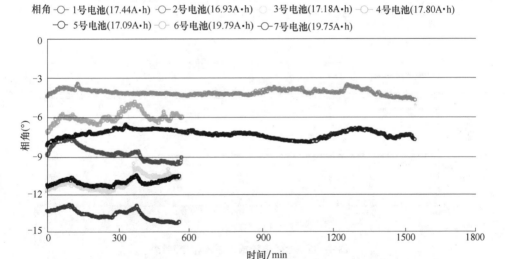

图 4-184　七组电池整体试验相角对比

最后基于锂电池交流阻抗特性设计了退役电池梯次利用快速筛选试验，通过测量分析锂电池充放电状态下的交流阻抗特性，得出了锂电池的交流阻抗幅值和其容量确实存在一定的关系，从而可以实现退役电池梯次利用的快速筛选。与传统的退役电池筛选方法相比，基于交流阻抗测量的筛选方法可以更加快速、简单、有效地筛选出一批实际容量一致的锂电池，对于现在数量非常巨大而且每年都在增加的退役电池的筛选来说是一个非常有意义的方法。

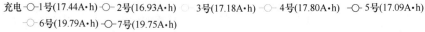

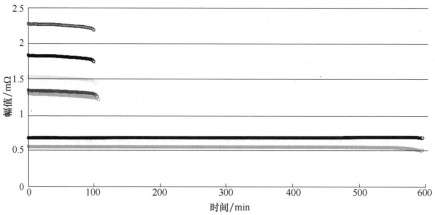

图4-185 七组电池充电过程幅值对比

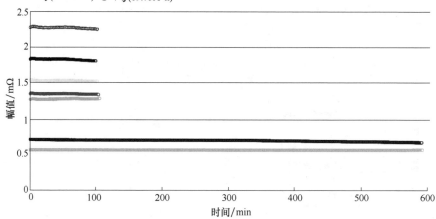

图4-186 七组电池放电过程幅值对比

参 考 文 献

［1］ DUBARRY M, SVOBODA V, HWU R, et al. Capacity and power fading mechanism indentification from a commercial cell evaluation ［J］. Journal of Power Sources, 2001, 165 (2): 566-572.

［2］ ZHANG D, HARAN B S, DURAIRAJAN A, et al. Studies on capacity fade of lithium-ion batteries ［J］. Journal of Power Sources, 2000, 91 (2): 122-129.

［3］ RAMADASS P, HARAN B S, WHITE R, et al. Capacity fade of Sony 18650 cells cycled at elevated temperatures: Part Ⅱ. Capacity fade analysis [J]. Journal of Power Sources, 2002, 112 (2): 614-620.

[4] RAMADASS P, HARAN B S, WHITE R, et al. Capacity fade of Sony 18650 cells cycled at elevated temperatures: Part Ⅱ. Capacity fade analysis [J]. Journal of Power Sources, 2002, 112 (2): 606-613.

[5] SIKHA G, RAMADASS P, HARAN B S, et al. Comparison of the capacity fade of Sony US 18650 cells charged with different protocols [J]. Journal of Power Sources, 2003, 122 (1): 67-76.

[6] NING G, HARAN B S, POPOV B N. Capacity fade study if lithium-ion batteries cycled at high discharge rates [J]. Journal of Power Sources, 2003, 117 (1): 160-169.

[7] WRIGHT R B, CHRISTOPHERSEN J P, MOTLOCH C G, et al. Power fade and capacity fade resulting from cycle-life testing of advanced technology development program lithium-ion batteries [J]. Journal of Power Sources, 2003, 119: 865-869.

[8] OSAKA T, NAKADE S, RAJAMAKI M, et al. Influence of capacity fading on commercial lithium-ion battery impedance [J]. Journal of Power Sources, 2003, 119: 929-933.

[9] CHRISTOPHERSEN J P, CHINH D H, GARY L H, et al. Advanced technology development program for lithium-ion batteries: Gen 2 GDR performance evaluation report [M]. Washington: US Department of Energy, 2006.

[10] BROUSSELY M, HERREYRE S, BIENSAM P, et al. Aging mechanism in Li-ion cells and calendar life predictions [J]. Journal of Power Sources, 2001, 97/98: 13-21.

[11] SPOTNITZ R. Simulation of capacity fade in lithium-ion batteries [J]. Journal of Power Sources, 2003, 113: 72-80.

[12] LIAW B Y, RUDOLPH G J, GANESAN J, et al. Modeling capacity fade in lithium-ion cells [J]. Journal of Power Sources, 2005, 140: 157-161.

[13] ABRAHAM D P, LIU J, CHEN C H, et al. Diagnosis of power fade mechanisms in high-power lithium-ion cells [J]. Journal of Power Sources, 2003, 119: 511-516.

[14] WRIGHT R B, MOTLOCH C G, BELT J R, et al. Calendar and cycle life studies of advanced technology development program generation 1 lithium-ion batteries [J]. Journal of Power Sources, 2002, 110: 445-470.

[15] THOMAS E V, CASE H L, DOUGHTY D H, et al. Accelerated power degradation of Li-ion cells [J]. Journal of Power Sources, 2003, 113: 72-80.

[16] BLOOM I, JONES S A, BATTAGLIA V S, et al. Effect of cathode composition on capacity fade, impedance rise and power fade in high-power, lithium-ion cells [J]. Journal of Power Sources, 2003, 124 (2): 538-550.

[17] BELT J R, HO C D, MILLER T J, et al. The effect of temperature on capacity and power cycled lithium-ion batteries [J]. Journal of Power Sources, 2005, 142 (1): 354-360.

[18] RANDY B W, CHESTER G M. Cycle-life studies of advanced technology development program gen 1 lithium-ion batteries [M]. Washington: US Department of Energy, 2001.

［19］ CHRISTOPHERSON J P, BLOOM I, EDWARD V T, et al. Advanced technology development program for lithium-ion batteries: Gen 2 performance evaluation final report ［M］. Washington: US Department of Energy, 2006.

［20］ ZHANG Q, WHITE R E. Capacity fade analysis of a lithium ion cell ［J］. Journal of Power Sources, 2008, 179 (2): 793-798.

［21］ RAMADASS P, HARAN B, WHIYE R, et al. Mathematical modeling of the capacity fade of Li-ion cells ［J］. Journal of Power Sources, 2003, 123: 230-240.

［22］ NING G, RALPH E W, BRANKO N P. A generalized cycle life model of rechargeable Li-ion batteries ［J］. Electroehimica Acta, 2006, 51: 2012-2022.

［23］ SMITH K, WANG C Y. Solid-state diffusion limitations on pulse operation of a lithium-ion cell for hybrid electric vehicles ［J］. Journal of Power Sources, 2006, 161: 628-639.

［24］ VAZQUEZ A J, FOWLER M, MAO X, et al. Modeling of combined capacity fade with thermal effects for a cycled Li_xC_6-$Li_yMn_2O_4$ cell ［J］. Journal of Power Sources, 2012, 215: 28-35.

［25］ BODENES L, NATUREL I T, MARTINEZ H, et al. Lithium secondary batteries working at very high temperature: Capacity fade and understanding of aging mechanisms ［J］. Journal of Power Sources, 2013, 236: 265-275.

［26］ ANDRE D, APPEL C, SOCZKA G T, et al. Advanced mathematical methods of SOC and SOH estimation for lithium-ion batteries ［J］. Journal of Power Sources, 2013, 224: 20-27.

［27］ 黎火林, 苏金然. 锂离子电池循环寿命预计模型的研究 ［J］. 电源技术, 2018, 32: 242-246.

［28］ 许参, 李杰, 王超. 一种锂离子蓄电池寿命的预测模型 ［J］. 应用科学学报, 2006, 24 (4): 368-371.

［29］ KANISBKA L. Battery-driven system design: A new frontier in low power design. Procaspdac 2002 ［C］. Bangalore, India, 2002: 261-267.

［30］ 徐玮, 魏学哲, 沈丹. 电池管理系统中电压电流检测不同步对电池内阻辨识影响的分析 ［J］. 汽车工程, 2009, 31 (3): 228-233.

［31］ HE Y, LIU W, KOCH B J. Battery algorithm verification and development using hardware-in-the-loop testing ［J］. Journal of Power Sources, 2010, 195 (9): 2969-2974.

［32］ 魏学哲, 徐玮, 沈丹. 锂动力电池内阻辨识及其在寿命估计中的应用 ［J］. 电源技术, 2009, 33 (3): 217-220.

［33］ TAKENO K, ICHIMURA M, TAKANO K, et al. Quick testing of batteries in lithium-ion battery packs with impedance-measuring technology ［J］. Journal of Power Sources, 2004, 128 (1): 67-75.

［34］ GALLAGHER K G, NELSON P A, DEES D W. Simplified calculation of the area specific impedance for battery design ［J］. Journal of Power Sources, 2011, 196 (4): 2289-2297.

［35］ RODRIGUES S, MUNICHANDRAIAH N, SHULDAA K. AC impedance and state-of-charge analysis of a sealed lithium-ion rechargeable battery ［J］. Journal of Solid State Electrochemistry, 1999, 3 (6): 397-405.

[36] LIAW B Y, JUNGST R G, NAGASUBRAMANIAN G, et al. Modeling capacity fade in lithium-ion cells [J]. Journal of Power Sources, 2005, 140 (1): 157-161.

[37] DAE K K, HEON C S. Investigation on cell impedance for high-power lithium-ion batteries [J]. Journal of Solid State Electrochemistry, 2007, 11: 1405-1410.

[38] ABU S S, DOERFFEL D. Rapid test and non-linear model characterisation of solid-state lithium-ion batteries [J]. Journal of Power Sources, 2004, 130 (1): 266-274.

[39] AIZPURUA F M, HAMELET S, MASQUELIER C, et al. High temperature electrochemical performance of nanosized $LiFePO_4$ [J]. Journal of Power Sources, 2010, 195 (1): 6897-6901.

[40] KATHRYN S, JOONGPYO S, AZUCENA S, et al. The development of low cost $LiFePO_4$-based high power lithium · ion batteries [J]. Journal of Power Sources, 2005, 146: 33-38.

[41] WANG D Y, WU X D, WANG Z X, et al. Cracking causing cyclic instability of $LiFePO_4$ cathode material [J]. Journal of Power Sources, 2005, 140: 125-128.

[42] LI J, MURPHY E, WINNICK J, et al. Studies on the cycle life of commercial lithium-ion batteries during rapid charge-discharge cycling [J]. Journal of Power Sources, 2001, 102 (1): 294-301.

[43] CHRISTOPHERSEN J P, HUNT G L, HO C D, et al. Pulse resistance effects due to charging or discharging of high-power lithium-ion cells: A path dependence study [J]. Journal of Power Sources, 2007, 173 (2): 998-1005.

[44] 吕东生, 李伟善, 刘煦, 等. 锂离子嵌脱的交流阻抗谱 [J]. 电池, 2003, 33 (5): 326-327.

[45] 徐睿. 锂离子劣化程度与阻抗模型相关性研究 [D]. 哈尔滨: 哈尔滨理工大学, 2010.

[46] 赵强宝. 基于模糊神经网络的蓄电池恶化程度预测 [J]. 电源技术, 2006, 30 (12): 1009-1012.

[47] 高飞, 唐致远. 锂动力电池不同充电深度阻抗谱分析 [J]. 第十三次全国电化学会议论文摘要集 (上集), 2005, 33 (8): 100-102.

[48] EDDAHECH A, BRIAT O, BERTRAND N, et al. Behavior and state-of-health monitoring of Li-ion batteries using impedance spectroscopy and recurrent neural networks [J]. International Journal of Electrical Power&Energy Systems, 2012, 42 (1): 487-494.

[49] YANN L B, NAGASUBRAMANIAN G, JUNGST R G, et al. Modeling of lithium ion cells-A simple equivalent-circuit model approach [J]. Solid State Ionics, 2004, 175 (1): 835-839.

[50] HU X, LI S, PENG H. A comparative study of equivalent circuit models for Li-ion batteries [J]. Journal of Power Sources, 2012, 198: 359-367.

[51] BROWN S, OGAWA K, KUMEUCHI Y, et al. Cycle life evaluation of 3Ah $Li_xMn_2O_4$-based lithium-ion secondary cells for low-earth-orbit satellites: I. Full cell results [J]. Journal of Power Sources, 2008, 185 (2): 1444-1453.

［52］ AUDRE D，MEILER M，STEINER K，et al. Characterization of high-power lithium-ion batteries by electrochemical impedance spectroscopy Ⅰ. Experimental investigation ［J］. Journal of Power Sources，2011，196（12）：5334-5341.

［53］ RAMADASS P，HARAN B，WHITE R，et al. Capacity fade of Sony 1 8650 cells cycled at elevated temperatures：Part Ⅰ. Cycling performance ［J］. Journal of Power Sources，2002，112（2）：606-613.

［54］ ANDRE D，APPEL C，SOCZKA GT，et al. Advanced mathematical methods of SOC and SOH estimation for lithium-ion batteries ［J］. Journal of Power Sources，201 3，224：20-27.

［55］ OSAKA T，MOMMA T，MUKOYAMA D，et al. Proposal of novel equivalent circuit for electrochemical impedance analysis of commercially available lithium ion battery ［J］. Journal of Power Sources，2012，205：483-486.

［56］ 方小斌. 锂离子电池在线监测系统的研究与设计 ［D］. 哈尔滨：哈尔滨理工大学，2008.

［57］ 刘清虎. 纯电动汽车整车能量建模与仿真分析 ［D］. 长沙：湖南大学机械与汽车工程学院，2003.

［58］ 寇晓静. 电池运行状态监控模块的研究 ［D］. 哈尔滨：哈尔滨工业大学，2006.

［59］ MEYER M，KOMSIYSKA L，LENZ B，et al. Study of the local SOC distribution in a lithium-ion battery by physical and electrochemical modeling and simulation ［J］. Applied Matllemmical Modeling，2013，37（4）：2016-2027.

［60］ PILLER S，PCRRIN M，JOSSEN A. Methods for state-of-charge determination and their applications ［J］. Journal of Power Sources，2001，96（1）：113-120.

［61］ 陈洪图. 纯电动大巴磷酸铁锂动力电池监测与 SOC 估计 ［D］. 哈尔滨：哈尔滨理工大学，2010.

［62］ 吴池. AH 计量法在 MATLAB 环境下对锂离子电池 SOC 的估算 ［D］. 天津大学，2007.

［63］ 周红丽. 电动汽车动力电池剩余容量预测及性能分析仿真 ［D］. 长沙：湖南大学，2007.

［64］ 熊英. 18650 锂离子电池大电流放电性能的研究 ［D］. 长沙：湖南大学，2007.

［65］ KASHIF A，JOHANSSON T，SVENSSON C，et al，Influence of interface state charges on RF performance of LDMOS transistor ［J］. Solid State Electronics，2008，52（7）：1099-1105.

［66］ ZHU C，LI X，SONG L，et al. Development ofa theoretically based thermal model for lithium-ion battery pack ［J］. Joumal of Power Sources，2013，223：155-164.

［67］ JI Y，WANG C Y. Heating strategies for Li-ion batteries operated from subzero temperatures ［J］. Electrochimica Acta，2013，107：664-674.

［68］ XIONG R，HE H，SUN F，et al. Model-based state of charge and peak power capability joint estimation of lithium-ion battery in plug-in hybrid electric vehicles ［J］. Journal of Power Sources，2013，229：159-169.

［69］ 刘浩. 基于 EKF 的电动汽车用锂离子电池 SOC 估算方法研究 ［D］. 北京：北京交通大

学，2010.

［70］ SHEN Y. Adaptive online state-of-charge determination based on neuro-controller and neural network ［J］. Energy Conversion and Management，2010，51（5）：1093-1098.

［71］ HAMETNER C，JAKUBEK S. State of charge estimation for Lithium Ion cells：Design of experiments，nonlinear identification and fuzzy observer design ［J］. Journal of Power Sources，2013，238：413-421.

［72］ 曹宏庆，康立山. 锂离子电池放电寿命的演化自适应建模 ［J］. 计算机与应用化学，1998，15（1）：19-22.

［73］ ALVAREZ ANTON J C，GARCIA NIETO P J，DE COS JUEZ F J，et al. Battery State-of-charge estimator using the SVM technique ［J］. Applied Mathematical Modelling，2013，37（9）：6244-6253.

［74］ 吴东兴，关道净，齐国光. 高精度预测 SOC 的混合电动车电池管理系统的研究 ［J］. 高技术通讯，2006，16（4）：391-394.

［75］ CHANG W N. Estimation of the state of charge for a LFP battery using a hybrid method that combines a RBF neural network，an OLS algorithm and AGA ［J］. International Journal of Electrical Power&Energy Systems，2013，53：603-611.

［76］ SALKIND A J. Determination of state-of-charge and state·of-health of batteries by fuzzy logic methodology ［J］. Journal of Power Sources，1999，80（1-2）：293-300.

［77］ DOMENICO D D，STEFANOPOULOU A，FIENGO G. Lithium-ion battery state of charge and critical surface charge estimation using an electrochemical model-based extended kalman filter ［J］. Journal of Dynamic Systems Measurement and Control-Transaction of the ASME，2010，132：6.

［78］ 陈金干. 基于模型的动力电池参数估计研究 ［D］. 上海：同济大学，2009.

［79］ TAKEI K，KURNAI K，KOBAYASHI Y，et al. Cycle life estimation of lithium secondary battery by extrapolation method and accelerated aging test ［J］. Journal of Power Sources，200 1，97-98：697-701.

［80］ 郑文. 模型数据的拟合 ［J］. 重庆职业技术学院学报：自然科学版，2012，14（4）：45-47.

［81］ ANEIROS E，LOBO D，ALBERTO L，et al. A proposed mathematical model for discharge curves of Li-Ion batteries ［J］. New Concepts in Smart Cities：Fostering Public and Private Alliances（SmartMILE），2013 International Conference on，2013：1-6.

［82］ HAROLD C. Interpolation and curve fitting ［M］. Numerical approximation methods，USA：Springer New York Dordrecht Heidelberg London，2011：1-29.

［83］ 沈世德，徐辛伯. 最小二乘圆弧法在圆图象分析中的应用 ［J］. 机械设计与制造，2009，10：46-47.

［84］ 陆宁. 离散数据的连续函数拟合问题 ［J］. 西北建筑工程学院学报：自然科学版，2007，12（4）：34-35.

［85］ CAO H Q，YU J X，KANG L S，et al. Modeling and prediction for discharge lifetime of battery systems using hybrid evolutionary algorithms [J]. Computers and Chemistry, 2001, 25: 251-259.

[86] FENG X N, LI J Q, OUYANG M G, et al. Using probability density function to evaluate the state of health of lithium-ion batteries [J]. Journal of Power Sources, 2013, 232 (15): 209-218.

[87] NG K S, MOO C S, CHEN Y P, et al. Enhanced coulomb counting method for estimating state-of-charge and state-of-health of lithium-ion batteries [J]. Applied Energy, 2009, 86 (9): 1506-1511.

[88] WIDODO A, SHIM M C, CAESARENDRA W, et al. Intelligent prognostics for battery health monitoring based on sample entropy [J]. Expert Systems with Applications, 2011, 38 (9): 11763-11769.

[89] 魏学哲, 徐玮, 沈丹. 锂离子电池内阻辨识及其在寿命估计中的应用 [J]. 电源技术, 2009, 33 (3): 217-220.

[90] REMMLINGER J, BUCHHOLZ M, MEILER M. State-of-health monitoring of lithium-ion batteries in electric vehicles by on-board internal resistance estimation [J]. Journal of Power Sources, 2011, 196 (12): 5357-5363.

[91] 张彩萍, 姜久春, 张维戈, 等. 梯次利用锂离子电池电化学阻抗模型 [J]. 电力系统自动化, 2013, 37 (1): 54-58.

[92] 董明哲. 充电电池容量预测的算法研究 [J]. 鞍山师范学院学报, 2000, 2 (3): 80-84.

[93] 徐文静. 纯电动汽车锂动力电池健康状态估算方法研究 [D]. 吉林: 吉林大学, 2012.

[94] 黎火林, 苏金然. 锂离子电池循环寿命预计模型的研究 [J]. 电源技术, 2008, 32 (4): 242-246.

[95] PLETT G L. Extended Kalman fltering for battery management systems of LiPB-based HEV battery packs [J]. Journal of Power Sources, 2004, 134 (2): 277-292.

[96] 戴海峰. 利用双卡尔曼滤波算法估计电动汽车用锂离子动力电池的内部状态 [J]. 机械工程学报, 2009, 45 (6): 95-101.

[97] 孙庆娜. 锂离子电池容量衰减原因分析 [D]. 苏州大学, 2013: 1-69.

[98] FERGUS J W. Recent developments in cathode materials for lithium-ion batteries [J]. Power Sources, 2010, 195 (4): 939-954.

[99] FU L. J, LIU H, LI C, et al. Surface modifications of electrode materials for lithium ion batteries [J]. Solid State Sciences, 2006. 8 (2): 113-128.

[100] 李晓干, 仇卫华, 郝广明, 等. 锂离子电池正极材料 $LiCoO_2$ 抗过充性能 [J]. 电池, 2002. 32 (1): 19-21.

[101] WU Y P, RAHM E, HOLZE R, et al. Effects of heteroatoms on electrochemical performance of electrode materials for lithium-ion batteries [J]. Electrochimica Acta, 2002, 47: 3491-3507.

[102] MARKOVSKY B, RODKIN A, COHEN Y S, et al. The study of capacity fading processes

of Li-ion batteries: major factors that play a role [J]. Power Sources, 2003, 119-121: 504-510.

[103] CHUNG K Y, LEE H S, YOON W S, et al. Studies of LiMn$_2$O$_4$ capacity fading at elevated temperature using in situ synchrotron X-ray diffraction [J]. Electrochemical Soc, 2006, 153 (4): A774-A780.

[104] DAS S R, MAJUMDER S, KATIYAR R. Kinetic analysis of the Li$^+$ ion intercalation behavior of solution derived nano-crystalline lithium manganate thin films [J]. Power Sources, 2005, 139 (1): 261-268.

[105] THACKERAY M M, ROSSOUW M H, LILES D, et al. Spinel Electrodes from the Li-Mn-O System for Rechargeable Lithium Battery Applications [J]. Electrochemical Soc, 1992, 139 (2): 363-366.

[106] DING F, XU W, WANG W, et al. Enhanced performance of graphite anode materials by AlF$_3$ coating for lithium-ion batteries [J]. Mater Chem, 2012, 22 (25): 12745-12751.

[107] TERADA N, YANAGI T, ARAI S, et al. Development of lithium batteries for energy storage and EV applications [J]. Power Sources, 2001, 100 (1): 80-92.

[108] GAO Y, DAHN J R. Correlation between the growth of the 3.3 V discharge plateau and capacity fading in Li$_{1+x}$Mn$_{2-x}$O$_4$ materials [J]. Solid State Ionics, 1996, 84 (1): 33-40.

[109] XIA Y Y, SAKAI T, YANG X Q, et al. Correlating Capacity Fading and Structural Changes in Li$_{1+y}$Mn$_{2-y}$O$_{4-\delta}$ Spinel Cathode Materials: A Systematic Study on the Effects of Li/Mn Ratio and Oxygen Deficiency [J]. Electrochemical Soc, 2001, 148 (7): A723-A729.

[110] VERMA P, MAIRE P, NOVÁK P. A review of the features and analyses of the solid electrolyte interphase in Li-ion batteries [J]. Electrochimica Acta, 2010, 55 (22): 6332-6341.

[111] BESENHARD J Q, WINTER M, YANG J, et al. Filming mechanism of lithium-carbon anodes in organic and inorganic electrolytes [J]. Power Sources, 1995, (54): 228-231.

[112] AURBACH D. Electrode-solution interactions in Li-ion batteries: a short summary and new insights [J]. Power Sources, 2003, 119-121: 497-503.

[113] WOHLFAHRT-MEHRENS M, VOGLER C, GARCHE J. Aging mechanisms of lithium cathode materials [J]. Power Sources, 2004, 127 (1): 58-64.

[114] AURBACH D, GAMOLSKY K, MARKOVSKY B. The Study of Surface Phenomena Related to Electrochemical Lithium Intercalation into Li$_x$MO$_y$ Host Materials (M=Ni, Mn) [J]. Electrochemical Soc, 2000, 147 (4) 1322-1331.

[115] AMINE K, LIU J, BELHAROUAK I. High-temperature storage and cycling of C-LiFePO$_4$/graphite Li-ion cells [J]. Electrochemistry Communications, 2005, 7 (7).

[116] KOLTYPIN M, AURBACH D, NAZAR L, et al. On the Stability of LiFePO$_4$ Olivine Cathodes under Various Conditions (Electrolyte Solutions, Temperatures) [J]. Electrochemical and Solid-State Letters, 2007, 10 (2): A40-A44.

[117] KIM Y J, CHO J, KIM T J, et al. Suppression of Cobalt Dissolution from the LiCoO$_2$ Cathodes with Various Metal-Oxide Coatings [J]. Electrochemical Soc, 2003, 150 (12):

A1723-A1725.

［118］ ZHENG H H, SUN Q N, LIU G, et al. Correlation between dissolution behavior and electrochemical cycling performance for $LiNi_{1/3}Co_{1/3}Mn_{1/3}O_2$-based cells ［J］. Power Sources, 2012, 207: 134-140.

［119］ ILTCHEV N, CHEN Y, OKADA S, et al. $LiFePO_4$ storage at room and elevatedtemperatures ［J］. Power Sources, 2003, 119-121: 749-754.

［120］ AMINE K, LIU J, KANG S, et al. Improved lithium manganese oxide spinel/graphite Li-ion cells for high-power applications ［J］. Power Sources, 2004, 129 (1): 14-19.

［121］ KIM D, PARK S, CHAE O. B, et al. Re-Deposition of Manganese Species on Spinel $LiMn_2O_4$ Electrode after Mn Dissolution ［J］. Electrochem Soc, 2012, 159 (3): A193-A197.

［122］ TSUNEKAWA H, TANIMOTO S, MARUBAYASHI R, et al. Capacity fading of graphite electrodes due to the deposition of manganese ions on them in Li-ion batteries ［J］. Electrochem Soc, 2002, 149 (10): A1326-A1331.

［123］ RACHID Y, YVAN F. R. Mechanism of self-discharge in graphite-lithium anode ［J］. Electrochimica Acta, 2002, (47): 1217-1223.

［124］ WU H C, GUO Z Z, WEN H P, et al. Study the fading mechanism of $LiMn_2O_4$ battery with spherical and flake type graphite as anode materials ［J］. Power Sources, 2005, 146 (1): 736-740.

［125］ MARKOVSKY B, RODKIN A, COHEN Y S, et al. The study of capacity fading processes of Li-ion batteries: major factors that play a role ［J］. Power Sources, 2003. 119: 504-510.

［126］ DU P A, BLYR A, COURJAL P, et al. Mechanism for Limited 55℃ Storage Performance of $Li_{1.05}Mn_{1.95}O_4$ Electrodes ［J］. Electrochem Soc, 1999, 46 (2): 428-436.

［127］ KASSEM M, BERNARD J, REVEL R, et al. Calendar aging of a graphite/$LiFePO_4$ cell ［J］. Power Sources, 2012, 208: 296-305.

［128］ BROUSSELY M, BIENSAN P, BONHOMME F, et al. Main aging mechanisms in Li-ion Batteries ［J］. Power Sources, 2005, 146 (1-2): 90-96.

［129］ WANG J, SOUKIAZIAN S, VERBRUGGE M, et al. Active lithium replenishment to extend the life of a cell employing carbon and iron phosphate electrodes ［J］. Power Sources, 2011, 196 (14): 5966-5969.

［130］ SONG H S, CAO Z, CHEN X, et al. Capacity fade of $LiFePO_4$/graphite cell atelevated temperature ［J］. Solid State Electrochem, 2012, 17 (3): 599-605.

［131］ CASTRO L, DEDRYVERE R, LEDEUIL J B, et al. Aging Mechanisms of $LiFePO_4$ Graphite Cells Studied by XPS: Redox Reaction and Electrode/Electrolyte Interfaces ［J］. Electrochem. Soc, 2012, 159 (4): A357-A363.

［132］ CHRISTENSEN J, NEWMAN J. Cyclable Lithium and Capacity Loss in Li-Ion Cells ［J］. Electrochem. Soc, 2005, 152 (4): A818-A829.

［133］ DUBARRY M, LIAW B Y. Identify capacity fading mechanism in a commercial $LiFePO_4$ cell

[J]. Power Sources, 2009, 194 (1): 541-549.

[134] LIU P, WANG J, HICKS-GARNER J, et al. Aging Mechanisms of LiFePO₄ Batteries Deduced by Electrochemical and Structural Analyses [J]. Electrochem. Soc, 2010, 157 (4): A499-A507.

[135] SAFARI M, DELACOURT C. Modeling of a Commercial Graphite/LiFePO₄ Cell [J]. Electrochem. Soc, 2011, 158 (5): A562-A571.

[136] SHIM J, STRIEBEL K A. Cycling performance of low-cost lithium ion batteries with natural graphite and LiFePO₄ [J]. Power Sources, 2003, 119-121: 955-958.

[137] ZHENG H H, LIU G, RIDGWAY P, et al. Capacity fading mechanism of MCMB/LiFePO₄ batteries [C]. 218th ECS Meeting, 2010, Absrtract #293.

[138] ZHANG Q, WHITE R E. Capacity fade analysis of a lithium ion cell [J]. Power Sources, 2008, 179 (2): 793-798.

[139] KOMABA S, KUMAGAI N, KATAOKA Y. Influence of manganese (II), cobalt (II), and nickel (II) additives in electrolyte on performance of graphite anode for lithium-ion batteries [J]. Electrochimica Acta, 2002, 47 (8): 1229-1239.

[140] RYOU M H, HAN G B, LEE Y M, et al. Effect of fluoroethylene carbonate on high temperature capacity retention of LiMn₂O₄/graphite Li-ion cells [J]. Electrochimica Acta, 2010, 55 (6): 2073-2077.

[141] JONES J, ANOUTI M, CAILLON-CARAVANNIER M, et al. Solubilization of SEI lithium salts in alkylcarbonate solvents [J]. Fluid Phase Equilibria, 2011, 305 (2): 121-126.

[142] YANG L, TAKAHASHI M, WANG B. F. A study on capacity fading of lithium-ion battery with manganese spinel positive electrode during cycling [J]. Electrochimica Acta, 2006, 51 (16): 3228-3234.

[143] AURBACH D. Review of selected electrode-solution interactions which determine the performance of Li and Li ion batteries [J]. Power Sources, 2000, 89 (2): 206-218.

[144] YOSHIDA T, TAKAHASHI M, MORIKAWA S, et al. Degradation Mechanism and Life Prediction of Lithium-Ion Batteries [J]. Electrochem. Soc., 2006, 153 (3): A576-A582.

[145] LI J, ZHANG J, ZHANG X G, et al. Study of the storage performance of a Li-ion cell at elevated temperature [J]. Electrochimica Acta, 2010, 55 (3): 927-934.

[146] LI L F, XIE B, LEE H S, et al. Studies on the enhancement of solid electrolyte interphase formation on graphitized anodes in LiX-carbonate based electrolytes using Lewis acid additives for lithium-ion batteries [J]. Power Sources, 2009, 189 (1): 539-542.

[147] CHRISTENSEN J, NEWMAN J. Effect of Anode Film Resistance on the Charge/Discharge Capacity of a Lithium-Ion Battery [J]. Electrochem. Soc., 2003, 150 (11): A1416-A1420.

[148] RUBINO, ROBERT S, TAKEUCHI, et al. The study of irreversible capacity in lithium-ion anodes perpared with thermally oxidized graphite [J]. Power Sources, 1999, 81: 373-377.

[149] RODER P, STIASZNY B, ZIEGLER J C, et al. The impact of calendar aging on the thermal stability of a LiMn₂O₄⁻ Li (Ni₁/₃Mn₁/₃Co₁/₃) O₂/graphite lithium-ion cell [J]. Power

Sources，2014，268：315-325.

［150］ UTSUNOMIYA T，HATOZAKI O，YOSHIMOTO N，et al. Self-discharge behavior and its temperature dependence of carbon electrodes in lithium-ion batteries ［J］. Power Sources，2011，196（20）：8598-8603.

［151］ UTSUNOMIYA T，HATOZAKI O，YOSHIMOTO N，et al. Influence of particle size on the self-disch behavior of graphite electrodes in lithium-ion batteries ［J］. Power Sources，2011，196（20）：8675-8682.

［152］ WU Y P，RAHM E，HOLZE R. Carbon anode materials for lithium ion batteries ［J］. Power Sources，2003，114（2）：228-236.

［153］ WU N N，YANG D J，LIU J H，et al. Study on accelerated capacity fade of $LiMn_2O_4$/graphite batteries under operating-mode cycling conditions ［J］. Electrochimica Acta，2012，62：91-96.

［154］ HE Y B，NING F，YANG Q H，et al. Structural and thermal stabilities of layered Li（$Ni_{1/3}$ $Co_{1/3}Mn_{1/3}$）O_2 materials in 18650 high power batteries ［J］. Power Sources，2011，196（23）：10322-10327.

［155］ 郑勇. 磷酸铁锂/石墨动力电池的衰退行为及老化机制 ［D］. 北京：北京科技大学，2016.

［156］ KLETT M，ZAVALIS T G，KJELL M H，et al. Altered electrode degradation with temperature in $LiFePO_4$/mesocarbon microbead graphite cells diagnosed with impedance spectroscopy ［J］. Electrochimica Acta，2014，141（28）：173-181.

［157］ SHI W，HU X，WANG J，et al. Analysis of Thermal Aging Paths for Large-Format $LiFePO_4$ Graphite Battery ［J］. Electrochimica Acta，2016，196：13-23.

［158］ 张云云，白洁，张国庆. 大倍率放电时电动汽车用锂离子电池的热性能 ［J］. 汽车安全与节能学报，2015，6（1）：97-101.

［159］ TAKEI K，KUMAL K，KOBAYASHI Y，et al. Cycle life estimation of lithium secondary battery by extrapolation method and accelerated aging test ［J］. Power Sources，2001（97/98）：697-701.

［160］ 詹晋华. 简易锂离子电池自动循环寿命测试仪设计 ［J］. 电源应用技术，1999，13（5）：59-62.

［161］ 范小平，丁家祥. 终止电压对锂离子电池循环性能的影响 ［J］. 电池，2012（06）：330-332.

［162］ 王彩娟，魏洪兵，宋杨，等. 锂离子电池循环性能失效研究 ［J］. 电池工业，2010，15（1）：35-36.

［163］ 王雪非. 基于工况仿真的锂动力电池寿命研究 ［D］. 哈尔滨：哈尔滨理工大学，2011.

［164］ LU W，LOPEZ C M，UAUGHEY J T，et al. Overcharge Effect on Morphology and Structure of Carbon Electrodes for Lithium-Ion Batteries ［J］. Journal of the Electrochemical Society，2012，159（5）：566-570.

[165]　王震坡，孙逢春，林程. 不一致性对动力电池组使用寿命影响的分析 [J]. 北京理工大学学报，2006，6（7）：577-580.

[166]　吴国良. 锂离子电池荷电贮存性能的研究 [J]. 电池，2007，37（4）：275-277.

[167]　PYUNG S K. New estimation filtering for battery management systems of leadacid cells in HEV [J]. International Journal of Computer Science and Network Securit，2007，7（2）：136-141.

[168]　许参，李杰，王超. 一种锂离子电池寿命的预测模型 [N]. 应用科学学报，2006，34（4）：368-371.

[169]　ZHANG L, MA Y, CHENG X, et al. Capacity fading mechanism during long-term cycling of over-discharged $LiCoO_2$/mesocarbon microbeads battery [J]. Power Sources，2015，293：1006-1015.

[170]　SHI W, HU X, JIN C, et al. Effects of unbalanced currents on large-format $LiFePO_4$/graphite batteries systems connected in parallel [J]. Power Sources，2016，313：198-204.

[171]　艾新平，杨汉西. 电动汽车与动力电池 [J]. 电化学，2011，17（2）：123-133.

[172]　WRIGHT R B, CHRISTOPHERSEN J P, MOTLOCH C G, et al. Power fade and capacity fade resulting from cycle-life testing of advanced technology development program lithium-ion batteries [J]. Power Sources，2003，119-121：865-869.

[173]　LUO S H, TANG Z L, LU J B. Temperature sensitivity to capacity of $LiFePO_4$-based cathode materials and AC impedance analysis [J]. Rare Metal Materials and Engineering，2007，36（5）：835-837.

[174]　XU K. Nonaqueous liquid electrolytes for lithium-based rechargeable batteries [J]. Chemical Reviews，2004，104：4303-4417.

[175]　XU K. Electrolytes and interphases in Li-ion batteries and beyond [J]. Chemical Reviews，2014，114：11503-11618.

[176]　徐仲榆，郑洪河. 锂离子蓄电池碳负极/电解液相容性研究进展 I 碳电极界面化学与碳负极/电解液的相容性 [J]. 电源技术，2000，24（3）：171-177.

[177]　庄全超，徐守冬，孙世刚，等. 锂离子电池的电化学阻抗谱分析 [J]. 化学进展，2010，22（6）：1044-1057.

[178]　ETACHERI V, MAROM R, ELAZARI R, et al. Challenges in the development of advanced Li-ion batteries：a review [J]. Energy Environ Sci.，2011，4：3243-3262.

[179]　GUO Y G, HU J S, WAN L J. Nanostructured materials for electrochemical energy conversion and storage devices [J]. Adv. Mater.，2008，20：2878-2287.

[180]　MANTHIRAM A, VADIVEL MURUGAN A, SARKAR A, et al. Nanostructured electrode materials for electrochemical energy storage and conversion [J]. Energy Environ Sci.，2008，1：621-638.

[181]　LIH W C, YEN J H, SHIEH F H, et al. Second use of retired lithium-ion battery packs from electric vehicles：technological challenges，cost analysis and optimal business model

［J］. 2012 International Symposium on Computer, Consumer and Control, 2012, 103：381-384.

［182］ SCHNEIDER E L, OLIVEIRA C T, BRITO R M, et al. Classification of discarded NiMH and Li-ion batteries and reuse of the cells still in operational conditions in prototypes ［J］. Power Sources, 2014, 262：1-9.

［183］ 郭剑波, 刘道坦, 王松岑, 等. 一种电动汽车动力电池梯次利用的分级方法, 中国, ZL 2011 1 0410608. 8 ［P］. 2014. 03.

［184］ JIANG Y, JIANG J C, ZHANG C P, et al. Recognition of battery aging variations for LiFePO$_4$ batteries in 2nd use applications combining incremental capacity analysis and statistical approaches ［J］. Power Sources, 2017, 360：180-188.

［185］ 赵光金, 吴文龙. 一种退役动力锂电池可用性评价方法：ZL 201410433190. 6 ［P］. 2017-01.

［186］ TONG S J, FUNG T, KLEIN M P, et al. Demonstration of reusing electric vehicle battery for solar energy storage and demand side management ［J］. Journal of Energy Storage, 2017, 11：200-210.

［187］ CHIANG Y H, SEAN W Y, WU C H. Development of a converterless energy management system for reusing automotive lithium-ion battery applied in smart-grid balancing ［J］. Journal of Cleaner Production, 2017, 156：750-756.

［188］ 赵光金, 吴文龙. 串联蓄电池组的主动被动协同混合均衡电路及均衡方法：201410338200. 8 ［P］. 2016-08.

［189］ ZHAO G J. Reuse and recycling of lithium-ion power batteries ［M］. Singapore：Wiley, 2017, 05.

［190］ 马玲玲, 杨军, 付聪, 等. 电动汽车充放电对电网影响研究综述 ［J］. 电力系统保护与控制, 2013, 41 (03)：140-148.

［191］ 何秋生, 徐磊, 吴雪雪. 锂电池充电技术综述 ［J］. 电源技术, 2013, 37 (08)：1464-1466.

［192］ ALEXANDER F, WLADISLAW W, DIRK U S. Application specific electrical characterization of high power batteries with lithium titanate anodes for electric vehicles ［J］. Energy, 2016, 112.

［193］ 刘念, 唐霄, 段帅, 等. 考虑动力电池梯次利用的光伏换电站容量优化配置方法 ［J］. 中国电机工程学报, 2013, 33 (04)：34-44.

［194］ 刘坚. 电动汽车退役电池储能应用潜力及成本分析 ［J］. 储能科学与技术, 2017, 6 (02)：243-249.

［195］ 孙冬, 许爽. 梯次利用锂电池健康状态预测 ［J］. 电工技术学报, 2018, 33 (09)：2121-2129.

［196］ 吴盛军, 袁晓冬, 徐青山, 等. 锂电池健康状态评估综述 ［J］. 电源技术, 2017, 41 (12)：1788-1791.

［197］ GAMBHIRE P, GANESAN N, BASU S, et al. A reduced order electrochemical thermal model for lithium ion cells [J]. Power Sources, 2015, 290：87-101.

[198] 周晓凤. 纯电动汽车锂电池剩余电量估计研究 [D]. 南京：南京航空航天大学，2014.

[199] 陈息坤，孙冬. 锂离子电池建模及其参数辨识方法研究 [J]. 中国电机工程学报，2016, 36 (22)：6254-6261.

[200] 孙朝晖，成晓潇，陈冬冬，等. 计及非线性容量效应的锂离子电池混合等效电路模型 [J]. 电工技术学报，2016, (15)：156-162.

[201] 张金，魏影，韩裕生，等. 一种锂离子电池容量退化经验模型 [J]. 电源技术，2016, (6)：1176-1179.

[202] 张凝，徐皓冬，王锴，等. 基于粒子滤波算法的锂离子电池剩余寿命预测方法研究 [J]. 高技术通讯，2017, 27 (08)：699-707.

[203] 杨刘倩，詹昌辉，卢雪梅. 电动汽车锂电池健康状态估算方法研究 [J]. 电源技术，2016, (4)：823-825, 853.

[204] 连湛伟，石欣，克潇，等. 电动汽车充换电站动力电池全寿命周期在线检测管理系统 [J]. 电力系统保护与控制，2014, 42 (12)：137-142.

[205] 李晓宇，朱春波，魏国，等. 基于分数阶联合卡尔曼滤波的磷酸铁锂电池简化阻抗谱模型参数在线估计 [J]. 电工技术学报，2016, 31 (24)：141-149.

[206] Jang Jihyun, Kim Youngjin, Chae Oh B, et al. Seung M. Oh. A first-cycle coulombic efficiency higher than 100% observed for a Li [J]. Angewandte Chemie International Edition, 2014, 53 (40).

[207] 张聪，张祥文，夏俊荣，等. 电动汽车实时可调度容量评估方法研究 [J]. 电力系统保护与控制，2015, 43 (22)：99-106.

[208] VAN EGMOND W J, STARKE U K, SAAKES M, et al. Hamelers. Energy efficiency of a concentration gradient flow battery at elevated temperatures [J]. Power Sources, 2017, 340.

[209] GUAN P J, LIU L, LIN X K. Simulation and experiment on solid electrolyte interphase (SEI) morphology evolution and lithium-ion diffusion [J]. Journal of the Electrochemical Society, 2015, 162 (9).

[210] 程冰冰. $LiCoO_2$ 锂离子电池存储性能衰退机理及改善研究 [D]. 长沙：国防科学技术大学，2015.

[211] 林娅，陈则王. 锂离子电池剩余寿命预测研究综述 [J]. 电子测量技术，2018, 41 (04)：29-35.

[212] 明海，明军，邱景义，等. 基于非锂金属负极的锂离子全电池 [J]. 化学进展，2016, 28 (Z2)：204-218.

[213] 李广地，吕浩华，袁军，等. 动力锂电池的寿命研究综述 [J]. 电源技术，2016, 40 (06)：1312-1314.

[214] 张培新，汪静伟，黄亮，等. 锂离子电池硅基负极材料研究现状与发展趋势 [J]. 深圳大学学报（理工版），2014, 31 (05)：441-451.

第5章

5 退役电池拆解及均衡技术

5.1 退役电池组拆解

5.1.1 废旧储能及动力锂电池组拆解工艺

废旧储能及动力锂电池组拆解工艺是指废旧储能及动力锂电池组按照拆解工艺顺序和节奏依次进行拆解作业。合理设置电池组拆解工艺不但避免了由于拆解不当而使零部件价值降低或丢失的问题，而且可以对拆解下来的零件进行细致分类，最大限度地实现废旧锂电池组内各组件的价值，提高回收率。合理的拆解工艺设计符合废旧锂电池组内动力电池和零部件的再使用、再利用，从而可以保护环境和节约资源[1-4]。

基于动力电池组拆解过程安全风险防控要求，对废旧动力电池组拆解工艺及装置进行了研究开发，研究安全等级高、防护措施好及自动化水平高的电池组拆解工艺及装置。拆解工艺流程如图 5-1 所示。

项目开发的将退役锂电池组拆解成电池包的方法，其主要利用自动或半自动搬运、传送及拆解方法，通过电池组外壳拆解、电池组预处理、电池管理系统拆解、连接电路拆解、电池包解离等步骤，实现电池组拆解。所述步骤如下：

（1）电池组外壳拆解；

（2）废旧锂电池组预处理；

（3）电池管理系统拆解；

（4）连接电路拆解；

（5）电池包解离。

步骤（1）~（5）中废旧锂电池拆解均借助于一定的操作台面或工具完成。废旧锂电池组通过叉车、地牛等工具转移至操作台面上。电池组拆解工具为各型号的电动、气动或手动工具。

268

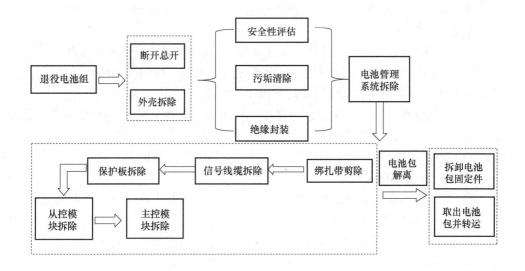

图 5-1　拆解工艺流程图

步骤（1）中的箱体外壳拆解包括电池组箱体外壳完全剥离或只保留底盘，总线控制端口全部断开。具体包括以下流程：

1）拆除电池组外盖，包括先用电动螺钉旋具和开口扳手将电池外盖上的螺栓拆除，然后使用吊机将电池外盖吊至电池外盖存放台码放。

2）总线控制端口全部断开，包括断开电池组总电路开关、断开电池组总信号传输端口。

所述断开电池组总电路开关，即断开电池组熔断器两端的连接电缆。

所述断开电池组信号总传输端口，即将信号总传输线从电池管理系统主控模块端口卡槽中拔出。

步骤（2）中废旧锂电池组预处理包括评估电池组安全性、清除电池组表面污垢和动力接口绝缘处理。具体包括以下流程：

1）评估电池组安全性，主要是检查电池组中是否存在破损的电池、电池组是否存在短路风险、导电线缆或导电带金属部分是否存在裸露隐患。

2）清除电池组表面污垢，即利用一定压力的空气吹扫清除电池组表面的污垢。

3）动力接口绝缘处理，指利用绝缘胶带将动力电池组总正、总负导电接口做绝缘封装。

步骤（3）中电池管理系统拆解包括线束绑扎带剪除；剥离管理系统控制、检测线；拆除电池管理系统电路保护板、从控模块、主控模块。具体包括以下流程：

废旧电池组进入操作工位后，将操作工位台面向上倾斜 45°，然后再进行所述电池管理系统拆解操作。

1）线束绑扎带剪除，指将所述步骤（3）中涉及的所有线束绑扎带剪除。

2）剥离电池组控制、检测线，指将系统信号控制、检测线缆从电池保护电路板和电池管理系统主控制模块或从控模块上拔除。

3）拆除电池组保护电路板，指将电池保护板及连接线缆分别与电池模组、电池管理系统的从控模块拆解分离。

4）拆除电池管理系统从控模块，指将从控模块与电池模组间的固定装置拆除，实现从控模块的拆除。

5）拆除电池管理系统主控模块，指将主控模块与电池模组间的固定装置拆除，实现主控模块的拆除。

步骤（4）中所述连接电路拆解指拆解电池包间所有导电和连接元器件。具体包括以下流程：

拆解电池包间所有导电连接元器件，指用电动或气动工具依次拆除电池包间的导电和连接元器件。

步骤（5）中所述电池包的解离指拆除电池包结构固定件，包括拆除电池包的紧固螺栓和固定条、将解离后电池包转运至盛具中。具体包括以下流程：

1）拆除电池包的紧固螺栓和固定条，指利用电动或气动工具，将用来固定电池包的螺栓全部松开，然后将固定条拆除。

2）将解离后电池包转运至盛具中，指利用电池包吊机将解离后的电池包转运至盛具中。

上述步骤（1）~（5）中，整个拆解过程所有操作人员须经过专业培训，考试合格后方可持证上岗；所有操作人员须佩戴护目眼镜、绝缘手套、穿绝缘胶鞋。

上述拆解方法工艺适用于以下电池：①废旧储能锂电池组、废旧动力锂电池组；②磷酸铁锂电池、三元锂电池、锰酸锂电池和钴酸锂电池；③方形软包锂电池、方形钢壳锂电池、方形铝塑壳锂电池、圆柱形锂电池。

本技术主要利用自动或半自动搬运、传送及拆解方法，通过包括电池组外壳拆解、电池组预处理、电池管理系统拆解、连接电路拆解、电池包解离等在内的方法步骤，将退役锂电池组拆解成为模块，以利于下一步梯次利用，整个拆解过程全部实现自动或半自动化，拆解效率高，避免对人身造成伤害，也不应对电池造成损伤或破坏。本技术能够实现对所有规格型号电池组拆解，具有很好的兼容性。

5.1.2　废旧储能及动力锂电池预处理工艺平台

结合废旧储能及动力锂电池组拆解工艺研究成果，自主研制一条废旧储能及动力锂电池预处理工艺平台。设备的平面布置如图 5-2 所示。

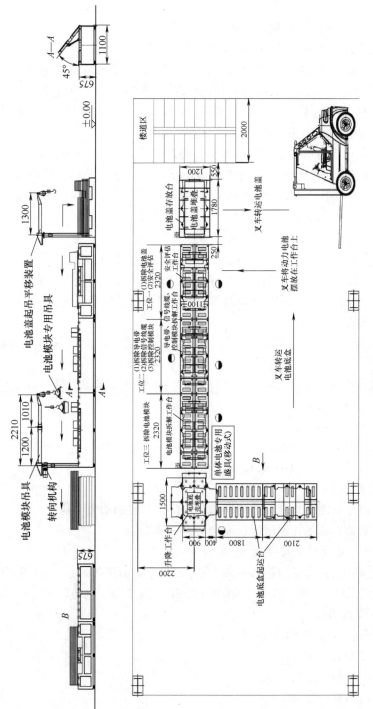

图 5-2 废旧储能及动力锂电池预处理工艺平台平面布置图

预处理工艺平台主要由电池组拆解操作台面、电池组外壳起吊平移装置、拆解工具、电池包吊机等组成，基本概况如下：

1）操作台面系铝合金/碳钢结构，由不锈钢台面、无动力不锈钢托辊、翻转机构及液压系统组成。操作台面上有便于叉车起运的凹槽，方便叉车装、卸动力电池。操作台面上配有无动力不锈钢托辊，可轻松输送动力电池。操作台面配有翻转机构及液压系统，可将台面翻转一定倾角，便于电池组拆解。操作台面液压系统的系统压力为 10~16MPa，最大翻转角度为 45°。

2）锂电池组拆解需要配置电池组外壳起吊平移装置。电池组外壳起吊平移装置主要由立柱、横臂、电动葫芦和遥控器组成。起吊平移装置的起重能力为 80~200kg，起吊半径为 1300~2000mm，有效吊高范围为 1500~2000mm。

3）电池组拆解工具为各型号的电动、气动或手动工具。

4）电池包解离后需要利用吊机将其转移至盛具中。电池包吊机主要由立柱、横臂、电动旋转机构、遥控电动葫芦和吊具组成。电池包吊机的起重能力为 80~300kg，起吊半径为 1000~1500mm，有效吊高范围为 1000~1800mm。

1. 废旧储能及动力锂电池预处理工艺平台构成及技术参数

（1）安全评估工作台

1）设备用途：安全评估工作台主要用于拆解动力电池顶盖和动力电池的安全评估。

2）设备组成：安全评估工作台由铝合金/碳钢结构、不锈钢台面、不锈钢托辊组成。

3）主要技术参数：

① 输送方式：无动力托辊；

② 外形尺寸：2320mm×1100mm×675mm。

4）设备特点：

① 台面上有便于叉车起运的凹槽，方便叉车装卸动力电池；

② 无动力不锈钢托辊可轻松输送动力电池。

（2）电池盖起吊平移装置

1）设备用途：电池盖起吊平移装置主要用于电池顶盖的起吊、转移和堆码。

2）设备组成：电池盖起吊平移装置主要由立柱、横臂、电动葫芦和遥控器组成。

3）主要技术参数：

① 电源：220V/50Hz；

② 起重能力：80kg；

③ 起吊半径：1300mm；

④ 有效吊高：1500mm。

4）设备特点：电动葫芦配有遥控器，可遥控操作。

（3）导电带、信号线缆、控制模块拆解工作台

1）设备用途：该工作台主要用于拆解动力电池的导电带、信号线缆、控制模块。

2）设备组成：工作台由铝合金结构、不锈钢台面、不锈钢托辊、翻转机构及液压系统组成。

3）主要技术参数：

① 电源：380V/50Hz；

② 系统压力：16MPa；

③ 最大翻转角度：45°；

④ 输送方式：无动力托辊；

⑤ 外形尺寸：2320mm×1100mm×675mm。

4）设备特点：

① 工作台配有液压翻转机构，可将台面翻转45°，降低拆解人员的劳动强度，提高工作效率；

② 无动力不锈钢托辊可轻松输送动力电池。

（4）电池模块拆解工作台

1）设备用途：该工作台主要用于拆解并取出电池模块。

2）设备组成：工作台由铝合金结构、不锈钢台面、不锈钢托辊、翻转机构及液压系统组成。

3）主要技术参数：

① 电源：380V/50Hz；

② 系统压力：16MPa；

③ 最大翻转角度：45°；

④ 输送方式：无动力托辊；

⑤ 外形尺寸：2320mm×1100mm×675mm。

4）设备特点：

① 工作台配有液压翻转机构，可将台面翻转45°，降低拆解人员的劳动强度，提高工作效率；

② 无动力不锈钢托辊可轻松输送动力电池。

（5）电池模块吊机

1）设备用途：电池模块吊机主要用于电池模块的拆取、起吊以及电池底壳的吊运。

2）设备组成：电池模块吊机主要由立柱、横臂、电动旋转机构、遥控电动葫芦和电池模块专用吊具组成。

3）主要技术参数：

① 电源：220V/50Hz；

② 起重能力：80kg；

③ 起吊半径：2200mm；

④ 有效吊高：1500mm。

4）设备特点：

① 电动葫芦配有遥控器，可遥控操作。

② 配有电池模块专用吊具可轻松夹取电池模块。

（6）升降工作台

1）设备用途：升降工作台用于临时存放、堆码电池底壳。

2）设备组成：升降工作台由液压系统、剪叉升降机构和带不锈钢万向球的台面组成。

3）主要技术参数：

① 电源：380V/50Hz；

② 系统压力：16MPa；

③ 升降高度：400mm；

④ 输送方式：万向球；

⑤ 外形尺寸：1500mm×900mm×675mm。

4）设备特点：

① 升降工作台面配有不锈钢万向球，可以自由旋转物料角度并输送；

② 液压升降系统操作轻松，并可增加堆码量。

2. 废旧储能及动力锂电池预处理工艺平台工位及配件清单

废旧储能及动力锂电池预处理工艺平台共分三个工位，配置清单见表5-1。

5.1.3 电池组拆解工艺平台功能

1. 平台组成结构

电池组拆解工艺平台由安装在铝合金导轨式台面上的供料单元、拆解单元、输送单元和分拣单元四个单元组成，如图5-3所示。

其中，每一个工作单元都可自成一个独立的系统，同时也都是一个机电一体化的系统。各个单元的执行机构基本上以气动执行机构为主，但输送单元的机械手装置整体运动采取步进电动机驱动、精密定位的位置控制，该驱动系统具有长行程、多定位点的特点，是一个典型的一维位置控制系统。分拣单元的传送带驱动采用通用变频器驱动三相异步电动机的交流传动装置。位置控制和变频器技术是现代工业企业应用最为广泛的电气控制技术。

设计中应用了多种类型的传感器，分别用于判断物体的运动位置、物体通过的状态、物体的颜色及材质等。

表 5-1　废旧储能及动力锂电池预处理工艺平台配置清单

序号	工位区域	设备/工具名称	规格型号	特点说明	单位	数量	用途	备注
1		安全评估工作台（工作台一）	2320mm×1100mm×675mm	1）主体为铝合金/碳钢结构，台面上配置有不锈钢托辊用于动力电池在工位之间的转移 2）台面上有凹槽，便于叉车起运	个	1	动力电池顶盖拆除安全评估	
2		电动紧固工具		充电式，配十字、内六角批头	把	1	拆除螺栓等紧固件	
3		开口扳手	5.5~19mm		套	1	拆除螺栓等紧固件	
4	工位一	内六角扳手	3~14mm	球头	套	1	拆除螺栓等紧固件	
5		电池盖起吊平移装置	2270mm×1650mm	1）电动，遥控控制 2）电源：220V/50Hz 3）起重能力：80kg 4）覆盖半径：1300mm 5）有效吊高：1500mm	台	1	吊移动力电池顶盖	
6		电池盖存放台	1800mm×1200mm×210mm	台面上有便于叉车叉取电池的凹槽	个	1	堆码、存放电池顶盖	
7		紧固件周转箱	400mm×200mm×200mm		个	1	紧固件收集	

（续）

序号	工位区域	设备/工具名称	规格型号	特点说明	单位	数量	用途	备注
8		导电带、信号线缆、控制模块拆解工作台（工作台二）	2320mm×1500mm×675mm	1) 主体为铝合金/碳钢结构，台面上配置有不锈钢托辊用于动力电池在工位之间的转移 2) 配有液压翻转机构，台面能翻转45°	个	1	拆除导电带 拆除信号线缆 拆除控制模块	
9	工位二	电动紧固工具		充电式，配十字、内六角批头	把	1	拆除螺栓等紧固件	
10		开口扳手	5.5~19mm		套	1	拆除螺栓等紧固件	
11		内六角扳手	球头 3~14mm		套	1	拆除螺栓等紧固件	
12		平口钳	180mm		把	1		
13		撬棍	600mm		根	1		
14		导电带周转箱	1200mm×1000mm×760mm	承载1t可重叠四层	个	1		
15		型号线缆周转箱	1200mm×1000mm×760mm	承载1t可重叠四层	个	1		
16		控制模块周转箱	1200mm×1000mm×760mm	承载1t可重叠四层	个	1		
17		紧固件周转箱	400mm×200mm×200mm		个	1	紧固件收集	

（续）

序号	工位区域	设备/工具名称	规格型号	特点说明	单位	数量	用途	备注
18	工位三	电池模块拆解工作台（工作台三）	2320mm×1500mm×675mm	1）主体为铝合金/碳钢结构，台面上配置有不锈钢托辊用于动力电池在工位之间的转移，台面能翻转45°	个	1	拆除电池模块	
19		电动紧固工具		充电式，配十字、内六角批头	把	1	拆除螺栓等紧固件	
20		内六角扳手	球头 3~14mm		套	1	拆除螺栓等紧固件	
21		撬棍	600mm		根	1		
22		电池模块吊机	2600mm×1650mm	1）电动，遥控控制 2）电源：220V/50Hz 3）起重能力：80kg 4）覆盖半径：2200mm 5）有效吊高：1500mm 6）配有电池模块专用吊具			吊移电池模块 调移电池底壳	
23		电池模块专用盛具	1200mm×1000mm×760mm	1）承载1t可重叠四层 2）配有移动平板车，可自由移动	个	1	存放电池模块	
24		升降工作台（工作台四）	1500mm×900mm×675mm	1）主体为铝合金/碳钢结构，台面上安装有不锈钢万向球 2）配有液压升降机构，升降行程400mm	个	1	电池底壳堆码 电池底壳转向输送	
25		紧固件周转箱	400mm×200mm×200mm		个	2	紧固件收集	
26		电池底壳起运台	3900mm×1100mm×675mm	1）主体为铝合金/碳钢结构，台面上配置有不锈钢托辊用于电池底壳的输送转移 2）台面上有凹槽，便于叉车起运	个	1	电池底壳起运	

四个组成单元及其特点如下：

（1）输送单元　输送单元主要包括直线移动装置和工件取送装置。主要配置有步进电动机、薄型气缸、气动摆台、双导杆气缸、气动手指、行程开关和磁性开关等。

图 5-3　电池组拆解工艺平台实物图

输送单元的基本功能是实现到指定单元的物料台精确定位，并在该物料台上抓取工件，把抓取到的工件输送到指定地点然后放下。

（2）供料单元　供料单元主要包括工件库、工件锁紧装置和工件推出装置。主要配置有井式工件库、直线气缸、光电传感器、工作定位装置等。

供料单元的基本功能是按照需要将放置在料仓中待加工的工件自动送出到时物料台上，以便输送单元将工件抓取送往其他工作单元。

（3）拆解单元　拆解单元主要包括工件拆卸装置和搬运装置。主要配置有导轨、升降工作台、电池模块吊机、工作夹紧装置等。

拆解单元的基本功能是把物料台上的电池组送到升降工作台上，拆除电池组内部零部件，然后再送回到物料台上，电池模块用抓取机械手装置取出。

（4）分拣单元　成品分拣单元主要包括皮带输送线和成品分拣装置。主要配置有直线传送带输送线、直线气缸、三相异步电动机、变频器等。

分拣单元的基本功能是将上一单元送来的零配件、电池模块进行分拣。

2. 操作流程说明

（1）工位一　电池盖拆卸及安全评估工位。

叉车将动力电池放置到安全评估工作台上，先用电动螺钉旋具和开口扳手将电池盖上的螺栓拆除，然后使用吊机将电池盖吊至电池盖存放台码放。

对动力电池进行安全评估（电压与电池破损等），如不符合拆解要求则使用叉车将动力电池运出继续进行放电；如符合拆解要求则将动力电池移至导电带、系统模块、控制模块拆解工作台。

注：当电池盖堆码到一定数量，使用叉车将电池盖转运至存放区。

（2）工位二　导电带、信号线缆、控制模块拆解工位。

拆除电池盖的动力电池进入工位后，调整好位置，按下工作台二的"上翻"按钮（绿色），将工作台面向上翻转45°，此时拆解人员进行相关拆解操作。

首先断开熔断器两端的连接电缆，同时使用电动螺钉旋具依次拆除导电带的连接螺栓并取下导电带；完成导电带的拆除后再将系统信号线缆从控制模块上拔除；最后拆除电池管理系统控制模块。

完成控制模块拆除后，再按下工作台二的"下翻"按钮（红色），动力电池向下翻转至水平状态，然后将动力电池移至电池模块拆除工位。

（3）工位三   电池模块拆除工位。

拆除了控制模块的动力电池进入工位后，调整好位置，按下工作台三的"上翻"按钮（绿色），将工作台面向上翻转45°，此时拆解人员进行电池模块拆解操作。

使用电动螺钉旋具拆除电池模块安装螺栓，然后使用电池模块吊机的遥控板逐个将电池模块吊起并放入电池模块盛具中。

当所有的电池模块都拆除后，按下工作台三的"下翻"按钮（红色），动力电池底壳向下翻转至水平状态，再将其送入工作台四。

升降工作台（工作台四）每堆码一个电池底壳可通过操作安装在工作台三上的"下降"按钮将台面下沉一定高度，以便多个堆码。

当电池底壳堆码到一定数量后可将升降平台台面上升至工作台五（电池底壳起运台）高度，并将堆码的电池底壳水平旋转90°后推移至工作台五，最后使用叉车将电池底壳转运至存放区。

5.1.4   电池组拆解工艺平台功能性测试

1. 测试评估对象

被拆解样本见表5-2和图5-4。

表5-2   电池组拆解工艺平台被拆解电池样本

样本一		样本二	
电池组来源	出租车	电池组来源	电动大巴
汽车型号	EV150	汽车型号	—
使用年限	四年	使用年限	三年
电芯类型	钢壳电池	电芯类型	钢壳电池
电芯种类	磷酸铁锂电池	电芯种类	磷酸铁锂电池
单芯容量	60A·h	单芯容量	200A·h
连接方式	先并后串，螺栓连接	连接方式	先并后串，螺栓连接

图5-4   被拆解电池组样本实物图

2. 测试工位及操作备件划分（见表5-3）

表5-3 电池组拆解工艺平台功能性测试工位及操作备件划分

序号	工位区域	设备/工具名称	规格型号	特点说明	单位	数量	用途	备注
1	工位一	安全评估工作台（工作台一）	2320mm×1100mm×675mm	1）主体为铝合金/碳钢结构，台面上配置有不锈钢托辊用于动力电池在工位之间的转移 2）台面上有凹槽，便于叉车起运	个	1	动力电池顶盖拆除安全评估	
2		电动紧固工具		充电式，配十字、内六角批头	把	1	拆除螺栓等紧固件	
3		开口扳手	5.5~19mm		套	1	拆除螺栓等紧固件	
4		内六角扳手	3~14mm	球头	套	1	拆除螺栓等紧固件	
5		电池盖起吊平移装置	2270mm×1650mm	1）电动，遥控控制 2）电源：220V/50Hz 3）起重能力：80kg 4）覆盖半径：1300mm 5）有效吊高：1500mm	台	1	吊移动力电池顶盖	
6		电池盖存放台	1800mm×1200mm×210mm	台面上有便于叉车叉取电池的凹槽	个	1	堆码，存放电池顶盖	
7		紧固件周转箱	400mm×200mm×200mm		个	1	紧固件收集	

280

（续）

序号	工位区域	设备/工具名称	规格型号	特点说明	单位	数量	用途	备注
8		导电带、信号线缆、控制模块拆解工作台（工作台二）	2320mm×1500mm×600mm	1）主体为铝合金/碳钢结构，台面上配置有不锈钢托辊用于辊力电池在工位之间的转移 2）配有液压翻转机构，台面能翻转 45°	个	1	拆除导电带 拆除信号线缆 拆除控制模块	
9	工位二	电动紧固工具	充电式、配十字、内六角批头		把	1	拆除螺栓等紧固件	
10		开口扳手	5.5~19mm		套	1	拆除螺栓等紧固件	
11		内六角扳手	球头 3~14mm		套	1	拆除螺栓等紧固件	
12		平口钳	180mm		把	1		
13		撬棍	600mm		根	1		
14		导电带周转箱	1200mm×1000mm×760mm	承载 1t 可重叠四层	个	1		
15		型号线缆周转箱	1200mm×1000mm×760mm	承载 1t 可重叠四层	个	1		
16		控制模块周转箱	1200mm×1000mm×760mm	承载 1t 可重叠四层	个	1		
17		紧固件周转箱	400mm×200mm×200mm		个	1	紧固件收集	
18	工位三	电池模块拆解工作台（工作台三）	2320mm×1500mm×600mm	1）主体为铝合金/碳钢结构，台面上配置有不锈钢托辊用于辊力电池在工位之间的转移 2）配有液压翻转机构，台面能翻转 45°	个	1	拆除电池模块	

（续）

序号	工位区域	设备/工具名称	规格型号	特点说明	单位	数量	用途	备注
19		电动紧固工具		充电式，配十字、内六角批头	把	1	拆除螺栓等紧固件	
20		内六角扳手	球头 3～14mm		套	1	拆除螺栓等紧固件	
21		撬棍	600mm		根	1		
22	工位三	电池模块专用吊机	2600mm×1650mm	1）电动，遥控控制 2）电源：220V/50Hz 3）起重能力：80kg 4）覆盖半径：2200mm 5）有效吊高：1500mm 6）配有电池模块专用吊具			吊移电池模块 调移电池底壳	
23		电池模块专用盛具	1200mm×1000mm×760mm	1）承载 1t 可叠四层 2）配有移动平板车，可自由移动	个	1	存放电池模块	
24		升降工作台 （工作台四）	1500mm×900mm×675mm	1）主体为铝合金/碳钢结构，台面上安装有不锈钢万向球 2）配有液压升降机构，升降行程 400mm	个	1	电池底壳堆码 电池底壳转向输送	
25		紧固件周转箱	400mm×200mm×200mm	主体为铝合金/碳钢结构	个	2	紧固件收集	
26		电池底壳起运台 （工作台五）	3900mm×1100mm×675mm	1）主体为铝合金/碳钢结构，台面上配置有不锈钢托辊用于电池底壳的输送转移 2）台面上有凹槽，便于叉车起运	个	1	电池底壳起运	

3. 操作流程

操作流程如下：

（1）电池盖拆卸及安全评估　叉车将从电动车上拆解的下的动力电池放置到安全评估工作台上。先用电动螺钉旋具和开口扳手将电池盖上的螺栓拆除，然后使用吊机将电池盖吊至电池盖存放台码放。

对动力电池进行安全评估（电压与电池破损等），如不符合拆解要求则使用叉车将动力电池运出继续进行放电；如符合拆解要求则将动力电池移至导电带、系统模块、控制模块拆解工作台。

（2）导电带、信号线缆、控制模块拆解　拆除电池盖的动力电池进入工位后，调整好位置，按下工作台"上翻"按钮（绿色），将工作台面向上翻转45°，此时拆解人员进行相关拆解操作。

首先断开熔断器两端的连接电缆，同时使用电动螺钉旋具依次拆除导电带的连接螺栓并取下导电带；完成导电带的拆除后再将系统信号线缆从控制模块上拔除；最后拆除电池管理系统控制模块。

完成控制模块拆除后，再按下的"下翻"按钮（红色），动力电池下向下翻转至水平状态，然后将动力电池移至电池模块拆除工位。

（3）电池模块拆除　拆除了控制模块的动力电池进入工位后，调整好位置，按下"上翻"按钮（绿色），将工作台面向上翻转45°，此时拆解人员进行电池模块拆解操作。

使用电动螺钉旋具拆除电池模块安装螺栓，然后使用电池模块吊机的遥控板逐个将电池模块吊起并放入电池模块盛具中。

（4）电池分类起运　当所有的电池模块都拆除后，按下"下翻"按钮（红色），动力电池底壳向下翻转至水平状态，再将其送入。升降工作台每堆码一个电池底壳可通过操作安装在升降台上的"下降"按钮将台面下沉一定高度，以便操作工位始终水平传递，便于多个堆码。

当电池底壳堆码到一定数量后可将升降平台台面上升至分选工位高度，电池底壳起运台高度，并将堆码的电池底壳水平旋转90°平后推移至工作台五，最后使用叉车将电池底壳转运至存放区。

4. 功能性评价

以两组电动车上退役的电池通过预处理工艺平台现场见证试验，可得电池拆解过程安全、高效、设备运转流畅。

各工艺步骤平均标准工时见表5-4。

自动化工艺步骤占整个预处理工艺步骤的比例77.78%，不低于70%，符合技术设计要求；自动化步骤标准工时占总标准工时的比例为90.77%，说明平台的自动化利用率较高。

表5-4　各工艺步骤平均标准工时

工序	工艺步骤	平均标准工时/s	自动化情况
1	上电池	300	自动
2	螺栓去除	330	自动
3	电池盖吊装	168	自动
4	安全性评估	104	手动
5	螺栓去除	425	自动
6	导电带、信号线缆及控制模块拆除	203	手动
7	螺栓去除	533	自动
8	电池模块拆除	962	自动
9	分类起运	300	自动

该工艺平台的实绩（瓶颈）节拍为962s，根据测试值外推若每天的负荷时间为8h，当天的产量则为20件，该工艺平台这一天的稼动率=20×962/（8×3600）=66.8%。运行流畅性良好。

5.1.5　电池组拆解工艺平台功能验证

1. 实例1

以某一废旧锂电池组为拆解对象，该电池组的设计基于方形钢壳电动车电池组，电池组设计为电池包、电池包、电池组三级结构，每个电池包由12块单体电池构成，电池包与电压、电流、温度采集线束以及电池管理系统从控模块一起集成为电池包，8个电池包组成电动车电池组。电池组额定电压为360V，额定容量为22kW·h。

依据如下步骤进行拆解：

（1）电池组外壳拆解　用电动螺钉旋具和开口扳手将电池外盖上的螺栓拆除，然后使用吊机将电池组上外盖吊至电池外盖存放台码放，保留电池组底托盘；断开电池组熔断器两端的连接电缆；将信号总传输线从电池管理系统主控模块端口卡槽中拔出。

（2）废旧锂电池组预处理　检查电池组中是否存在破损的电池，电池组是否存在短路风险，导电线缆或导电带金属部分是否存在裸露隐患；利用压缩空气吹扫清除电池组表面的污垢；利用绝缘胶带将动力电池组总正、总负导电接口做绝缘封装。

（3）电池管理系统拆解　将废旧电池组送入操作工位后，将操作工位台面向上倾斜 25°，然后再进行所述电池管理系统拆解操作。剪除所有线束绑扎带；将系统信号控制、检测线缆从电池保护电路板和电池管理系统主控模块或从控模块上拔除；将电池保护板及连接线缆分别与电池模组、电池管理系统的从控模块拆解分离；将从控模块与电池模组间的固定装置拆除，实现从控模块的拆除；将主控模块与电池模组间的固定装置拆除，实现主控模块的拆除。

（4）连接电路拆解　用电动或气动工具依次拆除电池包之间的导电和连接元器件。

（5）电池包的解离　利用电动或气动工具，将用来固定电池包的螺栓全部松开，然后将固定条拆除；利用电池包吊机将解离后的电池包转运至盛具中。

详细拆解过程如图 5-5 所示。

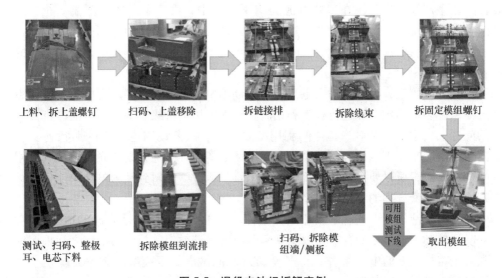

图 5-5　退役电池组拆解实例

2. 实例 2

所述电池组的电池类型为铝塑壳磷酸铁锂电池，成组方法为 150A·h 的单体电池通过八个串联组成 25.6V/150A·h 电池包，每个电池包能量为 4.6kW·h，共26 个 25.6V/150A·h 电池包组成 120kW·h 的电池组。

其他内容与操作同实例 1，所不同的是，在步骤（1）中，电池组地托盘也拆除。在步骤（2）中，利用绝缘套管将动力电池组总正、总负导电接口做绝缘封装。在步骤（3）操作工位台面向上倾斜 40°。

5.1.6　小结

本研究开发了退役电池组智能化拆解技术；研究出退役电池自动拆解工艺及

装置的设计方案；开发出退役电池组自动化拆解工艺及装置，工艺平台的自动化工艺步骤占整个预处理工艺步骤的比例超过 77%，可以实现退役电池组的高效、无损拆解。

5.2 退役电池重组均衡

5.2.1 退役电池重组

动力电池成组时需要考虑电池之间的一致性。同一型号电池出厂时，其一致性是由生产线保证的。在这些电池的使用过程中，由于个人使用习惯、充电方式、温度场均匀性、自放电差异等多种因素的影响，这些电池之间的各个性能指标将不再具有一致性，因此其实际容量差异化较大。这也是退役电池梯次利用的技术难点之一。

实际应用中，电池有动力电池单体、动力电池单体模组、动力电池组等动力电池系统多级结构，在进行梯次利用时，会面临以何种级别的动力电池进行重组的问题。由于乘用车对汽车空间利用率要求高，故其动力电池组的形状各不相同，重组起来相当困难。又因动力电池单体之间的连接通常是激光焊接或其他刚性连接方式，所以要做到无损拆解相当困难。因此，拆解到动力电池单体模组级是退役电池最合理的利用方式。

动力电池成组形式有串联和并联两种。由于退役动力电池之间的不一致性，并联会使动力电池之间存在充放电现象，影响系统效率，故动力电池之间采用串联的策略构建新的电池系统。将退役动力电池做成低压模组，避免大规模串并联，可以确保不同类型、不同容量、不同性能状态的动力电池在同一个系统的协同运行，每个动力电池模组的充放电都完全受控，由此保证该系统的可靠性。

5.2.2 退役电池均衡

退役动力电池之间的不一致性会极大地影响整个电池组的性能。犹如木桶效应，即最短的木板决定着木桶的盛水量，换言之，最差的退役动力电池决定整个系统容量、衰减速度等性能指标。

采用均衡的方式是削弱退役动力电池不一致性的方式之一。目前均衡方式主要分为两大类，即被动均衡（耗散式均衡）和主动均衡（非耗散式均衡）。被动均衡一般是在电池两边并联一个开关管和一个电阻，当某块动力电池电量较高时，其开关管导通，多余电量经过电阻以热量的形式散发出去，由于散发的热量可能会对电池系统造成风险，所以放电电流一定要小，故被动均衡一般用于一致性较好和电池热管理设计较好的场合。主动均衡采用能量转移的方式，通过均衡装置和开关管的作用，使电量高的电池释放能量给电量低的电池，一般均衡电流较大，适用于一致性不好的场合。

参 考 文 献

［1］　刘春娜. 电动汽车动力电池回收分析［J］. 电源技术，2015，39（11）：2343-2344.

［2］　沙亚红，何挺，黄敦新. 动力电池自动拆解设备的设计［J］. 南方农机，2016，5：77-78.

［3］　李长东，余海军，陈清后. 新能源动力电池放电剩余容量性能试验研究［J］. 能源研究与管理，2012（3）：33-36.

［4］　刘江南. 工业机器人设备系统的拆解分析［J］. 机器人技术与应用，2012（4）：12-13.

第6章

动力电池梯次利用工程示范

6.1 退役电池梯次利用场景

随着动力蓄电池退役潮的到来，各相关企业已在动力蓄电池梯次利用领域加快布局，开展了梯次利用产品的研究与应用，并探索动力蓄电池梯次应用的安全性与经济性。

经过多年发展，我国梯次利用产业正处于由示范工程向商业化转变的过渡阶段。在通信基站、低速电动车、电网储能、备电等领域，梯次利用已开始实用化[1,2]。基站备电场景应用主要是将梯次利用电池应用在通信基站备用电源系统，在停止供电的情况下为基站用电设备供电。电网储能场景应用主要是实现发电侧储能的负荷调节，提高新能源消纳，提高输配电储能的电能质量，降低线路损耗，以及用户侧分布储能的削峰填谷、负荷转移等[3]。低速车场景主要是在微型电动汽车、电动自行车等低速车上，替代原用的铅酸电池，减轻装载电池重量，提升电池循环使用寿命等，主要使用领域包括外卖、物流、环卫等。

2016 年我国梯次利用电池量不到 0.15 万 t，即大部分废旧电池的电能未能得到充分利用。随着电网储能、低速电动车、移动电源等领域的快速发展，我国市场对退役电池的需求量巨大，据估算，若将 2020 年退役的动力电池充分利用，那么回收市场的收入可达到 80 亿~100 亿元，因此我国动力电池梯次利用市场具有较好的前景[4]。

6.1.1 退役动力电池在通信基站领域的梯次利用

随着我国通信技术的快速发展，通信基站对电池的需求量也逐年上升，而通信基站对电池寿命和安全性又有较高要求。考虑到铅酸电池成本低，目前我国通信基站多采用铅酸电池作为备用电源，而锂离子电池在循环寿命、能量密度、高温性能等方面具有明显优势，因此将退役磷酸铁锂电池应用在通信基站领域将具有很大优势[5-11]。

根据调研数据，目前市场上回收的磷酸铁锂电池价格随电池的性能差别很大，在 4000~10000 元/t 不等。以剩余能量密度在 60~90W·h/kg 且具有较高使用价值的磷酸铁锂电池为例，此类电池若要得到梯次利用，则必须对回收的电池进行拆包、检测及重组处理，最终得到一致性较好的梯次电池，将电池回收费用、预处理费用、检测重组费用及人工费用加起来为 10000~16000 元/t，此类梯次电池再循环寿命约为 400 次。若将循环寿命为 500 次，能量密度为 40W·h/kg，市场价格为 10000 元/t 的铅酸电池的性价比视为 1，则具有 400 次循环寿命，能量密度为 60W·h/kg 的梯次重组磷酸铁锂电池的性价比约为 1.2，以此可得到表 6-1 所示铅酸电池和梯次利用磷酸铁锂电池的对比数据。由对比数据可知，梯次利用电池随着循环寿命的增加，性价比将得到快速增长，当梯次利用电池循环寿命大于 400 次时，开始产生较大盈利[12-19]。

表 6-1　铅酸电池与梯次利用磷酸铁锂电池在储能方面对比数据

电池性能指标	铅酸电池	梯次电池			
标称循环寿命/次	400~600	400	800	1500	2000
能量密度/(W·h/kg)	40~45	60~90			
工作温度/℃	5~30	−20~55			
价格（包括安装及磷酸铁锂电池的重组费用）/(元/t)	10000	10000~16000			
性价比（将铅酸电池归1，进行计算）	1	1.20	2.13	3.61	4.44

6.1.2　退役动力电池在低速电动汽车领域的梯次利用

近年来，我国低速车领域也发展迅速，2016 年低速车新增 150 万辆，保有量达到 300 万辆；三轮车新增 900 万辆，保有量达到 6000 万辆。面对前景广阔的低速车市场，若将电动汽车的退役动力电池用于低速车领域，那么将获得较快发展[20-22]。

从 2016 年开始，我国将退役电池应用于低速车领域，目前主要在快递车上得到较大发展。截至 2017 年 9 月，某国内企业共在余杭等地的 210 个快递点投放了 1300 台低速快递车。据统计，将退役电池应用于低速车成本约为 650 元/(kW·h)，收益在 350 元/(kW·h) 左右，收益远远大于铅酸电池在低速车上的应用。图 6-1 所示为 2016 年和 2017 年在低速车领域梯次电池的实际使用情况及 2018 年和 2019 年盈利情况预测。

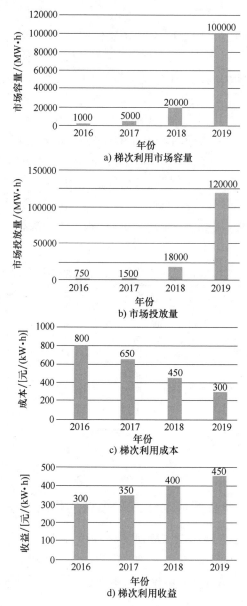

a) 梯次利用市场容量

b) 市场投放量

c) 梯次利用成本

d) 梯次利用收益

图 6-1　梯次利用电池在低速电动车领域的盈利

6.1.3　退役动力电池在电网储能领域的梯次利用

我国新能源汽车动力蓄电池梯次利用正处在示范研究阶段，主要在储能领域探索。当前，我国储能领域正在调整能源结构，向清洁能源、新能源转变，为梯次利用电池产品进军储能领域创造了机遇[23-25]。

国家电网在北京大兴建设了 100kW·h 梯次利用锰酸锂电池储能系统示范工程，用于稳定节点电压，并在电网失电情况下通过移动储能电站支持用户离网运行；在郑州建设了由退役电池储能系统与多晶硅光伏发电系统、风力发电系统、退役电池储能双向变流器组成的风光储微电网系统；在张北建设了 1MW·h 梯次利用磷酸铁锂电池储能系统示范工程，用于接纳可再生能源发电和调频等[26]。同时，研究组建了退役电池分选评估技术平台，制定了电池配组技术规范，研制了高效可靠的电池管理系统。比亚迪深圳市龙岗区宝龙比亚迪工业园区建立了全球首个兆瓦级退役电池梯次利用示范电站，具备调节用电峰谷、平滑光伏发电、提高电网利用率的作用。长沙雨花环保工业园区示范电站正在建设实施。北京匠芯研发梯次利用风光储能系统，生产的梯次利用产品达 14MW·h。北京普莱德与国家电网、北汽合作实施了储能电站项目、集装箱式储能项目及青海风光储项目等，累计梯次利用量约为 75MW·h。江苏南京江北储能电站破土动工，这是我国首个也是全球大规模新能源汽车动力电池梯次利用的电网侧储能电站之一，共利用"旧电池"总容量为 7.5 万 kW·h[27-30]。

6.1.4 退役动力电池在备电领域的梯次利用

2018 年 7 月，工业和信息化部等七部门组织开展新能源汽车动力蓄电池回收利用试点工作，在中国铁塔股份有限公司开展梯次利用示范工程。中国铁塔公司于 2015 年开始，陆续在 12 个省市 3000 多个基站开展梯次利用电池替换铅酸电池试验，充分验证了梯次利用安全性和技术经济性可行。2018 年，中国铁塔公司已停止采购铅酸电池，从深圳比亚迪等 20 个企业采购梯次利用电池。据铁塔公示，截至 2018 年底，已在 31 个省份，约 12 万个基站使用梯次电池约 1.5GW·h，替代铅酸电池约 4.5 万 t，成为全国梯次利用行业的领头者。据中国铁塔公司测算，其在网蓄电池总数为 240 万组，总容量为 22GW·h，如全部以梯次利用电池替代，那么预计可消纳退役电池超过 25 万 t。

同时，中国铁塔公司与电池生产、汽车生产及综合利用企业合作，组织成立行业联盟，共建回收利用体系，并在备电、储能及对外发电应用场景加强业务拓展。

6.2 兆瓦级退役电池储能系统示范应用

6.2.1 系统设计

1. 系统规格
1MW·h 梯次电池储能系统采用退役动力磷酸铁锂（LFP）电芯，电池集装箱由电池系统、电池管理系统、监控系统、消防、温控辅助系统组成，采用40ft⊖标准集装箱布置，系统参数见表6-2。

表6-2　1MW·h电池集装箱技术指标

序号	项目	参数	备注
1	电池容量	1.044MW·h	标称
2	集装箱允许环境温度	−15~45℃	室外
3	电池最佳工作环境温度	10~30℃	电池室内
4	允许相对湿度	5%~95%	无冷凝
5	允许海拔高度	≤2000m	
6	防护等级	IP54	
7	集装箱尺寸（长×宽×高）	12192mm×2438mm×2896mm	一个40ft集装箱

2. 系统布局

电池储能集装箱配置八簇电池，一套消防系统、一套空调系统、一套照明系统、一套防雷接地系统，如图6-2所示。

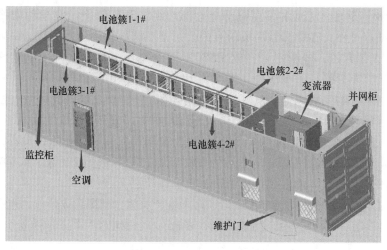

图6-2　电池储能集装箱示意图

6.2.2　系统详细设计

1. 储能系统电芯规格

采用2019年出租车退役的LFP（磷酸铁锂）电池模组（200A·h/38.4V），

⊖　1ft=0.3048m。

剩余容量占新电池的80%以上，具体参数见表6-3。

表6-3 磷酸铁锂电芯参数

序号	项目描述	规格参数	备注
1	标称容量	200A·h	
2	标称电压	3.2V	
3	电压范围	2.0~3.8V	$T>0℃$
4	电池效率	99.2%	
5	标准放电方式	恒流54A放电至2.0V	25℃±2℃
6	结构尺寸	57mm×145mm×415.5mm	$L×W×H$
7	工作温度	充电：0~50℃ 放电：−20~55℃	
8	存储温度	−10~40℃	

2. 储能电池模组

每个电池集装箱内的电池系统组成方式为1并12串组成一个电池模组，电池箱参数见表6-4。

表6-4 电池箱规格参数

序号	项目描述	规格参数	备注
1	标称容量	200A·h	
2	标称电压	38.4V	
3	电压范围	35.4~43.8V	
4	存储能量	7.68kW·h	
5	电芯过电压	3.65V	
6	电芯欠电压	2.95V	
7	高温保护	45℃	
8	低温保护	10℃	
9	结构尺寸	444mm×370mm×392mm	$L×W×H$ 不含挂耳
10	重量参数	约80.2kg	
11	额定充电电流	40A	
12	最大持续充电电流	66A	25℃
13	额定放电电流	40A	
14	最大持续放电电流	150A	25℃
15	工作温度	充电：0~50℃ 放电：−20~+55℃	
16	存储湿度	5%~95%	

3. 储能电池系统

储能电池系统参数见表6-5。

表 6-5 1044kW·h 电池系统组成技术指标

序号	项目描述	额定电压/V	额定容量/(A·h)	存储电量/(kW·h)	备注
1	电芯	3.2	200	0.64	LFP
2	电池箱	38.4	200	7.68	电芯1并12串
3	电池组串	652.8	200	130.56	电池箱17串
4	储能单元	652.8	1600	1044.48	电池组串8并

1）七个电池箱构成一个电池组串（电池架储能单元）。

2）八个电池组串构成一个电池堆，构成直流侧标称电量为1044kW·h的电池系统。

3）为了保持电池系统运行于高效和安全的状态，放置电池的舱室需要使用工业精密空调，环境温度保持在15~30℃。

4）电池串采用方体磷酸铁锂电芯通过串并的方式组装而成。

4. 电池架规格

1）主控箱放置于电池架中部，方便操作。

2）电池架后部预留有250mm深度的空间，可用作空调的热风通道或冷风通道。

3）电池架顶部通过两个固定螺钉固定于侧壁，底部通过与箱体焊接来固定，柜脚带接地螺母用于电池架接入主接地。

4）箱体排布和功率线接线参照图6-3。

5）1.044MW·h系统共包含八个该电池架单元。

6）电池架尺寸（$W×D×H$）：1851mm×500mm×2260mm。

5. 高压箱

主控箱参数见表6-6；高压箱外观如图6-4所示。

表 6-6 主控箱规格参数

序号	项目描述	规格参数	备注
1	最大电压	DC1000V	
2	最大电流	150A	
3	通信接口	CAN/RS485	
4	通信协议	CAN/标准 Modbus	
5	结构尺寸（$L×W×H$）	450mm×420mm×221.5mm	$L×W×H$ 不含挂耳
6	BMS 取电	DC9~32V	
7	电池簇过电压保护电压		3.65V/块
8	电池簇欠电压保护电压		2.95V/块

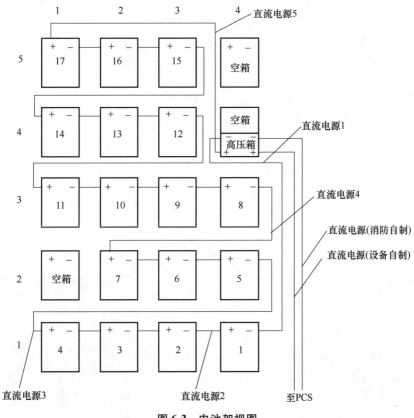

图 6-3　电池架视图

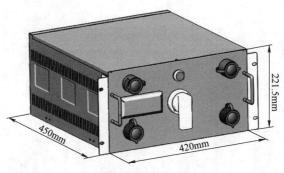

图 6-4　高压箱视图

6.2.3　电池管理系统

电池管理系统监控电池的各种状态，并将电池状态与报警信息及时上传给后台，后台进而控制逆变器对电池组进行有效的充放电，保证整个储能系统的正常稳定运行，如图 6-5 所示。电池管理系统具体功能如下：

1）单体电压、温度，组端电压、电流采集；

2）电池剩余容量 SOC 与健康状态 SOH 诊断；

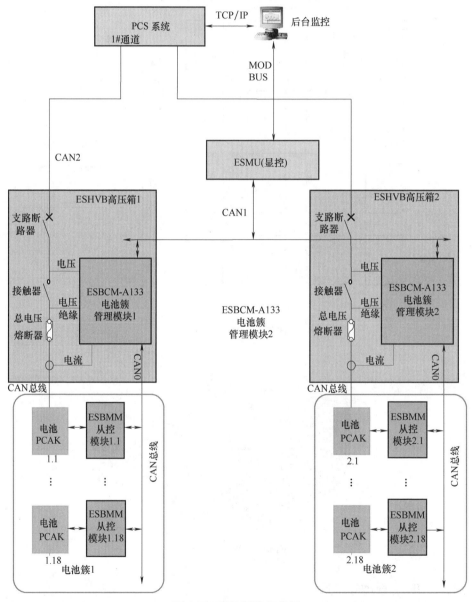

图 6-5　BMS 通信拓扑图

3）主动均衡维护功能；

4）热管理功能；

5）绝缘监测，充放电接触器控制等；

6）故障诊断功能；

7）报警与保护功能；

8）电池状态显示、数据查询、参数设置等；

9）与 PCS 或 EMS 进行信息交互。

1. 从控单元 ESBMM

1）电压采集：最多采集 12 串电池的单体电压；

2）温度采集：最多采集 12 个 NTC 温度；

3）均衡功能：支持主动均衡，采用高特双向主动均衡技术，可对单体电池进行双向主动充放电均衡，从而有效提高电池一致性和延长电池寿命；

4）通过与 ESBCM 的通信，接收管理单元下传的均衡启动指令及需要均衡的电池均衡状态，并启动均衡；

5）当均衡功能异常，包括硬件异常、无均衡电流等时，上传报警信息；

6）通过 CAN 接口，可实现与其他模拟量采集模块的通信，实现其他模拟量信息的获取；

7）均衡模块与上传模块的通信方式为 CAN 通信；

8）低功耗，支持采集部分低功耗工作模式；

9）采用模块化设计，安装、使用和维护方便，且模块间相互隔离、可靠性高。

详见表 6-7 和图 6-6。

表 6-7 ESBMM 技术参数

序号	项目描述	规格参数	
1	设备型号	ESBMM-1212	
2	设备规格	12 路检测	
3	温度检测	检测数量	12 路
		检测精度	±1℃
		检测范围	−40~125℃
4	电压检测	检测数量	12 路
		检测精度	±(0.1% FS+0.1% RD)
		检测范围	DC1.5~4.5V
5	均衡类型	被动均衡	
6	均衡电流	被动均衡 100mA	

（续）

序号	项目描述	规格参数
7	通信接口	CAN
8	供电电压	DC24V
9	设备功耗	≤0.8W
10	最大电芯管理数量	12 串电池
11	外形尺寸 W×D×H	180mm×105mm×28mm

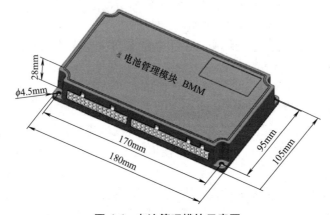

图 6-6 电池管理模块示意图

2. 主控单元 ESBCM

1）具备系统上电自检功能，主要包括所有传感器、系统状态等；

2）具备电池组端电压、电流、温度等检测功能；

3）对电池管理模块 ESBMM 采集的数据进行收集，同时转发数据；

4）具有电池正负极对机壳的绝缘检测功能；

5）具有管理接触器、主断路器控制及触点反馈信号检测功能；

6）异常报警及硬接点保护控制功能；

7）具备 CAN/RS485 总线通信功能，可与 PCS 进行数据通信。

详见表 6-8 和图 6-7。

表 6-8 ESBCM 技术参数

序号	项目描述	规格参数
1	设备型号	ESBCM-A133
2	电流检测	0~±1000A（可选）
3	电流检测精度	±(0.5% FS+0.5% RD)

（续）

序号	项目描述	规格参数
4	通信接口	RS485，CAN
5	供电电压	DC24V
6	设备功耗	≤2.4W
7	最大 BMU 管理数量	20PCS
8	外形尺寸（W×H×D）	180mm×28mm×105mm

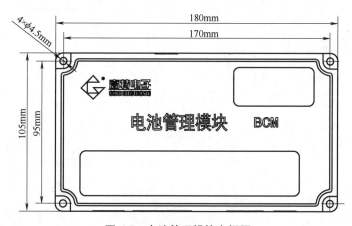

图 6-7　电池管理模块主视图

3. 显控单元 ESMU

（1）监测显示数据　管理电池组信息，显示单体电池数据（V/SOC）；显示整组电压、电流数据；显示环境温度及单体电池温度数据。

（2）报警功能　通信报警；单体电池过电压、欠电压报警；整组电池过电压、欠电压、过电流报警；温度过高、过低报警。

（3）保护　单体电压过电压、欠电压保护；整组电池过电压、欠电压、短路保护；温度过高、过低保护。

（4）参数设置　电池组安装及运行参数的设置；网络通信参数设置；接口协议参数设置；ESBCM 参数设置。

详见表 6-9。

表 6-9　ESMU 规格参数表

序号	项目描述	规格参数
1	设备型号	ESMU-10Ⅱ
2	通信接口	RS485×2，CAN×1，Ethernet0/100M×1

（续）

序号	项目描述	规格参数
3	存储扩展	16GB，SD 卡
4	事件数据库	1000 件事件记录
5	供电电压	DC24V
6	设备功耗	≤5W
7	最大 BCMU 管理数量	16 PCS
8	外形尺寸（$W \times H \times D$）	275.85mm×188.85mm×41.90mm（不含挂耳）

6.2.4 储能变流器

PCS31A 系列储能变流器由一台或多台储能变流器模块并联构成，其主要由工频隔离变压器、避雷器、交流断路器、储能变流器模块和直流断路器组成，如图 6-8 所示。

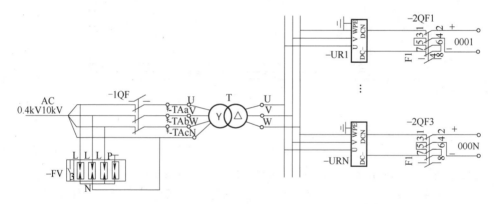

图 6-8 PCS31A 系列储能变流器多支路电路拓扑示意图

6.2.5 监控系统规格参数

监控系统（SCADA）基于现代通信技术、计算机科学技术，提供专业的综合自动化软件平台和管理服务。根据系统组成部分以及子系统，进行数据组态、图形组态、分布式控制组态、通信组态以及报表组态等，快速完成对整个监控系统的组建，以对现场的运行设备进行监视和控制，实现数据采集、显示、报警、设备控制以及参数调节等各项功能。

1. 储能电池单元监控子系统拓扑

储能电池单元内监控子系统主要实现数据采集与转发功能，该系统包含数据采集与视频监控两部分，由串口服务器、遥信模块、光口交换机、摄像机、通信辅材组成。

串口服务器作为数据采集单元，通过 RS485 串口通信方式向下采集 BMS 信息、空调信息、电表信息、遥信模块信息，消防系统、门禁、水浸通过干接点信号接入遥信模块；光口交换机作为数据信息转出单元，向下获取串口服务器、网络视频信号及 PCS 仓内 PCS 信息，向上转出到上层监控系统中。

2. 储能电池单元监控子系统接口规格

主要设备的接口、通信规约及其功能说明见表 6-10。

表 6-10　主要硬件设备说明

序号	设备名称	接口	通信规约	功能说明	数量	单位
1	串口服务器	RJ45	Modbus TCP	串口服务器与交换机信息交互	1	台
		RS458	Modbus RTU	采集电池舱内所有 RS458 信号		
2	遥信模块	RS458	Modbus RTU	遥信模块与交换机信息交互	1	台
		I/O 口	干接点信号	采集电池舱内所有干接点信号		
3	光口交换机	光口		与上层监控系统进行信息交互	1	台
		RJ45	Modbus TCP	采集电池舱内所有设备、PCS 数据信息		

3. 储能电池单元监控子系统功能

监控子系统硬件设备安装于标准机柜中，因此采用的设备应为机架式设备。监控子系统主要实现的功能如下：

1）采集 BMS 的电池堆及各组电池的总电压、电流、平均温度、SOC、SOH、充放电电流和功率限值、故障和报警信息、历史充放电电量、历史充放电电能、容量、可充电量、可放电量、充放电次数等主要特性数据，以及单节电池电压、单节电池温度、各节电池的均衡状态。

2）采集 PCS 的相关参数，包括直流侧的电压、电流、功率，PCS 的三相有功功率、无功功率、三相电压、三相电流、功率因素、频率、IGBT 温度、RC 滤波器温度、运行状态、报警及故障信息等常用信息，以及日输入电量、日输出电量、累计输入电量、累计输出电量等。

3）采集空调的相关参数，包括机组运行状态、回风温度、回风湿度、制冷启动温度、制冷停止回差值、制热启动温度、制热停止回差值等。

4）采集电池仓内各个状态量，包括消防系统、水浸、门禁。

5）采集电表的电能统计值。

4. 储能电池单元监控子系统硬件规格（见表 6-11）

表 6-11　硬件性能规格

项目	参数/单位	备注
系统总体平均无故障时间	MTBF≥20000h	
系统年可用率	>99.9%	
系统使用寿命	>10 年	
CPU 负载	正常状态下<30%，事故情况下 10s<50%	运行标准软件
网络负载	正常状态下<20%，事故情况下 10s<40%	

6.2.6　辅助系统

包含配电和接地系统、温控系统、照明系统及消防系统等。

1. 消防系统

消防系统主要特点如下：

1）系统能自动检测火灾，自动报警，自动启动灭火系统；

2）有自动控制、手动控制和机械应急操作三种启动方式；

3）独立的应急手动操作机构；

4）配备火灾和灭火剂释放的警铃及声光报警器；

5）自检系统，定期自动巡查，监视故障及故障报警。

消防系统技术指标见表 6-12。

表 6-12　消防系统技术指标

序号	项目描述	规格参数
1	气体名称	FM-200（七氟丙烷）
2	沸点	−16.4℃
3	熔点	−131℃
4	蒸汽压	453.3kPa, 25℃
5	液体密度	1.386g/cm³, 25℃
6	灭火浓度	>9%
7	喷放时间	<10s
8	系统供电	AC240V/50Hz/2.085A
9	后备电源	具备
10	消防输出信号	24V，最大 7A，单回路最大 3A

（续）

序号	项目描述	规格参数
11	工作环境温度	0~49℃
12	存储环境温度	−30~60℃
13	认证要求	CE

2. 温控系统

集装箱温度控制系统由压缩式机械制冷系统、加热系统、风系统以及控制系统四大基本部分组成，该控制系统根据室内外温度、湿度自动控制和协调两个制冷系统和加热系统的工作，通过风系统来实现自然通风冷却、压缩式机械冷却、加热、除湿等功能，具体技术指标见表 6-13。

温控系统主要特点如下：

1）由压缩式机械制冷系统、加热系统、风系统以及控制系统组成；

2）掉电记忆和自动重启；远程故障识别与报警；远程通信控制；模糊智能控制；

3）寿命≥15 年；连续运行无故障时间≥25000h；

4）恶劣环境工作能力强。

表 6-13　温控系统技术指标

项目描述	规格参数
空调型式	精密空调
制冷量	≥3kW×2
制热量	≥2kW×2
运行噪音	≤72dB（A）
制冷剂	环保冷媒 R407C/R410A
能效比	≥二级（EER≥3.0）
适用环境温度	−25~55℃
相对湿度	0~100%
IP 等级	IP55
供电电源	单相，额定电压 AC220V±15%，频率 50±0.5Hz
工作年限	20 年

3. 照明系统

照明系统采用防爆灯管，灯管电压为 220V，50Hz，可以在-40~50℃之间运行，照明系统要便于安装维护，在可更换的基础上，照明系统的使用年限要大于十年，每个门附近均有开启内部所有照明的控制开关。为保证在照明系统状态时人员的安全撤离，在集装箱每个门上均要配置应急照明设备，具体规格参数见表 6-14。

表 6-14　照明系统规格

序号	项目描述	规格参数
1	照明灯类型	LED 灯管
2	主照明照度	≥200lx
3	配置数量	集装箱五个
4	应急照明投切时间	≤0.2s
5	应急照明灯数量	集装箱两个
6	备用时间	≥90min

4. 配电和接地系统

在配电柜、监控柜、电池架、PCS 等设备保持自身良好接地的情况下，将所有设备的总接地再接入接地网，以保障整个系统的接地连续，如图 6-9 所示。同时需要注意电池箱、主控箱和电池架的良好接地。整个接地系统到大地的最大电阻不超过 4Ω。

辅助配电单元是给柜内的空调、监控柜、消防、照明、备用照明灯以及插座用的配电支路，由集装箱内的交流配电柜从隔离变 380V 母线侧引入电源，主要给集装箱辅助设备供电。供电回路名称和规格见表 6-15。

表 6-15　辅助配电回路微型断路器规格

序号	配电支路用途	规格	数量
1	空调 1/空调 2	D25A/2P	2
2	照明	C10A/2P	1
3	备用照明	C10A/2P	1
4	消防开关	C10A/2P	1
5	监控柜	C25A/2P	1
6	备用	C10A/2P	1
7	插座 1/插座 2	C16A/2P 漏电开关	2
8	备用	C20A/2P	1

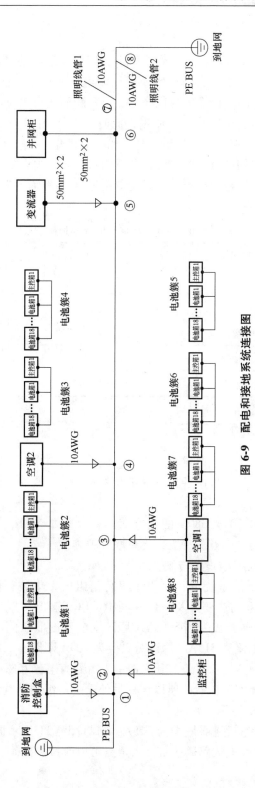

图 6-9　配电和接地系统连接图

5. UPS 系统

不间断电源（Uninterruptible Power Supply，UPS）是将蓄电池与主机连接，通过主机逆变器等模块电路将直流电转换成交流电的系统设备。本 UPS 系统主要用于给站内照明、消防、监控等提供稳定、不间断的电力供应。当市电输入正常时，UPS 将市电稳压后供应给负载使用，此时的 UPS 就是一台交流式电稳压器，同时它还向机内电池充电；当市电中断（事故停电）时，UPS 立即将电池的直流电能通过逆变器切换转换的方法向负载继续供应 220V 交流电，保证站内照明、消防、监控等系统稳定运行。本系统选用 UPS 功率为 3kVA，安装在监控柜中，具体参数见表 6-16。

表 6-16 UPS 配电回路微型断路器规格

序号	配电支路用途	规格	数量
1	主控箱	C25A/2P	1
2	BSMU	C10A/2P	1
3	监控柜插座	C25A/2P	1
4	水浸/门禁	C10A/2P	1
5	照明	C10A/2P	1

6.2.7 储能接入设计方案

计划安装地点为南阳飞龙电器有限公司，该公司为供电局下属产业，公司员工 100 人左右，主要产品为生产各类高低压开关柜、变压器等，厂区生产运行活动主要在 8:00~18:00。

厂区内当前有两台 10kV/380V 的配电变，一台专供空调，一台给厂区其他负载供电，两台变压器之间互为独立，无母联开关连接。

1. 储能系统一次主接线设计方案

250kW/1MW·h 储能系统由一台 40ft 集装箱组成，集装箱内包含 1MV·h 电池、一台 250kW 的双向逆变器及一台并网柜。PCS 输出功率为 250kW，输出电压为 AC380V，经并网柜接入到 800kVA 厂区配电变的低压侧，变压器低压侧当前馈线断路器最大电流为 315A，后续需更换为 500A 断路器；低压侧万能式总断路器额定电流为 1600A，总断路器开关柜中未看到有电流互感器，咨询现场负责人，其也不清楚具体安装位置，所以计划另外安装一组测量电流互感器。电气主接线示意图如图 6-10 所示。

800kVA 箱变低压侧断路器最大为 315A，需将图 6-11 所示断路器改造更换为 500A 的断路器，原配电线路厂区负责人透露可以改接别处。

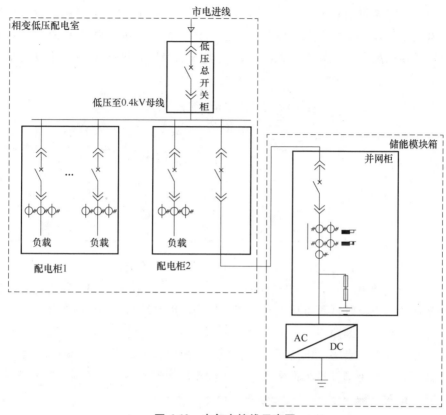

图 6-10 电气主接线示意图

图 6-11 箱变接入点示意图

（1）储能系统并网点选择　根据 NB/T 33015—2014《电化学储能系统接入配电网技术规定》中的要求，电化学储能系统可根据装机容量按表 6-17 所示的电压等级接入配电网，最终接入配电网的电压等级应根据技术经济比较的结果确定。

表 6-17　电化学储能系统接入方式

电化学储能系统额定功率	接入电压等级	接入方式
8kW 及以下	220V 配电网	单相
8~400kW	380V 配电网	三相
400~6000kW	6kV~20kV	三相

该储能系统标称为 250kW 功率，适合采用 380V 低压接入。

（2）接入系统一次部分主要设备介绍　储能系统输出 AC400V 通过新增的并网柜接入到电科院低压母排上，并网柜作为储能系统与电网侧的连接。并网柜主要包含一台低压断路器、一组测量电流互感器、一组计量电流互感器、一组保护电流互感器、一台零序电流互感器、一台电能质量分析仪、一组防雷器及一组熔断器等。并网柜型计量小室主要包含一台多功能电度表，面板预留电度表观察孔，并做铅封处理。

（3）主要电气设备选择。

1）低压断路器（框架式，安装在并网柜中）：框架电流为 630A；额定电流为 500A；额定工作电压为 400V；4P。

2）塑壳断路器（箱变低压开关柜中）：额定电流为 500A；额定工作电压为 690V；4P。

3）电缆低压交流动力电缆选择：储能集装箱并网柜至低压配电房开关柜采用电缆连接，型号为 YJV22-0.6/1kV-4×95mm^2+50mm^2，两根电缆并接，电缆截面满足正常运行最大载流量、运行温度等要求。并综合考虑隔离变高压侧侧开孔大小与电缆截面的配合，以便于施工。

（4）电能质量要求。

1）谐波。储能电池通过变流器进行充放电，实现化学能和电能的相互转换。在交、直流电转换的过程中，会产生大量的谐波。NB/T 33015—2014《电化学储能系统接入配电网技术规定》规定公共连接点的总谐波电流分量应满足 GB/T 14549—1993《电能质量公用电网谐波》的规定，0.38kV 系统的谐波电压、谐波电流允许值见表 6-18 和表 6-19。

表 6-18　谐波电压及谐波电压总畸变率限值

电网标称 电压/kV	电压总谐波畸变率（%）	各次谐波电压含有率（%）	
		奇次	偶次
0.38	5	4	2

表 6-19　注入公共连接点的谐波电流允许值

标准电压/ kV	基准短 路容量 /MVA	谐波次数及谐波电流允许值/A													
		2	3	4	5	6	7	8	9	10	11	12	13	14	15
0.38	10	78	62	39	62	26	44	19	21	16	28	13	24	11	12

本工程选用的变流器谐波电流、谐波电压含有率和总电压波形畸变率满足国家标准规定，最大谐波失真（THD_i）<3%（额定功率时）。储能系统的输出功率可调控，因此实际注入公共连接点的谐波电流（电压）需在储能系统并网时按规定测量方法进行测量核对。在储能系统实际并网时需对其谐波电流（电压）进行进一步测量，确保其满足国家标准的相关规定，否则应在升压变压器低压侧安装谐波治理装置。

2）电压偏差。按照相关规定，20kV 及以下三相供电电压偏差为标称电压的±7%。

3）电压不平衡度及直流分量。与电网连接点应满足引起该点负序电压不平衡度允许值一般为 1.3%，短时不超过 2.6%；向配电网馈送的直流电流分量不应超过电化学储能交流额定值的 0.5%。

（5）防雷和接地　系统配置防雷器（浪涌保护），所有电气设备金属外壳及钢结构设施均应与箱变接地网等电位连接，储能集装箱设置两个接地点，分别与集装箱接地网相连，接地电阻不大于 4Ω。

（6）土建部分。

1）集装箱基础。在消防水池与中央空调外机之间有一块长 14m、宽 8m 的场地可以使用，计划集装箱安装在该处，该空地上有两条 220kV 的高压架空线路通过，厂区负责人透露地面早期已硬化过，上层覆盖了 30cm 的泥土，底部有空调水冷管通过，但不清楚管道具体的位置，厂区也无具体的管网图。

方案一：采用水泥桩基。需将原硬化过的水泥垫层破开，且需请专业勘测公司将管道的具体位置测出，施工周期长，成本较高。

方案二：采用钢架基座。直接将水泥垫层上面的 30cm 浮土清除，在原来的垫层上再铺设 30cm 的混凝土垫层与地面平齐，然后在垫层上放置钢结构基础，集装箱安置在其上，施工周期短，成本相对较低。

综合比较，推荐采用方案二，如图 6-12 所示。

另外集装箱四周留 1.5m 的维护通道并硬化。

图 6-12 集装箱安装位置示意图

2）电缆沟。

当前无可借用的电缆沟和管道，需要重新开挖埋管，电缆沟开挖约 32m，其中需要破开两段 1.5m 的水泥路面，为了避开空调机旁边管道（图 6-13 中空调机右端黑色部分），电缆沟应尽量贴着路沿石走。

由于箱变基础部分没有电缆井，故需要在箱变基础箱开一个 $\phi 150mm$ 的孔，将 $95mm^2$ 的电缆接入到箱变低压配电柜中，如图 6-14 所示位置。

（7）一次电气主要设备清单　见表 6-20～表 6-23。

表 6-20　并网柜

序号	设备名称	主要设备规格型号	单位	数量
1	并网柜	一台低压断路器 一组计量电流互感器 一组测量电流互感器 一台零序电流互感器 一组防雷器 一组熔断器 一台多功能电度表 一台多功能电表	台	1
2	塑壳断路器	额定电流 500A	台	1

此段总长4.5米,其中1.5米水泥路面处开挖

此段总长20米,1米盖的水泥路面整开挖

此段长53米

图 6-13　电缆沟走向示意图

表 6-21　电缆及附件

序号	设备名称	主要设备规格型号	位	数量
1	低压动力电缆	ZRC-YJV-0.6/1kV-4×95mm^2+50mm^2	m	2
2	热缩电缆头	适用于 ZRC-YJV-0.6/1kV-4×95mm^2+50mm^2	套	4
3	DT 端子	匹配 95mm^2 电缆	个	6
4	DT 端子	匹配 50mm^2 电缆	个	4
5	低压导线	BV-0.6/1kV-1×4	m	0
6	控制电缆	BV-0.6/1kV-2×1.5	m	0

说明：电缆数量以现场实际发生为准。

图 6-14　箱变基础开孔位置图

表 6-22　接地部分

序号	名称	规格	单位	数量	总重量/kg	备注
1	角钢垂地极	L50×5，L=2.5M	条	9	84.8	热镀锌
2	扁铁水平地极	φ50×5	m	50	98	热镀锌
3	扁铁引出线	φ50×5	m	4	8	热镀锌

表 6-23　土建部分

序号	设备名称	主要设备规格型号	位	量
1	电缆沟		m	2
2	集装箱基础	基座为钢架结构	座	1
3	场站处理		项	1
4	低压电缆井		座	1
5	MPP 管	φ125mm	m	5

2. 储能系统二次系统设计方案

（1）继电保护及安全自动装置　按照《继电保护及安全自动装置技术规程》、GB 51048—2014《电化学储能电站设计规范》、NB/T 33015—2014《电化学储能系统接入配电网技术规定》等有关设计技术规程、规范配置储能系统的保护功能。储能系统项目接入后，与原有保护配置配合，维持原有保护不变，发生各种类型故障时，并网侧断路器跳闸，断开储能系统与电网的连接，电网失去储能注入的电源后，原有继电保护按照之前的整定值动作。

（2）0.4kV 并网点保护　在并网点主要配置三段式过电流保护、零序电流保护、电压保护、频率保护等。在储能系统、并网线路发生各种类型故障时，由保护装置动作，跳开并网柜及集装箱内相应的断路器，切除故障。

（3）防孤岛保护　当非计划性孤岛发生时，储能系统应在 2s 内与配电网断开，在系统电压、频率异常时，跳开并网柜相应断路器，断开储能系统向电网注入的电源。

（4）计量　在储能系统的并网处设置电能表用于储能系统的充/放电计量，电能表采用智能电能表，具备双向有功和四象限无功计量功能及事件记录功能，配标准通信接口，一路通信把计量数据传到云平台，计量 CT 选用 0.2s，双向计量表安装在并网柜的计量小室内。

（5）电能质量分析　储能系统通过变流器实现交直流的转换，在转换过程中，会产生大量谐波及直流分量。根据 NB/T 33015—2014《电化学储能系统接入配电网技术规定》，在储能系统侧装设一套满足 GB/T 19862—2016 标准要求的电能质量在线监测装置，监测电能质量参数，包括电压、频率、谐波、功率因数等。当电能质量异常时，跳开并网断路器。

（6）远动设备及信息（监控系统由许继集团提供）　配置一面通信柜，设备主要包括一台通信管理机，用来转换、处理、上传数据；一台交换机；一台监控主机。

需上传的运行信息应至少包括下列信息：

1）储能系统并网点的电压、并网点状态；

2）并网点注入电力系统的电流、有功功率、无功功率；

3）能质量、谐波、故障信息、储能系统的运行状态、充放电状态、充放电功率、电池 SOC、电池 SOH、电池总体充放电时间等；

4）上网电量/下网电量；

5）可充/可放电量等。

若后续需要远程显示储能数据，由于监控系统为许继集团负责，则相关的设备及软件也应由许继集团提供。

（7）主要二次设备　见表 6-24。

313

表 6-24　主要二次设备

序号	设备名称	主要设备规格型号	单位	数量	备注
1	综合保护装置	电流、电压、频率保护	台	1	安装在并网柜
2	双向计量	双向无功，四象限有功	台	1	安装在并网柜
3	UPS	3kVA，配电池，备电 30min	台	1	
4	电流互感器	测量电流互感器	个	3	安装在箱变总断路器柜中

注：不包含通信部分。

6.2.8　成套设备运输、安装、调试方案及措施

现场施工安装调试，欣旺达公司将严格遵守以下流程，展开工程的安装、调试及验收的工作，保证设备的正确安装及安全运行。

项目施工流程如图 6-15 所示。

1. 产品包装与运输方案

2. 产品包装方案

（1）集装箱包装　项目产品为标准集装箱，所有电池安装到电池柜内整体随集装箱托运，不需额外特殊包装，但在运输时箱内灯具、电池动力连接线等整体摘除，并单独包装运输，待到达目的地后再重新安装。另备品备件电池箱采用单独木箱包装，达到运输要求。

包装时，将箱体内外的元器件拆卸下来，用珍珠棉与拉伸膜包装好，装进纸箱子里，并做好标识清单。用绳带绑住固定在集装箱电池仓过道上或电气仓过道上，固定好后四周放干燥剂，随箱体整体运输。箱体对外孔位用密封胶密封，防止运输过程中进水。另外，在运输过程中集装箱门应用锁头锁住并铅封。

（2）集装箱标识　集装箱产品出厂测试完成后喷涂或粘贴以下标志：

1）品牌；

2）产品名称；

3）制造日期；

4）商标；

5）规格型号；

6）尺寸；

7）净重和毛重；

8）极性符号；

9）警示标识；

10）高压电、防触电标识；

11）重心、堆叠、向上、小心轻放标识。

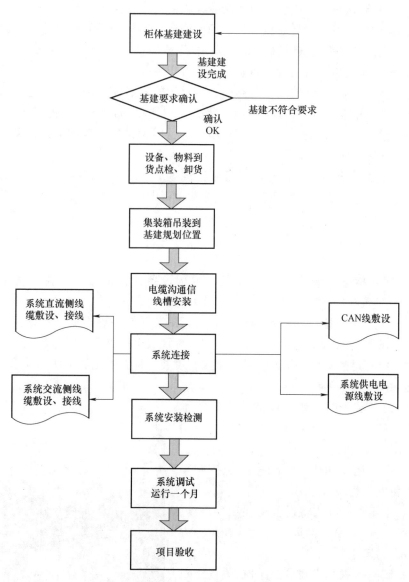

图 6-15　项目施工流程图

3. 产品运输方案及措施

包装完成后，设备开始装车运输，运输过程也需要风险管控，且设备到达现场后，需现场工程师确认无误后才开始卸装设备。

（1）发货运输流程。

1）发货条件具备，项目经理提交发货申请。

2）计划确认发货时间、地点、接收人联系方式等信息。

3）提前寻找可靠并具有相关集装箱储能产品运输经验的运输公司，确定最佳运输方案，且在所选路段进行试跑，确保运输质量。

4）设备吊装装车时由专业负责人员监督指挥吊装工作。

5）运输过程中，针对不同的路段，将对运输司机提出全程禁止超速行驶要求。运输中防止设备剧烈振动、冲击、挤压，且不得倒置。

6）运输过程中保持与运输货车司机的通信畅通，随时掌握运输信息，直至安全抵达安装现场。

（2）到货检查　集装箱储能设备到达现场后，现场工程师首先需要对运输的完整性及完好性进行检查，及时发现运输过程中是否出现设备损坏的现象。若有则及时通知公司补货。

至少应仔细核对下列项：

1）对照发货清单检查所有收货组件数量是否齐全。

2）仔细检查集装箱储能产品及各内部设备，看是否在运输过程中存在损坏。

（3）注意事项措施　集装箱包装后进行吊装装车时，根据设计标注的重心位置进行试吊，观察设备受力及平衡情况，确认安全可靠后正式起吊。吊车的起吊能力要有充足的裕度，钢丝绳的强度及长度要经检查确认满足使用要求。吊装示意图如图 6-16 所示。

1）设备装车时，要确保运输车辆的承载能力，将设备放在合适的位置，并用专用绳索分四个方向绑扎牢固。

2）设备运输途中，要根据路况控制车速，以免发生意外事故。

3）采用直运方式将设备运往项目现场，严禁货运公司中途以倒运、配货、托运等方式进行设备运送。

4）起运前根据公路部门的有关规定对运输设备状态进行确认，确保符合运输要求。

图 6-16　吊装示意图

4. 现场安装施工

（1）产品吊装卸货　清单无误后，设备进行吊装卸货，由于设备较重、较长，故需要两台吊车同时协作吊装，且单台吊车载重≥40t。现场按照规划设计位置进行吊装放置固定。吊装过程如图 6-17 所示。

（2）集装箱箱体固定　储能系统箱体底部安装固定在钢结构基座上，钢结构基座固定在地基上，地基由钢筋水泥混合土结构组成，地基设计建造承重能力>40t, 抗震等级在 8 级以上, 且地基面平整安装处倾斜不超过 3°。

（3）电缆沟及线槽安装　如图 6-18 所示。

图 6-17　吊装过程图

图 6-18　电缆沟及线槽安装示意图

（4）交流动力电缆安装　如图 6-19 所示。

（5）二次电缆安装。

1）用扎带将电缆固定在梁上, 固线牢靠, 置于铁皮线槽内的线束要进行过线保护措施, 安装示例如图 6-20 所示。

2）查看电缆绝缘层, 受到损伤、绝缘层硬化、开裂的要更换为没有损伤的线束。

3）导线采用管型端子压接, 连接牢靠、接触良好。

4）配线需符合工艺要求, 导线配线排列布局合理、横平竖直、曲弯美观一致, 接线正确、牢固, 与图纸一致, 安装示例如图 6-21 所示。

拆除电池架底部最下层电池箱，从化主控箱到设备箱分段人员值守，布置直流动力线

1)固线要牢靠，电缆绝缘层不受损伤，线耳要求完好、无毛刺
2)布线要美观一致，接线要正确
3)安装工艺及紧固力矩要符合装配工艺说明书要求

电缆在过电缆沟时，电缆需依据转弯半径进行圆弧状布置。杜绝布置90°直角损伤电缆

图 6-19　交流动力电缆安装

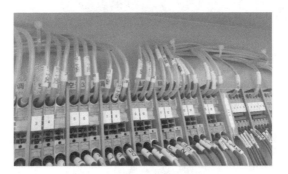

图 6-20　线束安装示例图

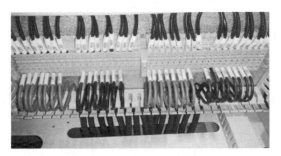

图 6-21　配线安装示例图

（6）电池直流动力电缆安装　连接电池动力线时，需由两人操作，参照施工工艺图纸，一人确认、一人安装，避免安全事故发生，安装示例如图 6-22 所示。

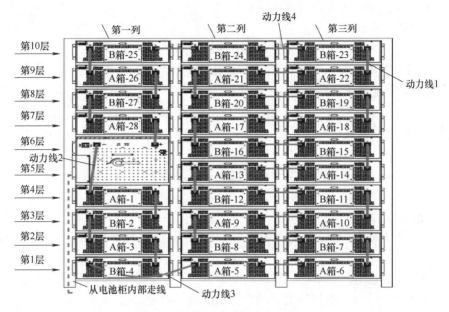

图 6-22　电池直流动力电缆安装示例

（7）安全施工保证措施。

1）安全施工管理制度。实行安全施工责任制，建立健全各级部门的安全施工责任制，责任落实到人。特种作业人员必须经培训考试合格持证上岗，操作证必须按期复审，不得超期使用，名册齐全。

安全检查要求如下：

① 必须建立定期安全检查制度。有时间、有要求，明确重点部位、危险岗位。

② 安全检查有记录。对查出的隐患应及时整改，做到定人、定时间、定措施。

③ 班组在班前须进行上岗交底、上岗检查、上岗记录的"三上岗"和每周一次的"一讲评"安全活动。对班组的安全活动要有考核措施。

④ 施工管理人员和各类操作工人要戴不同颜色安全帽，以示区别。施工管理人员戴黄色安全帽，施工人员戴白色或蓝色安全帽。

2）安全生产保证措施。

安全帽要求如下：

① 安全帽必须经有关部门检验合格后方能使用。

② 正确使用安全帽并扣好帽带。

③ 不准将安全帽抛、扔或坐、垫。

④ 不准使用缺衬、缺带及破损安全帽。

安全带要求如下：

① 安全带须经有关部门检验合格方能使用。

② 安全带使用两年后，必须按规定抽验一次，对抽验不合格的，必须更换安全绳后才能使用。

③ 安全带应储存在干燥、通风的仓库内，不准接触高温、明火、强碱、强酸或尖锐的坚硬物体。

④ 安全带高挂低用，不准将绳打结使用。

⑤ 安全带上的各种部件不得任意拆除。更换新绳时要注意加绳套。

3）施工用电及施工机具。

电线敷设要求如下：

① 配电箱的电缆应有套管，电线进出不混乱。大容量电箱上进线加滴水弯。

② 电线绝缘好，无老化、破损和漏电。

③ 电线应沿墙或电杆架空敷设，并用绝缘子固定。

④ 过道电线可采用硬质护套管理地并做标记。

⑤ 室外电线应用橡皮线架空，接头不受拉力并符合绝缘要求。

现场照明要求如下：

① 一般场所采用220V电压。危险、潮湿场所和金属容器内的照明及手持照明灯具应采用符合要求的安全电压。

② 照明导线应用绝缘子固定。严禁使用花线或塑料胶质线。导线不得随地拖拉或绑在脚手架上。

③ 照明灯具的金属外壳必须接地或接零。单相回路内的照明开关箱必须装设漏电保护器。

④ 室外照明灯具距地面不得低于3m，室内距地面不得低于2.4m。碘钨灯固定架设，要保证安全。灯线不得靠近灯具表面。

架空线要求如下：

① 架空线必须设在专用电杆上，严禁架设在树上或脚手架上。

② 架空线应装设横担和绝缘子，其规格、线间距离、挡距等应符合架空线路要求，其电杆板线离地2.5m以上时应加绝缘子。

③ 架空线一般应离地4m以上，机动车道为6m以上。

电箱（配电箱、开关箱）要求如下：

① 电箱应有门、锁、色标和统一编号。

② 电箱内开关电器必须完整无损，接线正确。各类接触装置灵敏可靠，绝缘良好。无积灰、杂物，箱体不得歪斜。

③ 电箱安装高度和绝缘材料等均应符合规定。

④ 电箱内应设置漏电保护器，选用合理的额定漏电动作电流进行分极配合。

⑤ 配电箱应设总熔丝、分熔丝、分开关。零排地排齐全。

⑥ 配电箱的开关电器应与配电线或开关箱一一对应配合，做分路设置，以确保专路专控，总开关电器与分路开关电器的额定值、动作整定值相适应。熔丝应与用电设备的实际负荷相匹配。

⑦ 金属外壳电箱应做接地或接零保护。

⑧ 开关箱与用电设备实行一机一闸一保险。

⑨ 同一移动开关箱严禁有 380V 和 220V 两种电压等级。

接地接零要求如下：

① 接地体可用角钢、圆钢或钢管，但不得用螺纹钢，其截面不小于 $48mm^2$，一组两根接地体之间间距不小于 5m，入土深度不小于 2m，接地电阻应符合规定。

② 橡皮电缆中黑色或绿/黄双色线作为接地线。与电气设备相连接或接零线截面不能低于 $2.5mm^2$ 多股铜芯线；手持式民用电设备应采用不小于 $1.5mm^2$ 的橡皮软电缆。

③ 电杆转角杆、终端杆及总箱、分配电箱必须有重复接地。

手持电动机具要求如下：

① 必须单独安装漏电保护器。

② 防护罩壳齐全有效。

③ 外壳必须有效接地或接零。

④ 橡皮电线不得破损。

电焊机要求如下：

① 有可靠的防雨措施。

② 一、二次线（电源、龙头）接线处应有齐全的防护罩，二次线应使用线鼻子。

③ 有良好的接地或接零保护。

④ 配线不得乱拉乱搭，焊把应绝缘良好。

气瓶要求如下：

① 各类气瓶应有明显色标和防震圈，且不得在露天曝晒。

② 乙炔气瓶与氧气瓶距离应大于 5m。

③ 乙炔气瓶在使用时必须装回火防止器。

④ 皮管应用夹头紧固。

⑤ 操作人员应持有效证上岗操作。

4）防火安全。要求如下：

① 工地建立防火责任制，职责明确。按规定设专职安全员，建立防火档案并正确填写。

② 重点部位必须建立有关规定，由专人管理，落实责任。按要求设置警告标志，配置相应的消防器材。

③ 建立动用明火审批制，按规格划分级别，明确审批手续，并有监护措施。

④ 焊割作业应严格执行"十不烧"及压力容器使用规定。

⑤ 危险品押运人员、仓库管理人员和特殊工种必须经培训和审证，做到持有效证件上岗。

5）材料运输，人员进出。材料及设备的运输以及施工人员进出工地必须按指定的路径通行，禁止在工地内闲逛。

6）安全晨会。在每个作业日施工前，坚持施工小组晨会制度，针对当日相关工作的特点及环境，提出相应的安全注意事项和防护措施。每日作业完毕后，专业管理人员及班组长进行当日安全小结，对出现有代表性或普遍性安全事故隐患的问题及时通报，并且在次日的晨会中向全体施工人员传达，以便及时采取纠正和预防措施。

7）动火作业。施工人员提交动火作业申请书→经项目经理批准→动火现场可燃物品清理，灭火器具摆放到位，安全负责人现场确认→动火作业（安排专人监护)→动火作业完成后的现场清理，安全员检查有无残留火种→人员撤离现场。

8）设备搬入吊装。要求如下：

① 必须拟订方案，经审定批准后方可实施。

② 吊装过程中，安全员现场监督。

（8）现场施工安全管理。

1）安全管理目标：完善安全措施，提高安全意识，确保不发生设备摔损、人身伤害、火灾、触电、设备短路烧损等重大安全事故。

2）安全管理方针：安全管理方针是"安全第一，预防为主"。

3）安全管理体系：在本工程施工中，成立以项目经理为核心，以项目技术负责人、专职安全员为骨干的安全生产施工管理体系，明确项目经理为项目安全施工的第一责任人，专职安全员为项目安全施工的直接责任人。落实应急组织架构图及应急预案流程如图 6-23 所示。

施工应急组织架构图如图 6-24 所示。

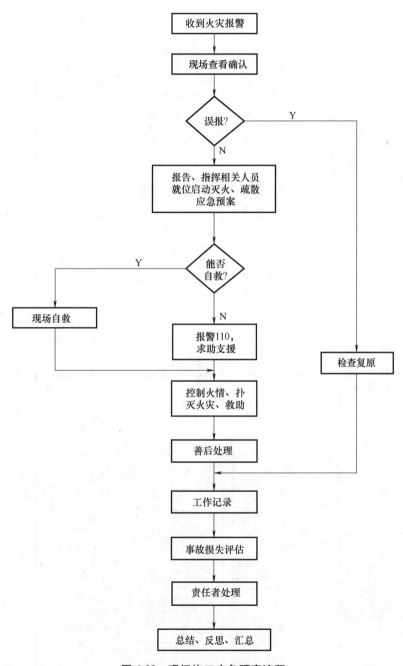

图 6-23　现场施工应急预案流程

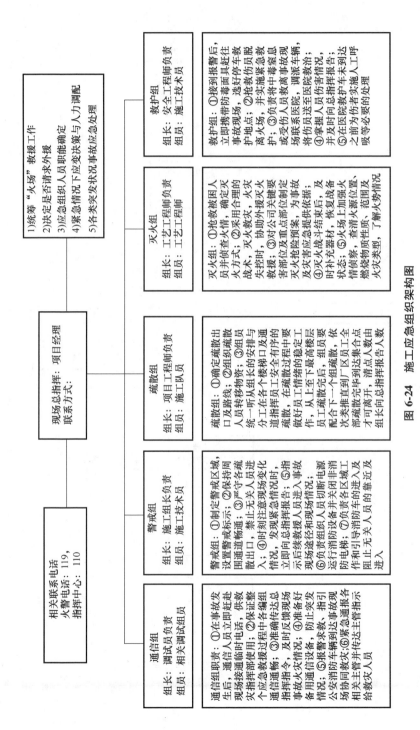

图 6-24　施工应急组织架构图

6.2.9　系统研制及工程运行

2019 年 12 月，该 250kW/1MW·h 梯次电池储能系统正式实现并网运行，如图 6-25 所示，截至 2020 年 6 月，示范工程运行状况良好，共计循环 170 余次，平均能量效率达到 80% 以上，累积发电 126000kW·h，运行指标符合设计要求。

图 6-25　用户侧退役电池储能系统

6.3　百千瓦级退役电池储能系统示范应用

6.3.1　设计依据

引用标准如下：

GB/T 191—2008《包装储运图示标志》

GB/T 2423.1—2008《电工电子产品环境试验 第2部分：试验方法 试验A：低温》

GB/T 2423.2—2008《电工电子产品环境试验 第2部分：试验方法 试验B：高温》

GB/T 2423.3—2006《电工电子产品环境试验 第2部分：试验方法 试验Cab：恒定湿热试验》

GB/T 2423.4—2008《电工电子产品环境试验 第2部分：试验方法 试验Db交变湿热（12h+12h循环）》

GB/T 2900.33—2004《电工术语 电力电子技术》

GB/T 3859.1—2013《半导体变流器 通用要求和电网换相变流器 第1-1部分：基本要求规范》

GB/T 3859.2—2013《半导体变流器 通用要求和电网换相变流器 第1-2部分：应用导则》

GB/T 3859.3—2013《半导体变流器 通用要求和电网换相变流器 第1-3部分：变压器和电抗器》

GB/T 4208—2017《外壳防护等级（IP代码）》

GB/T 5226.1—2019《机械电气安全 机械电气设备 第1部分：通用技术条件》

GB/T 4026—2019《人机界面标志标识的基本和安全规则 设备端子、导体终端和导体的标识》

GB/T 12325—2008《电能质量 供电电压偏差》

GB/T 12326—2008《电能质量 电压波动和闪变》

GB/T 13384—2008《机电产品包装通用技术条件》

GB/T 13422—2013《半导体变流器 电气试验方法》

GB 14048.1—2012《低压开关设备和控制设备 第1部分：总则》

GB/T 14537—1993《量度继电器和保护装置的冲击与碰撞试验》

GB/T 15543—2008《电能质量 三相电压不平衡》

GB/T 14549—1993《电能质量 公用电网谐波》

GB/T 14598.27—2017《量度继电器和保护装置 第27部分：产品安全要求》

GB/T 15945—2008《电能质量 电力系统频率偏差》

GB/T 17626.1—2006《电磁兼容 试验和测量技术 抗扰度试验总论》

GB 17799.4—2012《电磁兼容 通用标准 工业环境中的发射》

DL/T 478—2013《继电保护和安全自动装置通用技术条件》

DL/T 527—2013《继电保护及控制装置电源模块（模件）技术条件》

DL/T 620—1997《交流电气装置的过电压保护和绝缘配合》

DL/T 5136—2012《火力发电厂、变电站二次接线设计技术规程》

DL/T 5429—2009《电力系统设计技术规程》

NB/T 31016—2019《电池储能功率控制系统　变流器　技术规范》

Q/GDW 1885—2013《电池储能系统储能变流器技术条件》

Q/XJ 20.50—2012《继电保护和安全自动装置通用技术要求》

IEC 61427-1—2013《太阳能光伏系统用蓄电池和蓄电池组一般要求和试验方法　第1部分：光伏离网应用》

6.3.2　设计原则

设计应遵循青海省西宁市韵家口风光水储智能微电网运行控制示范基地的总体建设目标，坚持以使整个系统具有安全性、经济性、可维护性、可靠性、灵活性等特性为总体设计原则，下面对设计原则进行阐述。

（1）安全性　为保障系统的可靠运行，系统配备完善的检测设备，准确及时动作，配有安防措施；电池箱内配置温度检测、电池柜内配置烟感报警，电池柜之间设置阻燃材料隔板；设备具有自我保护、系统联动保护等。

（2）经济性　储能变流器采用一级变换三电平主电路拓扑，系统运行效率高、成本低；设备采用模块化设计，维护时间短、维护成本低；分支路管理，降低电池成组难度，提高电池的使用寿命；分簇管理，可以匹配不同来源的电池。

（3）可维护性　储能变流器及电池采用模块化设计，可以分组管理；配备单独的维护设备，方便维护；电池采用模块化设计，拆卸方便，减小维护时间；将维护信息植入监控系统中，定期提醒维护人员进行维护。

（4）可靠性　设备经过第三方检验，在国内多个工程中得到应用，故障率低；建立梯次电池检测试验平台，电池经过严格检验、筛选；通过与高校与电科院合作制定梯次电池筛选原则，每箱电池都经过严格筛选，保证电池可靠运行。

（5）灵活性　系统采用模块化设计，系统扩容及维修比较灵活；多支路配置，可以适应不同来源、不同批次电池。

6.3.3　系统设计方案

1. 系统集成方案概述

根据大规模储能设计经验，在电池储能电站中，储能变流器一般以50kW为基本单元。本方案以比亚迪汽车退役磷酸铁锂电池为电能存储载体，以双向变流器作为能量转换和功率控制的纽带，以智能化的监控系统作为整机控制和管理的枢纽，实现电池梯次储能装置的接入电网与运行，满足工程项目对大容量电池储能装备的需求。

（1）变流器集成方案 储能变流器采用模块化设计，以50kW为一个基本单元，包含五个50kW模块，每个模块连接一组磷酸铁锂电池组，模块分别可控，降低电池并联的难度，当某一组电池出现问题时可单独退出，提高系统利用率。储能装置依据上层控制系统的有效调度，通过快速、精确的出力，改善大规模风电和光伏电站的出力特性，以提高大容量可再生电源的可控性、可调度性以及可预测性，实现风/储、光/储、风/光/储联合系统的优质、可靠运行。

（2）电池成组方案 采用退役的动力电池，再利用时其运行倍率为0.5C，同时其容量已经退化。根据《电动汽车退役电池梯次利用调研报告》中描述，比亚迪退役动力电池的容量均在85%以上，根据要求及一定的设计裕量，容量选取原则为85%，实际容量为250kW·2h，所以50kW基本单元需要配置100kW·h的实际容量储能电池组，根据容量选取原则，每50kW储能装置需配置约120kW·h的标称容量。

电池类型为磷酸铁锂电池，150A·h的单体电池通过八块串联组成25.6V/150A·h电池模块，每个电池模块能量为4.6kW·h。组成120kW·h的储能电池组共需26块25.6V/180A·h电池模块。电池组运行倍率为0.5C，即为75A，单体电池电压上下限按2.8~3.6V计算，约为582.4~691.2V；储能变流器直流侧电压接入范围为500~800V，每个模块最大电流为150A，满足电池特性要求。

如图6-26所示，电池管理系统采用三级网络架构，BMS总控连接五个BMC，对底层的五个电池架进行数据的综合处理，每个BMC连接27个BMU，每个BMU对应一个电池包。BMC通过总线同PCS进行通信，将电池的故障及可充、可放功率传输至PCS；BMS总控同本地监控采用以太网通信方式，传输电池信息。

本方案中，将储能系统的相关数据信息分为一般运行状态数据信息、关键运行状态信息及控制信息，两者采用不同的通信方式及规约与站级监控通信。储能系统的一般运行数据信息主要指储能电池管理系统（BMS）所上报的大量电池组信息、PCS遥测遥信等非实时性数据。对于单套PCS装置，可以直接由BMS总控单元与本地监控直接通信，通信规约采用ModBus规约，通信方式采用RS485，储能系统的关键状态信息及运行信息，主要指储能装置变流器的各种运行数据、控制信息、保护信息等。由PCS自带的装置监控系统分两路，分别与本地监控、站级监控进行通信，同本地监控采用ModBus规约，主要传输非实时性数据，站控采用ModBus RTU，传输实时性数据。

（3）系统通信网络方案 如图6-27所示，BMS系统分为BMU和BMC，它们之间通过CAN总线协议进行通信。PCS、BMC与本地监控都连接RS485链路上，并通过Modbus协议进行数据交换。所有的信息汇聚到本地监控，本地监控再通过RS485或以太网将数据与其他设备系统进行交互。

（4）主要设备清单 见表6-25。

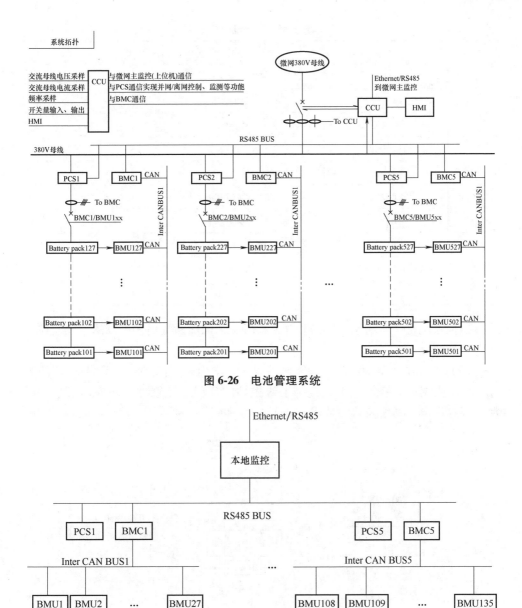

图 6-26 电池管理系统

图 6-27 系统通信网络图

2. 监控系统设计方案

（1）监控方案概述 储能系统为风能、太阳能等间歇性电源大规模接入电网提供稳定可靠的保证；调节可再生能源发电系统供电的连续性和稳定性；满足电网的"削峰填谷"需求；可用于用电大户的"谷电"蓄电；可用于重要部门和重要设施的应急电源及备用电源。

表 6-25　主要设备单

序号	名称	规格	用量	备注
1	电池包	150A·h/25.6	140	含五个备用
2	电池柜	2.2×2.2×0.6	5	m
3	监控柜	0.8×0.8×2	1	m
4	PCS 柜	0.85×0.85×2.26	5	m
5	PCS	HG-PCS-50K/100/150K	5	
6	并离网控制器	HG-BLWKZ100	5	
7	BMC	HG-BMC	5	
8	BMU	HG-BMU	135	
9	本地监控	CCU+HMI	1	
10	云端管理平台	HG-EDP2.0	1	

监控系统是储能系统的通信和存储模块，为储能系统提供可靠的本地监控和远程监控功能。

（2）监控系统结构说明　储能监控系统在本地监控模式下，采集 BMC 的数据、PCS 数据；远程模式下，接受上级主站的远程遥控管理，并提供遥信、遥测、遥控等电力调度需求的数据，如图 6-28 和图 6-29 所示。

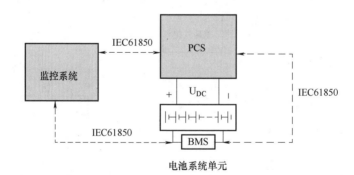

电池系统单元

图 6-28　逻辑结构图

（3）功能配置。

1）本地监控系统主要功能：本地监控系统具有数据采集、历史数据库维护查询、接收并处理远方指令功能。

① 数据采集。

a. 数据采集与传输：系统的运行数据采集是由各设备控制器在过程控制中实时进行的，通过内部通信上传至设备监控单元。监控单元进行实时处理分析，

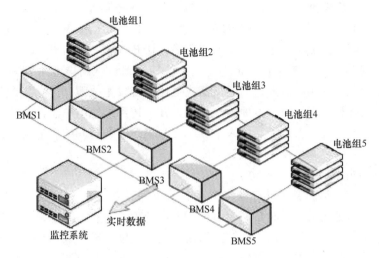

图 6-29　数据网络结构图

将系统所需数据通过系统以太网上传给本地监控系统。

　　b. 电池运行数据的采集：锂电池的运行数据，如单体电压、电流、温度由电池监控单元（BMU）采集通过内部通信汇集到电池组管理系统（BMC），再由电池管理系统对数据分析处理，通过系统内 RS485 上传至本地监控。

　　c. 变流器运行参数的采集：变流器控制器在实时控制过程中通过设备内的传感器采集运行数据，经内部通信将数据上传至变流器监控单元。监控单元对运行数据进行分析处理，通过系统内 RS485 上传至本地监控系统。

　　d. 本地监控系统对双向变流器、电池系统数据的采集：本地监控系统通过RS485，采集双向变流器及电池系统的非实时性运行参数和运行状态，对这些数据进行分析处理，并显示在界面上。本地监控系统可查看电池组的运行参数，主要包括（但不限于）单体电池端电压（或电池模块）、电池系统的总电压、单体电压、单体温度、电流、SOC、SOH，电池系统的能量/功率可调节深度。SOC和 SOH 针对每个储能单元单独测量及上传，SOC 为储能单元的当前电量与当前储能单元最大可用容量之比值，使用百分比表述；SOH 为储能单元当前最大可用容量与储能单元出厂标称容量的比值，使用百分比表述。

　　本地监控系统可查看每台变流器的运行参数，主要包括（但不限于）直流电压、直流电流、直流功率、交流电压、交流电流、变流器机内温度、时钟、频率、功率因数、当前输出（输入）功率、日输入电量、日输出电量、累计输入电量、累计输出电量。

　　本地监控系统应可监控电池系统和变流器的运行状态，采用声光报警方式提示设备出现故障，可查看故障原因及故障时间，监控的故障信息至少应包括

（但不限于）单体电池（或电池模块）过电压、欠电压、过温、低温、过电流，交流电压过高、过低，交流频率过高、过低，直流电压过高、过低，变流器过载、过热、短路，散热器过热、变流器孤岛、DSP故障、通信失败。

② 历史数据库维护查询。本地监控系统使用 RS485 对电池系统进行和变流器的运行状态进行实时监控，当变流器或电池系统发生故障时，立即将发生故障的时间、状态和数据记录在本地数据库中，并上传到储能电站监控系统。

本地监控系统配备环境温度采集器，实时记录设备房间的环境温度，上传至储能电站监控系统并保存在本地数据库中。

③ 接收并处理远方指令功能。

a. 本地监控运行数据的存储与交互。为了保证数据的完整性与实时性，监控系统的数据交互采用实时数据库对运行数据处理。所有监控单元上传数据直接由实时数据库实时接收存储。监控工作站与联合调度系统读取均与实时数据库进行数据交互。实时数据库提供历史记录检索查询功能，联合调度系统可以通过本地监控软件接口对历史数据进行查询调阅。数据的保存时间间隔、记录数据内容可以根据需要灵活设定。实时数据库能够快速响应联合调度系统的数据交互指令，并保证每 1s 刷新一次系统运行数据。

b. 本地监控系统与储能电站控系统进行数据交互。CCU 能接收来自于储能电站监控系统的远方指令。本地监控实时将双向变流器及电池系统的运行数据、运行状态信息、环境数据等信息上传至储能站控；储能站控下发指令到本地监控系统，对储能系统进行参数设定或调整运行方式。

2）本地监控系统用户交互：提供主接线图、系统信息、参数设置、事件记录菜单，如图 6-30 所示。

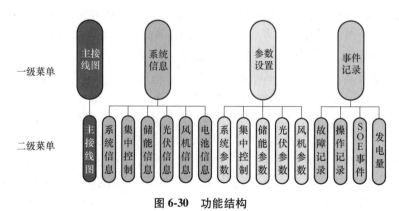

图 6-30　功能结构

① 主接线图：如图 6-31 所示。单击该按钮进入主接线图界面，该界面显示系统运行信息及光伏、储能开关机操作，集中控制器、储能复位操作，以及

PCC 分合操作。

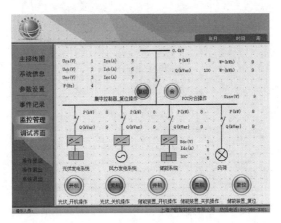

图 6-31　主接线图（根据实际项目，接线图有变动）

② 系统信息：如图 6-32 所示。单击该按钮可查询系统信息、集中控制、储能信息、光伏信息、风机信息、电池信息。

图 6-32　系统信息（根据实际项目，接线图有变动）

③ 参数设置：如图 6-33 所示。单击该按钮进入参数设置界面，可设置系统控制策略、工作模式等信息。

④ 故障记录：单击该按钮进入故障查询主界面，可通过子菜单查询系统操作记录、故障记录、SOE 事件及发电量曲线。

⑤ 遥信功能：通过主接线图可以看到各断路器状态、系统运行状态等。

⑥ 遥测功能：通过主接线图可以看到系统侧 A 相电压、系统侧 B 相电压等电网运行数据。

图6-33 系统信息（根据实际项目，接线图有变动）

⑦ 遥控功能：如图6-34所示。通过主接线图可对储能装置进行开机、关机及复位操作，还可以对光伏逆变器进行开机、关机操作，还可以对集中控制器进行复位操作。

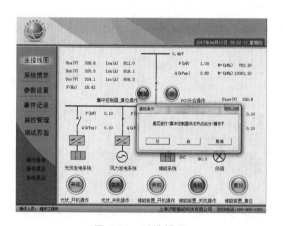

图6-34 遥控操作

3. 技术指标

可监控本地监控单元数量：≥10；

可监控双向变流器数量：≥10；

可同时转发上级监控系统个数：1个；

系统年可用率应≥99.9%；

模拟量测量综合误差：≤1%；

遥信正确率：≥99%；

遥控正确率：≥99.99%；

平均无故障时间（MTBF）：≥8760h；

数据采样扫描周期：1~10s；

系统控制操作响应时间（从按执行键到设备执行）：<10s；

画面调用时间：<3s；

画面实时数据刷新时间：5~30s；

实时数据查询响应时间：<3s；

历史数据查询响应时间：<10s；

配电数据历史曲线采样间隔：1~30min，可调；

充放电数据历史曲线采样间隔：1s~30min，可调；

历史趋势曲线、日报、月报、年报存储时间≥1年；

正常情况下 CPU 负载：≤30%（1min 平均值）；

事故情况下 CPU 负载：≤70%（1min 平均值）；

网络负荷率正常情况下平均负荷≤5%，事故情况下≤10%。

4. 主要设备清单（见表6-26）

表 6-26 主要设备单

序号	名称	规格	用量	备注
1	监控柜	0.8×0.8×2	1	单位为 m
2	CCU 监控机		1	
3	24V 直流电源		1	
4	HMI 监控系统		1	
5	工业交换机		1	
6	云端管理平台	HG-EDP2.0	1	

6.3.4 储能变流器设计方案

该储能系统配套五台 50kW 双向变流器，每台变流器通过隔离变压器接入配电网。变流器型号为 PCS50100，采用多分支单级变换拓扑方案，由五个 50kW 支路组成，每个支路接一组电池，各支路独立工作，可靠性高。

1. 储能变流器方案概述

PCS50100 储能变流器采用模块化设计理念，一级变换拓扑，通过隔离变压器接入 0.4kV 或更高电压等级交流电网，交流侧采用五个 50kW 双向 AC-DC 变流器模块并联，直流侧分为五个支路，每个支路接一组电池，电池电压范围为

500~800V，图 6-35 所示为储能变流器原理框图。从图中可以看出，储能变流器主要由隔离变压器+双向 AC-DC 变流器模块+监控系统组成。

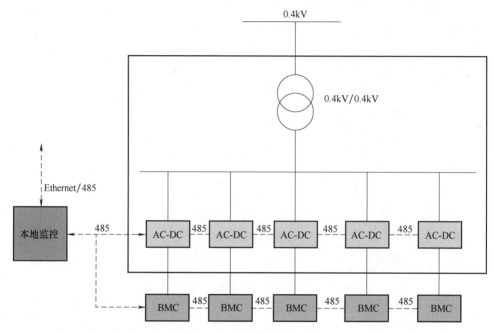

图 6-35　变流器原理框图

2. 系统构成

（1）主电路方案　图 6-36 所示为变流器主电路拓扑，变压器一次侧连接配电网，变压器二次侧通过断路器连接功率模块，功率模块直流侧连接电池，变流器模块化设计，具有以下优点：

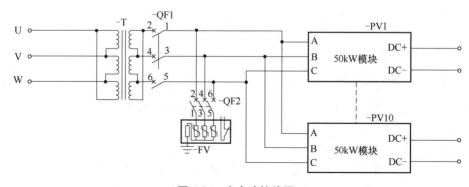

图 6-36　主电路接线图

1）分散逻辑控制，可靠性高；

2）便于维护和系统扩容；

3）配置灵活；

4）体积小、质量轻、成本低。

5）采用三电平主电路拓扑，效率高。

（2）AC-DC 变流器模块方案　双向 AC-DC 变流器模块主电路拓扑如图 6-37 所示，基于通用平台的模块化设计理念，主电路采用"1"型三电平逆变拓扑，交流侧采用 LCL 滤波器，直流侧设计 CL 滤波器以减少电流、电压纹波。交流侧可通过隔离变压器接入 0.4kV 或更高电压等级的交流电网，直流侧直接连接储能电池。

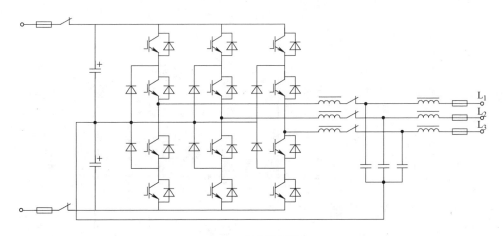

图 6-37　变流器模块图

"1"型三电平变流器模块可四象限运行，当电池充电时，将网侧交流电整流成直流电给储能电池充电，当电池放电时，将直流电逆变成交流回馈到电网，满载情况下充电模式和放电模式之间的转换可在 200ms 内实现。

交流输入采用 LCL 型（或 T 型）滤波，可将变流器开关频率成分的高频谐波滤除，直流侧采用 CL 滤波器滤除高频成分的电流/电压谐波，抑制高频纹波。

（3）系统组成　HG-PCS-50K/100/150K 功率等级储能装置由一台或者多台 PCS-AC 模块模块组成。模块通过面板上的编码大小识别主从机，1 号为主机，其他模块均跟踪主机。储能装置机柜内配有防雷器、交直流断路器等配电单元和选配的并离网切换装置。

HG-PCS-50K/100/150K 储能装置柜主要组成见表 6-27。

表 6-27　储能装置柜主要组成

序号	名称	数量	备注
1	机柜	1 面	机柜内已配置配电部分器件等
2	PCS-AC 模块	1~3 台	50kW，1 台；100kW，2 台；150kW，3 台
3	隔离变压器	1 台	
4	监控单元	1 台	安装于柜门上

3. 结构设计方案

变流柜由变流器和变压器组成，具体结构设计如图 6-38 所示。

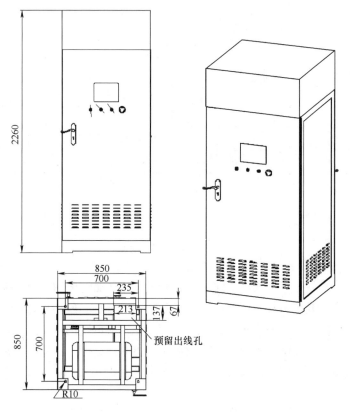

图 6-38　变流柜结构图

变流器柜单柜尺寸为 800mm×800mm×2200mm（宽×深×高）。每个 AC-DC 模块配一个直流端子，安装在一个柜体内，五个模块即五个柜体。

4. 控制及保护方案

（1）控制方案　储能系统中通常配置上层控制器，储能变流器功能的控制由底层控制器和上层控制器配合完成充放电功能的实现，上层控制器集中监控储能变流器，通过通信接口与底层控制器实现协调控制，充放电指令通过通信（RS485）对储能储能变流器发出控制指令，储能变流器底层控制器接收到指令后通过 PWM 控制脉冲实现对本储能变流器的输出控制。

（2）技术参数　储能装置的详细技术参数见表 6-28。

表 6-28　储能装置技术参数

指标项目/机型		HG-PCS-50K	HG-PCS-100K	HG-PCS-150K	HG-PCS-50K-NA	HG-PCS-100K-NA	HG-PCS-150K-NA
基本参数	额定功率	50kW	100kW	150kW	50kW	100kW	150kW
	充放电响应时间	≤50ms（从 0A 到最大电流），≤80ms（满载充放电转换时间）					
	并离网转换时间	≤80ms（有缝切换时间）/≤15ms（无缝切换时间） 客户需单独购买并离网切换装置					
	交流侧接线	三相四线制（含变压器）					
储能直流参数	直流电压范围	500~800V					
	直流最大电流	110A	220A	330A	110A	220A	330A
	直流电压精度	≤1%（有效值）					
	直流电压纹波系数	≤1%（有效值），≤2.5%（峰值）					
	直流电流精度	≤1%（有效值）					
	直流电流纹波系数	≤2.5%（有效值），≤5%（峰值）					
并网运行参数	交流并网电压	额定 380V/400V， 范围±15%（可设置）			额定 480V，范围 423~528V		
	交流并网频率	50Hz/60Hz，范围±2.5Hz （可设置）			60Hz，范围 59.5~60.5Hz		
	交流额定电流	76A/72A	152A/144A	228A/216A	60A	120A	180A
	输出 THDi	≤3%					
	并网功率因数	−1~+1 可调					
	输出电流直流分量	<0.5%					
	并网充电方式	可以恒流、恒功率充放电，支持三段式充电（预充→均充→浮充）					

（续）

指标项目/机型	HG-PCS-50K	HG-PCS-100K	HG-PCS-150K	HG-PCS-50K-NA	HG-PCS-100K-NA	HG-PCS-150K-NA
离网运行参数 / 交流离网电压	额定 400V			额定 480V		
交流离网频率	额定 50Hz					
输出电压直流分量	≤200mV					
离网输出 THDu	离网输出 THDu					
离网电压动态范围	≤8%，阻性负载 0~100%~0					
电压动态恢复时间	≤20ms，正常模式，阻性满载，恢复到额定±3%以内					
输出过载能力	5%~115%负载>10min； 115%~125%负载>1min； 125%~150%负载>200ms					
系统参数 / 保护	系统保护：过温、交流过欠电压、交流过欠频、交流反序、紧急停机、风扇故障、继电器故障、输出过载；可设定安全保护条件，设置参数包括：交流电压保护上限、交流电压保护下限、交流频率保护上限、交流频率保护下限、电池 EOD 电压					
最大转换效率	97.3%					
隔离方式	工频隔离					
冷却方式	强制风冷					
噪声	≤70dB					
上位机通信方式	ModBus RTU					
通信接口	RS485					
工作温度	−20~50℃					
防护等级	IP20					
机柜尺寸	800mm×2160mm×800mm（宽×高×深）					
机柜重量（需确认）	450kg	550kg	780kg	450kg	550kg	780kg

产品型号	HG-PCS-50K	HG-PCS-100K	HG-PCS-150K	HG-PCS-250K
直流侧参数 / 直流电压范围	500~850V	500~850V	500~850V	500~850V
最大直流电流	110A	220A	330A	550A
最大直流功率	55kW	110kW	165kW	275kW
直流电压精度	≤1%	≤1%	≤1%	≤1%
直流电流精度	≤1%（rms）	≤1%（rms）	≤1%（rms）	≤1%（rms）
并网充电方式	可以恒流、恒功率充放电，支持三段式充电（预充→均充→浮充）			

（续）

产品型号	HG-PCS-50K	HG-PCS-100K	HG-PCS-150K	HG-PCS-250K
交流并网参数 额定输出功率	50kW	100kW	150kW	250kW
交流最大功率	55kVA	110kVA	165kVA	275kVA
额定电网电压	400V	400V	400V	400V
电网电压范围	±15%	±15%	±15%	±15%
额定电网频率	50Hz/60Hz	50Hz/60Hz	50Hz/60Hz	50Hz/60Hz
电网频率范围	±2.5Hz	±2.5Hz	±2.5Hz	±2.5Hz
交流额定电流	72A	144A	216A	216A
交流最大电流	79A	159A	238A	397A
输出 THDi	≤3%	≤3%	≤3%	≤3%
并网功率因数	−1~+1	−1~+1	−1~+1	−1~+1
交流离网参数 交流离网电压	400V	400V	400V	400V
交流电压可调节范围	±10%	±10%	±10%	±10%
交流离网频率	50Hz/60Hz	50Hz/60Hz	50Hz/60Hz	50Hz/60Hz
离网输出 THDu	≤2%	≤2%	≤2%	≤2%
输出过载能力	105%~115%，10min	105%~115%，10min	105%~115%，10min	105%~115%，10min
	115%~125%，1min	115%~125%，1min	115%~125%，1min	115%~125%，1min
	125%~150%，200ms	125%~150%，200ms	125%~150%，200ms	125%~150%，200ms
响应时间参数 充放电响应时间	≤50ms（从空载到满载）	≤50ms（从空载到满载）	≤50ms（从空载到满载）	≤50ms（从空载到满载）
	≤80ms（满载充放电转换时间）	≤80ms（满载充放电转换时间）	≤80ms（满载充放电转换时间）	≤80ms（满载充放电转换时间）
并离网转换时间（需选配 STS 模块）	80ms/0ms（定制）	80ms/0ms（定制）	80ms/0ms（定制）	80ms/0ms（定制）

341

（续）

产品型号	HG-PCS-50K	HG-PCS-100K	HG-PCS-150K	HG-PCS-250K
整机最高效率	95.5%	95.8%	96.1%	96.1%
保护功能	系统保护：过温、交流过欠电压、交流过欠频、交流反序、紧急停机、风扇故障、继电器故障、输出过载；可设定安全保护条件，设置参数包括：交流电压保护上限、交流电压保护下限、交流频率保护上限、交流频率保护下限、电池 EOD 电压			
接线方式	相三线（并网）、三相四线（离网）	三相三线（并网）、三相四线（离网）	三相三线（并网）、三相四线（离网）	三相三线（并网）、三相四线（离网）
隔离方式	工频隔离	工频隔离	工频隔离	工频隔离
冷却方式	强制风冷	强制风冷	强制风冷	强制风冷
噪声	70dB	70dB	70dB	70dB
温度范围	−20～50℃	−20～50℃	−20～50℃	−20～50℃
防护等级	IP20	IP20	IP20	IP20
海拔	3000M	3000M	3000M	3000M
湿度范围	0～95%	0～95%	0～95%	0～95%
尺寸	800mm×2160mm×800mm	800mm×2160mm×800mm	800mm×2160mm×800mm	800mm×2160mm×800mm
重量	465kg	680kg	910kg	1280kg
认证	CE	CE	CE	CE
显示	触摸屏	触摸屏	触摸屏	触摸屏
上位机通信方式	ModBus RTU	ModBus RTU	ModBus RTU	ModBus RTU
通信接口	RS485	RS485	RS485	RS485

（左侧纵向标注：系统参数；通信方式）

STS 模块（选配）的详细技术参数见表 6-29。

表 6-29 STS 模块技术参数

模块类型	100K	200K	300K
基本参数			
功率	100kW	200kW	300kW
额定电压	380V/400V/480V 可设置	380V/400V/480V 可设置	380V/400V/480V 可设置
输入电压范围	−15%～15%	−15%～15%	−15%～15%

（续）

模块类型	100K	200K	300K
基本参数			
输出电压范围	−15%～15%	−15%～15%	−15%～15%
额定输入电流	153A	306A	459A
最大输入电流	180A	320A	540A
额定频率	50Hz/60Hz	50Hz/60Hz	50Hz/60Hz
频率范围	±4.5Hz	±4.5Hz	±4.5Hz
并离网切换时间	<15ms	<15ms	<15ms
整机效率	97.5%（满载）	97.5%（满载）	97.5%（满载）
防护等级	IP20	IP20	IP20
设计寿命	10 年	10 年	10 年
机箱尺寸	585mm×482mm×220mm	585mm×482mm×220mm	585mm×482mm×220mm
噪声	70dB	70dB	70dB
温度范围	−20～50℃	−20～50℃	−20～50℃
海拔	3000m	3000m	3000m
湿度	0～95%	0～95%	0～95%
冷却方式	风冷	风冷	风冷
接线方式	三相三线制	三相三线制	三相三线制
保护	系统保护：过温、交流过欠电压、交流反序、紧急停机、风扇故障、输出过载	系统保护：过温、交流过欠电压、交流反序、紧急停机、风扇故障、输出过载	系统保护：过温、交流过欠电压、交流反序、紧急停机、风扇故障、输出过载
	可设定安全保护条件，设置参数包括：交流电压保护上限、交流电压保护下限、交流频率保护上限、交流频率保护下限	可设定安全保护条件，设置参数包括：交流电压保护上限、交流电压保护下限、交流频率保护上限、交流频率保护下限	可设定安全保护条件，设置参数包括：交流电压保护上限、交流电压保护下限、交流频率保护上限、交流频率保护下限
通信接口	485，CAN	485，CAN	485，CAN

（3）储能变流器运行控制方案　如图6-39所示。

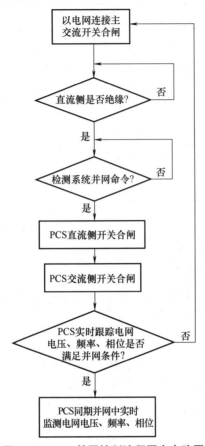

图 6-39　PCS 并网控制流程图主电路图

（4）储能装置工作状态说明　见表6-30。

表 6-30　储能装置工作状态表

作状态	条件	状态指示
待机	直流开关闭合，交流开关闭合，且机器无故障	主监控绿灯快闪，模块绿灯快闪
并网	机器没有报警，设为并网模式，机器接收到开机命令	主监控绿灯常亮，模块绿灯常亮
离网	机器没有报警，设为离网模式，机器接收到开机命令	主监控绿灯常亮，模块绿灯常亮
报警	机器没有报警，设为离网模式，机器接收到开机命令	主监控红灯常亮，模块红灯常亮或闪烁，蜂鸣器报警
关机	机器接收到关机命令	监控绿灯慢闪，模块绿灯慢闪

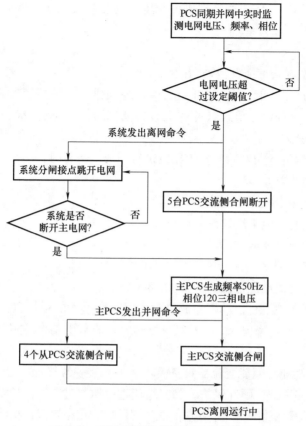

图 6-40　PCS 离网控制流程图主电路图

（5）工电气及固定件连接检查及清洁。

1）设备投运后需定期检查设备的电气及固定件连接，推荐每三个月检查一次，每次检查完毕需做好记录。

① 柜体接地连接；

② 模块接地连接；

③ 输入的电气连接；

④ 交流输出的电气连接；

⑤ 辅助电源的电气连接；

⑥ 通信线缆的电气连接；

⑦ 交直流开关、SPD、风扇；

⑧ 读取监控的故障信息。

2）清理与保洁。

① 设备投运前，应清理铜排、端子和网孔处的灰尘和杂物。

② 设备投运后，应定期清理机房灰尘，同时检查机房的通风及排气设施是否正常，推荐每三个月清理一次。

5. 功能配置

根据工程情况，储能变流器功能配置如下：

（1）运行控制功能　主要功能包括起动/关机、三种控制方式（锁定退出、就地、远方）、三种运行模式（并网运行、离网运行）、运行状态切换（并网充放电切换）功能。

（2）并网运行功能　储能变流器在进行充放电运行时：

1）功率因数≥0.99；

2）交流侧额定电流下电流 THD 应≤5%；

3）直流侧充放电电压纹波应≤5%；

4）直流稳压精度应≤±1%；

5）直流稳流精度应≤±1%（20%～100%Ie）；

6）储能电池侧电压范围为 DC500～800V；

7）对储能电池进行恒功率充放电时，储能变流器能根据电池管理系统发送的最大允许可充放功率要求，自动调整变流器的充放电功率，实现对电池的保护性充放电。

（3）保护功能　储能变流器具备模块级保护、装置级保护等两级保护功能，实现方式为软件保护、硬件保护。除交直流过电压、过电流保护功能之外，还具备功率翻转保护、三相不平衡保护、防孤岛保护、相序错误保护、通信故障保护等保护功能。

（4）通信与界面显示功能　储能变流器对外具备 RS485 通信接口，用于接收电池管理系统（BMS）信息，实现对电池的保护性充放电。

在人机界面（监控+触摸屏）上，通过用户界面显示系统采集到的电压、电流值和系统工作状态。在系统报警时，可以通过触摸屏查看报警信息以及开关的动作情况等故障信息，通过人机界面还可以控制变流器的起动和停止。

6. 主要设备清单（见表 6-31）

表 6-31　主要设备清单

序号	名称	规格	台用量	备注
1	PCS 变流器	HG-PCS-50K/100/150K	5	
2	并离网控制器	HG-BLWKZ100	5	
3	PCS 柜	0.85mm×0.85mm×2.26mm	5	

6.3.5 梯次利用电池系统设计方案

1. 电池系统方案概述

本方案采用退役动力电池，电池类型为单体 180A·h 的磷酸铁锂电池。250kW 共分为 5 个支路，每个支路 50kW。8 个 180A·h 电池单体串联构成一个 180A·h 电池模块，每个支路采用 27 个 180A·h 电池模块串联构成，共 216 串。单体电池电压上下限按 2.8~3.6V 计算，共约为 604.8~777.6V。5 个支路共计 500kW·h，电池组运行倍率为 0.5C，即为 90A，满足设计要求。

2. 梯次利用电池筛选方案

本方案采用退役动力电池，电池类型为单体 180A·h 的磷酸铁锂电池，电池技术指标详见表 6-32。筛选方式是一种逐步分级的方式，第一步，对梯次利用动力电池进行外特性分析，判断动力电池是否可以进行梯次利用；第二步，对于能梯次利用的电池，根据其外特性参数进行初步分级，然后对每一级别的电池进行抽样内特性分析；第三步，在内外特性分析的基础上，建立内外特性参数之间的关联关系，并对电池的健康状态进行评估；第四步，将电池健康状态评估结果与电池的使用条件相结合，对梯次利用动力电池进行分级，电池的使用条件包括电池的使用频次、倍率、SOC 限值。针对以上的分级步骤，主要的分析测试内容包括分析每支电池外观变化、内阻变化和可用容量与能量以及能量保持能力，测试并记录每个电池的电压、内阻、容量、能量、效率、温升、电压下降及容量保持率，对零电压电池、电阻过大的电池及外观严重不良的动力电池，直接排除其梯次利用的可能性；总的筛选原则是梯次利用的电池容量应大于等于新电池容量的 85%，筛选率应不小于 80%。

表 6-32 动力电池技术指标

项目	技术指标
标准容量	180A·h
标称电压	25.6V
充电截止电压	任一单体电压 3.65V
放电终止电压	任一单体电压 2.20V
充电方法	恒流充电
充电电流	标准：60A（1/3C） 快充：90A（1/2C）
充电时间	标准：3h 快充：2h

（续）

项目	技术指标
最大持续充电电流	90A（1/2C）
最大持续放电电流	180A（1C）
10s 最大充电电流	180A（1C）
10s 最大放电电流	270A（1.5C）
绝缘电阻（1000V 档）	电池组正负极对框体>100MΩ（≤65%湿度条件） 电池组正负极对框体>20MΩ（>65%湿度条件）
虚电压	电池组正负极对框体电压：10s 后电压<3.3V
电池重量	单个电池≤55kg
电池尺寸	宽：（474.2±2.0）mm 长：（502.0±2.0）mm 高：（170.5±2.0）mm
使用温度	充电：0~45℃ 放电：−20~60℃
储存温度	长期存储：−10~25℃ 3 个月：−10~45℃ 1 个月：−10~60℃

（1）梯次电池重组方法　本方案采用基于改进 BP 神经网络的梯次电池容量估计方法。人工神经网络（ANN）由大量人工神经元互联组成，通过调整内部大量节点相互连接的关系模仿脑神经网络行为，进行分布式并行处理信息。通用的神经元模型如图 6-41 所示。

（2）电池筛选　针对梯次利用电池应用场所影响较大的因素，综合考虑筛选周期和筛选成本，采用电池交流内阻和最大可用容量作为电池筛选指标。根据筛选指标筛选之前首先要观察电池外观是否出现鼓包、胀气等现象，剔除外观异常电池。梯次利用电池筛选重新成组，首先将车用动力电池组在环境温度下静置1h，再将电池组的动力线部分和

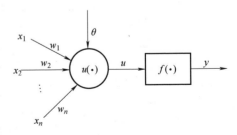

图 6-41　通用的神经元模型

数据采集线部分与测试平台可靠连接；对电池进行预处理，然后对整箱电池容量、单体电池的容量、内阻、自放电进行测试，测试结束后将电池与测试平台断

开连接。单体电池的筛选过程包括先根据电池的容量值进行分等级筛选，再剔除掉不满足使用条件内阻值的电池，最后剔除掉不满足国家自放电标准的电池。根据单体电池容量值进行分等级组成新的电池组，完成储能系统的组装。

选定一定量的电池，按照选定的储能工况进行寿命测试，分析电池容量衰退规律和内阻变化特性，分析储能用电池的使用寿命终止方式。对电池进行电化学拆解，分析不同阶段电池（如容量衰减30%、40%、50%、60%等）的关键材料（正极材料、负极材料、电解液、隔膜、SEI 膜）结构和性能的变化，以及锂离子在碳负极材料上的嵌入、脱嵌及扩散行为，从电池充放电内在机理角度研究电池的老化特性。

详细筛选步骤如下：

1）梯次利用电池测试平台。首先需要一套电池测试平台，包括单体电池充放电设备、电化学阻抗谱测试仪、高低温恒温箱、计算机等，如图 6-42 所示。被测电池均置于 20℃恒温箱环境，防止测试过程中外界温度变化对电池容量、内阻的影响。

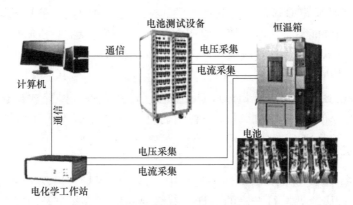

图 6-42　电池测试平台

2）被测电池筛选方法。本方案针对退役动力电池，电池类型为单体 50A·h 的磷酸铁锂电池。本方案是对梯次利用电池的再循环特性进行研究，而电池的老化状况和历史使用路径对电池的循环性能影响较大，故本方案需要确定梯次利用的这批电池的使用历史状态（生产年份及供货开始使用时间等）。

① 实际容量标定。

a. 电池置于 20℃恒温箱，静置 4h；

b. 以 I3⊖（A）恒流充电，至蓄电池电压达 3.65V（或企业技术条件中规定的充电终止电压）时转恒压充电，充电电流降至 0.1I3 时，停止充电，静置 1h；

⊖　I3 = 1/3C。

c. 以 I3（A）恒流放电，至蓄电池电压达到 2.5V（或企业技术条件中规定的放电终止电压）时停止放电，静置 1h；

d. 重复步骤 b 和 c，直至相邻两次测试放出容量相差不到±1%时结束，以最后一次放出的容量作为电池的实际容量。

② 欧姆内阻、极化内阻测试

a. 电池置于 20℃恒温箱，静置 1h；

b. 以 I3（A）恒流充电，至蓄电池电压达 3.65V（或企业技术条件中规定的充电终止电压）时转恒压充电，充电电流降至 0.1I3 时，停止充电，静置 1h；

c. 以 I3（A）恒流放出 50%的实际容量，静置 1h；

d. 以 I3（A）电流进行脉冲放电 10s，静置 1h，停止；

e. 电压测试用万用表测试电池电压。

其中，以脉冲放电 1s 内电压和电流之比作为电池的欧姆内阻，以脉冲放电结束后静置 1h（极化消退过程）电压的变化除以电流作为电池的极化内阻。

3）循环测试 SOC 区间的划分。考虑到梯次利用电池大多是基于储能工况的应用背景，而储能系统在电网储能应用中，电池的荷电状态（SOC）会发生反复波动，本方案需要通过控制电池在不同的荷电状态区间内波动，对电池进行循环寿命测试，分析电池再循环使用时的衰退特性。

可以采用容量增量法（Incremental Capacity Analysis，ICA）。根据 ICA 曲线 $\Delta Q/\Delta V$ 峰值分布来确定本批退役再利用的电池的寿命试验区间。如 0%～30% SOC，30%～80% SOC，80%～100% SOC，10%～90% SOC。

4）循环过程基础性能测试。

① 容量测试。电池在长期使用过程中，其实际容量会出现一定的衰退，为了对电池的健康状态进行准确的估计，有必要对实际容量进行重新标定。参照《电力储能用锂离子电池》（GB/T 36276—2018 标准）及美国 USABC 动力电池测试手册，本次梯次利用电池基础测试过程中实际容量标定方法如下：

a. 电池在 20℃恒温箱环境中静置 1h；

b. 以 I3（A）电流恒流充电至单体电池充电截止电压 3.65V，转恒压充电至电流降至 0.1I3 截止，静置 30min；

c. 以 1/3C 电流恒流放电至单体放电截止电压 2.5V，静置 30min；

d. 重复步骤 b 和 c 五次，以第五次放出的容量作为当前循环次数下电池的实际容量，测试结束。

② 内阻测试方法。本次寿命试验基础特性测试中内阻的测试方法，主要按照以下标准进行：

a. 电池在 20℃恒温箱环境中静置 1h；

b. 以 I3(A)电流恒流充电至单体充电截止电压 3.65V, 再转恒压充电至电流降至 0.1I3 截止, 静置 1h;

c. 以 0.6C 电流恒流放电至放电容量达到 10%的实际容量, 静置 1h;

d. 重复步骤 c 十次, 直至电池的 SOC 为 0, 测试结束。

③ ICA 测试方法。

a. 电池在 20℃恒温箱环境中静置 1h;

b. 以 0.05C 电流恒流放电至单体放电截止电压 2.5V, 静置 1h;

c. 以 0.05C 电流恒流充电至单体充电截止电压 3.65V, 静置 1h;

d. 以 0.05C 电流恒流放电至单体放电截止电压 2.5V, 静置 1h, 测试结束。

通过上述测试, 可以得到电池的 SOC-OCV 曲线, 电池的 SOC-OCV 曲线中主要以 SOC 为基准, 以对应的充放电电压的平均值作为该 SOC 对应的开路电压。每隔 1% SOC 进行取点, 对于未出现的 SOC 点, 其开路电压采用线性插值方法获得。容量增量曲线 $\Delta Q/\Delta V$ 的获得主要是通过 Origin 中的 Analysis 工具箱对充放电电压和容量数据进行精简, 然后选中精简后的两列数对其进行一次微分, 即得 $\Delta Q/\Delta V$。

④ 倍率特性测试。电池的充放电容量与充放电电流的大小有关, 而这种关系又随着电池的老化而变化。电池进行梯次利用时, 有必要根据电池的健康状态确定适于电池使用的倍率范围。本次基础测试中的倍率特性测试按以下方式进行:

a. 电池在 20℃恒温箱环境中静置 1h;

b. 以 0.05C 电流恒流放电至单体放电截止电压 2.5V, 静置 1h;

c. 以 0.4C 恒流充电至单体充电截止电压 3.65V, 转恒压充电至充电截止电流降为 0.05C, 静置 1h;

d. 以 0.4C 恒流放电至单体放电截止电压 2.5V, 静置 1h;

e. 分别以 0.5C、0.8C、1C、1.5C 电流重复步骤 c 和 d, 测试结束。

⑤ 电化学阻抗谱测试。电化学阻抗谱 (Electrochemical Impedance Spectroscopy, EIS) 方法是对电化学系统施加以小振幅正弦波电位 (或者电流) 扰动信号, 通过改变正弦波激励信号的频率, 获得一段频率域内不同频率点下的阻抗、阻抗的模量和相位角, 即得电化学阻抗图谱。本次对梯次利用电池再循环特性进行跟踪测试的同时, 也在每次基础测试时对不同荷电状态下的电化学阻抗图谱进行了测试。具体测试流程如下:

a. 电池在 20℃恒温箱环境中静置 1h;

b. 以 1/3C 电流恒流充电至充电截止电压 3.65V, 再转恒压充电至电流降至 0.05C, 静置 1h;

c. 在恒流模式下, 对电池施加 0A 直流偏置电流, 2A 正弦交流扰动, 激励信号频率范围为 100mHz~10kHz；

　　d. 在充放电测试设备上，以 0.6C 电流恒流放出电池 10% 的容量，静置 1h；

　　e. 重复步骤 c 和 d 十次，直至电池为空电状态，测试 0% SOC 点电池的阻抗谱，测试结束。

　　5）电池筛选分档规则。按以上方法测得的电池参数数据进行电池一致性分档，具体见表 6-33。

表 6-33　电池筛选分档规则

项目	分档区间	代码	<255	42.5~46.4	46.5~50.4	50.5~54.4	54.5~58.4
容量	4A·h	A	A0	A1	A2	A3	A4
项目	分档区间	代码	≤0.19	0.20~0.39	0.40~0.59	0.60~0.79	0.80~0.99
内阻	0.2mΩ	B	B0	B1	B2	B3	B4
项目	分档区间	代码	<3.275	3.275~3.289	3.290~3.304	3.305~3.319	3.320~3.335
电压	15mV	C	C0	C1	C2	C3	C4

3. 梯次利用电池成组方案

（1）系统构成　描述电池组、电池簇、电池箱、电池单体以及 BMS、对外通信接口。

　　250kW×2h 电池组按照 50kW 变流器为单位平均分成五个电池组分系统，每个电池组分系统由一个 27 串 180A·h 电池系统在变流器直流通过 AC-DC 并联组成，每串由八颗单体磷酸铁锂电池串联而成，系统成组如图 6-43 所示。

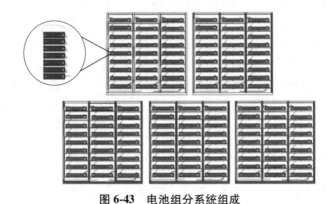

图 6-43　电池组分系统组成

（2）电池柜设计方案　电池柜设计图如图 6-44 和图 6-45 所示。

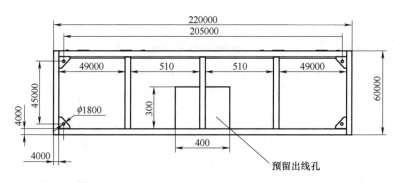

图 6-44　电池柜设计图

　　一个电池柜分三个柜面，每个柜面分为九层，每个柜面每层装载一个，共计装载 27 个电池箱。

　　（3）电池管理系统（BMS）　BMS 系统分为两层。每个电池组内集成有电池管理单元（BMU），负责该电池组中所有串并联电池单体的均流及信息监测；一个电池串单元含有一个电池串管理系统（BMC），其与电池模块中的 BMU 协同，对内检测所有电池状态，对外检测高压和负载充放电电流。

　　1）BMS 系统功能特点。本系统拥有以下功能特点：

　　① 对电池进行均衡，可以有效防止电池芯之间的不平衡现象，保持电池组容量，延长电池组寿命；

　　② 高精度单体电池电压检测，提供准确过充、过放保护电压测量，同时为均衡控制策略提供可靠依据；

　　③ 单电池组内多点温度采集，提供与电压采集点同样数量的温度采集点，严密监控电池温度场不均匀性，提高电池组寿命；

　　④ 针对每个电池串进行分布式 SOC 估计，支持针对每个电池串的功率控制，有效提高电池系统单元的可用容量和使用寿命；

　　⑤ 高精度电流检测，为精确 SOC 估计算法提供基础，同时有效防止充放电电流过大，损伤电池寿命；

　　⑥ 两层模块化结构，扩展性强，灵活应对不同电池串电压需求及电池系统单元容量需求；

　　⑦ 系统内部数据传输采用 CAN2.0 高速总线，数据信息反馈高效及时。

　　2）BMS 系统功能。本系统主要功能列表如下：

　　① 电池模拟量高精度监测及上报功能：包括电池串实时电压检测，电池串充放电电流检测，单体电池端电压检测，电池组多点温度检测，电池串漏电监测。

　　② 电池系统运行报警、报警本地显示及上报功能：包括电池系统过电压报

353

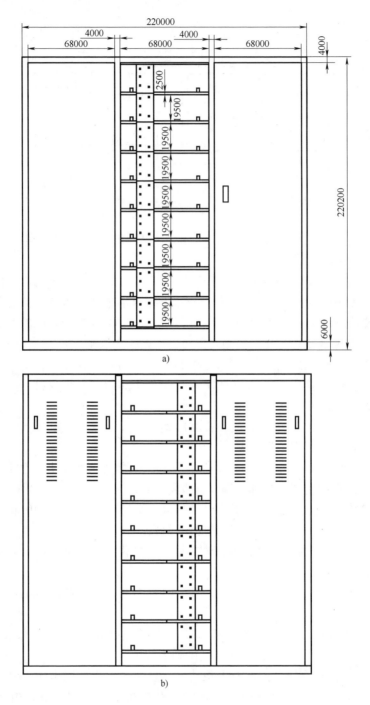

图 6-45 电池柜正视图和后视图

a）电池柜正视图 b）电池柜后视图

警、电池系统欠电压报警、电池系统过流报警、电池系统高温报警、电池系统低温报警、电池系统漏电报警、电池管理系统通信异常报警、电池管理系统内部异常报警。

③ 电池系统保护功能：电池管理系统在电池系统出现电压、电流、温度等模拟量超过安全保护门限的情况时，将进行故障隔离，将问题电池串退出运行，同时上报保护信息，并在本地进行显示。

④ 自诊断功能：本电池管理系统具备自诊断功能，在电池管理系统内部通信或与外部通信出现中断故障时，能够上报通信中断报警；另外，针对模拟量采集异常等其他异常也具备故障自诊断、本地显示和上报本地监控系统的功能。

⑤ 均衡功能：本电池管理系统具备电流均衡功能，均衡时并不产生热耗散，能够很好地维护电池组的一致性。

⑥ 运行参数设定功能：本电池管理系统提供本地和远程两种方式对电池管理系统的各项运行参数进行修改，并提供修改授权密码验证功能。本地参数修改在电池管理系统本地触摸屏上完成，远程参数修改通过光纤以太网通信完成，电池管理系统提供参数修改使用的通信规约及命令字格式。参数设定项目包括：

    a. 单体电池充电上限电压；

    b. 单体电池放电下限电压；

    c. 电池运行最高温度；

    d. 电池运行最低温度；

    e. 电池串过流门限；

    f. 电池串短路保护门限；

    g. 电池短时温升过快门限。

⑦ 本地运行状态显示功能：本电池管理系统能够在本地对电池系统的各项运行状态进行显示，包括：

    a. 系统运行状态显示；

    b. 电池单体电压/温度查询及显示；

    c. 电池组电压/温度查询及显示；

    d. 电池串电流/SOC/SOH 查询及显示；

    e. 报警信息显示；

    f. 保护信息显示；

    g. 其他异常信息显示。

⑧ 事件及历史数据记录功能：本电池管理系统能够在本地对电池系统的各项事件及历史数据进行存储，记录超过 10000 条事件及最少 10 天的历史数据，必要时可进行扩展，如图 6-46 所示。

⑨ 电池串接入/退出运行功能：电池管理系统能够接受储能电站监控系统对

图 6-46 时间及历史数据记录

储能单元下发命令，利用功率接触器完成针对每个电池串接入或退出运行的功能。

⑩ 电池系统容量标定及 SOC 标定：本电池管理系统能够在 PCS 的配合下进行电池组的全充全放，完成电池系统容量标定以及 SOC 标定的功能。

4. 主要设备清单

表 6-34 主要设备清单

序号	名称	规格	总数量	备注
1	电池模块	135 个	按 250kW×2h 系统容量	
2	电池柜	5 个		
3	BMS 管理系统	5 套	50kW×2h 为一套	
4	配电单元	5 套	每 50kW×2h 为一单元，包含接触器、熔断器、开关、模拟量采集、电缆等	

6.3.6 梯次利用电池维护方案

1. 日常维护

1）日常检测项目包括外观、电池箱连接器、绝缘、电压、通信等。如日常检测中发现问题，则日常检测转为中修检查维护，如图 6-47 所示。

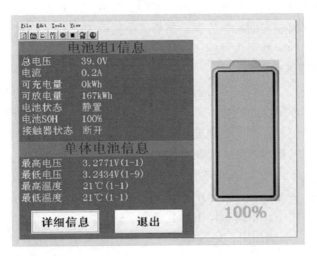

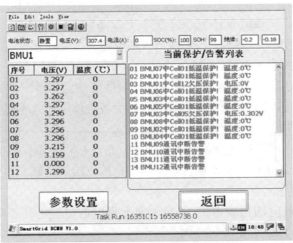

图 6-47　电池管理系统运行参数界面

2）中修维护中应完成日常检测的全部检查项目，开展交流内阻检查、充放电测试、开箱检测等。检修过程中如实做好记录，检修结束后及时完成检修总结报告，并进行总结分析。

3）大修维护中应完成中修的全部检修项目，开展电池箱连接器、AGPS 以及内部检查，进而给出检修总结并予以分析。动力电池管理人员要超前、主动、细致、务实地行使动力电池管理职能，充分提高电池运转率，减少电池退运检修次数，减少备品备件更换。典型故障原因分析和维护方法及电池产生故障原因错综复杂，在实际运行中，必须根据环境温度、电池制造材料、浮充电能质量等实际情况，用多手段进行分析处理。无论采取什么方式，都应参考电池使用记录，估算实时电池容量及运行时间。针对电池的典型故障，首先需要详细了解电池的故障现象，制定出相应的检验方案，然后依据检验方案对电池做全面检验，进而针对检验结果出具检验报告及建议。

2. 典型故障维护

1）电压异常。电池在实际应用中会处于不同的工作环境，电池放电性能随放电电流、温度和湿度而变化，其中放电电流对电池放电性能影响最大，湿度影响较小。有效地控制锂离子电池的工作环境，可提高电池的放电性能，可采用一种先进的均衡充电技术方案，提高电池的充电一致性与安全性。

2）电池过充。正常单体电压为 2.8 ~ 3.7V。充电状态时单体电压超过3.8V，充电仍未停止，采用手动停止方式；最高单体电压介于 3.7 ~ 3.8V 为轻微过充，可继续使用；最高单体电压介于 3.8 ~ 4V 为一般过充，静置 30min 待电压回落至 3.7V 可继续使用；最高单体电压包括或高于 4V 为严重过充，需要返厂维修。

3）电池过放。最低单体电压介于 2.4 ~ 2.8V 为轻微过放，继续充电即可；最低单体电压介于 2 ~ 2.4V 为一般过放，需检修人员赴现场核实并充电；最低单体电压低于 2V 为严重过放，需返厂维修。

4）单体电压过高、过低或一致性差。根据电池监控屏中的数据或者使用万用表进行测试，正常电池充放完静置半小时后各单体电压差不超出 300mV。

3. 注意事项

1）充电操作时要有专业人员进行看护，充电过程中确保插头与插座接触良好，确保充电设备工作正常，确保电池组各连接点接触良好。如果出现异常，则需要修复后才能充电。

2）充电和放电前检查 BMS 的显示器上显示的电池电压、温度、压差等状态，确保所有值都处于正常范围内。

3）若电池组上盖与极柱上存在大量灰尘、金属屑或其他杂物，则应及时使用压缩空气进行清理，避免使用水或水浸湿的物体进行清洁。

4）充电和放电时尽量避免有水或其他导电物体溅到电池上盖与极柱处，例如不可暴露在大雨中使用。

5）根据电池或电池组实际使用状态估计电池的充电时间和放电时间，在充电末期和放电末期注意观察电池或电池组是否存在异常，如电池的电压差问题。

4. 维护设备

电池均衡装置适用于电池全寿命周期在线维护系统。用于对电池进行均衡，提高电池的利用率，延长电池的使用寿命。

采用高精度 AD 对电池单体电压进行采集处理；

测量范围：0 ~ 4.5V；

测量精度：<=±2mV；

采用 LECU 上送的电池单体电压作为均衡的依据；

均衡电流：0~5A；

均衡电压：0~5V；

工作温度：-20~+50℃；

贮存温度：-20~+60℃，在极限下施加激励量产品才出现不可逆变化，恢复后，产品应能正常工作；

相对湿度：最湿月的平均最大相对湿度为 90%，同时该月平均最低温度为 25℃，且表面无凝露；

大气压力：80~110kPa。

6.3.7　工程设计方案

本储能系统以 50kW×2h 为单元，共五套单元系统构成 250kW×2h 电池储能系统。整个系统总体构成如图 6-48 所示。

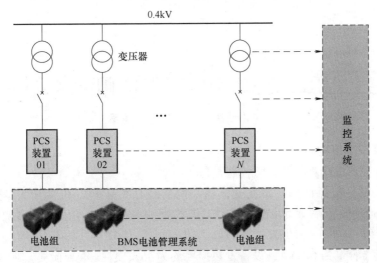

图 6-48　储能系统构成

系统由五套 50kW×2h 储能系统（简称 50kW 子系统）、一台上层监控计算机及配电监控单元构成。其中，50kW 子系统包括一台 50kW 双向变流器（包括一台双向变流器就地控制器）、一组 180kW·h 磷酸铁锂电池组和一套 BMS。

50kW 储能变流器采用多分支单级变换拓扑方案，交流侧可通过隔离变压器接入中压配电网，直流侧连接多组电池组。

每台变流器均配备 LCD 触摸屏本地监控器，可实现可视化人机交互，并可通过 RS485 与上层监控主机连接。

1. 系统电气设计方案

250kW×2h 的梯次电池储能系统如图 6-49 所示。本方案是梯次利用电池系统与储能变流器连接至系统的 0.4kV 母线。

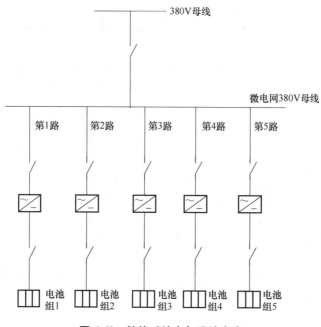

图 6-49　储能系统电气设计方案

2. 系统环境控制设计

设备发热量计算系统环境控制设计

（1）设备损耗计算　本次变流器室内共装有 5 套 PCS 机柜和 5 套变压器，每套 PCS 机柜功率为 50kW，PCS 工作效率约为 97%，单套机柜发热量约为 50000W×(1−0.97)=1500W。

变压器容量为 50kVA，设备发热损耗约为空载损耗+负载损耗，则变压器发热量约为 $Q_变$=480W+384W=864W。

本地监控柜发热量较小。

变流器室总热功率=变流器发热量+变压器发热量=5×单套 PCS 变流器发热量+5×单套变压器发热量=5×1500W+5×864W=11820W

（2）室内环境适应性设计　需根据当地条件结合变流器室内空间及系统发热量，根据冬夏季和昼夜气温条件设计排风和空调设计。

电池室的环境设计根据电池的使用环境温度要求，需加装空调保证电池室温度保持在 25℃左右。

3. 系统安全性设计

电池室和变流器室安全性设计的区别在于消防要求，因电池采用的是磷酸铁锂电池，故电池室消防采用的是气体灭火装置，根据房间大小采用多点出口的有管网七氟丙烷灭火系统，七氟丙烷气体灭火系统包括灭火瓶组、高压软管、灭火剂单向阀、起动瓶组、安全泄压阀、选择阀、压力信号器、喷头、高压管道、高压管件等。管道出口分散安装在电池柜上部。七氟丙烷灭火系统的灭火剂储存瓶放置在专用钢瓶间内，通过管网连接，在火灾发生时，将灭火剂由钢瓶间输送到需要灭火的防护区内，通过喷头进行喷放灭火。各设备室需设计常规照明和应急照明设施，并配备烟感及报警装置。

6.3.8　工程运行

1. 示范工程概况

兆瓦级风光水储联合运行试验基地位于青海省西宁市互助县韵家口的原韵家口变电站内，交通便利，海拔约 2235m。示范基地建设规模包括 1MW 光伏发电系统，满足并网发电的各种特性要求的 1.5MW 风力发电系统，500kW 的电子式模拟负荷装置，以及 1MW 模拟水力发电系统。

目前青海省光伏发电并网技术重点实验室的兆瓦级风光水储联合运行试验基地未配置相应的储能系统，只能由风电、光伏、水电三者联合运行，对于联合控制运行的功能特性存在很大制约。根据兆瓦级风光水储联合运行试验基地的建设容量，按照比例配置一定容量的储能电池系统，包括 250kW/2h 的退役动力电池储能系统。

2. 示范工程建成投运

依据前述设计方案，研制出 250kW/500kW · h 退役电池储能系统，每个 50kW PCS 模块下的一簇 100kW · h 储能系统并联，总规模为 250kW/500kW，于 2017 年 3 月正式投运。

整套储能系统具备并离网运行、削峰填谷等功能。储能系统样机实物图如图 6-50 所示。

图 6-50　250kW/500kW 储能系统实物图

6.4 配电台区退役电池储能系统

6.4.1 提高配电台区供电可靠性的方案选择

1. 常规方案

目前前述问题的常规解决措施主要有两类：

1）继续加大改造力度，缩短供电半径，提高供电可靠性；

2）对现有超长供电半径的配电线路就行电压调整，包括装设无功补偿装置和有载调压变压器等。

上述解决措施在实际操作上存在很多问题。首先，负载率低的用户负荷广泛存在，对供电设施以及网架结构进行全面改造在经济上不合算，同时也将进一步减小设备利用率；而无功补偿和有载调压只能在一定程度稳定节点电压，调节能力和范围非常有限。

2. 储能技术方案

锂电池储能技术能够同时提供有功和无功支撑，稳定电网末端节点电压水平，提高配电变压器运行效率，增强配电网对新能源及分布式电源的接纳能力，是提高典型配电网末端供电能力和供电可靠性的有效技术手段，如图 6-51 所示。具有以下的明显优势：

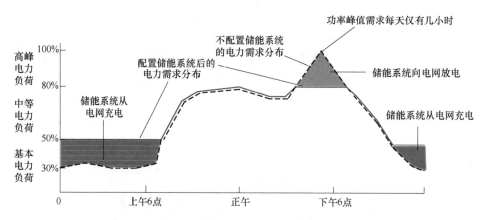

图 6-51 储能系统调节电网负荷峰谷差工作示意图

1）稳定电网末端节点电压水平，提高供电可靠性，为农村、山区等地区的经济快速持续发展提供保障；

2）降低变压器损耗率，提高配电网的运行效率；

3）避免戒延缓新建输配电线路，节省宝贵的配网改造资金；

4）提高输配电设备的资产利用率。

6.4.2 配电台区储能系统设计方案

1. 项目概况

项目配置如下：

1）系统配置 30kW/55.3kW·h，用于储能电站建设。

2）根据上述需求，形成"室内储能电站"产品解决方案，系统整体配置如下（见表6-35）：

① 30kW/55.3kW·h 储能单元，由一台 30kW PCS 和 55.3kW·h 电池系统组成，整个系统置于室内；

② 一台 NEPCS-30-L，主要用于能量变换；55.3kW·h 电池系统，主要作用为能量存储，含隔离变压器；

③ 电池类型选用退役磷酸铁锂电池。

表 6-35 主设备品牌清单

序号	名称	参数	单位	数量
1	电池柜	55.30kW·h；顶出线； 宽×深×高：30mm×750mm×2050mm	个	1
2	AC 柜	顶出线；宽×深×高：600mm×400mm×2200mm	台	1
3	DC 柜	顶出线；宽×深×高：600mm×650mm×2000mm	台	1
4	PCS	30kW；底出线； 宽×深×高：606mm×650mm×1755mm	台	1
5	消防系统	七氟丙烷气体灭火	套	1
6	直流线缆及其他辅材	储能设备柜间直流线缆及其他辅材	批	1

2. 标准和规范

主要引用标准如下：

DL/T 527—2013 《继电保护及控制装置电源模块（模件）技术条件》

GB/T 13384—2008 《机电产品包装通用技术条件》

DL/T 478—2013 《继电保护和安全自动装置通用技术条件》

GB/T 191—2008 《包装储运图示标志》

GB/T 2423.1—2008 《电工电子产品环境试验 第2部分：试验方法 试验 A：低温》

GB/T 2423.2—2008 《电工电子产品环境试验 第2部分：试验方法 试验

B：高温》

GB/T 4208—2017　　　《外壳防护等级（IP 代码）》

GB/T 17626.1—2006　《电磁兼容　试验和测量技术　抗扰度试验总论》

GB 14048.1—2012　　《低压开关设备和控制设备　第 1 部分：总则》

GB 8702—2014　　　　《电磁环境控制限值》

DL/T 620—1997　　　《交流电气装置的过电压保护和绝缘配合》

GB/T 2900.41—2008　《电工术语　原电池和蓄电池》

GB 21966—2008　　　《锂原电池和蓄电池在运输中的安全要求》

GJB 4477—2002　　　《锂离子蓄电池组通用规范》

Q/GDW 564—2010　　《储能系统接入配电网技术规定》

当标准、规范之间存在差异时，应按要求高的标准执行。

6.4.3　性能要求

1. 总体要求

1）本储能系统电池组选用退役磷酸铁锂离子电池。

2）根据所采用电池规格和性能，进行储能单元优化设计，以实现电池系统最优集成。

3）储能系统装置能够支持充放电功率和时段调整，运行状态本地可视化程度高。

4）储能系统装置的布置和安装应方便施工、调试、维护和检修，若有特殊要求则应特别注明。

5）储能系统装置采用室内布置。

2. 电池组、单体电池性能要求

1）单体电池必须标明制造厂名及商标、型号及规格、极性符号、生产日期。

2）电池壳体、外盖不得有变形、裂纹及污迹，标识清晰，端子无损伤。

3）电池组动力线束应符合 QC/T 1067.1—2017 的要求，其阻燃和耐火性能需满足 GB/T 19666—2019 的要求。动力线路应具有明显标识，标识方法应符合 GB 2894—2008 和 GB 2893—2008 的要求。

4）电池箱中各种电连接点应保持足够的预紧力，并采取适当的措施，防止松动。所有无基本绝缘的连接点应采取加强防护，应符合 GB/T 4208—2017 的要求。在充放电后，极柱不应熔断，其外观不得出现异常。

5）电池模块间接线板、终端连接头应选择导电性能优良的材料。

3. 电池系统应满足的技术参数及指标

电池系统由磷酸铁锂电池簇与 BMS 系统组成。电池系统应具备与储能双向逆变器 PCS 的通信控制接口，实现协调运行保障储能单元高效运行和安全。

1）电池组和电池系统单元内，电气间隙和爬电距离、绝缘电阻、介质强度应满足 GB/T 19826—2005《电力工程直流电源设备通用技术条件及安全要求》。

2）电池在充放电过程中外部遇明火、撞击、雷电、短路、过充过放等各种意外因素时，不应发生爆炸。

3）电池系统应具备电池管理功能，电池管理功能具体要求如下：

① 模拟量测量功能；

② 均衡（主动均衡）；

③ 电池系统运行报警功能；

④ 电池系统保护功能；

⑤ 运行参数设定功能；

⑥ 本地运行状态显示功能；

⑦ 事件及历史数据记录功能；

⑧ 操作权限管理；

⑨ BMS 与其他外部设备（如 PCS、监控系统等）的所有通信必须满足高效可靠的通信规约。

6.4.4　技术参数与指标

1. 储能系统技术要求（见表 6-36）

表 6-36　系统主要参数

序号	名称	参数值	备注
1	额定功率/kW	30	0.5C 充放，允许最大运行功率 15kW
2	储能容量/（kW·h）	55.3	
3	额定电网电压/V	400	
4	电压运行范围/V	400±10%（可设定）	
5	电池类型	磷酸铁锂电池	
6	工作温度/℃	−20~45	
7	电网接入方式	低压 400V 交流接入	
8	消防系统	火探式七氟丙烷气体灭火	
9	箱体外形尺寸（$W×D×H$）/mm	606×1755×650	

（续）

序号	名称	参数值	备注
10	重量/kg	约490	
11	循环次数/次	>4000	0.5C，90% DOD

2. 电池系统成组说明

采用退役磷酸铁锂软包电芯，电芯额定参数规格如图 6-52 所示。

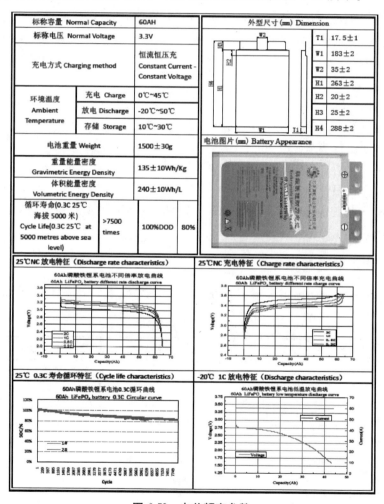

图 6-52　电芯额定参数

电池模组共使用 48 颗电芯，按 4 并 12 串组合方式封装而成。该电池模组专为储能产品设计，具有能量密度高、一致性好、可靠性和稳定性高等特点。电池模组参数见表 6-37。

表 6-37　电池模组参数

序号	项目	规格	备注
1	电芯数量/pcs	48	
2	电池单元串并方式	4P12S	
3	BMU 数量/pcs	1	
4	额定电压/V	38.4	
5	电压范围/V	32.4~43.2	
6	额定容量/(A·h)	240	
7	电池能量/(kW·h)	9.216	
8	最大放电功率/kW	4.608	0.5CP，向下兼容
9	额定充电电流/A	120	
10	标准充电方式	CC、CV	
11	截止充电电压/V	44.4	
12	额定放电电流/A	120	
13	标准放电方式	CC	
14	电池模组尺寸（$W \times D \times H$）/mm	370×604×327	
15	工作温度范围/℃	10~45	
16	重量/kg	约 92	

电池模组外观如图 6-53 所示。

采用电池柜按两列五层设计，共有十个安装位置。电池架内设计有电池模组安装位置、控制箱安装位置、风扇和散热风道位置等。每个电池架内有九个电池模组安装位置，一个控制盒安装位置。本次项目使用电池柜中安装六个模组串联接入，组成55.296kW·h 电池架，其余位置预留备用。

控制箱安装在电池架中间一列最下方。控制盒内安装一个电池簇管理单元 BCMS、一个直流辅助管理单元 DMU、接触器、熔断

图 6-53　电池模组外观

器等。BCMS 管理整个电池簇并控制该电池簇输出的直流开关的断开和闭合，通

过以太网通信把电池参数及开关状态上传到 BAMS（BMSC），接受来自 BAMS 控制指令。

电池柜具体参数见表 6-38。

表 6-38　电池柜参数

序号	项目	规格	备注
1	电池模组数量/pcs	6	
2	电池模组串并方式	1P6S	
3	控制箱数量/pcs	1	
4	额定电压/V	230.4	
5	电压范围/V	194~259	
6	电池簇能量/(kW·h)	55.296	
7	额定容量/(A·h)	240	
8	最大充放电电流/A	120	0.5C
9	最大放电功率/kW	15	0.5CP
10	尺寸（$W \times D \times H$）/mm	930×750×2050	

电池柜整体结构示意图如图 6-54 所示。

6.4.5　电池管理系统技术要求

电池管理系统（Battery Management System，BMS）需分三级，每级 BMS 主要功能如下：

1）一级 BMS 需能够监测单体电芯的电压、温度，并通过 CAN 协议或其他总线通信方式向二级 BMS 实时传递以上信息。

2）二级 BMS 需能够检测整组电池的总电压、总电流，并通过 CAN 或其他总线协议向三级 BMS 实时传递以上信息；能够显示电池充放电时容量、健康状态。控制继电开关和盘级单元电压的均衡性；能够控制风扇的转速和单体电芯的电压均衡性。

3）三级 BMS 需能够收集二级 BMS 信息，能够实时对电池剩余容量、健康状况进行预估，可充可放功率的预测，并通过 MODBUS-TCP/IP 的方式与上位和外部系统进行通信。

电池系统应具备电池管理功能，电池管理功能具体要求如下：

1）模拟量测量功能：应能实时测量电池组串电压，充放电电流、温度和单体电池端电压、绝缘监测等参数。厂家应依据确保电池安全、可靠、稳定运行，保证电池使用寿命要求并满足对单体电池、电池组和电池组串的运行优化控制的

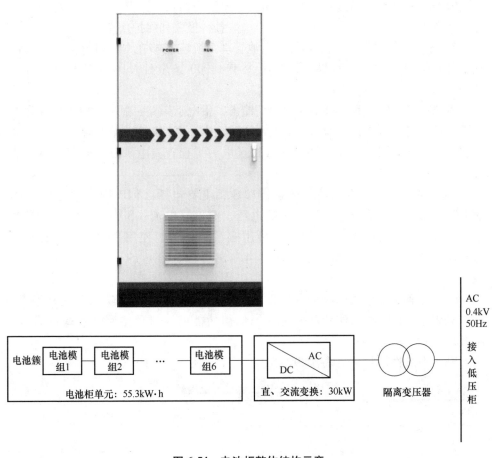

图 6-54 电池柜整体结构示意

要求来确定电池管理系统的具体测量量及测量量采样周期、采样精度等。

2）电池系统运行报警功能：在电池系统运行出现过电压、欠电压、过电流、高温、低温、绝缘偏低、通信异常、电池管理系统异常等状态时，应能显示并上报报警信息。

3）电池系统安全管理：在电池系统运行时，如果电池的过充、过放、过电流、过温、低温等超过安全保护门限的情况，则电池管理系统应能够实现就地故障隔离，将问题电池组串退出运行，同时上报保护信息。

4）自诊断功能：电池管理系统应具备自诊断功能，对电池管理系统与外界通信中断、电池管理系统内部通信异常、模拟量采集异常等故障进行自诊断，并能够上报到就地监测系统。

5）运行参数设定功能：电池管理系统运行各项参数应能通过本地在电池管理系统或储能站监控系统进行修改，并有通过密码进行权限认证的功能。

6）本地运行状态显示功能：电池管理系统应能够在本地对电池系统的各项运行状态进行显示，如系统状态、模拟量信息、报警和保护信息等。

7）事件及历史数据记录功能：电池管理系统应能够在本地对电池系统的各项事件及历史数据进行存储，记录不少于 10000 条事件及不少于十天的历史数据。

电池在充放电过程中外部遇明火、撞击、雷电、短路、过充过放等各种意外因素，不应发生爆炸；电池组和电池系统单元内，电气间隙和爬电距离、绝缘电阻、介质强度应满足 GB/T 19826—2014《电力工程直流电源设备通用技术条件及安全要求》。

BMS 系统应可查看电池组的运行参数，主要包括（但不限于）单体电池端电压（或电池模块）、电池系统的电压、温度、电流、SOC。SOC 为储能电池的当前电量与当前储能电池最大可用容量之比值，使用百分比表述；SOH 为储能电池当前最大可用容量与储能电池出厂标称容量的比值，使用百分比表述。

BMS 具备主动均衡功能。本节的电池管理系统采用的均衡方案为主动均衡，BAMS 控制整个均衡的使能和失能，当均衡使能时，只要达到开均衡的条件，BCMS 就进行均衡控制。

BMS 系统性能指标见表 6-39。

表 6-39 BMS 系统性能指标

序号	参数	指标
1	温度测量精度	±2℃
2	温度采样周期	20ms
3	单体电压测量范围	0~5V
4	SOC 估算精度	±5%
5	单体电压测量精度	±3mV（±2mV，25℃）
6	工作电压范围	AC220V±15%
7	单体电压测量周期	10ms
8	工作温度范围	10~45℃
9	系统电压测量范围	0~1000V
10	工作最大湿度	≤95%RH（无凝露）
11	系统电压测量精度	±1%

（续）

序号	参数	指标
12	系统电压采样周期	20ms
13	热管理模式	风冷
14	系统电流测量精度	±0.2A（−20~20A） 0.5%（−400~400A）
15	系统电流采样周期	20ms
16	绝缘状态监控	有

　　系统可通过就地显示屏监控电站内电度量、电压、电流、功率、充放电状态等数据信息，同时对储能系统内部双向变流器的运行参数、电池的运行参数进行实时监测，能够监测到电池簇、电池模组和单体电芯的运行参数，包括电压、电流、温度、SOC 等，如图 6-55 所示。若系统运行状态超限，则可按照需求制定输出报警信号。

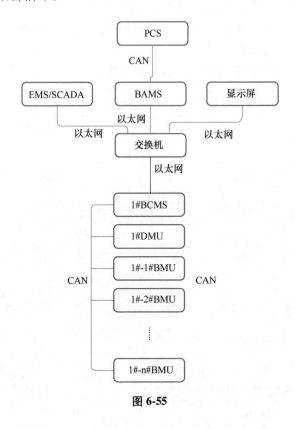

图 6-55

6.4.6 储能双向变流器技术要求

1. 储能双向变流器形式及主要参数

（1）储能双向变流器形式　本次供货储能双向变流器（PCS）安装于室内。

（2）储能双向变流器交流侧输出参数。

1）额定交流输出功率：30kW；

2）额定交流输出电压：400V；

3）额定输出频率：50Hz；

4）功率因数：0.9（超前），-0.9（滞后）。

（3）储能双向变流器直流侧（电池）参数。

1）额定功率：30kW；

2）直流电压范围：0~900V。

2. 储能双向变流器使用的环境条件

1）环境温度：户内型为-35~45℃；相对湿度≤95%，无凝露；

2）无剧烈震动冲击，垂直倾斜度≤5°；

3）工作环境应无导电爆炸尘埃，应无腐蚀金属和破坏绝缘的气体和蒸汽。

3. PCS 的基本性能参数

30kW 储能双向变流器的总体技术数据见表 6-40。

表 6-40　PCS 基本性能参数

型号	NEPCS-30-L
交流侧参数	
交流接入方式	三相五线（含变压器）
并网模式	
额定功率	30kW
最大容量	33kVA
额定电网电压	400V
电压运行范围（并网）	400V±10%（可设定）
额定运行电流	44A
额定电网频率	50Hz
频率范围	47~51.5Hz（可设定）
总电流波形畸变率（THD）	<3%（额定功率）
功率因数	0.9（超前），-0.9（滞后）

（续）

型号	NEPCS-30-L
直流侧（电池）参数	
额定功率	30kW
直流电压范围	0~900V
满功率直流电压范围	350~850V
额定运行电流	91A
稳压精度	±1%
稳流精度	±2%
保护	
低电压穿越	有
防孤岛保护	有（支持计划性孤岛）
交流过电流/短路保护	有
交流过电压/欠电压保护	有
交流过频、欠频保护	有
相序错误保护	有
直流过电流/短路保护	有
直流过电压/欠电压保护	有
直流极性反接保护	有
过温保护	有
绝缘检测	有
功率模块（IGBT）保护	有
系统	
最大转换效率	0.95
尺寸（宽×高×深）	606mm×1755mm×650mm
重量	490kg
允许最高海拔	5000m（>3000m 需降额使用）
防护等级	IP20
噪声	<65dB
工作环境温度	-35~45℃
存储环境温度	-40~70℃
冷却方式	风冷
允许相对湿度	0~95%，无凝露
通信接口	以太网、RS485、CAN2.0

6.4.7 配电台区储能系统示范运行

1. 运行试验方法及过程

（1）设备送电　检查设备各系统线路连接状态、PCS各控制开关的开启状态，确认无误后，开启储能装置系统控制总电源，使设备通电，观察各设备运行指示灯是否指示正常。

（2）DC汇流柜断路器合闸　在DC汇流柜的操作面板上，打开DC系统总断路器，将电池接入电路。

（3）PCS柜运行模式选择　在PCS柜的操作面板上，选择"PQ模式"，并点"开机"，使储能装置正式投入运行。在该模式下，储能装置将自动在夜间进行充电储能、白天进行放电输出，每天进行一次循环。

（4）数据自动记录与分析　PCS柜将会自动对储能系统的充放电容量、充放电电流、充放电电压、供电功率等参数进行记录，历史运行趋势展示在PCS柜操作面板上，历史运行数据可通过连接电脑进行导出分析。

储能系统开启后，使其连续运行168小时，记录并分析储能系统运行数据，最终评价结果以七天的平均值为准。

（5）设备关闭　试验结束后，首先将PCS柜操作面板上的"PQ模式"调整为"关机"，然后通过DC汇流柜的操作面板关闭总断路器，最后关闭储能装置的总电源开关，完成设备的关闭工作。

2. 运行试验结果

2018年12月3日20:00开始，开启储能系统，在"PQ模式"下自动进入充电储能状态，至2018年12月4日08:00，储能系统在"PQ模式"下自动切换至放电状态，开始对储能微电网进行供电。此后每12小时充放电状态切换一次，直至2018年12月10日20:00试验结束。

储能系统的放电容量试验结果见表6-41。

表6-41　储能系统的放电容量试验结果

试验日期	放电容量/kW·h
2018年12月4日	51.8
2018年12月5日	52.3
2018年12月6日	52.5
2018年12月7日	52.5
2018年12月8日	52.5
2018年12月9日	52.4

（续）

试验日期	放电容量/kW·h
2018 年 12 月 10 日	52.4
平均值	52.3

储能系统的放电容量试验示意图如图 6-56~图 6-58 所示。

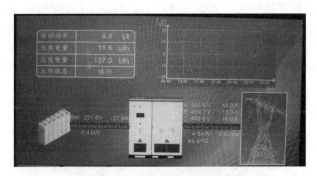

图 6-56　运行输出功率控制界面

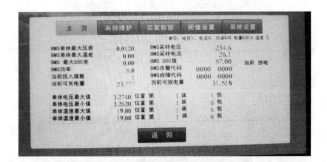

图 6-57　电池运行状态监测界面

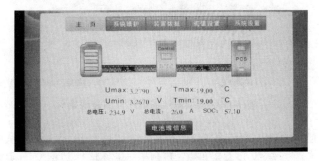

图 6-58　电池运行控制界面

退役电池储能系统故障及二次退役

6.5.1　电池破损报废

　　研究发现，前期筛选正常的退役电池，在后期运行过程中，同一批次电池中部分电池开路电压异常，低于正常值范围，如图 6-59 所示。甚至部分电池出现漏液腐蚀现象，如图 6-60 所示。

图 6-59　退役电池模块电压异常（电池模块标称电压 6.4V）

图 6-60　退役电池模块腐蚀漏液现象

　　此外，从已有百千瓦级退役电池储能系统运行经验看，储能系统投运六个月后，部分支路的电池簇放电容量低于设计值，从外特性数据又无法看出端倪，如图 6-61 所示。进一步研究发现，该簇电池中部分电池模组存在明显的气胀，甚至破损掉粉现象，如图 6-62 所示，即这部分电池已经衰减报废，影响电池组出力。

图 6-61　退役电池储能系统运行过程外特性数据

图 6-62　退役电池储能系统运行过程个别模组劣化现象

综上，储能系统在运行过程中，存在变形鼓胀、生锈、活性物质脱落泄漏等现象，此时相应的电池模组需退出运行。

6.5.2　储能系统放电时间缩短

储能系统投运后，按照设计功率及容量，在一定工况下，充满电后其放电时间相对保持稳定，随着时间推移，其放电时间逐渐缓慢减小。但是当放电时间发生异常时，说明某些电池模组发生了衰减或故障，需要查找并退出运行。

本研究发现储能系统中有一簇电池在运行七个月后，放电时间由原来的 90min 降至 45min，检测发现电池簇中有一个电池模块发生形变现象，如图 6-63 所示。

此时，发生形变的电池模块需要退出运行。

图 6-63 发生形变的退役电池模块

6.5.3 退役电池储能系统再退役指标体系

综上，建立退役电池储能系统再退役的指标体系，见表 6-42。需要强调的是下列指标只要有一项不合格，即可判定电池再退役。

表 6-42 退役电池储能系统再退役标准

现象	表征参数	再退役标准
剩余容量	SOH	≤60%（以退役时实际容量为计算依据）
衰减加速	衰减率	≥10%
衰减突变	/	/
破损	/	/
极柱锈蚀	/	/
鼓胀	形变	≤5%

从 2019 年 1 月起，对运行超过六年的 100kW 储能系统运行情况及电池性能衰减情况进行了持续跟踪。研究发现，前期筛选正常的退役电池，在后期运行过程中，同一批次电池中部分电池开路电压异常，低于正常值范围。甚至部分电池出现漏液腐蚀现象，但其外特性数据未发现异常。此时相应的电池模组需退出运行。

从 2020 年 1 月开始，对运行超过六个月的 1MW·h 储能系统投运后的电池运行情况进行了监测，按照设计功率及容量，在一定工况下，充满电后其放电时间相对保持稳定，随着时间推移，其放电时间逐渐缓慢缩短。但是当放电时间发生异常时，说明某些电池模组发生了衰减或故障，需要查找并退出运行。

从本研究中可以发现，储能系统中有部分电池模块或电池簇在运行七个月后，存在以下两方面的问题：

1）储能系统部分支路的电池簇放电容量低于设计值，从外特性数据又无法看出端倪。进一步研究发现，该簇电池中部分电池模组存在明显的胀气，甚至破损掉粉现象，即这部分电池已经衰减报废，影响电池组出力。

2）部分电池模组放电时间由原来的 240min 降至 180min，检测发现电池簇中有一个电池模块发生形变现象。

此时，发生破损、形变的电池模块需要退出运行。

6.5.4　储能系统均衡维护

1MW·h 储能系统在投运两年后，电池搁置一年未运行，在充放电循环测试过程中发现电池放电容量低只有 300kW·h，电压一致性差最大压差可达到 500mV，因此需要对电池容量均衡维护。

以恒流方式对电池进行高放低充的方式均衡容量，通过电压采样线以 2A 电流进行均衡。

针对该系统 25 块电池进行均衡，均充 9 个电芯，均放 16 个电芯，耗时六天，均衡效果见表 6-43 和图 6-64。

表 6-43　25 个电芯均衡数据

序号	组号	电池号	节数	均衡方式	均衡容量
1	1	6	4	2A 放电	15AH
2			9	2A 放电	15AH
3		15	11	2A 充电	40AH
4	3	1	9	2A 放电	40AH
5		8	3	2A 放电	40AH
6			5	2A 放电	40AH
7			6	2A 放电	40AH
8			9	2A 放电	40AH
9		11	2	2A 充电	30AH
10			4	2A 充电	30AH
11			7	2A 充电	30AH
12			10	2A 充电	30AH
13		17	6	2A 充电	20AH
14			9	2A 充电	20AH
15			12	2A 充电	30AH

（续）

序号	组号	电池号	节数	均衡方式	均衡容量
16		2	1~12	2A 放电	30AH
17	6		1	2A 放电	15AH
18		7	3	2A 放电	15AH
19			6	2A 放电	15AH
20			11	2A 放电	15AH
21			1	2A 放电	40AH
22	7	17	11	2A 放电	30AH
23			12	2A 放电	30AH
24		8	8	2A 充电	40AH
25	8	8	1~11	2A 放电	40AH

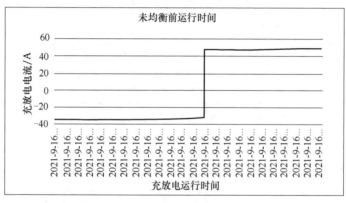

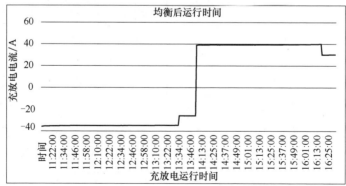

图 6-64　均衡前后系统容量对比

均衡结束后，再次对系统进行运行，系统容量由 200kW · h 提升至 500kW · h，说明针对储能系统容量核对低于设计容量，在电池本体检测过程中，可采用系统均衡的方式对电池本体进行修复，提升系统容量。

参 考 文 献

[1] 韩路，贺狄龙，刘爱菊，等．动力电池梯次利用研究进展［J］．电源技术，2014，38（3）：548-550.

[2] 朱广燕，刘三兵，海滨，等．动力电池回收及梯次利用研究现状［J］．电源技术，2015，39（7）：1564-1566.

[3] 范茂松，金翼，杨凯，等．退役 LiFePO$_4$ 电池性能测评及储能应用［J］．储能科学与技术，2019，8（2）：408-414.

[4] 刘颖琦，李苏秀，张雷，等．梯次利用动力电池储能的特点及应用展望［J］．科技管理研究，2017，37（1）：59-65.

[5] 贾蕗路，宋华美，王浩，等．储能系统中梯次利用动力电池容量优化配置研究进展［J］．科学技术与工程，2018，18（26）：153-159.

[6] 武世宏．梯次电池在通信基站储能系统的应用［J］．中国新通信，2019（4）：1.

[7] 许乃强，田智会．动力电池梯次利用于通信基站储能供电系统［J］．通信电源技术，2017（5）：154-155.

[8] 周玲；吕荣．浅析通信基站降本——退役电池的梯次利用［J］．计算机产品与流通，2019，37.

[9] 刘峰，张延．边远地区基站供电方案的解决与研究［J］．通信技术，2007（12）：65-69.

[10] 曹金安．无人值守通信基站电源与环境监测系统［J］．福州大学学报，2003，31（4）：433-436.

[11] 田智会，胡耀军，庄衍平，等．电动汽车应用于通信基站应急供电［J］．通信电源技术，2016，33（2）：154-155.

[12] 刘坚．电动汽车退役电池储能应用潜力及成本分析［J］．储能科学与技术，2017，6（2）：243-249.

[13] 赵小羽，黄祖朋，胡慧婧．动力电池梯次利用可行性及其应用场景［J］．新能源汽车，2019（12）：25-27.

[14] 廉嘉丽，王大磊，颜杰，等．电力储能领域铅炭电池储能技术进展［J］．电力需求侧管理，2017（3）：21-25.

[15] 贾蕗路，刘平，张文华．电化学储能技术的研究进展［J］．电源技术，2014（10）：1972-1974.

[16] 王英东，杨敬增，张承龙，等．退役动力磷酸铁锂电池梯次利用的情况分析与建议［J］．再生资源与循环经济，2017（4）：23-27.

[17] 崔林．铁锂电池在通信基站中的梯次利用实践［J］．电子技术与软件工程，2018（12）：21.

[18] 赵光金，邱武斌．退役磷酸铁锂电池容量一致性及衰减特征研究［J］．全球能源互联网，2018（03）：383-388.

［19］ 曹涛，朱清峰，陈燕昌. 动力锂离子电池在通信行业的梯次应用［J］. 邮电设计技术，2018（10）：83-87.

［20］ 城市客运专家相聚天津研讨公交车动力电池维护及退役问题［J］. 城市公共交通，2018（244）：22-23.

［21］ 郭世枭. 含退役电池梯次利用的公交车充电站优化配置及运营［C］. 北京：华北电力大学，2019.

［22］ 深圳完成首批退役新能源公交车动力电池规模回收［J］. 再生资源与循环经济，2020，13（148）：54.

［23］ 许苑，李涛，周杨林，等. 退役电池储能系统中可重构电池网络技术应用［J］. 电源技术，2020，44（357）：122-124.

［24］ 朱广燕，刘三兵，海滨，等. 动力电池回收及梯次利用研究现状［J］. 电源技术，2015（7）：1564-1566.

［25］ 林武，史新民，蒋丽丽，等. 动力电池梯次利用的异构储能电站设计与实践［J］. 浙江电力，2020，39（289）：45-53.

［26］ 许飞. 新能源汽车废旧动力蓄电池回收利用综述［J］. 河南化工，2017，34（7）：12-15.

［27］ 甄文媛. 解密国内首个退役电池整包梯次利用储能项目［J］. 汽车纵横，2019，（102）：43-45.

［28］ 谭志龙，刘涛，刘俊峰. 基于新型功率架构的退役动力电池储能系统在配网中的应用［J］. 云南电力技术，2019，47（248）：18-21.

［29］ 徐小勇. 基于退役动力电池储能的光储微网系统［J］. 电机与控制应用，2020，47（362）：94-99.

［30］ 范茂松，金翼，杨凯，等. 退役 $LiFePO_4$ 电池性能测评及储能应用［J］. 储能科学与技术，2019，8（40）：190-196.

7.1 动力电池回收处理技术进展

7.1.1 废旧锂电池回收处理技术发展历史

废旧锂离子电池回收过程大致分为三个部分，即电池的预处理、活性物质与集流体的分离、有价金属的回收与再利用。很多废锂离子电池回收利用的研究主要集中于电池中正极活性物质的回收利用方法。根据所采用的主要关键技术，大致可以将废锂离子电池的资源化处理过程分为物理法、化学法和直接合成法，如图 7-1 所示。

物理法	化学法	直接合成法
●火法	●沉淀法 ●萃取法	●水热法
●机械破碎处理	●盐析法 ●电化学法	●综合处理法
●有机溶剂法	●生物处理法	

图 7-1 典型的锂电池回收处理方法

1. 物理法

（1）火法 火法通过高温焚烧分解去除有机黏结剂，同时使电池中的金属及其化合物氧化、还原并分解，在其以蒸气形式挥发后，用冷凝等方法将其收集。一般需要进行后续化学处理才能得到所需的目标产物。

日本的索尼/住友公司研究表明，于 1000℃ 下对废锂离子电池进行焚烧，可有效去除电解液及隔膜，实现电池的破解，焚烧后的残余物质包括 Fe、Cu、Al 等，可以通过筛分、磁选来分离。

火法工艺简单，但能耗大，而且如果温度过高，铝箔会被氧化成为氧化铝，钴锂氧化物也会因为温度控制不当影响其容量。同时，还需要研究相应对策防止高温产生的废气污染环境。

（2）机械破碎处理

1）机械破碎浮选法。该法首先对锂离子电池进行破碎、筛选，以初步获得电极材料粉末，之后对电极材料粉末进行热处理以去除有机黏结剂，最后通过浮选分离回收钴酸锂颗粒。日本秋田大学的松田光明等将废锂离子电池破碎筛分后得到隔膜、金属产品和电极材料粉末。在马弗炉中773K温度下热处理电极材料，黏结剂挥发脱除，然后用浮选法分离电极材料粉末中的钴酸锂和石墨。在最佳浮选条件下，浮选回收的钴酸锂产品中锂和钴含量高于93%，锂和钴的回收率为92%。

这种方法对锂、钴的回收率较高，但是在机械破碎之后需用马弗炉热处理、浮选等方法进一步分离，造成了该法流程过长、成本较高。

2）机械研磨法。利用机械研磨使电极材料与研磨料发生反应，使钴酸锂转化为其他盐类。日本东北大学的佐伯秀等人使用行星球磨机将钴酸锂材料与PVC共研磨，反应生成了钴和锂的氯盐，然后可方便地用水将反应生成的钴和锂的氯盐从研磨后的产物中分离回收。约90%的钴和100%的锂与PVC中的氯形成了无机氯化物，PVC中的氯元素也有90%被转化为了无机氯。该法不仅可以有效回收废锂离子电池中的钴酸锂，而且其中采用了常见的废塑料材料，是一种值得推广的方法，但是需要专门的研磨设备。

（3）有机溶剂法　有机溶剂法是根据"相似相溶"的原理，采用强极性的有机溶剂溶解电极上的黏结剂PVDF，使钴酸锂从集流体铝箔上脱落，简化回收工艺，提高回收效果。

华南师范大学的南俊民等人使用有机萃取剂Acorga M5640萃取除杂溶液中的铜离子、Cyanex272萃取溶液中的钴离子，并给出了合适的萃取工艺条件。采用有机溶剂法可有效分离钴酸锂和铝，但是有机溶剂成本较高，今后应开发出更为廉价高效的有机溶剂。

2. 化学法

化学法是利用化学试剂将电池正极中的金属离子浸出，然后通过沉淀、萃取、盐析等方法来分离、提纯钴、锂等金属元素。目前使用较多的浸出体系是硫酸-双氧水的混合体系。此外，电化学法、水热法等也各具特点，越来越得到人们的关注。

（1）沉淀法　沉淀法一般是对经酸溶体系浸取得到的含钴和锂离子的溶液进行净化除杂等操作，最终将钴以草酸钴、锂以碳酸锂沉淀下来，过滤干燥得到其产品。

江西理工大学的廖春发等人进行从含铝锂钴废料中回收氧化钴工艺的研究，确定了碱溶、酸溶、净化除锂、铝等工艺条件。结果表明，该工艺能有效地去除锂、铝等杂质，制得纯度很高的氧化钴粉，钴的总回收率达 93%。

（2）萃取法　萃取法使用萃取剂对钴和锂进行分离回收。

中南大学的张阳等人研究了废旧锂电池芯粉中多种有价金属的回收工艺。该工艺采用碱溶解铝、旋流分离铜、硫酸+过氧化氢浸出、水解净化、P507 萃取、草酸沉钴、碳酸沉锂的流程，钴、铜、铝、锂的回收率分别达到 94%、92%、96%、69.8%。这种方法在浸出过程中使用酸量少，溶剂可循环使用，实现了多种有价金属的综合回收。

该工艺可以取得较高的回收率，得到的产品纯度也较好。但是这些方法流程较长，且化学试剂和萃取试剂的大量使用会对环境造成负面影响。

（3）盐析法　盐析法就是通过在溶液中加入其他盐类，使溶液达到过饱和并析出某些溶质成分，从而达到回收有价金属的目的。

武汉理工大学金玉健等人利用盐析法，在 $LiCoO_2$ 的盐酸浸出液中加入 $(NH_4)_2SO_4$ 饱和水溶液和无水乙醇等电解质和低价电溶剂，在低浓度条件下可使浸出液中的 Co 发生盐析，当浸出液、$(NH_4)_2SO_4$ 饱和水溶液和无水乙醇的体积比控制为 2∶1∶3 时，Co 的析出率可达到 92% 以上。所得盐析产品经 X 射线衍射分析可知为 $(NH_4)_2Co(SO_4)_2$ 和 $(NH_4)Al(SO_4)_2$，且 Co^{2+} 在 Al^{3+} 之前从浸出溶液中析出，分段盐析可使这两种盐分离，得到不同的产品。

（4）电化学法　中国科学院金属研究所申勇峰等人利用硫酸浸出-电积工艺从废锂离子电池中回收钴。用 10mol/L 硫酸，在 70℃ 下浸出废锂离子 1h，钴浸出率接近 100%。调节浸出溶液 pH 值至 2.1~3.1，在 90℃ 时鼓风搅拌，中和水解去除杂质。在 55~60℃ 的条件下以 $235A/m^2$ 的电流密度电解，电流效率为 92.08%，产出的电钴质量符合 YS/T 255—2009 标准，钴回收率大于 93%。

应用电化学方法可以在不引入新杂质、污染小的情况下对有价金属进行回收富集，但也需要消耗大量的电能，对浸出溶液也有一定的要求。

（5）生物处理法　生物处理法利用具有特殊选择性的微生物代谢过程来实现对钴、锂等元素的浸出。韩国忠南大学的 Debaraj 等人使用名为 Acidithiobacillu ferrooxidans 的嗜酸菌，它能以硫元素和亚铁离子为能量源，代谢产生硫酸和高铁离子等产物，可溶解废锂离子电池中的金属元素。生物浸出技术具有成本低、污染小、可重复利用的特点，是未来回收废锂离子电池中有用金属元素的主要发展方向之一。

3. 直接合成法

（1）水热法　韩国地质资源研究院 Kim 等人使用水热方法，在 200℃ 下，将正极 $LiCoO_2$、铝箔、隔膜在高浓度的 LiOH 溶液里反应，得到再生的 $LiCoO_2$。该反应过程基于"溶解-沉淀"机理，通过控制条件使废电池正极上的 $LiCoO_2$ 溶解，同时使新生的 $LiCoO_2$ 沉淀下来，因此电池拆解后可以直接以正极物质作为反应物，无需剥离集流体。产物的首次放电容量为 144.0mA·h/g，40 次循环后其放电容量可保持 92.2%，具有较好的电化学性能。

（2）综合处理法　除了上述只针对正极材料的处理方法之外，还有一些对整体电池做处理的工艺，这些工艺可以更好地指导工程实践，使得回收种类增多，以达到物尽其用的循环经济模式。

韩国矿产资源科学研究院回收研究所开发了从失效锂离子电池中再生钴酸锂的湿法冶金方法，即非晶型柠檬酸盐沉淀法。该工艺的关键是通过调整溶液中钴和锂的配比（锂在钴酸锂中应稍过量），再用柠檬酸与钴、锂离子形成凝胶沉淀，在 950℃ 下经 24h 煅烧，得到粒度为 20μm、比表面积为 $30cm^2/g$ 的具有良好充放电性能的钴酸锂。用浸出溶液直接合成电极材料且具有很好的充放电性能，省去常规冶金方法中钴、镍分离操作步骤，能简化工艺、增加回收产品价值和提高回收效率，同时符合锂离子活性电池电极材料多元化的复合氧化物发展趋势。但能耗依然很高，经济可行性需进一步研究。

直接回收活性材料的工艺高效地分离了钴与铝，使铝箔以金属形式进行回收，增加了回收价值，简化了废旧锂离子电池正极材料的传统回收处理工艺流程。加入很少或不加入化学药剂，无需考虑新增的污染问题。该技术的关键步骤和以后的研究重点应是如何高效地将石墨或碳粉（少量锂嵌入在其中）和钴酸锂分离，以及脱出嵌入在碳粉或石墨中的锂。

上述各种主要回收技术和方法优缺点比较见表 7-1。

表 7-1　废旧锂电池不同回收处理技术比较

类型	定义	方法	内容
干法回收技术	干法回收是指不通过溶液等媒介，直接实现材料或有价金属的回收方法，主要是通过物理分选法和高温热解法，对电池破碎进行粗筛分类，或高温分解除去有机物以便于进一步回收元素；干法回收不经过其他的化学反应，工艺流程较短，回收的针对性不强，是实现金属分离回收的初步阶段	机械分选法	机械分选法是利用电池不同组分的密度、磁性等物理性质的不同，采取破碎、筛分等手段将电池材料粗筛分类，实现不同有用金属的初步分离回收的目的；总的来说，由于锂离子电池的结构比较特殊，活性材料和集流体粘合紧密，不易解体和破碎，在筛分和磁选时，存在机械夹带损失，因此很难实现金属的完全分离回收
		高温热解法	高温热解法主要通过高温焚烧分解去除黏结剂，使材料实现分离，同时经过高温焚烧，电池中的金属会氧化、还原并分解，形成蒸气挥发，通过冷凝将其收集；该方法虽然工艺简单，产物单一，但耗能较高，比较适合预处理过程

（续）

类型	定义	方法	内容
湿法回收技术	湿法是以各种酸碱性溶液为转移媒介，将金属离子从电极材料中转移到浸出液中，再通过离子交换、沉淀、吸附等手段，将金属离子以盐、氧化物等形式从溶液中提取出来；湿法回收技术工比较艺复杂，但各有价金属的回收率较高	湿法冶金	湿法冶金是将废弃电池破碎后，用合适的化学试剂选择性溶解，分离浸出液中的金属元素；由于处理设备投资成本低，适合中小规模废旧锂电池的回收，为了提高金属的提取效率，该工艺要求废弃锂电池在破碎前要根据电池材料化学组成的不同进行精细分类，以配合浸出化学溶液
		化学萃取法	萃取法是利用某些有机试剂与要分离的金属离子形成配合物，然后利用适宜的试剂将金属分离出来；这种方法对设备的防腐要求高，同时要使用大量有机溶剂，对环境有二次污染，且回收成本高
		离子交换法	利用离子交换树脂对要收集的金属离子络合物的吸附系数的不同来实现金属分离提取；该工艺简单，易于操作
生物回收技术	生物回收技术是一种工艺简单、成本经济、环境友好的回收技术，主要是利用微生物浸出，将体系的有用组分转化为可溶化合物并选择性地溶解出来，得到含有效金属的溶液，实现目标组分与杂质组分分离，最终回收锂等有价金属		目前，应用生物浸出技术处理废弃锂离子电池的研究才刚刚起步，还有许多难题需要解决，如高效菌种的培养，周期过长，浸出条件的控制等；但其低成本、污染小、可重复利用的特点，是未来锂离子电池回收技术发展的理想方向

7.1.2　废旧锂电池回收处理国外研究进展

英国 Ricardo-AEA 公司回收锂离子电池通过在低温下破碎，分离出钢材后加入乙腈作为有机溶剂提取电解液，再以 N-甲基吡咯烷酮（NMP）为溶剂提取黏结剂（PVDF），然后对固体进行分选，得到 Cu、Al 和塑料，在 LiOH 溶液中电沉积回收溶液中的 Co，产物为 CoO。

法国 Recupyl 公司在惰性混合气体保护下对电池进行破碎，磁选分离得到纸、塑料、钢铁和铜，以 LiOH 溶液浸出部分金属离子，不溶物再用 H_2SO_4 浸出，加入 Na_2CO_3 得到 Cu 和其他金属的沉淀物，过滤后溶液中加入 NaClO，氧化处理得到 $Co(OH)_3$ 沉淀和 Li_2SO_4 的溶液，将惰性气体中的 CO_2 通入含 Li 的溶液中得到 Li_2CO_3 沉淀。

比利时 Umicore 公司通过特制的熔炉回收锂离子电池和镍氢电池，制得 $Co(OH)_2$、$CoCl_2$ 和 $Ni(OH)_2$，石墨和有机溶剂则作为燃料放出能量，Cu、Zn、Mn 和 Fe 则用湿法回收，$CoCl_2$ 制备电极材料 $LiCoO_2$ 出售。而铝和锂则被丢弃，有机材料和碳则分别被烧掉和当作还原剂使用。

德国联邦教研部资助并联合 ACCUREC Recycling 公司和 UVR-FIA 公司共同开展了一套结合预处理、湿法和火法的回收工艺。

日本 Mitsubishi 公司采用液氮将废旧电池冷冻后拆解，分选出塑料，破碎、磁选、水洗得到钢铁，振动分离，经分选筛水洗后得到铜箔，剩余的颗粒进行燃烧得到 $LiCoO_2$，排出的气体用 $Ca(OH)_2$ 吸收得到 CaF_2 和 $Ca_3(PO_4)_2$。

德国 IME 公司回收锂离子电池通过分选电池外壳和电极材料后，将电极材料置于反应罐中加热至 250℃，使电解液挥发后冷凝回收，再对粉末进行破碎、筛选、磁选分离和锯齿形分类器将大颗粒（粒径大于 200μm，主要含有 Fe 和 Ni）和小颗粒（粒径小于 200μm，主要含有 Al 和电极材料）分离。采用电弧炉熔解小颗粒部分，制得钴合金；采用湿法溶解烟道灰和炉渣制得 Li_2CO_3。

低温可大大降低 Li 的化学反应活性，美国 Toxco 公司在 -198℃（74K）下将电池破碎后加入固体 NaOH，此时金属 Li 转化成 LiOH，再加入 CO_3^{2-} 使 LiOH 反应生成 Li_2CO_3。球磨后，粉末在颠选板上洗涤，$LiCoO_2$ 和 Li_2CO_3 等电极材料与塑料分离。$LiCoO_2$ 和 Li_2CO_3 等电极材料可直接售往电池制造企业。此外，Toxco 在雀尔的分厂能处理不同型号、不同化学性质锂电池，其采用的回收工艺如图 7-2 所示，60% 的原料得到回收、10% 的原料得到二次利用，最大的技术亮点是液氮冷冻方式消除残余电能的安全隐患。

美国 OnTo 公司采用 CO_2 超临界流体恢复锂离子电池的容量，将电池放在干燥的环境下，调节适当的压力和温度，液态的 CO_2 溶解电池中的电解液转移到回收的容器后改变温度和压力，使 CO_2 气化，电解液析出。电解液被循环的超临界 CO_2 携带出来，注入新的电解液后用环氧树脂封口，使电池恢复充放电能力。

美国 Inmetco 公司利用电弧炉对废旧锂离子电池进行火法冶炼，回收得到含有钴、镍和铁的铁基合金。而其他金属（如锂）则以炉渣的形式丢弃，有机材料被烧掉，负极材料炭被当作还原剂使用。

美国阿贡国家实验室与北京理工大学合作，主要探索了利用苹果酸、柠檬酸等有机酸实现正极材料浸取回收等技术，回收路线如图 7-3 所示。

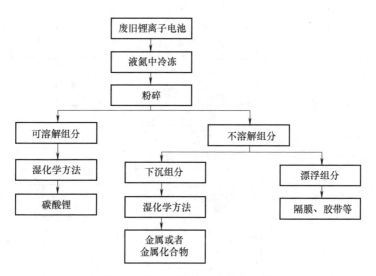

图 7-2　Toxco 电池回收处理工艺

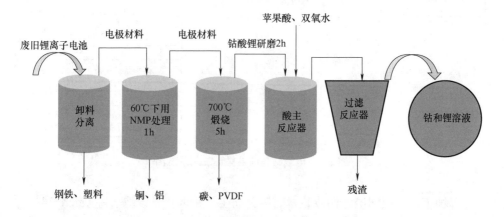

注: NMP为N-甲基吡咯烷酮; PVDF为聚偏氟乙烯。

图 7-3　利用有机酸浸取提取金属材料的技术路线

7.1.3　废旧锂电池回收处理国内研究进展

哈尔滨工业大学的戴长松，中南大学的唐新村，华南师范大学的南俊民，北京理工大学的吴锋、李丽等专家学者在锂电池回收处理方面开展了系列研究，重点研究了化学法回收电池技术与工艺。

清华大学与广东邦普循环科技有限公司进行了废旧电池材料的清洁冶金及电池材料低成本制备技术研究，并实现示范应用，如图 7-4 所示。

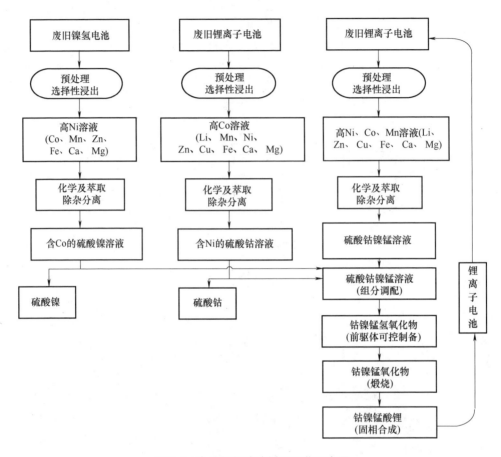

图 7-4 电池材料清洁循环工艺示意图

深圳市泰力废旧电池回收技术有限公司主要采取化学浸取、除杂及分离提纯的方法实现有价组分的回收，回收工艺如图 7-5 所示。

综上，国内外在锂电池回收处理工业化、市场化应用技术方面也进行了有益探索，详见表 7-2。

7.1.4 动力锂电池综合资源化利用技术进展

国网河南省电力公司电力科学研究院率先提出了对废旧动力电池进行综合资源化利用的研究思路，如图 7-6 所示，包括电池梯次利用与回收处理。综合资源利用的关键点有：①基于动力电池全寿命周期，开展梯次利用与回收处理，实现延长电池寿命、降低电池及储能成本及电池资源化循环利用；②不仅要对正极材料等回收利用，还要对其他组分进行无害化处置，避免造成环境污染。

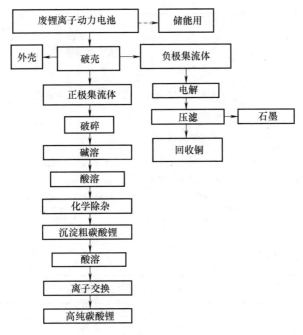

图 7-5 深圳市泰力废旧电池回收技术有限公司回收工艺

表 7-2 全球锂电回收工业技术对比

公司	国家	技术细节	主要产物
Umicore	美国	Val'eas 工艺：此法制得镍钴合金后酸浸，湿法处理废渣（含 Li 和 Al）	$CoCl_2$
SNAM	法国	火法热解和磁分离技术获得有价金属，湿法得到氟和磷	Co/Ni/Cu 合金，Li 盐
Batrec IndustrieAG	瑞士	将锂离子电池压碎，分选出 Ni、Co、氧化锰，其他有色金属和塑料	N、Co、氧化锰
Inmetco	美国	转底炉中粉碎材料后进入电弧炉中精炼	Co/Ni/Fe 合金
Sumltomo-Sony	日本	煅烧除去电解液和塑料，火法回收 Co/Ni/Fe，湿法回收 Co	CoO
AkkuSer Ltd	芬兰	设计了两相破碎生产线，（磁）分离后碎片发往冶金公司	金属粉末
Toxco	加拿大	破碎、眼膜和筛选（物理方法），浸取和沉淀（湿法处理）	CoO，Li_2CO_3
Recupyl	法国	Valibat 工艺：机械预处理和湿法回收	Co(OH)$_2$，Li_2PO_4

（续）

公司	国家	技术细节	主要产物
Accurec GmbH	德国	电炉处理真空炉和机械法制得的碎片，湿法理炉渣	Co 合金，Li_2CO_3
AEA Technology	英国	有机溶剂去除电解液、溶剂和黏结剂后电解处理	LiOH，CoO
Glencore plc.	瑞士	火法与湿法工艺结合	Co/Ni/Cu 合金
OnTo	美国	Eco-Bat 工艺：对拆解、回收电解液后得到的正极活性材料修复，并球磨制得新的正极材料（超临界流体分离各种材料）	新制正极材料
LithoRec proces	德国	机械法与湿法回收	CoO，Li 盐
格林美	中国	湿法回收：包括浸取、纯化、浸取、再合成	Co/Ni/Cu
邦普	中国	湿法回收：浸取纯化，浸取再合成	新制正极，Co_3O_4

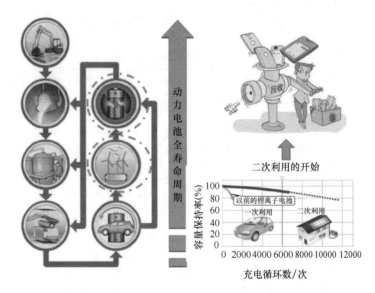

图 7-6　动力锂电池综合资源化利用思路

　　尤其在锂电池回收处理方面，提出了综合资源化回收处理技术路线，如图 7-7 所示。并开展了锂电池回收处理技术的研究与探索，研制出退役电池组解焊装置、电池切割破碎设备、正极材料磁选装置等，研究了软包锂电池的切割破碎方法、磷酸铁锂电池正负极集流体及隔膜的分离方法、磷酸铁锂正负极材料的回收技术等，开发了基于锂电池正极材料的 CO_2 气体捕获剂的制备方法。

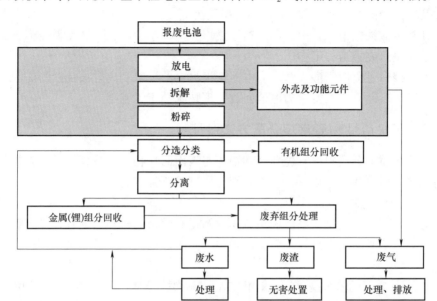

图 7-7　国网河南省电力公司电力科学研究院提出的废旧电池回收处理技术路线

7.2　现有废旧锂电池材料回收提取技术与工艺验证及提升

7.2.1　引言

目前，小型锂电池回收处理技术较为成熟，侧重于钴、镍等贵金属组分回收[1]。一些研究机构借鉴小电池回收技术，对储能及动力电池回收技术进行了实验室级初步探索。

锂电池回收处理技术发展主要经历了两个阶段：①手机、笔记本计算机和数码设备等用小型钴酸锂电池正极材料回收技术[2,3]；②动力用锂电池正极材料回收技术[4]。

小型钴酸锂电池回收过程大致分为三个步骤，即电池的预处理、活性物质与集流体的分离、钴的回收与再利用。研究主要集中于电池中正极活性物质的回收技术，根据所采用的关键技术可分为四大类，即物理法、化学法、生物法和直接合成法[5-7]。

动力锂电池正极材料回收技术主要借鉴小型钴酸锂电池正极材料回收方法，对其正极材料进行回收处理[8]。首先对废旧电池进行预处理，包括电池的拆解、电极的分类及活性物质的剥离等，然后对活性物质进行回收，包括酸溶正极活性物质及对其中的金属锰（镍）、锂的选择性沉淀。

针对磷酸铁锂电池，由于不含钴等贵重金属，单纯回收某种元素经济效益不高，故相关研究报道并不多[9]。

本节探讨了废旧磷酸铁锂动力电池正极材料的浸取剥离方法及锂的提取回收工艺等，为后续系统研究动力电池回收处理技术奠定了基础。

7.2.2　正极活性物质常规分离方法验证

正极物质的分离提纯首先要做到铝箔与表面活性物质的分离。常见方法为有机溶剂法、碱溶法和酸溶法，下面分别开展试验验证。

1. 有机溶剂法

有机溶剂法分离活性物质和集流体铝箔是利用对有机黏结剂有较好溶解性的有机溶剂，对其溶解处理，有效分离铝箔与其表面的磷酸铁锂膜涂层，去除有机杂质。

溶剂法常用的有机溶剂有 N-甲基吡咯烷酮（NMP）、N,N-二甲基甲酰胺（DMF）、二甲亚砜（DMSO）、丙酮等。因为丙酮和 DMSO 容易挥发而弃用，试验选用了对有机黏结剂溶解效果较好的 NMP 和 DMF。考虑到水溶性黏结剂在现有锂离子动力电池中的使用，增加了水及乙醇对正极材料的溶解试验。

分别截取 2.5g 正极材料（1cm×2cm 试片）放置于四个 100mL 烧杯中，加入 30mL 的 NMP、DMF、水、乙醇。常温下浸泡 8h，NMP、DMF 中试样的黑色活性涂层少量脱落，水中试样出现少量乳白色浑浊，乙醇中试样并无明显现象，如图 7-8 所示。

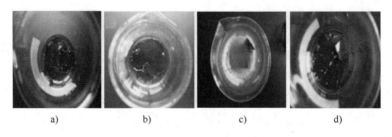

图 7-8　常温下浸泡 8h，各溶剂中试样反应现象

a）NMP　b）DMF　c）水　d）乙醇

常温下，上述试样的烧杯在超声波清洗机中超声振动 1h。NMP、DMF 试样表面呈微孔状且用玻棒可剥去黑色活性涂层，溶液变黑色浑浊；水中试样表面黑色活性涂层可用玻棒剥去，铝箔集流体变脆容易断裂，水溶液中出现白色浑浊且底部可见细小铝箔碎片；乙醇中试样表面黑色活性涂层难以用玻棒剥去，溶液中出现少量白色浑浊，如图 7-9 和图 7-10 所示。

图 7-9　常温下超声反应 1h 后，各溶剂中试样表面现象

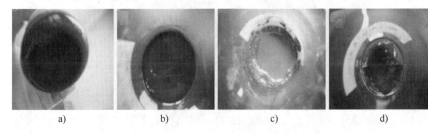

图 7-10　常温下超声反应 1h 后，各溶液中反应现象

a）NMP　b）DMF　c）水　d）乙醇

加热上述溶液至 50℃，超声清洗 30min 后，反应现象如图 7-11 所示。NMP、DMF 中试样表面黑色涂层基本剥离且疏松多孔，溶液黑色浑浊；水和乙醇中反应未见明显变化。继续加热溶剂至 100℃，受试样品在 NMP、DMF 中现象基本类于常温超声振动 1h 结果。

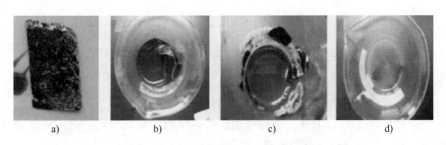

图 7-11　50℃超声清洗 30min 后，各溶液中试样表面现象

a）NMP　b）DMF　c）水　d）乙醇

乙醇对正极材料上的有机黏结剂溶解性较差，所以不用乙醇作为溶剂。水作为溶剂时，并不能溶解有机黏结剂，但水与铝箔集流体发生反应，可导致铝箔与表面活性层分离。水与铝箔反应活性不高，只能导致铝箔部分溶解，所以一般也不用水作为溶剂。

对 NMP 和 DMF 反应溶液进行过滤发现（见图 7-12），虽然 NMP 对活性层的溶解性稍优于 DMF，但其过滤后的滤液不澄清，不仅会造成产品的损失，且回收再利用溶剂时会影响其溶解效率。DMF 反应溶液过滤后，滤液澄清，可直接循环使用，效果较为理想。

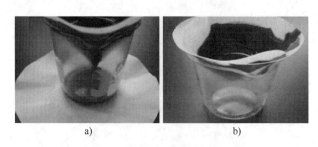

图 7-12　反应溶液过滤后的滤渣与滤液

a）滤渣　b）滤液

由上述试验得知，电池工艺中添加的一些活性物质，可能导致有机溶剂对活性物质的剥离效果不良。

采用 DMF 溶剂，在上述最佳条件下对分离出的活性物质进行 ICP 分析，其中元素百分数见表 7-3。根据原配方可知其中铁和锂元素的比例约为 1∶1，但实际回收的锂含量明显低于正常值，除电池循环过程的损失外，有机溶剂对活性物质的分离效果也不彻底，对后期锂提取率影响很大。

表 7-3　有机溶剂分离得到正极活性物质 ICP 元素分析

铝（%）	铁（%）	磷（%）	锂（%）
2.82	28.63	16.77	0.19

2. 碱溶法

碱溶法分离活性物质时，集流体铝箔是两性金属，可溶于氢氧化钠生成铝酸钠，活性涂层并不溶解于碱，从而使铝箔与活性物质涂层分离。过滤后的滤液用硫酸调 pH 值，可得到化学纯的氢氧化铝产品。

取五份 2.5g 正极材料（1cm×2cm）置于五个 100mL 烧杯中，常温下，分别取 5%、10%、15%、20%、30%质量浓度的 NaOH 溶液加入到烧杯中，烧杯中发生剧烈反应并产生大量气泡，如图 7-13 所示，30min 内，五个烧杯内的铝箔基本反应完全。5%、10%、15%的 NaOH 溶液澄清与黑色活性物质分离较好，20%和 30%的 NaOH 溶液呈乳白色凝胶状且黑色活性物质有融化膨胀趋势，如图 7-14 所示。

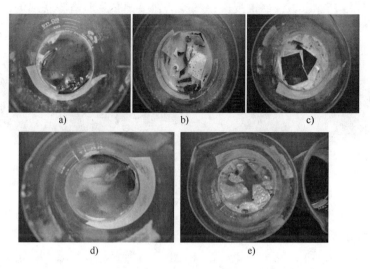

图 7-13　不同浓度 NaOH 溶液与正极材料发生剧烈反应
a）5%　b）10%　c）15%　d）20%　e）30%

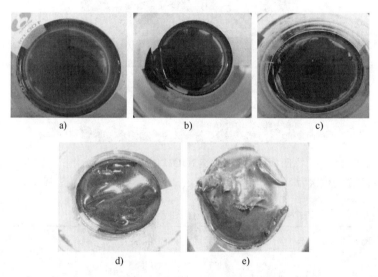

图 7-14　不同浓度 NaOH 溶液与正极材料反应完全
a）5%　b）10%　c）15%　d）20%　e）30%

　　分别过滤五种溶液，5%、10%、15%的反应液直接过滤后，用水溶液洗涤滤渣数次，得到黑色片状活性物质，基本无膨胀现象但薄片较脆。20%和30%的黏稠溶液需先加入适量去离子水稀释后才可进行过滤，滤渣需用适量水洗涤数次，如图7-15所示。20%碱液反应得到滤渣，呈黑色片状有膨胀现象，30%碱液反应得到黑色细碎滤渣。

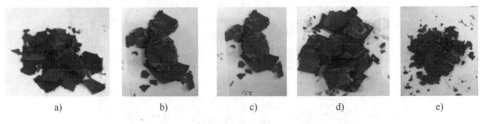

图 7-15　不同浓度 NaOH 反应得到黑色物质

a) 5%　b) 10%　c) 15%　d) 20%　e) 30%

用50%硫酸分别将五种滤液的pH值调节至7，出现大量乳白色浑浊，80℃加热2h，过滤得到白色Al(OH)₃，如图7-16所示，产品质量分别为2.1g、1.8g、1.8g、1.7g、2.3g。所得产品Al(OH)₃经ICP分析成分结果见表7-4。

图 7-16　不同浓度 NaOH 制得白色产品

（从左至右依次为 5%/2.1g、10%/1.8g、15%/1.8g、20%/1.7g、30%/2.3g）

表 7-4　不同浓度碱浸得到白色 Al(OH)₃ 成分表

NaOH 浓度	铁（%）	铝（%）	钠（%）	硅（%）	锂（%）
5%	0.05	11.77	13.63	0.05	1.04
10%	0.04	13.14	13.38	0.17	1.22
15%	0.03	15.17	11.47	0.05	1.63
20%	0.03	13.77	11.12	未检出	0.48
30%	0.04	11.29	13.54	未检出	0.00

上述试验结果表明，不同浓度 NaOH 与铝箔反应均较激烈，因此只要 NaOH 与铝箔 1∶1 的用量使铝箔反应完全即可，与 NaOH 浓度基本无关。但 NaOH 浓度过小则将增大水耗，而浓度过大影响后续产品过滤效果。因此，选择 10% ~ 20% 浓度的 NaOH 均可。在此条件下，得到的白色固体和滤液成分见表 7-5。

表 7-5　碱溶法得到的白色固体和滤液成分表

物质名称	铝（%）	铁（%）	磷（%）	硫（%）	锂（%）	钠（%）
白色固体	22.75794	0.094742	14.02778	0.108879	未检出	5.118049
滤液/mg	0.356118	未检出	31.62606	—	22.5456	—

表 7-5 中数据表明，产品中各种元素的含量均较低，应仍含有其他杂质，并非纯 $Al(OH)_3$。后期测试该产品中含有大量磷酸根离子，由此可知，碱溶解铝箔制取 $Al(OH)_3$ 的方法并不适用于磷酸铁锂正极材料。因为在钴酸锂正极材料电池中，除了锂离子外只有钴离子，而这两种离子在用碱溶解提纯铝箔的过程中并不会进入碱溶液，从而不会影响所制 $Al(OH)_3$ 的纯度。但经过试验验证表明，磷酸根离子会进入碱溶液无法得到纯 $Al(OH)_3$ 产品。

由此可知，实际得到的白色固体并非纯 $Al(OH)_3$，由于磷酸根的引入，其产品中很有可能含有磷酸铝、$Al(OH)_3$、硫酸钠、硫酸钠等多种成分，所以用碱溶法获得纯 $Al(OH)_3$ 是不可行的。

3. 酸溶法

酸溶法分离铝箔时，将铝箔与活性物质都溶解于酸溶液中，通过调节溶液的 pH 值，分别得到沉淀物 $Fe(OH)_3$、$Al(OH)_3$ 以及 Li_2CO_3，从而分离正极材料。

此方法源于钴酸锂正极材料的提取，在钴酸锂正极材料中，由于 Co 在较高 pH 值条件下才会沉淀，故 pH 值在 5~6 时，$Al(OH)_3$ 可完全沉淀，此时 Co 不沉淀，滤掉 $Al(OH)_3$，再用草酸铵沉淀钴。但用酸溶解极片并去除 Al 离子后的溶液含有的大量 PO_4^{3-}，PO_4^{3-} 是缓冲离子，可在酸性条件下存在，亦可在碱性条件下存在，所以推测酸溶法并不适用于 Fe 的提纯与分离。

取 2.5g 正极材料（1cm×2cm 试片），浸泡于 30mL 的 10% 硫酸溶液中，室温反应，约 10min 后，铝箔与黑色活性物质完全剥离可直接取出，其上布满与硫酸反应产生的小孔，在空气中放置，表面生成白色氧化物膜（见图 7-17）。用水冲洗后风干，称重质量为 0.35g。

图 7-17　稀硫酸浸泡正极材料得到的铝箔

以正极材料中铝含量为 15.99% 计算，2.5g 正极材料中应含有 0.4g 铝。因此，如果用硫酸直接浸泡正极材料，则产品铝的初步回收率基本可达 87.5%。回收铝产品的 ICP 分析见表 7-6，经过简单提纯，该铝箔的各项指标即可满足 GB/T 3190—2020《变形铝及铝合金化学成分》对产品铝的需求。

表 7-6　稀硫酸浸泡正极材料所得铝箔 ICP 分析

铝（%）	铁（%）	磷（%）	硫（%）	锂（%）	硅（%）	锌（%）	锰（%）
98.85	0.2492	0.0293	0.082	未检出	0.138506	0.061494	未检出

7.2.3　改进的正极活性物质分离方法

在进行酸溶法试验时，可以发现当酸溶液与正极极片在室温下反应 10min，铝箔与黑色活性物质完全剥离可直接取出，其上布满与硫酸反应产生的小孔，在空气中放置，表面生成白色氧化物膜。

如果将酸溶液稀释，腐蚀时间变短，则可能利用铝箔与弱酸反应表面生成微孔与活性层剥离，直接得到无需另加任何处理的铝箔，又将活性层直接进行酸溶解无需再进行溶解步骤，更加简洁方便。

试验如下：取一整张正极材料集流体完全浸没于稀盐酸溶液中，室温浸泡数分钟，黑色活性物质层可直接剥离。清水反复冲洗剥离得到铝箔，风干，计算得铝箔回收率高达 96%。回收铝箔产品如图 7-18 所示，表面光滑，无氧化或腐蚀性小孔出现。

图 7-18　利用改进方法回收的集流体铝箔

7.3　正极材料组分的资源化提取

7.3.1　有机溶剂法

1. Fe(OH)₃ 生成条件

称取四份 0.4g 由 DMF 浸取制得的正极黑色活性物质，置于四个 150mL 的烧杯中，分别加入 20mL 质量浓度为 10%、20%、30%、40% 的硫酸，60℃ 超声 60min，过滤，除盐水洗涤滤渣数次，酸浸液的颜色如图 7-19 所示。硫酸浸取液中各离子含量见表 7-7，随着硫酸浓度的增大，各离子的浸取率未见明显递增现象。当硫酸浓度为 10% 时，已可满足浸取需求。0.214g（磷酸根）+0.133g（铁）+0.011g（铝）+0.005g（锂）= 0.363g，则浸取率为 90.75%。

图 7-19　不同浓度硫酸对活性物质的浸取液

（从左至右浓度依次为 10%、20%、30%、40%）

表 7-7　不同浓度硫酸浸取液中各离子含量

金属	10%硫酸	20%硫酸	30%硫酸	40%硫酸
铝/mg	11.389	9.632	11.07	10.8584
铁/mg	132.51	116.088	133.056	129.08
磷/mg	69.706	57.736	66.744	67.48
锂/mg	5.243	4.2672	4.968	4.8608

　　黄色硫酸滤液分别由 30%NaOH 溶液调节 pH 值至 2、3、4、5，分别过滤，热水洗涤产品数次，烘干，得到土黄色固体质量为 0.040g、0.088g、0.120g、0.124g，如图 7-20 所示。四种产品中各离子含量见表 7-8，调节至四个 pH 值中的任一值制取 $Fe(OH)_3$ 时，产品中均含有大量杂质离子（铝、硫、磷）。

　　由此推测，通过调节酸浸溶液的 pH 值分离各金属离子的方法并不适用于磷酸铁锂正极材料电池，因为此方法的思路源自钴酸锂电池，但由于钴酸锂中的钴在酸性条件下不会形成任何沉淀。通过调节溶液 pH 值至 6~7 时，可轻易除去杂质铝，然后通过生成草酸钴的方法完全沉淀出钴离子。但对于磷酸铁锂正极材料，由于铝、铁的沉淀 pH 值接近，所以很难控制条件使其仅生成一种产物而制约另一种产物。不仅如此，由测试结果可得出，磷酸根离子亦容易在酸浸、调节 pH 值的过程中进入最终产物。

图 7-20 不同 pH 值制得的 $Fe(OH)_3$ 产品

a) pH 值 = 2　b) pH 值 = 3　c) pH 值 = 4　d) pH 值 = 5

表 7-8　调节溶液 pH 值至 2~5，得到 $Fe(OH)_3$ 产品中各离子的含量

pH 值	2	3	4	5
铝（%）	0.267341	1.11241	2.831683	3.470705
铁（%）	30.07948	29.91307	27.62376	26.63853
磷（%）	13.88006	14.17266	14.92822	14.53575
硫（%）	2.634393	1.533873	0.60198	0.243297
锂（%）	未检出	未检出	未检出	未检出

2. 除杂条件

将上述 pH 值调节至 2、3、4、5 得到的滤液分别加入 10%NaOH，调节 pH 值至 5、8、9、10。pH 值为 5 的溶液中产生大量土黄色沉淀，过滤，土黄色沉淀烘干称重 0.1219g，无色滤液略有浑浊。pH 值为 8 的溶液呈现淡绿色，过滤，绿色沉淀烘干称重 0.0491g，无色溶液略有浑浊。pH 值为 9 的溶液呈现绿色，过滤，绿色沉淀烘干称重 0.0426g，无色溶液基本澄清。pH 值为 10 的溶液呈现墨绿色，过滤，褐色沉淀烘干称重 0.0210g，无色溶液基本澄清。

pH 值为 5、8、9、10 的溶液颜色如图 7-21 所示，产生各沉淀的离子含量见表 7-9。由测试结果可知，铁、铝、磷酸根、硫酸根四种离子渗透到每一个 pH 值调节过程中，导致无法得到单一纯产品。

表 7-9　pH 为 5、8、9、10 时产生各沉淀的离子含量

pH 值	5	8	9	10
铝（%）	3.688119	4.593358	1.733129	0.927007

（续）

铁（%）	21.09901	17.36216	21.05828	26.44161
磷（%）	14.19802	11.59148	8.45092	3.120438
硫（%）	2.116089	3.209273	5.570552	9.770073
锂（%）	未检出	未检出	未检出	未检出

图 7-21　pH 值为 5、8、9、10 时溶液颜色

（从左至右依次为 pH 值为 5、pH 值为 8、pH 值为 9、pH 值为 10）

有机溶剂经过预处理法后，对活性物质进行酸浸，调节不同 pH 值分离 $Fe(OH)_3$ 和除杂的方法并不适用于磷酸铁锂正极材料。因为对于磷酸铁锂正极材料，铝、铁的沉淀 pH 值接近，很难控制条件使其仅生成一种产物而制约另一种产物。不仅如此，由测试结果得出，磷酸根离子也容易在酸浸、调节 pH 值的过程中进入最终产物。所以调节不同 pH 值，最终制得的产品中含有大量由铝、铁、磷酸根、硫酸根产品，故此方法并不适用。

7.3.2　碱溶法

Al（OH）₃ 生成条件

为了确保铝箔可以完全进入碱液，使用 10% NaOH 与 2.5g 正极材料室温下反应，待铝箔基本溶解后，加热反应液至 90℃约 100min，趁热过滤，废水洗涤滤渣数次。滤液用浓硫酸调 pH 值=7，100℃加热约 2h 后，趁热过滤，沸水洗涤滤饼，得到白色固体，烘干，称重，质量为 1.2g。

分别对白色固体及滤液进行 ICP 检测，结果见表 7-10。在碱浸提取铝的过程中，生成白色固体中 Al、Na、P 的物质量比为 0.84 : 0.22 : 0.45，其中还有少量的铁和硫酸根。滤液中留有极少量的铝、磷酸根、锂离子。由此可知，实际得到的白色固体并非 $Al(OH)_3$，由于磷酸根的引入，其产品中很有可能含有磷酸铝、$Al(OH)_3$、硫酸钠等多种成分。

表 7-10 碱浸得到白色 Al(OH)₃ 成分表

材料	铝	铁	磷	硫	锂	钠
白色固体（%）	22.75794	0.094742	14.02778	0.108879	未检出	5.118049
滤液/mg	0.356118	未检出	31.62606	—	22.5456	—

7.3.3 酸溶法

1. Fe(OH)₃ 生成条件

将酸溶法预处理得到的硫酸溶液加热至 80℃，搅拌 2h。过滤，沸水洗涤滤渣，滤渣呈黑色漆皮状，滤液呈微黄色。30%NaOH 调节溶液 pH 值=3，过滤，沸水洗涤，土黄色固体烘干，称重，质量为 1.4g。

土黄色固体 ICP 成分分析结果见表 7-11。依据正极材料中 Fe 含量为 27.92%，则 2.5g 正极材料可生成纯 Fe(OH)₃ 的质量为 1.33g，而实际反应中得到土黄色固体为 1.4g。且由 ICP 分析可知，在调 pH 值生成土黄色固体中含有的 Al、Fe、P、S 的物质量之比为 0.06 : 0.25 : 0.32 : 0.32。因此，此步骤中并未得到纯 Fe(OH)₃ 产品，固体中可能含有氢氧化铁、磷酸铁、硫酸铁、硫酸钠等多种固体。

表 7-11 土黄色固体 ICP 成分分析

铝（%）	铁（%）	磷（%）	硫（%）	锂（%）
1.662871	14.06931	9.799505	10.2401	未检出

2. 除杂条件

将上述 pH 值调节至 3 的滤液用 10%NaOH 继续调节 pH 值至 6，溶液中有淡绿色絮状沉淀生成。过滤，沸水洗涤滤渣，烘干，称重，得到 2.6g 土黄色固体。滤液微有浑浊，静置过夜，再次过滤。土黄色固体 ICP 成分分析结果见表 7-12，该步所得的固体中含有的 Al、Fe、P、S 的物质量之比为 0.05 : 0.15 : 0.16 : 0.50，则其中主要成分可能为氢氧化铁、磷酸铁、硫酸钠等固体。综上，酸溶法提取正极活性物质步骤得不到纯目标产物。

表 7-12 除杂步骤土黄色固体 ICP 成分分析

铝（%）	铁（%）	磷（%）	硫（%）	锂（%）
1.448471	8.2643	4.967949	15.86292	未检出

7.3.4 改进型酸溶法

本研究采取的正极材料提取工艺如图 7-22 所示。

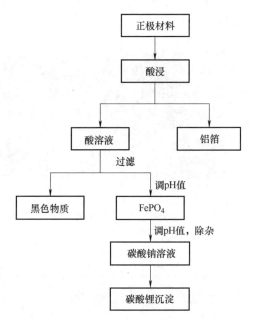

图7-22　本研究采取的正极材料提取工艺

　　称取200g黑色活性物质（见图7-23a），溶于稀酸500mL，加热至100℃约40min。溶液为黑糊状，冷却至室温后抽滤（难于抽滤，导电剂颗粒较小，容易堵塞滤纸），150mL稀酸溶液洗涤滤渣，滤渣100℃烘干，称重92.6g。滤液呈深棕色（见图7-23b）。经过后续处理可见，深棕色滤液中含有少量细度小的炭黑，由于颗粒小所以难过滤，裹杂在溶液中。

图7-23　a）黑色活性物质　b）盐酸浸取液

　　滤液加热至80℃约20min，边加热边搅拌，缓慢调节溶液pH值为0.5时，溶液中开始出现大量白色絮状沉淀（见图7-24a），pH值为2时，大量的灰白色固体出现，溶液难以搅动（见图7-24b）。由于溶液中裹杂着小颗粒导电剂（乙

405

炔黑、石墨等），所以形成的沉淀为灰白色（成分分析见表 7-13），否则生成的 $FePO_4$ 应该是白色固体。

a)   b)

图 7-24　形成的沉淀

a）pH 值为 0.5　b）pH 值为 1

表 7-13　各沉淀产物成分分析表

编号	铝（%）	铁（%）	磷（%）	锂（%）	氯（%）	钠（%）
#1	0.22	35.32	19.62	0	—	—
#2	0.14	5.27	1.58	0	—	—
#3	0.06	0.06	0.02	17.80	0.31	0.32

抽滤（量多，难以抽滤，分多次抽滤），除盐水多次洗涤滤渣，滤渣 100℃烘干，呈灰白色，表面有少量铁锈色，称重 138.5g（见图 7-25a，#1 样）。滤液约 1200mL，加热浓缩至 900mL，出现大量灰白色絮状沉淀，溶液成绿色（见图 7-25b）。

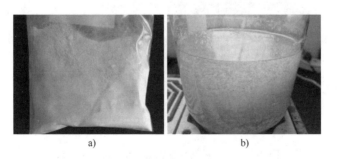

a)   b)

图 7-25　a）滤渣　b）滤液加热浓缩

继续调节 pH 值至 6.6，出现大量灰色固体，溶液表面有铁锈色漂浮，且难以搅拌，加入少量除盐水稀释（见图 7-26a）。抽滤（量多，难以抽滤，分多次抽滤），滤渣烘干得到大量铁锈色固体（见图 7-26b，#2 样），称重 200.2g。

图 7-26　a）pH 值调节至 6.6 的反应溶液　b）过滤产品

上述滤液加热至 100℃约 1h，NaOH 固体调节 pH 值为 12.45（温度高，反应剧烈，缓慢加入），有氨的气味溢出，溶液呈棕色有少量沉淀（见图 7-27a），过滤，滤渣呈棕褐色（见图 7-27b），滤液呈微黄色（见图 7-27c）。

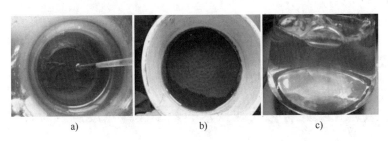

图 7-27　a）溶液呈棕色　b）滤渣呈棕褐色　c）滤液呈微黄色

加热浓缩上述滤液至 150mL，冷却。10g Na_2CO_3 溶于约 100mL 除盐水中，配成浓度约 10%的澄清溶液，与上述过滤所得澄清溶液混合，搅拌约 10s，出现白色浑浊现象（见图 7-28a）。搅拌约 5min，过滤，得到白色固体，过滤后加热重结晶，得到产物 Li_2CO_3（见图 7-28b，#3 样）8.3g。

白色固体物质#1 的 Fe 与 PO_4^{3-} 质量比为 0.49∶0.55，可基本判断白色固体物质 A 为 $FePO_4$。依据 GB/T 11064.1—2013《碳酸锂、单水氢氧化锂、氯化锂化学分析方法　第 1 部分：碳酸锂量的测定　酸碱滴定法》，测定碳酸锂的含量是 93.9%。由此可见，虽然所得产品还需进一步提纯，但该回收方法基本可行。

综上，利用本研究提出的回收方法，基本可制得所需的 $FePO_4$ 和 Li_2CO_3 产物。其中除杂步骤所得的固体物质基本仍为含 Fe 和 P 元素的物质，可回收集中后再进行二次生成 $FePO_4$ 处理，实现 Fe 和 P 元素充分回收。正极回收产生的黑色物质如导电剂，与负极回收时产生的活性物质合并集中处理。

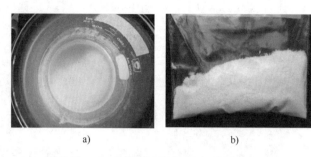

图 7-28　a）白色浑浊现象　b）产物 Li_2CO_3

7.3.5　小结

1）本节研究了一种磷酸铁锂正极材料与集流体有效浸取方法，通过正极极片完全浸没在稀盐酸溶液中，室温浸泡数分钟，活性物质层可直接剥离，铝箔回收率高达 96%。

2）开发了一种有效提取回收中级活性物质的方法，将活性物质溶解于酸溶液中后，调节 pH 值直接制得 $FePO_4$，再经调节 pH 值、除杂、浓缩和热过滤后得到沉淀物碳酸锂。

7.4　资源化及无害化处理技术的效率、绿色度及效益评价方法

7.4.1　引言

生命周期评价（Life Cycle Assessment，LCA）起源于 1969 年美国中西部研究所受可口可乐公司委托，对饮料容器从原材料采掘到废弃物最终处理的全过程进行的跟踪与定量分析。LCA 已经纳入 ISO14000 环境管理系列标准，成为国际上环境管理和产品设计的一个重要支持工具。根据 ISO14040：1999 的定义，LCA 是指对一个产品系统的生命周期中输入、输出及其潜在环境影响的汇编和评价，具体包括互相联系且不断重复进行的四个步骤，即目标和范围的确定、清单分析、影响评价和结果解释，如图 7-29 所示。生命周期评价是一种用于评估产品在其整个生命周期中，即从原材料的获取、产品的生产直至产品使用后的处置，对环境产生影响的技术和方法。

生命周期评价的四个步骤如下：

1）目标和范围的确定：该阶段是对 LCA 研究的目标和范围进行界定，是 LCA 研究中的第一步，也是最关键的部分。目标定义主要说明进行 LCA 的原因

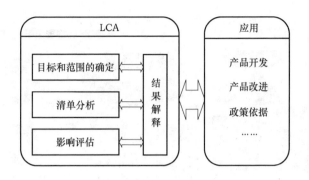

图 7-29　生命周期评价的基本结构

和应用意图，范围界定则主要描述所研究产品系统的功能单位、系统边界、数据分配程序、数据要求及原始数据质量要求等。目标与范围定义直接决定了 LCA 研究的深度和广度。鉴于 LCA 的重复性，可能需要对研究范围进行不断地调整和完善。

2）清单分析：清单分析是对所研究系统中的输入和输出数据建立清单的过程。清单分析主要包括数据的收集和计算，以此来量化产品系统中的相关输入和输出。首先是根据目标与范围定义阶段所确定的研究范围建立生命周期模型，做好数据收集准备。然后进行单元过程数据收集，并根据数据收集进行计算汇总得到产品生命周期的清单结果。

3）影响评估：影响评价的目的是根据清单分析阶段的结果对产品生命周期的环境影响进行评价。这一过程将清单数据转化为具体的影响类型和指标参数，更便于认识产品生命周期的环境影响。此外，此阶段还为生命周期结果解释阶段提供必要的信息。

4）结果解释：结果解释是基于清单分析和影响评价的结果识别出产品生命周期中的重大问题，并对结果进行评估，包括完整性、敏感性和一致性检查，进而给出结论、局限和建议。

对于动力电池来说，从循环经济的视角来看，其生命周期的循环过程如图 7-30 和图 7-31 所示。

美国阿贡实验室发表过一篇题为 *Comparison of Li-Ion Battery Recycling Processes by Life-Cycle Analysis* 的文献，文章分析比较了产品生命周期的所有过程影响，从原材料的获取到生产，使用，结束生命的处理，再循环，以及最终的处理等。阿贡实验室对动力电池生命周期的划分如图 7-32 所示。

对于动力电池原料获取和制造过程中的能耗，阿贡实验室给出了部分学者的研究结果，见表 7-14。

现阶段动力电池产业链重点在生产及使用端

图 7-30　动力电池生命周期的循环一

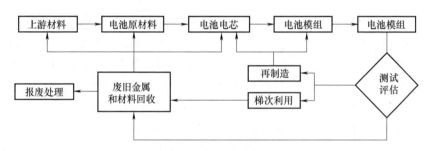

图 7-31　动力电池生命周期的循环二

表 7-14　动力电池原料获取和制造过程中的能耗

分析方法：自上而下与过程级					
研究进展	方法	阴极	材料产生的能量/（MJ/kg）	制造过程中的能耗/（MJ/kg）	制作过程占总量的百分比
2010 年 Notter 等人	过程级	锰酸锂（LiMn$_2$O$_4$）	103	1.3	1.2%
2011 年 Majeau-Bettez 等人	自上而下	NCM 和磷酸铁锂	125～129	80	39%
2010 年 Zackrisson 等人	自上而下	磷酸铁锂（LiFePO$_4$）	Not given	74	—
2012 年 Dunn 等人	过程级	锰酸锂（LiMn$_2$O$_4$）	75～79	4.3	5%

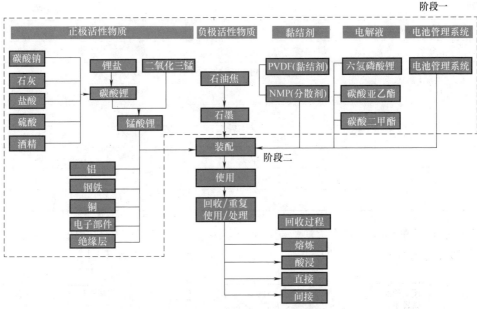

图 7-32　动力电池生命周期的划分

在动力电池的回收阶段，目前主要集中在对有价金属钴、镍和锂的回收上，因为这些金属属于稀缺金属，相对于其他金属具有较高的回收价值。而对石墨、隔膜、电解液等的回收处理研究则非常少。关于动力电池的回收能耗数据主要通过文献查询的途径搜集。

根据文献《循环经济视角下的汽车动力系统生命周期评价研究》（厦门大学）中查询到 CATL 提供的 LFP 和 NCM 两种电池的单体材料清单见表 7-15。

表 7-15　LFP 和 NCM 两种电池的单体材料清单（单位：kg）

单体电池部件	材料	LFP	NCM
阴极	磷酸铁锂	0.615	0.2789
	镍钴锰酸锂	0.026	0.0029
	聚偏氟乙酸（PVDF）	0.013	—
	炭黑	0.088	0.0982
	铝基体	0.34	0.1554
阳极	石墨	0.011	0.005
	粘连体（SBR）	0.001	—
	铜基体	0.2	0.0639
电解液	六氟磷酸锂（$LiPF_6$）	0.068	0.0165
	碳酸乙烯酯（EC）	0.142	0.0343
	碳酸甲乙酯（EMC）	0.23	0.0554

（续）

单体电池部件	材料	LFP	NCM
隔膜	聚乙烯（PE）	0.035	0.0271
壳体	聚丙烯（PP）	0.034	0.0159
	铝	0.106	0.0415
电路	晶体管	0.02	0.01
	电路板	0.02	0.01
封装	聚丙烯（PP）	0.01	0.01
	铝箔	0.014	0.01
	合计	1.973	0.835

锂电池的回收一般有火法、湿法和生物法这三大类，图 7-33 和图 7-34 为广东邦普公司所采用的工艺方法，其中 LFP 和 NCM 的工艺有所不同。

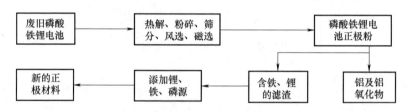

图 7-33　锂电池的回收 LFP 工艺方法

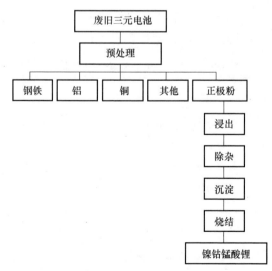

图 7-34　锂电池的回收 NCM 工艺方法

文献《循环经济视角下的汽车动力系统生命周期评价研究》（厦门大学）中，广东邦普公司对 LFP 和 NCM 两种单体原材料的电池组进行了回收分析，其中 LFP 由 10 组电池模块，每个模块 10 块电池单体组成，单体重量为 1.973kg；NCM 由 11 组电池模块，每个模块 14 块电池单体组成，单体重量为 0.835kg，其回收能耗见表 7-16。

表 7-16　电动汽车动力系统电池材料回收与能耗清单

类别	名称	LFP	NCM
金属	镍/kg	—	10.4
	钴/kg	—	5.22
	锰/kg	—	9.74
	铜/kg	19.15	9.42
	铁/kg	21.21	—
	铝/kg	24.08	26.03
	锂/kg	1.88	1.94
非金属	聚丙烯/kg	5.44	5.44
能源	天然气/m³	62.01	42.8
	电力/(kW·h)	548.86	388.8

锂电池，尤其是 LFP 的处理还不完善，且回收主要集中在有价金属上，对于石墨、隔膜、电解液等的回收处理研究很少。电解液又是一项非常重要的污染源，如 $LiPF_6$ 等在潮湿的空气中会分解生成有害物质，而有机溶剂，如碳酸乙烯酯（EC）、碳酸二乙酯（DEC）或碳酸二甲酯（DMC）等会对环境水、大气和土壤造成严重的污染，并对生态系统产生危害。另外废旧动力锂离子电池除了在拆解的过程中会产生废气、废液、废渣等污染外，由于材料、残余电量的原因，还存在自燃甚至爆炸等安全威胁。

动力电池制造阶段所需上游原材料种类繁多，原料开采和生产过程中消耗了大量能源，产生了大量废弃物，例如磷酸铁锂、镍钴锰酸锂的制备过程等，而且这个过程对锂、钴、镍等矿产资源耗竭值高。

7.4.2　评价方法参数确立

根据当前电动汽车关注的热点要求，这里选择的影响评价类型是总能量消耗和温室气体（Greenhouse Gas，GHG）排放，其中所考虑的 GHG 排放包括 CO_2、CH_4 和 N_2O，其他温室气体不在计算范围之内。除温室气体排放之外，还计算了动力电池全生命周期内的 VOC、CO、NO_x、SO_x 和颗粒物的排放，其中 VOC 和

CO 排放按其含碳比例换算为 CO_2 计入 GHG 排放中，换算公式如下：

$$M_{CO_2} = M_{CO_2}^* + M_{VOC} \cdot \frac{ROC_{VOC}}{ROC_{CO_2}} + M_{CO} \cdot \frac{ROC_{CO}}{ROC_{CO_2}}$$

式中，M_{CO_2} 为过程总 CO_2 排放；$M_{CO_2}^*$、M_{VOC}、M_{CO} 分别为 CO_2、VOC、CO 排放；ROC_{VOC}、ROC_{CO_2}、ROC_{CO} 分别为 VOC、CO_2、CO 排放含碳率，分别为 0.85、0.227、0.43。

$$GHG = M_{CO_2} \cdot GWP_{CO_2} + M_{CH_4} \cdot GWP_{CH_4} + M_{N_2O} \cdot GWP_{N_2O}$$

式中，M_{CH_4}、M_{N_2O} 分别为 CH_4、N_2O 排放量；GWP_{CO_2}、GWP_{CH_4}、GWP_{N_2O} 分别为 CO_2、CH_4、N_2O 的二氧化碳当量温室效益影响因子，分别为 1、25、298。

总能量消耗是指动力电池全生命周期过程的能耗，包括一次能源能耗和二次能源生产链的能耗。环境排放包括动力电池全生命周期所涉及的全部过程的直接排放和间接排放的总和。

1）动力电池回收能源效益计算公式如下：

$$RE = EO - ER$$

式中，RE 为单位质量动力电池回收节约能源的量；EO 为单位质量动力电池使用原生材料生产所消耗的能量；ER 为单位质量动力电池使用再生材料生产所消耗的能量。

2）动力电池回收环境效益计算公式如下：

$$RM = MO - MR$$

式中，RM 为单位质量动力电池回收污染物减排量；MO 为单位质量动力电池使用原生材料生产产生的污染物排放；MR 为单位质量动力电池使用再生材料生产产生的污染物排放。

7.4.3 动力电池回收阶段能耗评价

动力电池的回收具有很大的资源效益、节能效益和环保效益。目前动力电池回收工艺有很多种，主要是由于动力电池材料成分的差异较大，很难设计一种完全适合所有动力电池的回收所有材料的工艺。目前对于锂离子电池，除了回收铝、钢等金属物质以外，主要以回收钴、锂等正极物质为主。

废旧动力电池金属及化合物回收的能耗和排放数据来自 GREET 数据库和 EPA 的相关研究，这些数据一部分来源于电池回收企业，一部分来源于美国阿贡国家实验室的试验数据。各金属及化合物再生的能耗和排放数据见表 7-17。

本节假设动力电池回收利用阶段主要回收铝、镍、钢、碳酸锂，各自回收再利用率见表 7-18。在所有回收材料中，铝材料的回收节能效率最高。使用再生铝能使磷酸铁锂电池生产阶段的能耗下降 52%，如图 7-35 所示。

表 7-17 再生金属及化合物的能耗和排放因子

再生金属及化合物	再生碳酸锂	再生铝	再生钢	再生镍
能耗/(×10⁶Btu/t)				
总能耗	33.82529	16.43414	21.47028	22.05511
化石燃料	27.31034	15.83125	19.81118	21.30526
煤	13.1662	5.859982	15.50604	6.927453
天然气	11.48806	8.569292	4.004072	12.99109
石油	2.656079	1.401973	0.301069	1.386719
排放因子/(g/t)				
NO_x	2741.207	1774.304	2841.411	2267.889
PM10	2962.549	1201.357	3532.284	1414.345
PM2.5	1062.71	393.4647	1181.159	469.9616
SO_x	2703.434	2701.822	7001.247	3367.957
GHG	3093986	1345730	1939659	1775336

表 7-18 电池回收物质再利用率

回收金属	回收再利用率
镍	60%
铝	70%
钢	90%
碳酸锂	80%

7.4.4 动力电池回收阶段排放评价

由以上分析可知，动力电池生产过程中，温室气体排放主要是由正负极以及壳体的制造引起的，铝和铜在材料开采与制备阶段造成的温室气体排放量是最大的。然而随着轻量化技术的发展，动力电池的壳体中铝材料的使用比例增加，这反而增加了动力电池生产过程的环境排放。因此，对动力电池正负极及壳体金属进行回收能获得显著的减排效益，如图 7-36 所示，减排效益达到 50% 左右。随着回收技术的不断改进，动力电池进行回收的减排效益会更高。

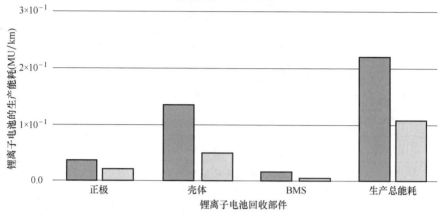

图 7-35　磷酸铁锂电池回收能源效益

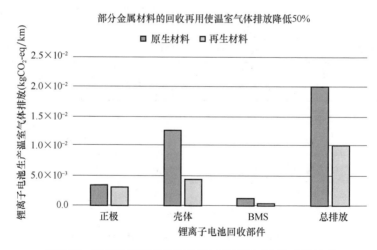

图 7-36　磷酸铁锂磷酸铁锂电池回收利用 GHG 减排效益

7.4.5　回收处理技术的绿色度评价

1. 定义及概念

（1）绿色度的概念　狭义的产品绿色度是指产品对环境的友好程度，广义的绿色度是指产品的绿色性、经济性和技术先进性的综合评价。

绿色度是一个动态的概念，随着时间的推移不断改善，原因在于随着产品的更新，其技术先进性、经济性及环境协调性不断提高，相应地，作为技术、经济和环境三者综合体现的产品绿色度也就越来越好。

绿色度的一般计算形式可以表示如下：

$$G = F(T, E, C, t)。$$

式中，G 为绿色度；F 为一个关于时间 t、T、E 和 C 的增函数；T 是由各种技术指标组成的技术先进性衡量指标；E 是由各种环境指标组成的环境协调性衡量指标；C 是由各种经济性指标组成的经济合理性衡量指标；t 为时间。

（2）产品绿色度的意义　评价产品或设计方案的绿色度就是以绿色产品为参照对象，建立合理的评价指标体系，采用正确的评价方法，求出该产品或方案的综合评价得分，判断该产品或方案是否符合绿色产品的基本要求，并对其设计、生产等方面提出必要的改进意见和建议。

（3）绿色度的评价方法

1）成本效益法：是把不同技术方案的成本和效益进行比较分析的方法，成本可以反映主要费用，而效益则反映经济和社会效果。当有可能找到成本或效益与方案特征参数之间的关系时，就可以建立成本效益模型。对于某一方案，根据成本模型和效益模型，即可绘制该方案的成本效益曲线。根据待评的各个方案的成本效益曲线，便可建立效益模型和成本模型的综合模型图。从模型图可知，在一定成本下，哪个方案效益最高；在一定效益下，哪个方案成本最低，或者哪个方案的效益成本比最大。

2）价值工程法：是由美国的迈尔斯创建的，后来在美国各工业部门得到迅速推广。20 世纪 60 年代，在欧洲和日本也得到了广泛采用，并收到了显著成果，被认为是一种相当成熟的管理技术。价值工程方法的实质就是在于正确处理产品功能和成本的相互关系，以最大限度地提高产品价值，价值与功能成正比，与成本成反比，即产品的功能好成本低，则价值大。因此，要提高一个产品的价值，必须从改善功能与降低成本两方面入手。

3）加权评分法：是一种定性和定量相结合的研究方法，即将对比对象的各定量指标或定性指标逐个转换成相对等级分数，并按其相对重要性加权转换成加权等级分数，然后按加权等级的总分排列各对比对象的优劣顺序，以达到对比的目的。

4）层次分析法：基本思想是先按问题要求建立一个描述系统功能或特征的内部独立的递阶层次结构，通过两两比较因素或目标、准则、方案的相对重要性，构造上层某要素对下层相关元素的权重判断矩阵，以给出相关元素对某要素的相对重要序列。层次分析法的核心问题是排序问题，包括递阶层次结构原理、标度原理和排序原理。

5）模糊评判法：是对受多个因素影响的事物做出全面的、有效的一种综合评价方法。它突破了精确数学的逻辑和语言，强调了影响事物因素中的模糊性，较为深刻地刻画了事物的客观属性。首先要确定评价参数，不同参数在评价中所起的作用也不相同，需要分别确定各参数的权重因子大小。随后要根据不同参数的特点给出拟合隶属函数，结合评价标准，经模糊变换给出隶属度值，完成模糊综合评价。

2. 电池回收利用技术绿色度评价方法

依据上述动力电池回收阶段对其全寿命周期能耗和减排方面的贡献率，以及下述涉及的在经济收益方面的量化参数，本研究给出了以下电池回收利用技术绿色度评价方法：

$$G=aG_{能源收益}+bG_{减排效益}+cG_{物料回收效益}$$

式中，a、b、c 分别为能源收益、减排效益、物料回收效益在总绿色度评价中的权重因子，三者取值范围分别为 1% ~ 100%。依据本研究结论，$G_{能源收益}$、$G_{减排效益}$、$G_{物料回收效益}$ 分别为 52%、50%、25%。

以磷酸铁锂为例进行研究，可以认为 a、b、c 分别取值 60%、80% 和 20%。

综上，废旧磷酸铁锂电池的回收利用绿色度为 $G=76.2\%$。

7.5 废旧锂电池回收利用政策分析

7.5.1 国内动力锂电池回收利用政策及现状

1. 相关政策

2012 年 7 月，国务院发布的《节能与新能源汽车产业发展规划（2012—2020 年)》中明确规定加强动力电池梯级利用和回收管理。2016 年初，国家发展改革委、工业和信息化部、环境保护部、商务部、质检总局五部委联合发布了《电动汽车动力蓄电池回收利用技术政策（2015 年版)》，对新能源汽车的电池回收、利用、处理做出统一规范。2016 年 12 月，环境保护部公布了新版《废电池污染防治技术政策》，明确汽车生产企业承担动力电池回收的主体责任。2017 年 1 月，国务院办公厅印发《生产者责任延伸制度推行方案》，在新能源汽车领域提出建立电动汽车动力电池回收利用体系的要求。

2018 年国内动力电池回收处理政策密集出台，详见表 7-19，主要包括：

2018 年 1 月工业和信息化部等七部委联合印发的《新能源汽车动力蓄电池回收利用管理暂行办法》明确了动力电池维修更换阶段要求、回收阶段要求、报废阶段要求、所有人责任要求、收集要求、贮存要求、运输要求、阶梯利用要求、阶梯利用电池产品要求以及再生利用要求。2018 年 7 月，工信部等七部门联合发布《关于组织开展新能源汽车动力蓄电池回收利用试点工作的通知》，提出在京津冀、长三角、珠三角、中部区域等选择部分地区，开展动力电池回收利用试点，以试点为中心，向周边区域辐射。

2018 年 8 月，《新能源汽车动力蓄电池回收利用溯源管理暂行规定》正式施行，建立"新能源汽车国家监测与动力蓄电池回收利用溯源综合管理平台"，对动力蓄电池生产、销售、使用、回收等全过程进行信息采集，对各环节主体履行回收利用责任情况实施监测，该平台已于 2018 年 8 月 1 日正式上线。

2019 年，工业和信息化部制定了《新能源汽车废旧动力蓄电池综合利用行业规范条件》，本行业规范条件对电池回收利用企业的布局与项目选址、技术、装备和工艺、资源综合利用及能耗、环境保护要求产品质量和职业教育、安全生产、人身健康和社会责任等做出了明确的要求。

2020 年 11 月 2 日，国务院颁布《新能源汽车产业发展规划（2021—2035年)》，为新时代新能源汽车产业发展做出方向性指引，促进我国在应对气候变化、推动绿色发展方面开拓创新、做深做实，以科学的决策、活跃的思维、严密的逻辑助力我国从汽车大国逐步发展成为汽车强国。

2021 年，工业和信息化部等五部门联合印发《新能源汽车动力蓄电池梯次利用管理办法》，鼓励梯次利用企业与新能源汽车生产、动力蓄电池生产及报废机动车回收拆解等企业协议合作，加强信息共享，利用已有回收渠道，高效回收废旧动力蓄电池用于梯次利用。

表 7-19　锂电池回收相关政策

日期	发布机构	政策名称	主要内容
2012 年	国务院	《节能与新能源汽车产业发展规划（2012—2020 年)》	制定动力电池回收利用管理办法，建立动力电池梯次利用和回收管理体系，明确各相关方的责任、权利和义务。引导动力电池生产企业加强对废旧电池的回收利用，鼓励发展专业化的电池回收利用企业。严格设定动力电池回收利用企业的准入条件
2018 年	工业和信息化部、科学技术部、环境保护部、交通运输部等七部委	《新能源汽车动力蓄电池回收利用管理暂行办法》	落实生产者责任延伸制度，汽车生产企业承担动力蓄电池回收的主体责任，相关企业在动力蓄电池回收利用各环节履行相应责任，保障动力蓄电池的有效利用和环保处置
2018 年	工业和信息化部	《新能源汽车动力蓄电池回收利用溯源管理暂行规定》	自该条例施行之日起，对新获得《道路机动车辆生产企业及产品公告》的新能源汽车产品和新取得强制性产品认证的进口新能源汽车实施溯源管理

（续）

日期	发布机构	政策名称	主要内容
2018 年	国家发展改革委	《汽车产业投资管理规定（征求意见稿）》	支持社会资本和具有较强技术能力的企业投资新能源汽车、智能汽车、节能汽车及关键零部件，先进制造装备，动力电池回收利用技术及装备研发和产业化领域
2018 年	工业和信息化部、科技部、环境保护部、交通运输部、商务部、质检总局、能源局	《关于组织开展新能源汽车动力电池回收利用试点工作的通知》	要加强政府引导，推动汽车生产等相关企业落实动力蓄电池回收利用责任，构建回收利用体系和全生命周期监管机制。加强与试点地区和企业的经验交流与合作，促进形成跨区域、跨行业的协作机制，确保动力蓄电池高效回收利用和无害化处置
2018 年	全国汽车标准化技术委员会	《车用动力电池回收利用材料回收要求》征求意见	该标准适用于车用锂离子动力蓄电池和镍氢动力蓄电池单体的材料回收，并规定了车用动力蓄电池材料回收的术语和定义、总体要求、处理技术要求和污染控制及管理要求
2018 年	工业和信息化部、科技部、环境保护部、交通运输部、商务部、质检总局、能源局	《新能源汽车动力蓄电池回收利用试点实施方案》	到 2020 年，建立完善动力蓄电池回收利用体系，探索形成动力蓄电池回收利用创新商业合作模式。建设若干再生利用示范生产线，建设一批退役动力蓄电池高效回收、高值利用的先进示范项目，培育一批动力蓄电池回收利用标杆企业
2019 年	工业和信息化部	《新能源汽车废旧动力蓄电池综合利用行业规范条件》	本行业规范条件对电池回收利用企业的布局与项目选址、技术、装备和工艺、资源综合利用及能耗、环境保护要求产品质量和职业教育、安全生产、人身健康和社会责任等做出了明确的要求
2021 年	工业和信息化部等五部门	《新能源汽车动力蓄电池梯次利用管理办法》	鼓励梯次利用企业与新能源汽车生产、动力蓄电池生产及报废机动车回收拆解等企业协议合作，加强信息共享，利用已有回收渠道，高效回收废旧动力蓄电池用于梯次利用
2022 年	国务院	《新能源汽车产业发展规划（2021—2035 年)》	为新时代新能源汽车产业发展做出方向性指引，促进我国在应对气候变化、推动绿色发展方面开拓创新、做深做实，以科学的决策、活跃的思维、严密的逻辑助力我国从汽车大国逐步发展成为汽车强国

2. 市场概况

2018 年，磷酸铁锂电池安装量为 21.6GW·h，三元锂电池安装量为 30.7GW·h。预计到 2025 年，磷酸铁锂电池安装量将为 24.2GW·h，三元锂电池安装量将为 448.4GW·h。根据测算，2018 年我国动力电池报废总量约为 1.2GW·h。预计到 2025 年，电池报废量将为 111.7GW·h，其中磷酸铁锂电池报废量为 10.3GW·h，三元锂电池报废量 101.40GW·h。具体如图 7-37、图 7-38 和表 7-20 所示。

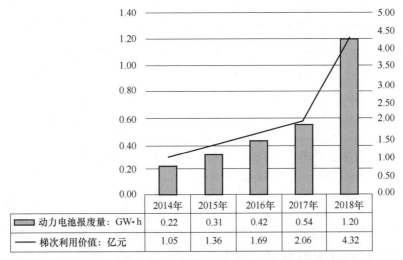

	2014年	2015年	2016年	2017年	2018年
动力电池报废量：GW·h	0.22	0.31	0.42	0.54	1.20
梯次利用价值：亿元	1.05	1.36	1.69	2.06	4.32

图 7-37 2014—2018 年我国动力电池报废量及梯次利用价值走势图

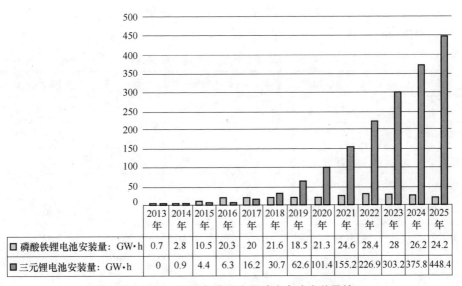

	2013年	2014年	2015年	2016年	2017年	2018年	2019年	2020年	2021年	2022年	2023年	2024年	2025年
磷酸铁锂电池安装量：GW·h	0.7	2.8	10.5	20.3	20	21.6	18.5	21.3	24.6	28.4	28	26.2	24.2
三元锂电池安装量：GW·h	0	0.9	4.4	6.3	16.2	30.7	62.6	101.4	155.2	226.9	303.2	375.8	448.4

图 7-38 2013—2025 年我国主要动力电池安装量情况

表 7-20　2013—2025 年我国动力电池产品报废量情况

年份	磷酸铁锂电池报废量/(GW·h)	三元锂电池报废量/(GW·h)	电池报废量/(GW·h)
2013 年	0.003	0.00	0.003
2014 年	0.22	0.00	0.22
2015 年	0.31	0.00	0.31
2016 年	0.42	0.00	0.42
2017 年	0.54	0.00	0.54
2018 年	1.20	0.00	1.20
2019 年	4.40	0.90	5.30
2020 年	8.50	4.40	12.90
2021 年	8.40	6.30	14.70
2022 年	9.10	16.20	25.30
2023 年	7.80	30.70	38.50
2024 年	9.00	62.60	71.60
2025 年	10.30	101.40	111.70

　　2018 年，动力电池回收市场规模为 4.32 亿元。随着新能源汽车行业的不断扩大，动力电池回收市场空间巨大，预计到 2025 年，动力电池回收市场规模将达到 203.71 亿元，其中磷酸铁锂梯次利用价值将达到 25.75 亿元，三元锂电池回收拆解价值将达到 177.96 亿元，见表 7-21。

表 7-21　2013—2025 年我国动力电池产品报废价值情况（单位：亿元）

年份	磷酸铁锂梯次利用价值	三元锂电池回收拆解价值	动力电池回收市场规模
2013 年	0.02	0.00	0.02
2014 年	1.05	0.00	1.05
2015 年	1.36	0.00	1.36
2016 年	1.69	0.00	1.69
2017 年	2.06	0.00	2.06
2018 年	4.32	0.00	4.32
2019 年	14.96	3.10	18.06

（续）

年份	磷酸铁锂梯次利用价值	三元锂电池回收拆解价值	动力电池回收市场规模
2020 年	27.20	13.70	40.90
2021 年	26.04	18.03	44.07
2022 年	26.39	37.04	63.43
2023 年	21.84	65.20	87.04
2024 年	23.40	120.91	144.31
2025 年	25.75	177.96	203.71

　　磷酸铁锂主要的利用价值在于梯次利用，2018—2020 年梯次利用市场空间共计 47 亿元，预计到 2025 年累计市场空间将达到 171 亿元。

　　三元电池回收有价金属主要是镍、钴、锰、锂等，质量占比分别为 12%、5%、7% 和 1.2%。根据《新能源汽车废旧动力蓄电池综合利用行业规范条件》，湿法冶炼条件下，镍、钴、锰的综合回收率应不低于 98%；火法冶炼条件下，镍、稀土的综合回收率应不低于 97%。如此测算湿法回收下，假设金属不变价，2019—2025 年，镍、钴、锰、锂等金属回收市场空间约为 436 亿元。

　　然而，目前锂电池回收利用市场还未真正形成，主要原因包括以下几点：

　　首先，回收体系建设并不完善，从电池生产商、汽车生产商到报废汽车拆解和综合利用企业等都未形成一条关于动力电池回收的产业链，废旧动力电池也缺乏相应的回调标准和渠道，加上使用者对动力电池的认知不够，导致动力电池回收面临断层的尴尬，回收之路无法打通。

　　其次，回收之路权责不明。动力电池回收是一个系统的工程，仅仅靠一人之力是不够的，这需要全产业链的企业通力合作才能完成，整个过程中需要明确主机厂、渠道商、综合利用企业等各部分的职责，只要其中一个环节不畅通，动力电池回收的渠道就很难搭建起来。

　　另外，动力电池回收尚未形成统一标准，市场在产业链断层的情况下是很难堆砌成一个蓝海的，一直专注于动力电池回收企业的规模也会一直停滞不前，很难形成规模效应来不断催化市场的发展。除此之外，动力电池回收利用处于初级阶段，产业链厂家利润微薄，导致整个产业链的发展缓慢。2013—2025 年我国动力电池回收行业价格走势如图 7-39 所示。

　　3. 现状分析

　　虽然动力电池回收问题刻不容缓，但是由于我国动力电池才开始进入回收高峰期，因此之前的市场并不成熟，中小企业货源渠道成难题。目前动力锂电池的回收渠道目前主要以回收小作坊为主，专业回收公司和政府回收中心较少，体系

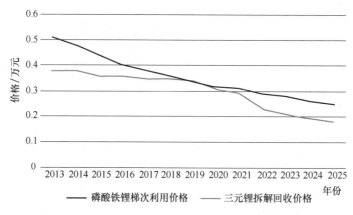

图 7-39　2013—2025 年我国动力电池回收行业价格走势

有待重整。如何更进一步地完善政策来保障电池回收产业的可持续发展是非常必要的。

回收小作坊的回收成本低廉，因此可以抬高回收价格，高价回收是他们最大的竞争优势。但是这些小作坊在经过回收后，仅对废旧动力电池进行简单修复并重新包装后就流回市场，扰乱了动力电池市场的正常秩序。此外，由于这些小作坊不具备相关资质，容易产生安全隐患及环保问题。

专业回收公司是国家批准专门回收处理废旧动力电池的专业企业，综合实力雄厚、技术设备先进、工艺规范，既能最大化回收可用资源，又能够降低对环境的影响。目前，我国专门动力电池的回收公司包括深圳格林美、邦浦循环科技、超威集团和芳源环保等。

政府回收中心是地方各政府依照国家相关法律，设置的国家回收中心，有利于科学规范地管理电池回收市场、完善回收网络、合理布局回收网络和回收市场，提高正规渠道的回收量。

车企能否通过其售后渠道将电池收回来，是行业面临的一个主要问题，因为电池卖出后产权属于用户。从某种意义上说，将其从用户手中收回来，比后续处理还要难。如果电池的流向是非正规处理企业，或被不恰当地处理，那么风险将不可控，因此回收环节应在体系建设管理中放在第一位。

7.5.2　国外废旧动力电池收集机制发展现状

1. 德国（欧盟）废旧电池收集机制

德国在动力电池回收的法律制度、责任划分和技术路径方面取得了显著的成绩，如图 7-40 所示。根据欧盟《废弃物框架指令》《电池回收指令》和《报废汽车指令》，德国制定了循环经济法、电池回收法案和报废汽车回收法案，在相关法律框架的约束下，废旧动力电池回收体系在各个环节都有明确分工，产业链上的生产者、消费者、回收者均有相应的责任和义务。此外，德国强调生产者责任延伸制度，大众、宝马等新能源汽车生产企业积极开展废旧动力电池回收利用工作，宝马公司与电力公司拟建立利用峰谷电机制，将废旧电池用于储能领域。为了深入分析动力电池不同回收技术的利用效果，德国环保部资助了利用火法冶金和湿法冶金回收技术的示范项目。

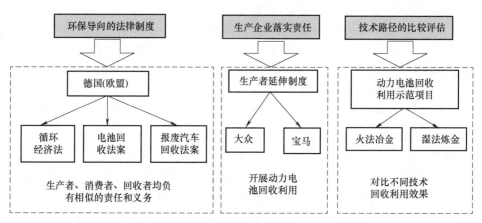

图 7-40 德国动力电池回收体系

欧盟废弃物框架指令（2008/98/EC）和电池回收指令（2006/66/EC）是德国电池回收法规的立法依据。回收法规要求电池产业链上的生产商、销售商、回收商和消费者均负有对应的回收责任和义务，比如电池生产商必须在政府登记，承担主要回收责任，销售商要配合电池生产商的电池回收工作，而终端消费者需要将废旧电池交回指定的回收网络。

在欧盟电池回收指令中，电池主要分为便携式电池和工业电池两大类。便携式电池是指直接面向消费者出售的、可以手持的电池，比如手机、遥控器和玩具等产品中的电池。工业电池是专门为工业和专业用途设计的电池，如医院和机场的应急电源、矿工使用的矿灯和专业测量设备中的电池。与可再生能源发电机组相连的储能电池，电动汽车所用的动力电池均属于工业电池。

德国利用基金和押金机制建立了废旧电池回收体系，实现了良好的效果，该回收体系由电池制造商和电子电器制造商协会联合成立的 GRS 基金负责运转，是欧洲最大的锂离子电池回收组织，该组织从 2010 年开始回收工业用电池，未来也会将电动汽车动力电池纳入该体系回收，积极开展动力电池的回收利用工作。

除了回收便携式电池，GRS 基金会还从 2010 年开始回收工业电池，并随着储能产业的发展不断扩张回收版图。近年来，居民区中开始应用储存分布式太阳能发电的储能电池，电动自行车的使用量也在持续增长，因此不仅是工商业用户在使用工业电池，居民区如今也出现了工业电池。从 2010 年起，GRS 基金会开始与德国自行车协会合作，利用自己的回收体系回收电动自行车中的电池。2015年 5 月起，GRS 又与德国太阳能行业协会和德国电子电器制造商协会等组织合作，为储能电池回收推出了专门的解决方案。

GRS 基金会拥有超过 17 万个回收点，2015 年回收了德国 45.9% 的废旧便携式电池，回收后再利用率达到百分之百。

此外，德国还有其他电池回收系统，例如 CCR 公司 REBAT 回收系统，成立于 1998 年，是一个以盈利为目的的回收系统，目前在欧盟境内 13 个国家开展电池回收业务。

2. 日本废旧电池收集机制

日本受原材料资源贫乏的影响，在回收处理废弃动力电池方面全球领先。日本从 1994 年开始推行动力电池回收计划，建立了"动力电池生产—销售—回收—再生处理"的回收利用体系。为了规范报废汽车动力电池回收产业的发展，日本从基本法、综合性法律、专门法三个层级出台了相应的法律法规，规定新能源汽车生产企业有义务承担动力电池的回收利用和处理，并且激励各大汽车生产企业重视汽车动力电池回收技术的研究。丰田、日产、三菱等生产企业积极投入动力电池回收再利用研发领域，日本自然灾害频发使其更容易接受和普及应急电源，在车企的推动下，使用退役的新能源汽车动力电池作为应急电源的家庭和企业越来越多。日本以生产企业为核心的动力电池回收再利用模式，促进了新能源汽车生产企业对回收的重视，进而推动企业从产品研发设计阶段进行原始创新，提高了回收利用率，如图 7-41 所示。

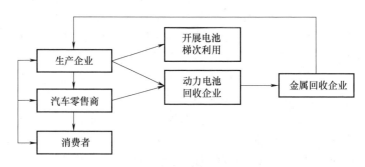

图 7-41　日本动力电池回收体系

日本生产方式逐步转变为"循环再利用"模式，企业作为先锋参与到电池回收中。1994 年，日本的电池生产商开始实施回收电池计划，在每位参与者都自愿努力的基础上，利用零售商、汽车经销商或者加油站的服务网络向消费者回收废旧电池，回收路线与销售路线相反。2000 年起，日本政府规定生产商应对镍氢和锂电池的回收负责，并基于资源回收面向产品的设计；电池回收后运回电池生产企业处理，政府给予生产企业相应的补助，提高企业回收的积极性。日本主要的通信公司还联合成立了锂电池自主回收促进会，声明其有责任推动锂电池的回收利用工作，争取大幅提高锂电池的回收率。

3. 美国废旧电池收集机制

美国从联邦、州级和地方三个层面建立了健全的动力电池回收利用法律法规框架。在联邦层面，一方面借助许可证来实施对电池生产企业和废旧电池回收企业的监管，另一方面利用《含汞和可充电电池管理法案》对废旧电池生产、运输等环节予以规范。在州级层面，大部分州都采用美国国际电池协会提议的电池回收法规，并且通过价格机制引导零售商、消费者等参与废旧电池回收工作。如纽约州制定的《纽约州回收法》，加利福尼亚州制定的《可充电电池回收与再利用法案》都强制要求可充电电池的零售商应当无偿回收消费者的废旧可充电电池。在地方层面，美国大部分市政府制定了动力电池回收利用法规，以减轻废旧电池对环境的危害。美国国际电池协会颁布了《电池产品管理法》，创设了电池回收押金制度，鼓励消费者收集提交废旧电池。

与此同时，美国积极开展动力电池梯次利用和回收技术及工艺的研究，并进行了针对车用动力电池的梯级利用和系统性研究，包括动力电池回收经济效益评估、提升回收技术等。实行以市场调节为主，政府通过制定环境保护标准对其进行约束管理，辅助执行废旧动力电池回收的模式，如图 7-42 所示。

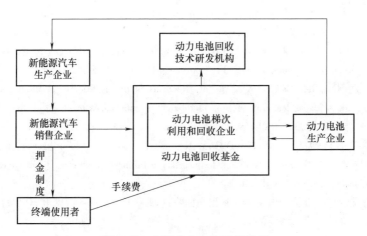

图 7-42　美国动力电池回收体系

美国市场上相继成立了美国可充电电池回收公司（Rechargeable Battery Recycling Corporation，RBRC）和美国便携式可充电电池协会（Portable Rechargeable Battery Association，PRBA），不断向公众进行宣传教育，提高公众的环保意识，引导公众配合废旧电池的回收，从而保护自然环境。RBRC 是一个非营利性的公共服务组织，主要是促进镍铬电池、镍氢电池、锂离子电池以及小型密封铅电池等可充电电池的循环利用，PRBA 是由相关电池企业组成的非营利电池协会，其主要目标是制定回收计划和措施，促进工业用电池的循环利用。RBRC 提供三个方案来收集、运送及重新利用废旧可充电池，包括零售回收方案、社区回收方案及公司企业和公共部门回收方案。PBRC 主要涉及三个方面内容：①美国 DOT 关于锂离子电池、锂金属电池的相关规定以及运输途中的相关规定；②CPSC 对于笔记本计算机电池、手机电池的召回；③电池主要法律法规。

参 考 文 献

[1] XU J Q, THOMASB H R, FRANCIS R W, et al. A review of processes and technologies for the recycling of lithium-ion secondary batteries [J]. Journal of Power Sources, 2008 (177)：512-527.

[2] LEE C K, RHEE K I. Preparation of $LiCO_2$ from spent lithium ion batteries [J]. Journal of Power Sources, 2002 (109)：17-21.

[3] GEORGI-MASCHLERA T, FRIEDRICHA B, WEYHEB R, et al., Development of a recycling process for Li-ion batteries [J]. Journal of Power Sources, 2012 (207)：173-182.

[4] ZHAO G J, WU W L, QIU W B, et al. Recycling opportunities for lithium-ion power batteries [J]. Advanced Materials Research, 2012 (518-523)：3441-3443.

[5] BANKOLE O, GONG C, LEI L. Battery recycling technologies：recycling waste lithium ion batteries with the impact on the environment in-view [J]. Journal of Environment & Ecology, 2013, 4 (1)：14-28.

[6] CASTILLO S, ANSART F, LABERTY-ROBERT C, et al. Advances in the recovering of spent lithium battery compounds [J]. Journal of Power Sources, 2002 (112)：247-254.

[7] LI L, DUNN J B, ZHANG X X, et al. Recovery of metals from spent lithium-ion batteries with organic acids as leaching reagents and environmental assessment [J]. Journal of Power Sources, 2013 (233)：180-189.

[8] ZHENG R J, WANG W H, DAI Y K, et al., A closed-loop process for recycling $LiNi_xCo_yMn_{(1-x-y)}O_2$ from mixed cathode materials of lithium-ion batteries [J]. Green Energy & Environment, 2017 (2)：42-50.

[9] 王刚，赵光金. 动力锂电池梯次利用与回收处理 [M]. 北京：中国电力出版社，2015.

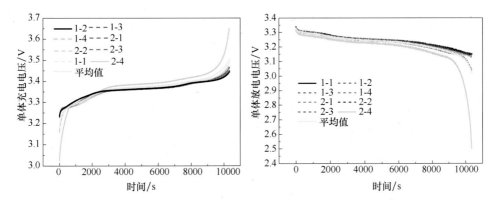

图 3-14　八个单体电压和平均电压随时间变化曲线

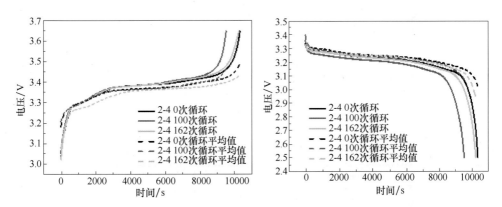

图 3-17　2-4 单体不同循环次数的充放电电压及串联单体平均电压

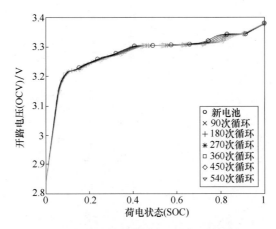

图 3-23　开路电压与电池荷电状态关系随电池衰减的变化情况

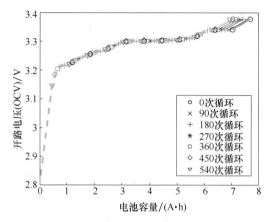

图 3-24　开路电压与电池容量关系随电池衰减的变化情况

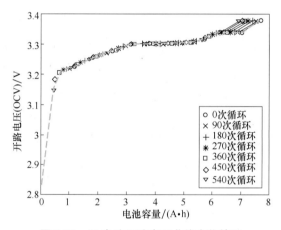

图 3-26　#1 电池开路电压曲线变化情况

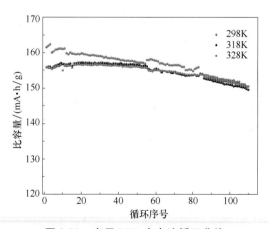

图 3-29　商用 LFP 半电池循环曲线

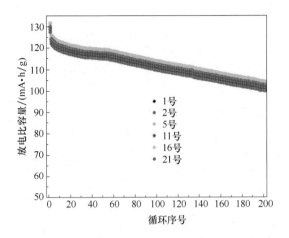

图 3-30　六块全电池的充放电循环曲线

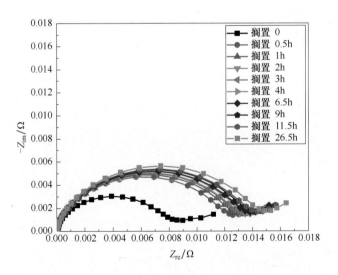

图 3-38　50% SOC 电池电荷转移电阻随搁置时间的变化

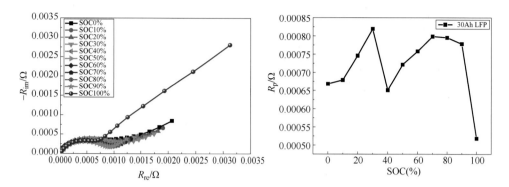

图 3-40　30A·h LiFePO₄ 电池放电方向不同 SOC 的阻抗 Nyquist 图及拟合结果

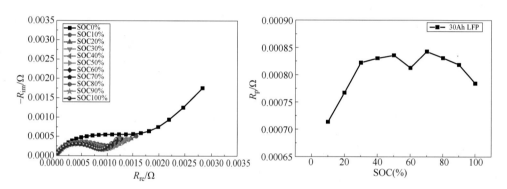

图 3-41　30A·h LiFePO₄ 电池充电方向不同 SOC 的阻抗 Nyquist 图及拟合结果

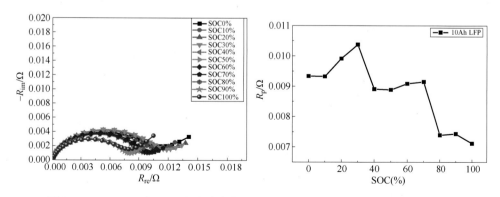

图 3-42　10A·h LiFePO₄ 电池放电方向不同 SOC 的阻抗 Nyquist 图及拟合结果

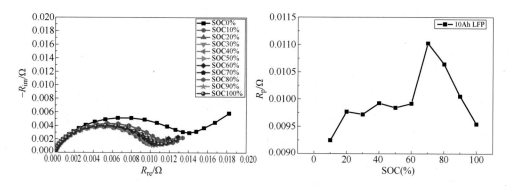

图 3-43 10A · h LiFePO₄ 电池充电方向不同 SOC 的阻抗 Nyquist 图及拟合结果

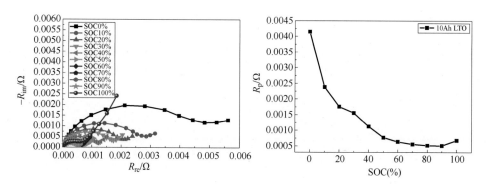

图 3-45 10A · h Li₄Ti₅O₁₂电池放电方向不同 SOC 的阻抗 Nyquist 图及拟合结果

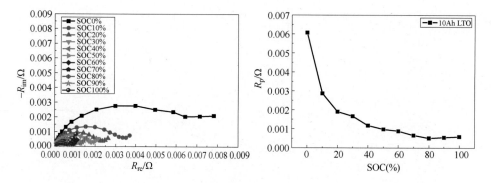

图 3-46 10A · h Li₄Ti₅O₁₂电池充电方向不同 SOC 的阻抗 Nyquist 图及拟合结果

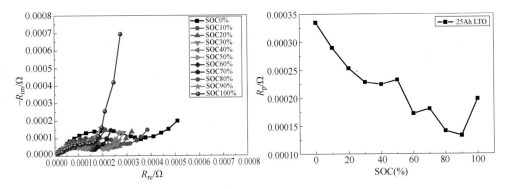

图 3-47　25A·h Li$_4$Ti$_5$O$_{12}$ 电池放电方向不同 SOC 的阻抗 Nyquist 图及拟合结果

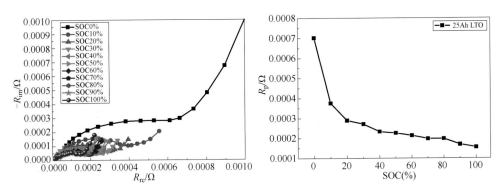

图 3-48　25A·h Li$_4$Ti$_5$O$_{12}$ 电池充电方向不同 SOC 的阻抗 Nyquist 图及拟合结果

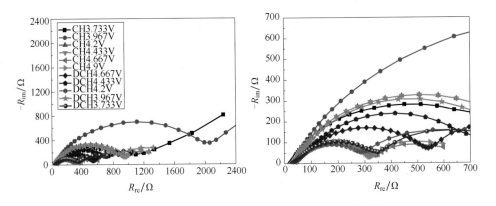

图 3-50　-20℃ LNMO 半电池首次充放电动态阻抗

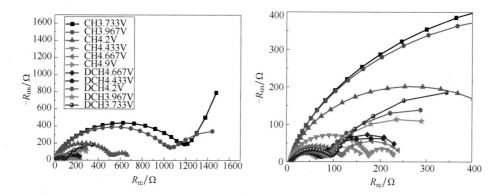

图 3-51　−10℃ LNMO 半电池首次充放电动态阻抗

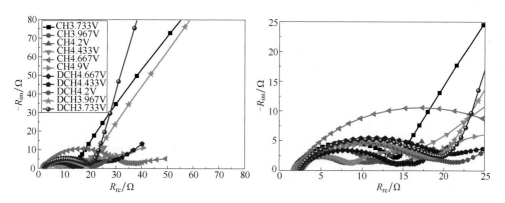

图 3-52　55℃ LNMO 半电池首次充放电动态阻抗

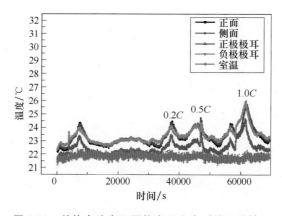

图 3-70　单体电池在不同倍率不充电时的温升情况

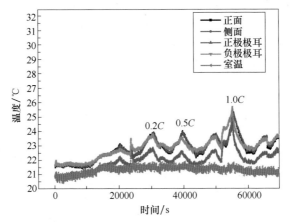

图 3-71   单体电池在不同倍率下放电时的温升情况

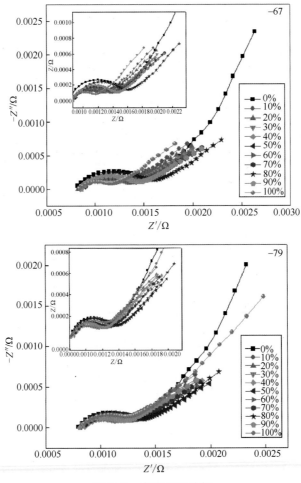

图 3-73   电池 EIS 分析

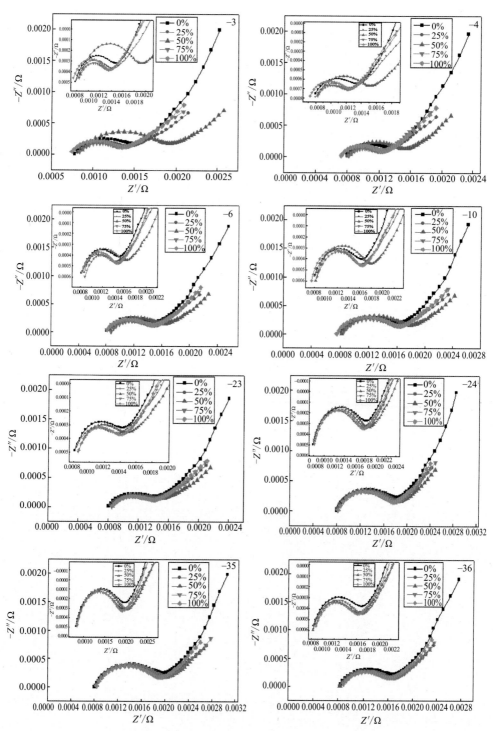

图 3-74　不同 DOD、SOC 下电池 EIS 的变化

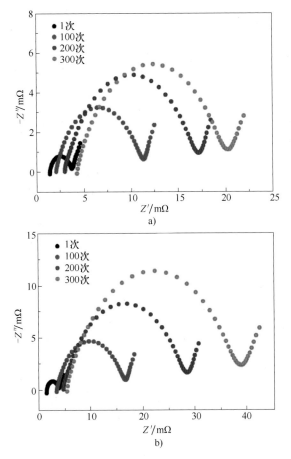

图 4-27　NCA 锂离子电池在 25℃和 60℃下不同次数的交流阻抗谱图

a）25℃　b）60℃

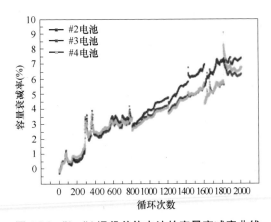

图 4-96　#2~#4 退役单体电池的容量衰减率曲线

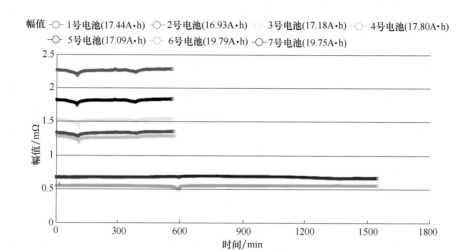

幅值 ─○─1号电池(17.44A·h) ─○─2号电池(16.93A·h) ○ 3号电池(17.18A·h) ─○─4号电池(17.80A·h)
　　─○─5号电池(17.09A·h) ─○─6号电池(19.79A·h) ─○─7号电池(19.75A·h)

图4-183　七组电池整体试验幅值对比

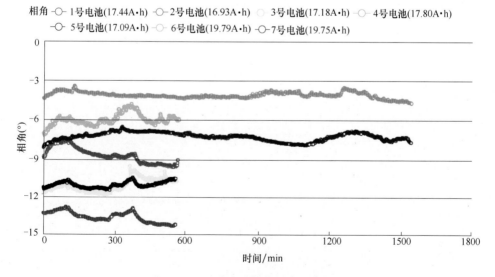

相角 ─○─1号电池(17.44A·h) ─○─2号电池(16.93A·h) ○ 3号电池(17.18A·h) ─○─4号电池(17.80A·h)
　　─○─5号电池(17.09A·h) ─○─6号电池(19.79A·h) ─○─7号电池(19.75A·h)

图4-184　七组电池整体试验相角对比

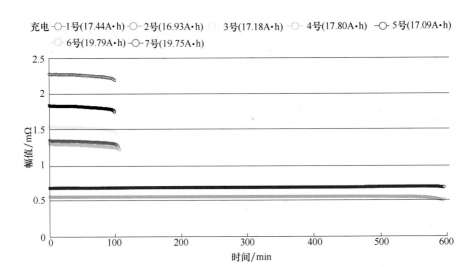

图 4-185　七组电池充电过程幅值对比

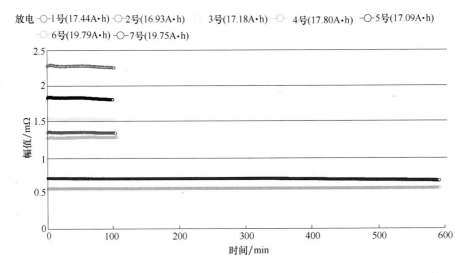

图 4-186　七组电池放电过程幅值对比